Elder
Die Formel für Ihren Börsenerfolg

Dr. Alexander Elder

Die Formel für Ihren Börsenerfolg

Strategien
Money-Management
Psychologie

FBV

Bibliografische Information der Deutschen Nationalbibliothek:
Die Deutsche Nationalbibliothek verzeichnet diese Publikation in der Deutschen Nationalbibliografie; detaillierte bibliografische Daten sind im Internet über http://d-nb.de abrufbar.

Für Fragen und Anregungen:
elder@finanzbuchverlag.de

4. Auflage 2013

Nymphenburger Straße 86
D-80636 München
Tel.: 089 651285-0
Fax: 089 652096

Gesamtbearbeitung: Michael Volk, München
Redaktionelle Mitarbeit: Heinz Imbacher
Druck: Books on Demand GmbH, Norderstedt
Printed in Germany

ISBN Print 978-3-89879-813-6
ISBN E-Book (PDF) 978-3-86248-455-3

Weitere Informationen zum Verlag finden Sie unter

www.finanzbuchverlag.de

Beachten Sie auch unsere weiteren Verlage unter
www.muenchner-verlagsgruppe.de

Inhaltsverzeichnis

Einführung

1 TRADING – DAS LETZTE ABENTEUER

Man ist frei. Man kann auf der ganzen Welt leben und arbeiten. Man ist unabhängig von jeglicher Routine und ist niemandem verantwortlich. – Das ist das Leben eines erfolgreichen Traders. Viele versuchen, es zu führen, aber nur wenigen gelingt es. Ein Amateur blickt auf den Bildschirm mit den Börsennotierungen und Millionen von Dollar blinken vor seinen Augen. Er versucht ans große Geld zu kommen – und verliert. Er versucht es erneut – und verliert noch mehr. Trader verlieren, weil sie ein gnadenloses Spiel spielen, weil sie unwissend oder undiszipliniert sind. Wenn einer dieser Gründe auf Sie zutrifft, dann habe ich dieses Buch für Sie geschrieben.

WIE ICH BEGANN, MIT AKTIEN ZU SPEKULIEREN

Im Sommer 1976 fuhr ich mit dem Auto von New York nach Kalifornien. Ich warf einige Bücher über Psychiatrie (Ich hatte mich damals gerade ein Jahr lang als Psychiater niedergelassen), mehrere Bücher über Geschichte und eine Taschenbuchausgabe von Louis Engel *How to Buy Stocks* (Wie man Aktien kauft) in den Kofferraum meines alten Dodge. Ich konnte nicht ahnen, dass ein Taschenbuch mit Eselsohren, das ich von einem befreundeten Rechtsanwalt ausgeliehen hatte, schon nach kurzer Zeit meinen Lebensweg verändern würde. Zufällig hatte dieser Freund genau das Gegenteil eines »goldenen Händchens« – alles was er anfasste, missglückte ihm. Aber das ist eine andere Geschichte. Ich verschlang das Buch von Engel auf Campingplätzen quer über Amerika hinweg und las das letzte Kapitel am Pazifikstrand von La Jolla. Ich hatte bis dahin keine Ahnung von der Börse und war fasziniert von dem Gedanken, durch Nachdenken Geld zu verdienen.

Ich war zu einer Zeit in der Sowjetunion aufgewachsen, als diese, nach den Worten eines früheren amerikanischen Präsidenten, das »Reich des Bösen« war. Ich hasste das Sowjet-System und wollte weg, aber es war verboten auszuwandern. Mit 16 Jahren ging ich auf die Hochschule, bestand mit 22 Jahren die Abschlussprüfung an der medizinischen Fakultät, verließ dann meinen Wohnsitz und nahm eine Anstellung als Schiffsarzt an. Jetzt war ich frei! In Abidjan, an der Elfenbeinküste, türmte ich von dem sowjetischen Schiff. Ich rannte durch die verstopften und staubigen Straßen der Hafenstadt, verfolgt von meinen ehemaligen Bordkameraden, zur Botschaft der USA. Die Beamten an der Botschaft übertrafen sich fast an Umständlichkeit und hätten mich beinahe wieder den Sowjets überstellt. Ich setzte mich zur Wehr, und so steckten sie mich erst in eine Zelle und dann in ein Flugzeug nach New York. Im Februar 1974 landete ich am Kennedy Airport. Ich hatte, aus Afrika kommend, nur Sommerbekleidung an und 25 Dollar in der Tasche. Ich sprach etwas englisch, aber in diesem Land kannte ich keine einzige Seele. Ich hatte nicht die geringste Ahnung, was Aktien, Anleihen, Termingeschäfte oder Optionen überhaupt waren, und manchmal beschlich mich ein unwohles Gefühl, wenn ich nur die Dollarscheine in meiner Brieftasche ansah. In meiner alten Heimat bekam ich für eine Handvoll Dollar drei Jahre Sibirien.

Die Lektüre von *How to Buy Stocks* eröffnete mir eine völlig neue Welt. Als ich nach New York zurückkehrte, kaufte ich meine erste Aktie – es war KinderCare. Seitdem habe ich begierig die Börse studiert, in Aktien investiert und mit Aktien, Optionen und nunmehr zumeist mit Terminpapieren gehandelt.

Meine berufliche Karriere verlief auf einem anderen Gleis. Ich beendete meine psychiatrische Tätigkeit an einer großen Universitätsklinik, studierte am New Yorker Psychoanalytischen Institut und arbeitete als Lektor für die bedeutendste psychiatrische Fachzeitschrift der Vereinigten Staaten. Heute handle ich hauptsächlich mit Aktien und gehe nur noch an einigen Nachmittagen in der Woche, nach Börsenschluss, in meine psychiatrische Praxis, die sich gleich gegenüber der Carnegie Hall befindet. Ich übe meinen Beruf als Psychiater sehr gern aus, die meiste Zeit jedoch verbringe ich an der Börse.

Es war ein weiter Weg, auf dem ich schwindelnde Höhen und schmerzvolle Tiefen erlebte, bis ich gelernt hatte, wie man mit Aktien handelt. Auf meinem Weg vorwärts – manchmal auch im Kreis herum – holte ich mir des öfteren eine blutige Nase und richtete nicht gerade selten mein Geschäftskonto zugrunde. Dann suchte ich mir immer einen Job in einem Krankenhaus, sparte für eine neue Investition, las, überlegte, machte einige Tests und begann wieder, mit Aktien zu handeln.

Mein Trading wurde langsam besser, aber der Durchbruch kam erst, als mir klar wurde, dass der Schlüssel zum Erfolg in meinem Kopf lag und nicht in einem Computer. Die Psychiatrie gab mir die Einsichten in das Geschäft mit Wertpapieren, die ich in diesem Buch mit Ihnen teilen möchte.

Wollen Sie wirklich den Erfolg?

17 Jahre lang hatte ich einen Freund, dessen Frau ausgesprochen dick ist. Sie kleidet sich sehr elegant, und solange ich sie kenne, unterzieht sie sich irgendeiner Schlankheitskur. Sie sagt, sie würde gern abnehmen, und in der Anwesen-

heit anderer isst sie niemals Kuchen oder Chips – aber wenn ich in ihre Küche komme, sehe ich oft, wie sie über Kuchen und Chips herfällt. Sie sagt, sie wäre gern schlank, aber sie ist heute noch so dick wie damals, als ich sie zum ersten Mal sah. Weshalb?

Das kurzfristige Essvergnügen wirkt bei ihr stärker als die angenehmen Seiten, schlank zu sein, die erst langfristig bemerkbar werden. Die Frau meines Freundes erinnert mich an eine Vielzahl von Tradern, die sagen, sie würden gern erfolgreich sein, und die trotzdem spontane Geschäfte machen – sie verfallen dem kurzfristigen Kick des Glücksspiels an der Börse.

Die Menschen betrügen sich selbst und treiben mit sich selbst ihre Spielchen. Andere zu belügen ist schlimm genug, aber sich selbst zu belügen ist geradezu hoffnungslos. Die Regale in den Buchläden sind voll mit Büchern über Diäten, und dennoch ist die Welt voller übergewichtiger Menschen.

Dieses Buch wird Ihnen zeigen, wie man Märkte analysiert, wie man an der Börse handelt und wie Sie mit Ihrem Verstand umgehen sollen. Ich kann Ihnen das erforderliche Wissen vermitteln. Aber nur Sie selbst können die nötige Motivation aufbringen, das Wissen in Taten umzusetzen.

2 Der Schlüssel ist die Psychologie

Sie können Ihrem Handel mit Aktien die Fundamentalanalyse oder die technische Analyse zugrunde legen. Sie können auch auf Vermutungen über wirtschaftliche oder politische Trends bauen, Ihre Entscheidungen auf Insiderinformationen gründen oder einfach dem Prinzip Hoffnung folgen.

Erinnern Sie sich daran, wie Sie sich fühlten, als Sie zuletzt eine Order platzierten? Waren Sie ganz heiß darauf, das Geschäft zu machen, oder hatten Sie Angst vor einem Verlust? Zögerten Sie, als Sie den Telefonhörer aufnahmen? Fühlten Sie sich erleichtert oder bedrückt, wenn Sie ein Geschäft nicht abschlossen? Die Gefühle Tausender von Händlern tragen zu riesigen psychologischen Wellen bei, die die Märkte bewegen.

So entkommen Sie der Berg- und Talfahrt

Die meisten Trader verbringen einen Großteil ihrer Zeit damit, dass sie nach guten Geschäften Ausschau halten. Wenn sie dann ein Geschäft abgeschlossen haben, verlieren sie die Kontrolle über das Geschehen und krümmen sich entweder vor Schmerz oder strahlen vor Vergnügen. Sie fahren in einer emotionalen Berg- und Talbahn und beachten das wesentliche Element des Erfolgs nicht – das Management ihrer Gefühle. Ihre Unfähigkeit, sich selbst zu kontrollieren, führt dazu, dass sie auch das Geld auf ihren Konten schlecht verwalten.

Wenn Ihr Verstand nicht auf den Markt gerichtet ist, oder wenn Sie Veränderungen in der Psychologie der Massen nicht zur Kenntnis nehmen, dann haben Sie keine Chance im Wertpapierhandel, Geld zu verdienen. Alle Profis, die Gewinne machen, kennen die überragende Bedeutung der Psychologie für den Wertpapierhandel – alle Amateure, die Verluste machen, ignorieren sie.

Freunde und Kunden, die wissen, dass ich Psychiater bin, fragen mich oft, ob es mir im Wertpapiergeschäft nützt, dass ich diesen Beruf erlernt habe. Gute Psychiatrie und gutes Trading haben ein wichtiges Prinzip gemeinsam. Beide konzentrieren sich auf die Realität, beide sehen die Welt so, wie sie ist. Um gesund zu leben, müssen Sie mit offenen Augen leben. Um ein guter Trader zu sein, müssen Sie Ihre Geschäfte offenen Auges tätigen, um wirkliche Trends und Wendepunkte zu erkennen, und: Sie dürfen weder Zeit noch Energie mit Selbstmitleid und Wunschträumen verschwenden.

Ein Spiel für Männer?

Die Protokolle der Broker zeigen, dass die meisten Trader Männer sind. Die Unterlagen meines Lehrinstituts, *Financial Trading Seminars, Inc.*, bestätigen, dass ungefähr 95 Prozent der Trader Männer sind. Sie werden bemerken, dass ich deshalb in diesem Buch in Fallbeispielen meist von *ihm* schreibe. Das soll keineswegs eine Missachtung der vielen erfolgreichen weiblichen Trader darstellen.

In den Reihen der institutionellen Anleger ist der Anteil der Frauen weitaus höher, so bei Banken, Handelshäusern und ähnlichem. Aus meiner Erfahrung kann ich aber sagen, dass die wenigen Frauen, die mit Wertpapieren handeln, häufiger erfolgreich sind als Männer. Eine Frau braucht aber viel Engagement, um in diese männliche Domäne einzubrechen.

Den Wertpapierhandel kann man durchaus mit ebenso faszinierenden wie gefährlichen Sportarten wie Fallschirmspringen, Klettern oder Tauchen vergleichen. Auch diese Sportarten werden hauptsächlich von Männern ausgeübt – weniger als ein Prozent der Drachenflieger sind Frauen.

In unserer zunehmend regulierten Gesellschaft werden Männer von risikoreichen Sportarten angezogen. Dr. David Klein, ein Wissenschaftler an der University of Michigan, wurde in der *Times* wie folgt zitiert: »... in dem Maße, wie die Arbeit immer mehr zur Routine wird, ... wenden wir uns der Erholung im Sinn einer Erfüllung zu. Je sicherer und routinierter wir unsere Arbeit erledigen, um so mehr werden wir in Freizeitbeschäftigungen gezogen, in denen persönliche Eigenarten, persönliches Ermessen, Abenteuer und Spannung eine Rolle spielen.«

Diese Sportarten bieten intensives Vergnügen, allerdings sind sie mit dem Stigma der Gefahr behaftet, weil viele, die diese Sportarten betreiben, die Risiken ignorieren und unüberlegt Handeln. Dr. John Tongue, ein Chirurg in Oregon, untersuchte Unfälle von Drachenfliegern und fand heraus, dass die Todesfälle unter den erfahreneren Fliegern ansteigen, weil sie höhere Risiken eingehen. Ein Sportler, der risikoreiche Sportarten bevorzugt, muss bestimmte Sicherheitsregeln einhalten. Wenn man die Risiken vermeidet, gewinnt man zusätzlich ein Gefühl der Vollkommenheit und der Kontrolle. Das gilt auch für das Trading.

Beim Trading können Sie nur erfolgreich sein, wenn Sie es als eine ernsthafte intellektuelle Herausforderung ansehen. Gefühlsbestimmtes Handeln ist tödlich. Um den Erfolg zu sichern, ist es hilfreich, ein eher defensives Money Management zu betreiben. Ein guter Wertpapierhändler beobachtet sein Kapital ebenso sorgfältig wie ein Berufstaucher seinen Vorrat an Atemluft.

Wie dieses Buch aufgebaut ist.

Erfolgreiches Trading ruht auf drei Säulen: Psychologie – Marktanalyse und Handelstechniken – Money Management. Dieses Buch soll Ihnen helfen, alle drei Grundlagen zu erkunden.

Das **erste Kapitel** dieses Buchs zeigt Ihnen einen neuen Weg, wie Sie als Trader Ihre Gefühle kontrollieren können. Ich entdeckte diese Methode in meiner psychiatrischen Praxis. Sie hat meine Trading-Performance außerordentlich verbessert, und sie kann auch Ihnen helfen.

Das **zweite Kapitel** beschreibt die Massenpsychologie auf den Märkten. Das Verhalten der Massen ist viel primitiver als das individuelle Verhalten. Wenn Sie verstehen, wie sich große Menschenmengen verhalten, dann können Sie von deren Stimmungsumschwüngen profitieren und gleichzeitig vermeiden, von ihren Gefühlen mitgerissen zu werden.

Das **dritte Kapitel** des Buchs zeigt, wie Charts das Verhalten von Massen aufdecken. Die klassische technische Analyse ist mit der Sozialpsychologie ebenso verwandt wie mit der Meinungsforschung. Trendlinien, Lücken und andere Chartmuster können tatsächlich das Verhalten großer Menschenmengen veranschaulichen.

Das **vierte Kapitel** lehrt die modernen Methoden der computergestützten technischen Analyse. Indikatoren stellen tiefere Einsichten in die Massenpsychologie zur Verfügung als die klassische technische Analyse. Trendfolgende Indikatoren helfen, Markttrends zu erkennen, während Oszillatoren zeigen, wann Trendwenden zu erwarten sind.

Auch der Umsatz an der Börse und die Anzahl der offenen Kontraktpositionen verdeutlichen das Verhalten von Massen. Das **fünfte Kapitel** konzentriert sich darauf ebenso wie auf Zeitabläufe in den Märkten. Menschenmassen sind immer nur sehr kurze Zeit aufmerksam, und ein Händler, der Preisveränderungen in Relation zu Zeitabläufen setzt, gewinnt einen deutlichen Vorteil.

Das **sechste Kapitel** behandelt die besten Techniken der Aktienanalysten. Diese Techniken können besonders hilfreich für Aktienindex-Futures und für den Optionshandel sein.

Gefühlsbestimmte Indikatoren, die die Meinungen von Investoren und Tradern erfassen, werden im **siebten Kapitel** vorgestellt. Die Masse folgt Trends, und oft lohnt es sich, mit ihr zu gehen, wenn die Kurse in Bewegung geraten. Gefühlsindikatoren zeigen, wann es Zeit ist, sich von den Massen wieder zu trennen – bevor sie eine wichtige Wende übersehen.

Das **achte Kapitel** zeigt zwei Indikatoren, die sich auf das Eigenkapital stützen. Der Elder-Ray ist ein Indikator, der auf Kursen basiert und der die Kraft von Bullen und Bären unterhalb der Marktoberfläche einschätzt. Der Kraftindex bewertet Kurse und Umsatz. Er zeigt, ob die beherrschende Marktgruppe stärker oder schwächer wird.

Im **neunten Kapitel** stelle ich einige Tradingsysteme vor. Das Triple-Screen-Tradingsystem ist meine eigene Methode. Ich habe sie jahrelang benutzt. Dieses und andere Systeme zeigen Ihnen, wie Sie Geschäfte auswählen und die Einstiegs- und Ausstiegszeitpunkte finden.

Das **zehnte Kapitel** konzentriert sich auf das Money Management. Dieser bedeutsame Gesichtspunkt erfolgreichen Tradings wird von den meisten Amateuren vernachlässigt. Sie können ein hervorragendes Tradingsystem haben, aber wenn Ihr Money Management schlecht ist, dann kann eine kurze Serie von Verlusten Ihr Konto zugrunde richten.

Sie werden mit diesem Buch viele Stunden verbringen. Wenn Sie Ideen finden, die Ihnen wertvoll erscheinen, probieren Sie diese in der einzigen Art und Weise aus, die wirklich zählt – in Ihrer eigenen Erfahrung. Sie können sich das Wissen aus diesem Buch zu eigen machen, indem Sie es hinterfragen.

3 WAS IHRE CHANCEN BEEINTRÄCHTIGT

Warum verlieren die meisten Trader Geld und werden vom Markt gespült? Gefühlsmäßiges und gedankenloses Trading sind zwei Gründe, aber es gibt noch einen anderen Grund. Die Börsen funktionieren tatsächlich so, dass die meisten Trader Geld verlieren müssen.

Die »Wertpapier-Mafia«, also Broker und Parketthändler, bringt Trader mit Provisionen und Slippage um. Die meisten Amateure können das nicht glauben, genauso wenig wie die Bauern im Mittelalter nicht glauben konnten, dass winzige unsichtbare Bakterien sie töten könnten. Wenn Sie die Slippage vernachlässigen und mit einem Broker arbeiten, der hohe Provisionen verlangt, dann handeln Sie wie ein Landwirt im Mittelalter, der während einer Choleraepidemie aus dem Dorfbrunnen trinkt.

Sie bezahlen Provisionen, wenn Sie in ein Geschäft einsteigen, und auch wenn Sie wieder aussteigen. Slippage ist der Unterschied zwischen dem Kurs, zu dem Sie Ihre Order aufgeben und dem Kurs, zu dem Ihre Order ausgeführt wird. Wenn Sie einen limitierten Auftrag geben, wird er zu Ihrem Preis oder überhaupt nicht ausgeführt. Wenn Sie unbedingt in den Markt einsteigen oder ganz dringend aussteigen möchten, und deswegen eine Marktorder geben, wird sie oft zu einem schlechteren Preis durchgeführt, als Sie bei der Auftragserteilung angenommen haben. Die Broker und Parketthändler ziehen riesige Geldmengen aus dem Markt ab. Die Börse, Gewährsträger, Broker und Berater leben vom Markt, während ganze Generationen von Tradern ständig aus dem Markt gedrängt werden. Die Märkte brauchen frische, neue Verlierer, genauso wie die Erbauer der antiken Pyramiden in Ägypten immer wieder neue Sklaven brauchten. Verlierer bringen das Geld in die Märkte, welches für das Wohlergehen der »Börsen-Industrie« erforderlich ist.

EIN MINUS-SUMMEN-SPIEL

Broker, die Börse und Berater führen Werbefeldzüge durch, um mehr Verlierer in die Märkte zu ziehen. Einige behaupten, dass der Handel mit Terminpapieren ein Nullsummenspiel sei. Sie vertrauen darauf, dass die meisten Leute glauben, sie wären überdurchschnittlich klug und erwarteten, dieses Nullsummenspiel zu gewinnen.

Gewinner in einem Nullsummenspiel gewinnen so viel, wie die Verlierer verlieren. Wenn Sie und ich 10 Dollar darauf wetten, dass der Dow Jones Index sich 100 Punkte in die eine oder andere Richtung bewegt, wird einer von uns beiden 10 Dollar einstreichen und der andere wird diese 10 Dollar verlieren. Derjenige, der klüger ist, sollte dieses Spiel langfristig gewinnen.

Die Leute glauben der Werbung der »Börsen-Industrie«, was das Nullsummenspiel anbetrifft. Sie schlucken den Köder und eröffnen ein Handelskonto. Sie bemerken nicht, dass das Trading in Wirklichkeit ein Minussummenspiel ist. Die Gewinner erhalten weniger als das, was die Verlierer verlieren, weil die »Industrie« Geld aus dem Markt zieht. Das Roulette im Spielkasino ist beispielsweise ein Minussummenspiel, weil das Kasino ungefähr drei bis sechs Prozent aller Einsätze kassiert. Das macht Roulette, langfristig gesehen, zu einem Spiel, das nicht zu gewinnen ist. Auch Sie und ich können aus unserer Wette ein Minussummenspiel machen, wenn wir sie über Broker abwickeln. Am Ende des Spiels hat der Verlierer 13 Dollar verloren und der Gewinner streicht nur 7 Dollar ein, weil zwei Broker sich grinsend auf den Weg zur Bank machen und dort ihren Gewinn einzahlen.

Provisionen und Slippage sind für den Trader das, was Steuern und der Tod für alle Menschen sind. Steuern nehmen den Spaß aus seinem Tradingleben und wie der Tod, bringen sie es auch zu einem Ende. Ein Trader muss zunächst einmal seinen Broker und die Börsenmaschinerie ernähren, bevor er auch nur einen Pfennig verdient. Nur besser als der Durchschnitt zu sein, ist nicht genug. Sie müssen weit über dem Durchschnitt liegen, um ein Minussummenspiel zu gewinnen.

Provisionen

Für jedes Termingeschäft, das Sie abschließen, können Sie mit einer Provision irgendwo zwischen 12 Dollar und 100 Dollar rechnen. Große Trader, die mit Diskount-Brokern zusammenarbeiten, zahlen weniger; kleine Trader, die mit Full-Service-Brokern zusammenarbeiten, zahlen mehr. Amateure beachten die Provisionen nicht, während sie von fetten Gewinnen träumen. Die Broker hingegen beklagen sich, dass die Provisionen im Verhältnis zu den zugrunde liegenden Abschlüssen zu niedrig sind.

Um zu verstehen, welche Rolle Provisionen spielen, müssen Sie die Provisionen mit Ihrem Gewinn in Relation bringen und mit dem Umsatz. Nehmen Sie beispielsweise einen einzigen Kontrakt über ein Termingeschäft mit Getreide, für den Sie 30 Dollar bezahlen (das sind 5.000 Scheffel im Wert von ungefähr 10.000 Dollar). Der Broker wird Ihnen sagen, dass diese 30 Dollar weniger als ein Prozent des Wertes des Kontraktes sind. In Wirklichkeit müssen Sie ungefähr 600 Dollar aufwenden, um ein Termingeschäft über Getreide abzuschließen. Eine Provision von 30 Dollar stellt fünf Prozent der Spanne dar. Das heißt, Sie müssen fünf Prozent des eingesetzten Kapitals als Spekulationsgewinn einstreichen, nur um die Gewinnschwelle zu erreichen. Wenn Sie viermal im Jahr ein Termingeschäft mit Getreide abschließen, dann müssen Sie schon 20 Prozent Profit im Jahr machen, nur um zu verhindern, dass Sie Geld verlieren! Sehr wenigen Tradern gelingt das. Viele Vermögensverwalter würden ein Auge dafür hergeben, wenn sie 20 Prozent Rendite pro Jahr schaffen würden. Eine »kleine Provision ist keine Kleinigkeit«, es ist eine Riesenhürde vor dem Erfolg!

Viele Amateure wenden pro Jahr 50 Prozent und mehr des Kapitals auf ihrem Tradingkonto nur für Provisionen auf – wenn sie überhaupt so lange durchhalten. Auch die Provisionen der Diskount-Broker stellen eine hohe Hürde für erfolgreiches Trading dar. Ich kenne Broker, die sich vor Lachen schüttelten, wenn sie über Kunden sprachen, die sich den Kopf zerbrechen, nur um in diesem Spiel nichts zu verlieren.

Kaufen Sie Provisionen so günstig wie möglich ein. Schämen Sie sich nicht zu handeln, wenn es um geringere Provisionen geht. Ich habe viele Broker gehört, die sich beklagten, weil sie zu wenig Kunden hatten. Ich kenne aber kaum Kunden, die sich beklagen, dass es zu wenig Broker gäbe. Sagen Sie Ihrem Broker, es sei schließlich in seinem Interesse, Sie nur mit geringen Provisionen zu belasten, denn dann würden Sie überleben können und ihm lange Zeit als Kunde erhalten bleiben. Entwerfen Sie ein Tradingsystem, das mit möglichst wenigen neuen Kontrakten auskommt.

SLIPPAGE

Slippage entnimmt Ihrem Konto entweder kleine Häppchen, wie die Bisse eines Piranhas, oder große Stücke, wie die Bisse eines Hais, immer dann, wenn Sie in einen Markt einsteigen oder wenn Sie ihn wieder verlassen. Slippage bedeutet, dass Sie Ihre Order zu einem anderen Kurs aufgeben, als zu dem sie letztendlich durchgeführt wird. Es ist ungefähr so, als ob Sie 30 Pfennig für einen Apfel bezahlen, obwohl der Apfel nur mit 29 Pfennig ausgezeichnet ist.

Es gibt drei Arten von Slippage: die normale, eine, die auf schnelle Kursschwankungen zurückzuführen ist, und die kriminelle. Die normale Slippage ist darauf zurückzuführen, dass es zwischen den Ankaufskursen und den Verkaufskursen einen Unterschied gibt. Die Händler auf dem Parkett kennen zwei Preise auf dem Markt – das Angebot und die Nachfrage.

Beispielsweise könnte Ihr Broker Ihnen für den S&P 500 Juni 390,45 Punkte berechnen. Wenn Sie einen Kontrakt auf dem Markt kaufen wollen, dann müssen Sie mindestens für 390,50 Punkte bezahlen. Wenn Sie ihn auf dem Markt verkaufen wollen, dann erhalten Sie den Gegenwert für 390,40 Punkte oder noch weniger. Und da jeder Punkt einen Wert von 5 Dollar darstellt, fließt die Spanne von fünf Punkten zwischen Angebot und Nachfrage von Ihrem Konto in die Kasse der Parketthändler. Sie bezahlen allein für die Möglichkeit, in ein Geschäft einzusteigen oder wieder auszusteigen.

Die Spanne zwischen Angebot und Nachfrage ist legal. Sie ist in großen, häufig gehandelten Werten, wie beim S&P 500 und in Anleihen, gering, in selten gehandelten Werten aber viel größer, beispielsweise bei Orangensaft oder Kakao. Die Börsen behaupten, die Spanne sei der Preis, den Sie für die Liquidität bezahlen – dafür, dass Sie überhaupt handeln können, wann immer Sie möchten. Der Computerhandel wird die Slippage vermutlich verringern.

Slippage steigt mit den Kursschwankungen eines Wertes an. Die Händler auf dem Parkett kommen mit sich schnell bewegenden Werten gut zurecht. Wenn der Markt zu rennen beginnt, geht die Slippage fast »durchs Dach«. Wenn der S&P 500 ansteigt oder fällt, können Sie durchaus mit 20 bis 30 Punkten Slippage belastet werden, manchmal sogar mit 100 Punkten oder mehr.

Die dritte Art der Slippage wird durch kriminelle Machenschaften der Parketthändler verursacht. Sie haben viele Möglichkeiten, den Kunden das Geld aus der Tasche zu ziehen. Einige belasten Ihr Konto mit den Verlusten aus schlechten Geschäften (solche, bei denen die Kurse steigen und Sie teurer als angenommen einkaufen, A.d.Ü.) und behalten Gewinne aus guten Abschlüssen (bei denen der Kurs beim Kauf niedriger ist als angenommen, A.d.Ü.) für sich. Diese Machenschaften und andere kriminelle Spielchen wurden kürzlich in dem Buch *Brokers, Bagmen and Moles* von David Greising und Laurie Morse beschrieben.

Wenn 100 Männer Tag für Tag, Schulter an Schulter auf engstem Raum zusammenstehen, dann entwickeln sie eine gewisse Kameraderie, eine »Wir gegen die anderen«-Mentalität. Die Parketthändler nennen Außenstehende mit einem Spitznamen, der zeigt, dass sie uns nicht einmal als Menschen betrachten. Sie nennen uns schlicht und ergreifend »Papier« (So fragen sie: »Kommt heute neues Papier?«). Deshalb müssen Sie geeignete Schritte unternehmen, um sich selbst zu schützen.

Um die Slippage zu minimieren, sollten Sie in liquiden Werten handeln und enge wie auch schnell bewegliche Werte meiden. Gehen Sie long oder short, wenn der Markt ruhig ist. Geben Sie limitierte Aufträge. Kaufen oder verkaufen Sie zu einem festen Kurs. Notieren Sie die Kurse zu der Zeit, in der Sie Ihre Order aufgegeben haben und zwingen Sie Ihren Broker, auf dem Parkett für Sie zu kämpfen, falls es erforderlich ist.

TOTALSCHADEN

Slippage und Provisionen machen das Trading vergleichbar mit dem Schwimmen in einer haiverseuchten Lagune. Vergleichen wir beispielsweise das, was im Büro eines Brokers passiert, mit dem, was in der wirklichen Welt geschieht.

Im Allgemeinen läuft die Sache so: Ein Vertrag über ein Termingeschäft mit Gold umfasst 100 Unzen Gold. Fünf Personen kaufen je einen Kontrakt von jemandem, der fünf Kontrakte leer verkauft. Das Gold fällt um 4 Dollar, die Käufer steigen aus und verlieren dabei 4 Dollar je Unze oder 400 Dollar je Kontrakt. Der intelligente Trader, der fünf Kontrakte leer verkaufte, liquidiert seine Positionen und macht 400 Dollar Gewinn pro Kontrakt, insgesamt also 2.000 Dollar.

In der Wirklichkeit aber hat jeder Verlierer mehr als 400 Dollar verloren. Er zahlte mindestens 25 Dollar Provision und wahrscheinlich traf ihn auch eine Slippage in der Höhe von 20 Dollar beim Einstieg und beim Ausstieg. Insgesamt verzeichnete jeder Verlierer einen Verlust von 465 Dollar je Kontrakt. Gemeinsam verloren sie 2.325 Dollar. Der Gewinner, der fünf Kontrakte leer verkaufte, zahlte um die 15 Dollar Provision und etwa 10 Dollar Slippage, jeweils beim Ein- und Ausstieg aus dem Geschäft, was seinen Gewinn je Kontrakt um 35 Dollar schmälert, insgesamt um 175 Dollar für fünf Kontrakte. Er kassierte also nur 1.825 Dollar. Der Gewinner dachte, er hätte 2.000 Dollar verdient, aber er erhielt nur 1.825 Dollar. Die Verlierer dachten, sie hätten 2.000 Dollar verloren, aber tatsächlich verloren sie 2.325 Dollar. Insgesamt verschwanden 500 Dollar (2.325 Dollar – 1.825 Dollar) vom Tisch. Der Löwenanteil wurde von den Parketthändlern eingesteckt und von den Brokern, die einen größeren Anteil beanspruchten, als es ein Spielkasino oder eine Rennbahn je wagen würde!

Auch andere Ausgaben verzehren das Geld des Traders. Die Kosten für Computer und Daten, Honorare für Beratungsdienste und die Kosten der Bücher – eingeschlossen das Buch, in dem Sie gerade lesen – alles kommt von Ihrem Tradingkonto. Halten Sie nach einem Broker Ausschau, der Ihnen die günstigsten Provisionen bietet und beobachten Sie ihn mit Argusaugen. Entwerfen Sie ein Tradingsystem, das relativ selten Kauf- oder Verkaufssignale gibt, und welches Ihnen erlaubt, während ruhiger Zeiten in den Markt einzutreten.

Kapitel I

Die Psychologie der Persönlichkeit

4 Weshalb traden?

Zu traden scheint sehr einfach zu sein. Wenn ein Anfänger Gewinne macht, fühlt er sich hervorragend und unbesiegbar. Und dann geht er große Risiken ein – und verliert alles. Die Menschen traden aus unterschiedlichen Gründen – einige sind rational und viele sind irrational. Der Handel mit Wertpapieren bietet die Möglichkeit, in kürzester Zeit viel Geld zu machen. Geld symbolisiert für viele Menschen Freiheit, auch wenn sie oft nicht wissen, was sie mit ihrer Freiheit anfangen sollen.

Wenn Sie wissen, wie man mit Wertpapieren handelt, können Sie Ihre Freizeit, Ihr Leben und Ihre Arbeit dort verbringen, wo es Ihnen gefällt und Sie sind nie einem Vorgesetzten verantwortlich. Trading ist eine faszinierende intellektuelle Herausforderung: So wie Schach, Poker und Kreuzworträtsel in einem. Trading ist für Leute besonders attraktiv, die gern Puzzles legen und Rätsel raten.

Trading zieht solche Menschen an, die gern Risiken eingehen und stößt diejenigen ab, die Risiken vermeiden wollen. Ein Durchschnittsmensch steht früh am Morgen auf, geht zur Arbeit, macht Mittagspause, kehrt wieder nach Hause zurück, trinkt ein Bier und isst zu Abend, guckt ein wenig Fernsehen und geht danach schlafen. Wenn er einige zusätzliche Dollar verdient, legt er sie auf einem Sparkonto an. Trader arbeiten zu unregelmäßigen Zeiten und riskieren ihr Kapital. Viele Trader sind Einzelgänger, die die Sicherheit der Gegenwart verlassen und einen Sprung ins Ungewisse wagen.

Selbsterfüllung

Die meisten Menschen streben unwillkürlich danach, persönliche Bestleistungen zu erbringen und ihre Fähigkeiten und Möglichkeiten voll auszuschöpfen. Dieses Bestreben, zusammen mit dem Spaß am Spiel und den Verlockungen des Geldes, bringen die Trader dazu, die Märkte herauszufordern.

Gute Trader arbeiten hart, und sie sind im Allgemeinen sehr scharfsinnig. Sie sind neuen Ideen gegenüber aufgeschlossen. Das Ziel eines guten Traders ist paradoxerweise nicht unbedingt, viel Geld zu machen. Sein Ziel ist es, gute Abschlüsse zu tätigen. Wenn ihm das gelingt, folgt das Geld fast auf dem Fuß. Erfolgreiche Trader verbessern ständig ihre Fertigkeiten. Persönliche Bestleistungen zu erzielen, ist für sie wichtiger, als Geld zu verdienen.

Ein erfolgreicher New Yorker Trader sagte mir einmal: »Wenn ich jedes Jahr um ein halbes Prozent klüger werde, werde ich wahrscheinlich als Genie sterben.« Sein Bestreben, sich zu verbessern, ist das Markenzeichen eines erfolgreichen Traders.

Ein erfolgreicher Profi-Trader aus Texas lud mich in sein Büro ein und sagte: »Wenn Sie mir am Schreibtisch gegenübersitzen, während ich trade, werden Sie nie merken, ob ich gerade 2.000 Dollar gewonnen oder 2.000 Dollar verloren habe.« Er ist auf einem Niveau angekommen, auf dem ein Gewinn ihn nicht besonders erhebt, ein Verlust ihn andererseits nicht am Boden zerstört. Er ist so darauf konzentriert, gute Abschlüsse zu machen und seine Fertigkeiten zu verbessern, dass Geld seine Gefühle nicht mehr beeinflusst.

Der Ärger mit der Selbsterfüllung ist, dass viele Leute einen selbstzerstörerischen Charakterzug haben. Autofahrer, die häufig Unfälle verursachen, werden auch weiterhin ihre Autos zu Schrott fahren, und selbstzerstörerische Trader werden auch weiterhin ihre Konten ruinieren (siehe dazu auch Kapitel 7). Die Märkte bieten unbegrenzte Möglichkeiten zur Selbstsabotage, aber auch Gelegenheiten zur Selbsterfüllung. Seine internen Konflikte auf dem Markt auszuleben, ist ein sehr kostspieliges Unterfangen.

Trader, die mit sich selbst nicht im Frieden sind, versuchen oft ihre widersprechenden Wünsche im Markt auszuleben. Wenn Sie nicht wissen, wohin Sie gehen, dann werden Sie irgendwo dort ankommen, wo Sie nie sein wollten.

5 Fantasie versus Realität

Wenn Sie von einem Freund, der wenig Erfahrung mit dem Landbau hat, hören, dass er plant, mit einem halben Hektar Land seinen Lebensunterhalt verdienen zu wollen, dann gehen Sie sicher davon aus, dass er sehr bald hungrig sein wird. Wir alle wissen, dass man aus einer Orange nur eine begrenzte Menge Saft pressen kann. Trading ist der einzige Bereich, in dem erwachsene Menschen ihren Fantasien freien Lauf lassen.

Vor einigen Tagen erzählte mir ein Freund, dass er sich mit einem Budget von 6.000 Dollar über Wasser halten wollte. Als ich versuchte, ihm die Vergeblichkeit dieses Vorhabens aufzuzeigen, wechselte er schnell das Gesprächsthema. Er ist ein hervorragender Analyst, aber er weigert sich einzusehen, dass dieser »Intensiv-Bewirtschaftungsplan« selbstmörderisch ist. In seinem verzweifelten Bestreben, Erfolg zu haben, muss er höchst riskante Positionen einnehmen, und das kleinste Wackeln des Marktes wird ihn mit Sicherheit aus dem Geschäft werfen.

Ein erfolgreicher Anleger ist Realist. Er kennt seine Möglichkeiten und seine Grenzen. Er sieht, was auf den Märkten geschieht, und er weiß, wie er auf das Geschehen zu reagieren hat. Er analysiert die Märkte, ohne irgendeinen Aspekt auszulassen. Er beobachtet seine eigenen Reaktionen und er plant realistisch. Ein professioneller Trader kann sich Illusionen nicht leisten.

Wenn ein Amateur einmal einige Treffer gelandet und einige kleinere Gewinne realisiert hat, dann wird er ängstlich, anstatt selbstbewusst und beginnt, seltsame Ideen über den Markt zu entwickeln. Verlierer kaufen, verkaufen oder verpassen gute Abschlüsse, weil sie fantastische Ideen verfolgen. Sie verhalten sich wie Kinder, die zu ängstlich sind, an einem Friedhof vorbeizugehen oder die abends unter ihrem Bett nachsehen, ob sich da nicht ein Gespenst versteckt hat. Das unstrukturierte Umfeld der Märkte ist ein fruchtbarer Nährboden für Fantasien.

Die meisten Menschen, die in einer westlichen Zivilisation aufgewachsen sind, haben einige sehr ähnliche Fantasien. Diese sind so weit verbreitet, dass, als ich in New York am Psychoanalytischen Institut studierte, ein Kurs zum Thema »Universal Phantasies« angeboten wurde. So haben beispielsweise viele Menschen in ihrer Kindheit die Fantasie, dass sie eher adoptierte als leibliche Kinder seien. Eine Fantasie scheint die unfreundliche und unpersönliche Welt zu erklären. Sie tröstet ein Kind zwar, aber sie hindert es daran, die Realität zu sehen. Unsere Fantasien beeinflussen unser Verhalten, auch wenn wir uns dessen nicht einmal bewusst sind.

Ich habe schon vor Hunderten von Tradern gesprochen und immer wieder höre ich, wie auch sie an so allgemeinen Fantasien festhalten. Sie verändern die Realität und setzen sich selbst Hürden auf dem Weg zum Erfolg im Trading. Ein erfolgreicher Trader muss seine Fantasien erkennen und zusehen, dass er sie schleunigst los wird.

Der Mythos Gehirn

Verlierer, die unter dem Gehirn-Mythos leiden, werden Ihnen sagen: »Ich habe verloren, weil ich die Geheimnisse des Tradings nicht kannte.« Viele Verlierer haben die Vorstellung, dass erfolgreiche Trader über irgendein Geheimnis verfügen. Diese Fantasie trägt dazu bei, dass ein lebhafter Markt von Beratungsdiensten und Tradingsystemen prosperieren kann.

Ein demoralisierter Trader zückt oft genug sein Scheckbuch und kauft »Tradinggeheimnisse« ein. Für ein »unfehlbares«, getestetes 3.000-Dollar-Computer-Tradingsystem stellt er einem Scharlatan einen Scheck aus. Wenn dieses System ihn zerstört hat, kauft er ein »wissenschaftliches« Buch über das Trading und stellt einen weiteren Scheck aus. Dieses Buch soll ihm erklären, wie er sein Verliererdasein durch die Beobachtung der Gestirne, des Mondes, des Saturns oder des Uranus beenden und ein echter Insider und Gewinner werden kann.

Die Verlierer wissen nicht, dass das Trading aus intellektueller Sicht ziemlich einfach ist. Es ist weniger anspruchsvoll, als einen Blinddarm zu operieren, eine Brücke zu bauen oder einen Fall vor Gericht zu vertreten. Gute Trader sind oft scharfsinnig, aber nur wenige sind besonders intelligent. Viele von ihnen haben noch nicht einmal ein Studium abgeschlossen und einige haben oft sogar das Gymnasium ohne Abschluss verlassen.

Intelligente und hart arbeitende Menschen, die in ihrem Beruf sehr erfolgreich sind, fühlen sich vom Trading angezogen. Der Durchschnittskunde eines Brokers ist 50 Jahre alt, verheiratet und hat ein Universitätsstudium abgeschlossen. Viele haben akademische Grade erworben oder sind selbstständig. Die beiden größten Berufsgruppen unter den Tradern sind Ingenieure und Landwirte.

Weshalb versagen diese intelligenten und oft sehr hart arbeitenden Menschen beim Trading? Das, was Gewinner von Verlierern unterscheidet, ist weder Intelligenz noch sind es irgendwelche Geheimnisse, und ganz bestimmt ist es nicht die Ausbildung.

Der Mythos »Zu wenig Geld«

Viele Verlierer glauben, sie wären erfolgreich, wenn sie mit mehr Kapital arbeiten könnten. Alle Verlierer werden durch eine Serie von Verlusten aus dem Spiel geworfen oder einem einzelnen, außergewöhnlich schlechten Geschäft. Oft passiert es, dass, nachdem einem Amateur das Geld ausgegangen ist, der Markt sich wieder wendet und in die Richtung geht, die er eigentlich erwartet hatte. Der Verlierer gibt sich dann oft selbst die Schuld oder er schiebt sie einem Broker zu: Hätte er nur noch eine Woche überlebt, hätte er nun ein kleines Vermögen verdient!

Verlierer halten diesen Umschwung geradezu für eine Bestätigung ihrer Methoden. Entweder sie erarbeiten sich neues Geld, sparen oder sie leihen sich genügend Geld, um ein neues kleines Konto zu eröffnen. Die Geschichte beginnt von vorn: Der Verlierer wird aus dem Markt geworfen, der Markt wendet sich und bestätigt dem Verlierer, eigentlich richtig gehandelt zu haben, aber nur zu spät – er hat wieder sein ganzes Geld verloren. Das ist der Augenblick, in dem eine neue Fantasie geboren wird: Hätte ich nur mehr Geld auf meinem

Konto, wäre ich nur ein bisschen länger im Markt geblieben, dann hätte ich gewonnen.

Einige Verlierer leihen sich von ihren Verwandten und Freunden Geld und zeigen ihnen die Performance eines Wertpapiers. Es scheint zu beweisen, dass er große Gewinne hätte einstreichen können, wenn er nur mehr Geld gehabt hätte, um damit zu arbeiten. Aber wenn diese Verlierer noch mehr Geld aufbringen, dann verlieren sie auch dieses – es ist, als ob der Markt sie auslachen würde!

Ein Verlierer ist nicht unterkapitalisiert – sein Verstand ist unterentwickelt. Ein Verlierer kann ein großes Budget fast ebenso schnell zugrunde richten wie ein kleines. Er tätigt zu viele Abschlüsse und sein Money Management wird schlampig. Er geht zu hohe Risiken ein, ganz gleich, wie groß sein Tradingkonto auch sein mag. Und ganz gleich, wie gut sein Tradingsystem sein mag, eine Serie von schlechten Geschäften wird ihn sicherlich wieder ruinieren.

Trader fragen mich oft, wie viel Geld sie benötigen, um mit dem Trading beginnen zu können. Sie möchten einem Tief widerstehen können, ein vorübergehendes Minus auf ihrem Konto aushalten können. Sie erwarten, eine große Menge Geld zu verlieren, bevor sie etwas verdienen! Das hört sich so an, als ob ein Ingenieur daran denkt, erst einige Brücken zu bauen, die zusammenbrechen werden, bevor er sein Meisterstück errichtet. Sollte denn ein Chirurg akzeptieren, zunächst etliche Patienten umzubringen, bis er Blinddarmoperationen perfekt durchführen kann?

Ein Trader, der überleben und gutes Geld verdienen möchte, muss seine Verluste unter Kontrolle halten. Man kann das tun, indem man nur einen kleinen Teil des Budgets für einen einzelnen Wert aufwendet (siehe Kapitel 10 »Risikomanagement«). Geben Sie sich selbst einige Jahre, um zu lernen, wie man mit Wertpapieren handelt. Ihr Anfangsbudget sollte nicht höher als 20.000 Dollar sein und Sie sollten je Wert nicht mehr als zwei Prozent Ihres Budgets verlieren. Lernen Sie aus kleinen Fehlern mit einem kleinen Budget.

Weder erwarten Amateure zu verlieren, noch sind sie auf irgendeine Weise auf diese Möglichkeit vorbereitet. Wenn sie sagen, dass sie zu wenig Kapital hätten, ist das ein Fluchtweg, der ihnen zwei schmerzhafte Wahrheiten erspart: fehlende Trading-Disziplin und das Fehlen eines realistischen Money-Management-Plans.

Der einzige Vorteil eines großen Budgets ist, dass der Preis für die Ausrüstung und die Dienstleistungen einen geringeren Prozentsatz des eingesetzten Kapitals ausmacht. Der Manager eines Millionen-Dollar-Budgets, der 10.000 Dollar für Computer und für Seminare ausgibt, hat damit nur ein Prozent seines

Kapitals dafür eingesetzt. Dieselben Ausgaben würden bei einem 20.000-Dollar-Budget schon 50 Prozent ausmachen.

Der Mythos »Autopilot«

Stellen Sie sich vor, ein Fremder stellt sich Ihnen in der Garagenauffahrt in den Weg und versucht, Ihnen ein automatisches System zu verkaufen, das Ihr Auto fahren soll. »Zahlen Sie nur ein paar hundert Dollar für einen Computerchip, bauen Sie ihn in Ihr Auto ein, und das Verschwenden Ihrer Energie für das Fahren des Autos hat ein Ende«, so sagt er jedenfalls. Sie könnten am Fahrersitz ein kleines Nickerchen machen, während das »Easy-Swing-System« Sie zur Arbeit bringt. Wahrscheinlich würden Sie diesen Vertreter auslachen und aus der Einfahrt vertreiben. Aber würden Sie auch lachen, wenn er Ihnen ein automatisches Tradingsystem verkaufen wollte?

Trader, die an den Mythos »Autopilot« glauben, glauben auch, dass das Erlangen von Reichtum automatisiert werden kann. Einige versuchen, ein automatisches Tradingsystem zu entwickeln, während andere es von den »Experten« kaufen. Männer, die jahrelang ihre Fertigkeiten als Rechtsanwälte, Ärzte und Geschäftsleute verbessert haben, werfen einfach Tausende von Dollar weg, um »Kompetenz in Dosen« einzukaufen. Sie werden von Gier, Faulheit und mathematischem Analphabetismus getrieben.

Systeme wurden früher auf Papier geschrieben, aber nun kommen sie gewöhnlich als kopiergeschützte Disketten ins Haus. Einige sind primitiv, andere sind sehr kompliziert, mit eingebauten Optimierungsmöglichkeiten und mit Money Management-Regeln. Viele Trader geben eine Unmenge Geld dafür aus und suchen den Zauber, der ein paar Seiten mit Computercodes in einen endlosen Geldstrom verwandelt. Menschen, die für ein automatisches Tradingsystem Geld ausgeben, vergleiche ich mit den Rittern im Mittelalter, die Alchemisten für die Formel bezahlten, wie man einfache Metalle zu Gold machen könne.

Komplexe menschliche Tätigkeiten stützen sich nicht auf Automatisierung. Computerisierte Lernsysteme haben noch nie einen Lehrer ersetzt, und Steuerprogramme haben Steuerberater noch nie in die Arbeitslosigkeit getrieben. Die meisten menschlichen Tätigkeiten verlangen Beurteilungsvermögen. Maschinen und Systeme können den Menschen helfen, sie aber nicht ersetzen. Es gibt so viele Systemkäufer, die reingelegt wurden, sodass diese einen Club gegründet haben, den Club 3000, der nach dem Preis vieler Tradingsysteme benannt wurde.

Wenn Sie ein erfolgreiches automatisches Tradingsystem kaufen könnten, könnten Sie nach Tahiti ziehen und den Rest Ihres Lebens faulenzen. Dieses Leben könnten Sie mit einer Flut von Schecks finanzieren, die von Ihrem Broker direkt zu Ihnen fließt. Bisher sind die einzigen Menschen, die mit Tradingsystemen Geld gemacht haben, die Systemverkäufer selbst. Sie bilden eine kleine aber sehr prächtige Nischenindustrie. Wenn ihre Systeme wirklich funktionieren würden, warum sollten sie diese verkaufen? Sie könnten selbst nach Tahiti ziehen und die Schecks von ihren Brokern einsammeln! Inzwischen hat jeder System-Verkäufer eine Ausrede: Einige sagen, sie programmieren lieber, als selbst zu traden, andere behaupten, dass sie ihre Systeme nur verkaufen, um das Kapital für eigene Anlagen anzusammeln.

Die Märkte ändern sich immer und sie besiegen die automatischen Tradingsysteme. Die Regeln von gestern stimmen heute nur noch teilweise und morgen werden sie vollkommen versagen. Ein fähiger Trader kann seine Methoden korrigieren und justieren, wenn er Fehler entdeckt. Ein automatisches System ist weniger anpassungsfähig und es zerstört sich selbst.

Fluggesellschaften zahlen ihren Piloten hohe Gehälter, obwohl die Flugzeuge über Autopiloten verfügen. Die Fluggesellschaften zahlen diese Gehälter, weil Menschen unvorhersehbare Ereignisse bewältigen können. Wenn ein Flugzeug über dem Pazifik abzustürzen droht oder wenn ihm über der kanadischen Wildnis das Benzin ausgeht, dann kann nur ein Mensch solche Krisen bewältigen. Über solche Notfälle wurde in der Presse berichtet, und in jedem dieser Fälle gelang es erfahrenen Piloten, ihre Maschinen sicher zu landen, indem sie improvisierten. Das kann kein Autopilot. Wenn Sie Ihr Geld auf ein automatisches System setzen, dann ist das so, als ob Sie Ihr Leben einem Autopiloten anvertrauen. Das erste unerwartete Ereignis wird Ihr Budget ruinieren.

Es gibt gute Tradingsysteme, aber sie müssen ständig beobachtet und neu eingestellt werden, und dabei ist Ihre persönliche Urteilskraft gefordert. Sie müssen am Ball bleiben – Sie können die Verantwortung für Ihren Erfolg oder Misserfolg, nicht an ein Tradingsystem abgeben.

Ein Trader, der die Fantasie des Autopiloten pflegt, wiederholt das, was er als Kind gefühlt hat. Seine Mutter erfüllte sein Bedürfnis nach Nahrung, Wärme und Geborgenheit. Nun versucht er, diese Erfahrung erneut zu durchleben, und möchte wieder bequem daliegen und die Gewinne sollten ihm zufließen wie ein nicht enden wollender Strom von süßer, warmer und kostenfreier Muttermilch.

Der Markt ist nicht Ihre Mutter. Er besteht aus knallharten Männern und Frauen, die nach Möglichkeiten suchen, Ihnen Ihr Geld abzunehmen, anstatt Ihnen »Milch« einzuflößen.

Der Persönlichkeitskult

Für viele Menschen sind Freiheit und Unabhängigkeit nur Lippenbekenntnisse. Wenn sie unter Druck geraten, ändern sie ihre Meinung und halten nach starker Führung Ausschau. Trader unter Druck suchen oft nach Handlungsanweisungen von Gurus.

Als ich in der früheren Sowjetunion aufwuchs, wurde uns Kindern gesagt, Stalin sei unser großer Führer. Später fanden wir heraus, welch ein Monster er war, aber während er noch lebte, folgten die meisten Menschen gern seiner Führung. Er befreite sie von der Notwendigkeit, für sich selbst denken zu müssen.

»Kleine Stalins« gibt es in jedem Bereich der Gesellschaft – in der Wirtschaft, in der Biologie, in der Architektur usw. Als ich in die Vereinigten Staaten kam und mit dem Trading begann, war ich erstaunt zu sehen, wie viele Trader nach einem Guru Ausschau hielten – ihrem »kleinen Stalin« an der Börse. Die Fantasie, dass irgend ein anderer Sie reich machen würde, ist ein eigenes Kapitel wert, das später folgen wird.

Traden Sie mit offenen Augen

Jeder Gewinner muss drei wesentliche Bestandteile des Trading beherrschen. Er muss über eine starke Persönlichkeit verfügen, über ein logisches Tradingsystem und über ein gutes Money Management. Diese wesentlichen Bestandteile sind wie drei Beine eines Stuhls – entfernen Sie nur ein Bein und der Stuhl wird umfallen, zusammen mit der Person, die darauf sitzt. Verlierer versuchen, einen Stuhl mit nur einem Bein zu erfinden, höchstens aber mit zwei Beinen. Im Allgemeinen konzentrieren sie sich ausschließlich auf Tradingsysteme.

Ihre Wertpapiergeschäfte müssen auf klar definierten Regeln beruhen. Sie müssen, während Sie traden, Ihre Gefühle analysieren, um sicher zu gehen, dass Ihre Entscheidungen durchdacht sind. Sie müssen Ihr Money Management strukturieren, sodass keine Serie von Verlusten Sie aus der Bahn werfen kann.

6 Börsen-Gurus

Gurus hat es gegeben, seitdem die Öffentlichkeit in den Wertpapiermarkt einstieg. Im Jahr 1841 wurde in England das klassische Buch über den Aktienmarkt *Extraordinary Popular Delusions and the Madness of Crowds* veröffentlicht. Es ist auch heute noch im Handel. Der Autor, Charles Mackey, beschrieb die holländische Tulpen-Manie, den Südseeschwindel in England und andere Massenhysterien. Die Natur der Menschen ändert sich nur langsam und bis heute gibt es immer neue Massenhysterien, Guru-Hysterien eingeschlossen, die den Markt überschwemmen.

Guru-Hysterien kommen heute schneller auf als vor Jahrhunderten, was auf die modernen Telekommunikationsmöglichkeiten zurückzuführen ist. Sogar gut ausgebildete und intelligente Investoren und Trader folgen heute den Börsen-Gurus, wie die Anhänger einem falschen Messias im Mittelalter.

Es gibt drei Typen von Gurus auf den Finanzmärkten: Marktzyklen-Gurus, Zaubermethoden-Gurus und tote Gurus. Einige Gurus propagieren wichtige Marktänderungen, andere einzigartige Tradingmethoden – neue Autobahnen zum Reichtum. Wieder andere haben sich der Kritik entzogen und einen Kult aufgebaut, indem sie ganz einfach aus dieser Welt schieden.

Marktzyklen-Gurus

Jahrzehntelang folgte der US-Aktienmarkt im Grundsatz einem Vierjahreszyklus. Deutliche Tiefs in einer Baisse waren 1962, 1966, 1970, 1974, 1978 und 1982 zu verzeichnen. Der breite Aktienmarkt brauchte normalerweise zweieinhalb bis drei Jahre, um sein Hoch zu erreichen und ging ein oder eineinhalb Jahre lang wieder abwärts. Fast alle vier Jahre, also in jedem neuen Marktzyklus, taucht ein neuer Marktzyklen-Guru auf. Der Ruhm eines Gurus hält normalerweise zwei bis drei Jahre lang an. Die Regierungszeit eines jeden Gurus fällt mit einem starken Bullenmarkt in den Vereinigten Staaten zusammen. Ein Marktzyklen-Guru sagt alle größeren Hochs und Tiefs voraus. Jede zutreffende Voraussage vergrößert seinen Ruhm und veranlasst immer mehr Leute zu kaufen oder zu verkaufen, sobald er eine neue Voraussage veröffentlicht. Weil immer mehr Menschen auf den Guru hören, wird sein Ratschlag zu einer selbsterfüllenden Prophezeihung. Wenn Sie einen neuen In-Guru erkennen, zahlt es sich aus, seinem Rat zu folgen.

Es gibt Tausende von Analysten, von denen immer einige ganz sicher sind, einer heißen Spur zu folgen. Die Aussagen der meisten Analysten werden an irgendeinem Punkt ihrer Laufbahn wahr – auch eine defekte Uhr zeigt zweimal am Tag die richtige Zeit an. Diejenigen, die die Freude genossen haben, auf einer heißen Spur zu sein, fühlen sich manchmal wie zermalmt, wenn sie zu Ende geht und sie aus dem Markt gespült werden. Es gibt aber genügend alte Füchse, die ihre gelegentliche heiße Spur genießen und trotzdem wie gewohnt weiterarbeiten, nachdem ihre heiße Spur ein Ende gefunden hat. Der Erfolg eines Marktzyklen-Gurus beruht auf mehr als auf kurzfristigem Glück. Der Guru verfolgt seine Lieblingstheorie über den Markt. Diese Theorie – Zyklus, Umsatz, Elliot Wave, was auch immer – wird normalerweise immer einige Jahre bevor sie Berühmtheit erlangt, entwickelt. Zunächst weigert sich der Markt der ehrgeizigen Lieblingstheorie eines Gurus zu folgen. Dann aber ändert sich der Markt und folgt mehrere Jahre lang der Theorie des Gurus. Das ist der Augenblick, an dem der Stern des Börsen-Gurus hoch aufsteigt und über den Börsen zu leuchten beginnt.

Vergleichen Sie dies einmal damit, was mit Models passiert, wenn der Geschmack des Publikums sich verändert. In einem Jahr sind Blondinen beliebt, im nächsten Jahr Rothaarige. Plötzlich ist der blonde Star des vergangenen Jahres auf den Titelseiten der wichtigsten Frauenmagazine nicht mehr erwünscht. Jeder möchte ein dunkelhaariges Model sehen, oder eine Frau mit einem Muttermal auf ihrem Gesicht. Ein Model ändert sich nicht – aber der Geschmack des Publikums.

Gurus kommen immer vom Rand der Marktanalyse. Sie sind niemals Analysten des Establishments. Angestellte institutioneller Anleger gehen auf Nummer sicher und erzielen niemals aufsehenerregende Ergebnisse, weil alle ähnliche Methoden verwenden. Ein Marktzyklen-Guru ist ein Außenseiter mit einer einzigartigen Theorie. Normalerweise verdient ein Guru sein Geld damit, dass er einen Newsletter herausgibt und damit reich wird, seinen Rat zu verkaufen. Abonnenten können jedes Jahr von bis zu tausend Newslettern profitieren. Einer der letzten Marktzyklen-Gurus soll dem Vernehmen nach drei Leute angestellt haben, die nur damit beschäftigt sind, die Briefumschläge zu öffnen, die das Geld in seine Firma befördern. Auf Konferenzen für Anleger werden Gurus von einer Menge von Bewunderern umringt. Wenn Sie sich jemals selbst in solch einer Menge befinden sollten, dann werden Sie bemerken, dass ein Guru selten danach gefragt wird, wie seine Theorie funktioniert. Seine Bewunderer sind zufrieden, den Klang seiner Stimme in sich aufzunehmen. Ihren Freunden gegenüber prahlen sie, mit ihm gesprochen zu haben.

Ein Guru bleibt solange berühmt, wie sich der Markt entsprechend seiner Theorien verhält – normalerweise kürzer als die Dauer eines Vierjahreszyklus. Zu irgendeinem Zeitpunkt ändert sich der Markt und geht einen anderen Weg. Ein Guru wird weiterhin seine alten Methoden benutzen, die in der Vergangenheit hervorragend funktioniert haben, und er wird im folgenden schnell verlieren. Wenn die Voraussagen eines Gurus nicht mehr eintreffen, kehrt sich die Bewunderung der Öffentlichkeit in Hass um. Für einen Marktzyklen-Guru, der einmal diskreditiert wurde, ist es unmöglich, jemals wieder Starruhm zu erreichen.

In den frühen Siebzigern war Edson Gould der maßgebliche Guru. Seine Voraussagen gründeten sich auf die Veränderungen der Politik der amerikanischen Bundesbank, die sich jeweils im Diskontsatz spiegelte. Sein berühmtes Gesetz »Drei Schritte, ein Stolpern« sagte aus, dass, wenn die amerikanische Bundesbank die Diskontrate dreimal anhob, dieses eine Verengung bedeute und zu einem Bärenmarkt führe. Wird der Diskontsatz in drei Schritten gesenkt, bedeutet das eine Lockerung der Geldmarktpolitik und führt zu einem Bullenmarkt. Gould entwickelte auch eine Charttechnik, die er »Speedlines« nannte – flache Trendlinien, deren Neigung von der Geschwindigkeit eines Trends und der Tiefe der Marktreaktionen abhing.

Gould wurde während des Bärenmarktes von 1973 bis 1974 ein heißer Tipp. Der Sprung an die Spitze gelang ihm, als er den Dezember-1974-Tiefpunkt korrekt voraussagte, als der Dow Jones Industrial Index in die Nähe von 500 fiel. Der Markt schnellte wieder nach oben, was Gould anhand seiner Speedlines korrekt vorausgesagt hatte, und sein Ruhm wuchs. Doch bald wurden die Vereinigten Staaten mit Geld überflutet, die Inflation nahm zu und Goulds Methoden, die in einem anderen geldpolitischen Umfeld entwickelt wurden, versagten. Im Jahr 1976 hatte er den größten Teil seiner Gefolgschaft verloren, und nur noch wenige Leute erinnern sich heute an seinen Namen.

Der neue Marktzyklen-Guru kam 1978 auf. Joseph Granville stellte fest, dass Veränderungen im Aktienmarktumsatz den Preisveränderungen vorangehen. Er drückte das sehr effektvoll aus: »Der Marktumsatz ist der Dampf, der die Lokomotive voranbringt.« Granville entwickelte seine Theorie, als er bei einem großen Wall-Street-Broker arbeitete. Er schrieb in seiner Autobiografie, dass ihm diese Idee kam, während er auf der Toilette saß und das Muster des Fußbodens betrachtete. Granville nahm seine Idee von der Toilette in den Chartroom mit, aber der Markt weigerte sich zunächst, seinen Voraussagen zu folgen. Er machte pleite, wurde geschieden und schlief bei einem Freund im Büro auf dem Boden. In den späten Siebzigern begann der Markt Granvilles

Voraussagen zu folgen wie niemals seither und die Leute begannen, ihn zur Kenntnis zu nehmen.

Granville bereiste die Vereinigten Staaten und sprach vor riesigen Menschenmengen. Er kam in einer Kutsche auf der Bühne an, verkündete seine Voraussagen und beschimpfte diejenigen, die seine Theorien nicht verstanden. Er spielte Klavier, sang und gelegentlich ließ er auch seine Hosen fallen, um ein Argument zu verdeutlichen. Seine Aussagen waren außerordentlich korrekt; er zog alle Aufmerksamkeit auf sich und wurde in den Massenmedien ständig zitiert. Granville wurde so wichtig, dass er selbst den Aktienmarkt in Bewegung versetzen konnte. Wenn er ankündigte, dass der Markt »bearish« war, fiel der Dow um über vierzig Punkte am Tag – für damalige Verhältnisse ein Riesenabstieg. Granville wurde vom Erfolg vergiftet. Der Markt stieg 1982 weiter an, aber er blieb sehr pessimistisch und empfahl seinen Anhängern, die inzwischen immer weniger wurden, weiterhin, leer zu verkaufen. Aber auch 1983 ging der Markt wie eine Rakete nach oben. Schließlich gab Granville auf und empfahl zu kaufen, als der Dow Jones seinen Wert verdoppelt hatte. Er veröffentlichte weiterhin einen Newsletter. Granville – nicht mehr als ein Schatten seines früheren, erfolgreichen Selbst.

1984 geriet ein neuer Guru ins Rampenlicht. Robert Prechter machte sich als ein Elliot-Wave-Theoretiker einen Namen. Elliot selbst war ein armer Buchhalter, der seine Markttheorien in den 30er-Jahren des 20. Jahrhunderts entwickelt hatte. Er glaubte, dass der Aktienmarkt in fünf Wellen ansteigt und in drei Wellen, die wiederum in kleinere Wellen unterteilt werden konnten, wieder abfällt.

Wie viele andere Marktzyklen-Gurus vor ihm hatte auch Prechter jahrelang einen Newsletter mit bescheidenem Erfolg herausgegeben. Als der Bullenmarkt die Tausendergrenze im Dow angriff, begannen die Leute auf den jungen Analysten aufmerksam zu werden, der immer wieder behauptete, der Dow Jones könne einen Wert von 3.000 erreichen. Der Bullenmarkt wurde immer stärker und Prechters Ruhm wuchs sprunghaft an.

Auf dem brüllenden Bullenmarkt der 80er-Jahren wurde Prechter über die enge Welt der Investment-Newsletter und Anlegerkonferenzen hinaus bekannt. Prechter trat im Fernsehen auf und wurde von viel gelesenen Zeitschriften interviewt. Im Oktober 1987 schien er zu schwanken. Zunächst gab er ein Verkaufssignal, und kurze Zeit später sagte er seinen Anhängern, sie sollten sich auf Käufe vorbereiten. Als der Dow Jones um 500 Punkte abstürzte, verwandelte sich die Anbetung Prechters durch die Massen in Wut und Hass. Einige machten ihn für den Absturz verantwortlich, andere waren wütend darüber, dass der Markt nie sein vorgegebenes Ziel von 3.000 Punkten erreichte. Prechters Beratungsgeschäft schrumpfte stark, und er zog sich weitestgehend aus der Öffentlichkeit zurück.

Alle Marktzyklen-Gurus haben einige grundsätzliche Gemeinsamkeiten. Sie werden, etliche Jahre bevor sie zu Berühmtheit gelangen, im Geschäft der Vorhersagen und Prophezeiungen tätig. Jeder hat eine eigene einzigartige Methode, einige wenige Anhänger und etwas Glaubwürdigkeit, die allein davon ausgeht, dass er im Beratungsgeschäft immer noch überlebt. Die Tatsache, dass die Theorie eines jeden Gurus jahrelang keinen Erfolg hatte, wird von seinen Anhängern ignoriert. Wenn die Theorie dann der Richtung des Kurses entspricht (weil sich die Rahmenbedingungen entsprechend entwickelt haben), bemerken das auch die Massenmedien. Und wenn eine Theorie nicht mehr zutrifft, wird aus der Massenverehrung eines Gurus der blanke Hass.

Wenn Sie bemerken, dass ein neuer erfolgreicher Guru auf den Plan tritt, macht es Sinn (und bringt anfangs auch Gewinne), auf seinen Wagen aufzuspringen. Wichtiger ist es aber zu erkennen, wann ein Guru seinen Zenit erreicht hat. Alle Gurus brechen irgendwann einmal ein – und sie stürzen aus der Höhe ihres Ruhmes ab. Wenn ein Guru von den Massenmedien akzeptiert wird, ist das ein Zeichen dafür, dass er seinen Höhepunkt erreicht hat. Die Mainstream-Medien misstrauen Außenseitern. Wenn mehrere Massenzeitschriften einem aktuellen Börsen-Guru redaktionell berücksichtigen, dann können Sie davon ausgehen, dass sein Ende als Guru nahe ist.

Ein weiteres Warnsignal, das anzeigt, dass ein Börsen-Guru seinen Höhepunkt erreicht hat, ist, wenn er von *Barron's*, Amerikas größtem wöchentlich erscheinenden Wirtschaftsmagazin, interviewt wird. Jeden Januar lädt *Barron's* die prominentesten Analysten ein, um ihre Weisheiten von sich und Voraussagen für das angehende Jahr abzugeben. Das »Panel« wird üblicherweise von »sicheren« Analysten repräsentiert, die sich auf Preis/Gewinn-Verhältnisse konzentrieren, auf Wachstumsindustrien usw. Es ist sehr atypisch für *Barron's*, einen aktuellen Guru einzuladen, der möglicherweise eine revolutionäre Theorie vertritt. Ein Guru wird nur eingeladen, wenn die Öffentlichkeit nach ihm ruft. Ihn auszuschließen würde das Prestige der Zeitschrift gefährden. Beide, Granville und Prechter, wurden gebeten, am Januar-Panel teilzunehmen, als jeder von den beiden gerade an der Spitze seines Ruhms angekommen war. Beide gingen innerhalb weniger Monate nach der Teilnahme an diesem Panel unter. Wenn ein Börsen-Guru das nächste Mal in *Barron's* Januar-Panel erscheint, sollten Sie das Abonnement seines Newsletters nicht mehr verlängern. Massenpsychologie ist, was es ist, und deshalb werden sicherlich auch wieder neue

Gurus auftreten. Ein alter Zyklen-Guru kommt nie zurück. Wenn er einmal stolpert, wird aus der Verehrung Hohn und Hass. Eine teure Vase kann nie wieder völlig hergestellt werden, wenn sie einmal zerbrochen ist.

Die Gurus mit den magischen Methoden

Marktzyklen-Gurus kommen aus dem Aktienmarkt, Methoden-Gurus hingegen sind in den Derivativen-Märkten, besonders in den Terminmärkten sehr beliebt. Ein Methoden-Guru entspringt der Finanzszene, nachdem er eine neue Analysemethode oder eine neue Tradingmethode entdeckt hat.

Trader suchen immer nach einer Möglichkeit, wie sie ihren Kollegen gegenüber einen Vorteil erzielen können. Wie die Ritter im Mittelalter, die dauernd nach neuen Schwertern Ausschau hielten, sind sie bereit, großzügig für ihre Arbeitswerkzeuge zu bezahlen. Kein Preis ist zu hoch, wenn es ihnen dadurch möglich wird, auf eine Rolltreppe zum Geld aufzuspringen.

Ein Methoden-Guru verkauft einen Satz neuer Schlüssel, um Börsengewinne zu erzielen. Sobald genügend Leute mit dieser neuen Methode vertraut werden und sie in den Märkten ausprobieren, verschlechtert sich die Methode unausweichlich und beginnt, an Popularität zu verlieren. Märkte ändern sich immer, und die Methoden, die gestern funktioniert haben, werden heute kaum noch Erfolg bringen und in einem Jahr noch viel weniger.

In den frühen 70er-Jahren kam der Herausgeber eines Newsletter, Jake Bernstein aus Chicago, zu einigem Ruhm, als er Marktzyklen zugrunde legte, um Hoch- und Tiefstände vorauszusagen. Seine Methoden arbeiteten hervorragend und sein Ruhm verbreitete sich rasch. Bernstein verlangte für seine Newsletter horrende Preise, veranstaltete Konferenzen, verwaltete Fonds, und schrieb einen fast nicht versiegenden Strom von Büchern. Wie gewöhnlich änderten sich die Märkte, und wurden in den 80er-Jahren immer weniger zyklisch.

Peter Steidelmeyer war ein anderer Methoden-Guru, dessen Stern weit über Chicago hinaus leuchtete. Er drängte seine Anhänger, sich zugunsten seiner Marktprofile von den alten Tradingmethoden zu trennen. Diese neue Methode versprach, die Geheimnisse von Nachfrage und Angebot zu enthüllen und denen, die wirklich an seine Methode glaubten, die Möglichkeit zu geben, immer zu Tiefstständen zu kaufen und an den Höchstständen zu verkaufen. Steidelmeyer tat sich mit dem Unternehmer Kevin Coy zusammen, und ihre zahlreichen Seminare wurden von 50 Personen aufwärts besucht, die 1.600 Dollar für einen Viertageskurs hinblätterten. Unter den Anhängern der

Marktprofile scheint es kaum herausragendere Beispiele einer Erfolgsgeschichte zu geben und ... die Gründer hatten derbe Rückschläge zu verdauen. Steidelmeyer ergatterte einen Job bei einem Broker und, zusammen mit Coy, gab er weiterhin gelegentlich Seminare.

Seltsam genug, sogar in diesem Zeitalter der schnellen globalen Verbindungen ändern sich die Reputationen relativ langsam. Ein Guru, dessen Image in seinem Land zerstört wurde, kann immer noch Geld machen, wenn er seine Theorien jenseits der großen Meere vertreibt. Das wurde mir von einem Guru klargemacht, der seine andauernde Popularität in Asien mit dem verglich, was verblassenden Gesangs- und Filmstars passiert: Es gelingt ihnen nicht mehr, in den Vereinigten Staaten das Publikum hinter dem Ofen hervorzulocken, aber wenn sie im Ausland auftreten, können sie immerhin noch ihren Lebensunterhalt verdienen.

Die toten Gurus

Die dritte Gattung der Börsen-Gurus ist der tote Guru. Seine Bücher werden neu aufgelegt, seine Börsenkurse werden von neuen Generationen ehrgeiziger Trader studiert und die Legenden der Tüchtigkeit und des persönlichen Reichtums des Verblichenen wächst auch nach seinem Tod munter weiter. Der tote Guru ist mehr unter uns und er kann seinen Ruhm leider nicht mehr versilbern. Andere Promoter profitieren von seinem guten Ruf und von ausgelaufenen Rechten. Einer dieser vergangenen Gurus ist R. N. Elliot, aber das beste Beispiel für solch eine Legende ist W. D. Gann.

Verschiedene Opportunisten verkaufen Gann-Kurse und Gann-Software. Sie behaupten, dass Gann einer der besten Trader war, der je lebte, und dass er ein 50-Millionen-Vermögen hinterlassen hat usw. Ich unterhielt mich mit Ganns Sohn, einem Analysten, der in einer Bank in Boston arbeitet. Er erzählte mir, dass sein berühmter Vater nicht in der Lage war, seine Familie vom Trading zu ernähren, sondern dass er seinen Lebensunterhalt durch das Schreiben und den Verkauf von Verkaufshandbüchern bestritt. Als W. D. Gann in den fünfziger Jahren starb, wurde sein Vermögen mitsamt seinem Haus auf knapp über 100.000 Dollar geschätzt. Die Legende von W. D. Gann, dem Giganten des Trading, wird von denen immer wieder aufgefrischt, die seine Kurse und andere Devotionalien an leichtgläubige Kunden verkaufen.

Die Anhänger der Gurus

Die Persönlichkeiten der Börsen-Gurus unterscheiden sich. Einige sind tot, aber diejenigen, die noch am Leben sind, reichen von seriösen, akademischen Typen bis zu großen Showtalenten. Ein Guru muss mehrere Jahre lang forschen und dann viel Glück haben, wenn der Markt sich auf seinen Weg hinwendet.

Wenn Sie über die Skandale lesen wollen, die viele Gurus umgeben, dann sollten Sie *Winner Takes All* von William Gallacher und *The Dow Jones Guide to Trading Systems* von Bruce Babcock lesen. Der Zweck dieses Abschnitts ist es, das Guru-Phänomen einmal zu analysieren.

Wenn wir einen Guru bezahlen, dann erwarten wir, dass wir mehr zurückbekommen als wir ausgeben. Wir handeln wie jemand, der ein paar Dollar gegen einen Hütchenspieler an einer Straßenecke setzt. Wir hoffen, mehr zu gewinnen, als er unter das Hütchen gesetzt hat. Nur die Dummen oder diejenigen, die den Hals nie voll bekommen, beißen an diesem Köder an.

Einige Menschen wenden sich an Gurus, weil sie einen starken Führer suchen. Sie suchen nach einem elterngleichen, allwissenden Versorger. Ein Freund sagte mir einmal: »Sie gehen mit Ihrer Nabelschnur in der Hand herum und suchen nur noch eine Stelle, wo Sie sie einstecken können.« Ein cleverer Promoter stellt solche Steckdosen gegen eine gewisse Gebühr bereit.

Die Öffentlichkeit möchte Gurus, und neue Gurus werden kommen. Als ein intelligenter Trader müssen Sie erkennen, dass es, langfristig gesehen, keinen Guru geben wird, der Sie reich macht. Daran müssen Sie schon selbst arbeiten.

7 Selbstzerstörung

Trading ist ein hartes Spiel. Ein Trader, der langfristig erfolgreich sein möchte, muss sehr ernsthaft darüber nachdenken, was er tut. Er kann es sich nicht erlauben, naiv zu sein oder wegen irgendeiner verborgenen, psychologischen Vergangenheit zu traden.

Unglücklicherweise scheint das Trading oft auf besonders impulsive Menschen, auf Glücksspieler und auf solche, die das Gefühl haben, dass ihnen die Welt irgendetwas schuldet, besondere Anziehungskraft auszuüben. Wenn Sie wegen der Spannung traden, dann kommen Sie leicht in die Versuchung, Geschäfte mit schlechten Chancen und unnötigen Risiken zu akzeptieren. Die Märkte verzeihen nichts. Sie sind gnadenlos, und emotionales Trading führt immer zu Verlusten.

Das Glücksspiel

Ein Glücksspiel setzt immer auf den Zufall oder auf Geschicklichkeit. Es wird in allen Gesellschaften gespielt, und die meisten Menschen haben zu irgendeinem Zeitpunkt in ihrem Leben schon einmal an einem Glücksspiel teilgenommen. Freud glaubte, dass das Glücksspiel überall attraktiv ist, weil es ein Ersatz für Selbstbefriedigung sei. Das wiederholte und aufgeregte Tun mit den Händen, das unwiderstehliche Drängen, die vielen Entschlüsse, es nicht wieder zu tun, die vergiftende Qualität des Vergnügens und die Gefühle von Schuld verbinden das Glücksspiel mit der Selbstbefriedigung.

Dr. Ralph Greenson, ein bekannter kalifornischer Psychoanalytiker, hat die Glücksspieler in drei verschiedene Gruppen eingeteilt: die ganz normalen Menschen, die zur Zerstreuung ein Spiel spielen und die damit aufhören können, wann immer sie es wollen; den professionellen Glücksspieler, der das Glücksspiel als Möglichkeit ausgesucht hat, seinen Lebensunterhalt zu verdienen; und den neurotischen Glücksspieler, der deshalb spielt, weil er von unbewussten Bedürfnissen getrieben wird und nicht in der Lage ist, damit aufzuhören.

Ein neurotischer Spieler fühlt, dass er Glück hat oder er will sein Glück versuchen. Das Gewinnen gibt ihm ein Gefühl von Macht. Er fühlt sich wohl wie ein Baby, das an einer Brust saugt. Ein neurotischer Spieler verliert immer, weil er immer wieder versucht, dieses allmächtige Wonnegefühl erneut zu erleben, anstatt sich auf einen realistischen, langfristigen Spielplan zu konzentrieren.

Dr. Sheila Blume, Leiterin eines Programms für abhängige Spieler im South Oaks Hospital in New York, nennt das Glücksspiel eine Abhängigkeit ohne Droge. Die meisten Spieler sind Männer, die spielen, um etwas zu tun. Frauen spielen eher, weil sie vor irgendetwas flüchten. Verlierer verstecken im Allgemeinen ihre Verluste und versuchen so auszusehen und so zu handeln, wie Gewinner, aber sie werden von Selbstzweifeln gepeinigt.

Mit Aktien, Terminkontrakten und Optionen zu handeln, gibt dem Spieler ein Hochgefühl, aber es erscheint viel ehrenwerter als die Pferdewette. Weiterhin hat das Glücksspiel in den Finanzmärkten eine Aura von Kultiviertheit und Blasiertheit und bietet dem Spieler eine bessere intellektuelle Zerstreuung, als mit einem Straßenspieler zu würfeln.

Glücksspieler sind glücklich, wenn das Spiel zu ihren Gunsten läuft. Sie fühlen sich schrecklich erniedrigt, wenn sie verlieren. Sie unterscheiden sich von erfolgreichen Profis, die sich auf langfristige Pläne konzentrieren und die in der Ausübung ihres Geschäfts nie besonders nervös werden.

Broker sind sich sehr wohl bewusst, dass viele ihrer Kunden eigentlich Glücksspieler sind. Sie versuchen oft zu vermeiden, Nachrichten an die Trader bei ihren Ehefrauen zu hinterlassen, auch wenn sie anrufen, um einen Abschluss zu bestätigen. Nicht nur Amateure sind in das Glücksspiel an der Börse involviert – ein großer Teil des Handels findet auch unter Profis statt. Sonny Kleinfield beschreibt in seinem Buch *The Traders* die unter die Haut gehenden »Sportwetten« auf dem Parkett der Börsen.

Das Schlüsselmerkmal von Glücksspielern ist deren Unfähigkeit, dem Drang des Wettens zu widerstehen. Wenn Sie das Gefühl haben, dass Sie zu viel traden und dass die Ergebnisse schlecht sind, hören Sie für einen Monat auf. Das gibt Ihnen die Möglichkeit, Ihr Trading neu zu überdenken. Wenn der Drang nach dem Trading so stark ist, dass Sie sich nicht für einen Monat von den Märkten fernhalten können, dann ist es Zeit für Sie, die Prinzipien der Anonymen Alkoholiker auf Ihre Situation anzuwenden. Darauf kommen wir aber später in diesem Kapitel noch zurück.

Selbstsabotage

Nach jahrelanger psychatrischer Praxis kam ich zu der Überzeugung, dass die meisten Fälle von Versagen auf Selbstsabotage zurückzuführen sind. Wir versagen in beruflichen, persönlichen und finanziellen Angelegenheiten nicht deshalb, weil wir dumm oder inkompetent sind, sondern weil wir einem unbewussten Wunsch nach Versagen nachkommen.

Ein sehr intelligenter und witziger Freund von mir hat sein Leben lang seinen eigenen Erfolg zerstört. Als junger Mann war er als Industriekaufmann sehr erfolgreich und wurde gefeuert. Er begann mit einer Ausbildung zum Broker und erreichte fast die Spitze in seiner Firma, aber er wurde verklagt. Er wurde ein wohlbekannter Trader, aber er ging pleite, als er sich aus seinen vorangehenden Desastern befreite. All sein Versagen schob er auf eifersüchtige Chefs, inkompetente Beamte und eine Ehefrau, die ihn nicht unterstützte.

Schließlich landete er auf der Straße. Er hatte keinen Job und kein Geld. Er borgte sich einen Terminal für Wertpapierkurse von einem anderen ruinierten Trader und sammelte Kapital bei einigen Leuten, die davon gehört hatten, dass er in der Vergangenheit gute Geschäfte gemacht hatte. Er wusste, wie man tradet und er schaffte es, Geld für seinen Pool zu sammeln. Als das bekannt wurde, brachten mehr Leute ihr Geld zu ihm, bis er eine Menge Geld hatte. Zu diesem Zeitpunkt ging er auf eine Rednertour nach Asien, doch setzte er sein Trading von unterwegs fort. Dann machte er einen kleinen Abstecher in ein

Land, das für seine Prostituierten bekannt war, und hinterließ versehentlich eine offene Position ohne einen schützenden Stop. Als er dann später in die Zivilisation zurückkehrte, hatten sich die Märkte inzwischen stark verändert und sein Budget war ausradiert. Glauben Sie, er hätte versucht, über sein Problem nachzudenken? Glauben Sie, er hätte versucht, sich zu ändern? Nein – er gab seinem Broker die Schuld!

Es schmerzt, wenn man in sich hineinsehen muss, um nach Gründen für das Versagen zu suchen. Wenn Trader in Schwierigkeiten kommen, dann neigen sie dazu, andere oder das Pech dafür verantwortlich zu machen.

Ein ziemlich bekannter Trader kam zu mir, um sich beraten zu lassen. Seine Bilanz auf dem Tradingkonto war durch einen Aufschwung des US-Dollars aus dem Gleichgewicht gekommen, wobei er schwer auf die Nase fiel. Als Kind musste er andauernd gegen einen widerlichen und arroganten Vater kämpfen. Der Trader hatte sich einen Namen dadurch gemacht, dass er große Beträge auf die Umkehr gängiger Trends setzte. Dieser Trader setzte weiterhin auf seine Short-Position, weil er nicht zugeben konnte, dass der Markt, der seinen Vater repräsentierte, größer und stärker war als er.

Dies sind nur zwei Beispiele dafür, dass Menschen aus selbstzerstörerischen Charakterzügen heraus handeln. Wir sabotieren uns selbst, wenn wir wie impulsive Kinder handeln und nicht wie intelligente Erwachsene. Wir halten an unseren selbstzerstörerischen Handlungsmustern fest, auch wenn sie therapiert werden könnten. Versagen ist eine heilbare Krankheit.

Die mentale Last aus der Kindheit kann Sie daran hindern, auf den Finanzmärkten erfolgreich zu sein. Um eine Veränderung herbeizuführen, müssen Sie Ihre Schwächen finden. Schreiben Sie ein Trading-Tagebuch – schreiben Sie auf, weshalb Sie in ein Geschäft eingestiegen sind und weshalb Sie ausgestiegen sind. Halten Sie Ausschau nach sich wiederholenden Erfolgsmustern sowie nach solchen Mustern, denen ein Misserfolg folgte.

Das Zerstörer-Spiel

Fast jeder Beruf hält für seine Angehörigen ein Sicherheitsnetz bereit. Ihre Chefs, Ihre Kollegen und Ihre Kunden warnen Sie, wenn Sie sich riskant oder selbstzerstörerisch verhalten. Im Trading gibt es eine solche Hilfe nicht. Die Märkte bieten viele Gelegenheiten zur Selbstzerstörung ohne ein Sicherheitsnetz.

Mitglieder einer Gesellschaft machen kleine Zugeständnisse, um sich gegenseitig vor den Konsequenzen ihrer Fehler zu schützen. Wenn Sie mit dem Auto fahren, versuchen Sie es zu vermeiden, andere Autos anzufahren und diese vermeiden es, Sie anzufahren. Wenn jemand die Tür eines geparkten Autos öffnet, dann weichen Sie aus. Und wenn jemand Sie auf der Autobahn schneidet, werden Sie wahrscheinlich fluchen, aber Sie werden bremsen. Sie vermeiden Zusammenstöße, weil sie für beide Seiten zu teuer sind.

Finanzmärkte operieren ohne die übliche menschliche Hilfsbereitschaft. Jeder Trader versucht, den anderen zu schädigen. Jeder Trader wird von anderen geschädigt. Die Autobahn des Trading ist voll von Wracks. Das Geschäft mit Wertpapieren ist das gefährlichste Unternehmen, das ein Mensch wagen kann, mit Ausnahme vielleicht eines Krieges.

Auf dem Tageshöchststand zu kaufen, ist vergleichbar damit, dass Sie Ihre Autotür mitten in den Verkehr hinein öffnen. Wenn Ihr Kaufauftrag das Parkett erreicht, beeilen sich die Trader, Ihnen zu verkaufen – um Ihnen die Tür wegzufahren und, falls erforderlich, Ihren Arm gleich dazu. Andere Trader möchten gerne, dass Ihr Geschäft danebengeht, weil sie dann das Geld bekommen, das Sie verlieren.

So halten Sie die Selbstzerstörung unter Kontrolle

Die meisten Menschen gehen durch ihr Leben und machen mit 60 Jahren die gleichen Fehler, die sie schon mit 20 Jahren gemacht haben. Andere strukturieren ihr Leben so, dass sie auf einem Gebiet Erfolg haben, während sie in einem anderen Bereich ihre inneren Konflikte ausleben. Nur wenige Menschen wachsen aus ihren Problemen heraus.

Sie müssen sich dessen bewusst sein, dass Sie einen Hang haben, sich selbst zu sabotieren. Hören Sie auf, Ihre Verluste dem Pech oder anderen zuzuschreiben. Übernehmen Sie die Verantwortung für die Ergebnisse, die Sie erzielen. Fangen Sie an, ein Tagebuch zu führen – eine Liste mit all Ihren Geschäften, mit den Gründen, aus denen Sie diese begonnen haben und weshalb Sie aus ihnen wieder ausgestiegen sind. Achten Sie auf sich wiederholende Erfolgs- oder Misserfolgsmuster. Die Menschen, die nicht aus ihrer Vergangenheit lernen, sind dazu verdammt, immer wieder die gleichen Fehler zu begehen.

Sie brauchen ein psychologisches Sicherheitsnetz, so wie Kletterer in den Bergen ihre Sicherheitsausrüstung benötigen. Ich fand heraus, dass die Prinzipien der Anonymen Alkoholiker, die ich später in diesem Kapitel noch ausführen werde, von großer Hilfe sind. Ein striktes Money Management stellt für Sie auch eine gewisse Sicherheit dar.

Wenn Sie eine Therapie für Ihre Tradingprobleme suchen, dann wählen Sie einen kompetenten Therapeuten aus, der weiß, was es mit dem Trading auf sich hat. Sie sind letztendlich verantwortlich für Ihre eigene Therapie und Sie müssen Ihre Fortschritte beobachten. Ich sage meinen Patienten im Allgemeinen, dass diese Therapie, wenn ein Monat ohne deutlich sichtbare Anzeichen einer Besserung vorbeigeht, ungeeignet ist. Wenn die Therapie innerhalb von zwei Monaten keine Fortschritte zeigt, ist es an der Zeit, einen anderen Therapeuten aufzusuchen.

8 Die Psychologie des Trading

Ihre Gefühle haben einen umgehenden Einfluss auf die Bilanz Ihres Budgets. Sie mögen ein hervorragendes Tradingsystem haben, wenn Sie sich aber ängstlich, arrogant oder aufgeregt fühlen, dann wird Ihr Konto darunter leiden. Wenn Sie erkennen, dass Hochgefühl oder Angst Ihren Verstand umnebelt, dann sollten Sie zu traden aufhören. Ihr Erfolg oder Ihr Misserfolg als Trader hängt davon ab, wie Sie Ihre Emotionen kontrollieren können.

Wenn Sie mit Wertpapieren handeln, dann treten Sie in Konkurrenz zu den besten Köpfen in der Welt. Das Feld, mit dem Sie in Konkurrenz treten, ist so geneigt, dass Sie mit Sicherheit einen Verlust einstecken. Wenn Sie Ihren Gefühlen erlauben, mit Ihrem Trading in Konflikt zu geraten, dann ist das Spiel schon gelaufen.

Sie sind für jeden Kontrakt, den Sie abschließen, selbst verantwortlich. Ein Geschäft beginnt, wenn Sie sich entscheiden, in den Markt einzutreten und endet erst dann, wenn Sie sich entscheiden, sich wieder aus dem Markt zu entfernen. Ein gutes Tradingsystem zu haben, ist nicht genug. Die meisten Trader mit guten Systemen werden aus dem Markt gespült, weil sie psychologisch nicht darauf vorbereitet sind, zu gewinnen.

Die Regeln beugen

Die Märkte bieten enorme Versuchungen, wie man sie empfinden könnte, wenn Sie durch ein goldenes Gewölbe oder durch einen Harem gehen. Märkte erwecken machtvolles Verlangen nach mehr Gewinnen und eine große Angst das zu verlieren, was man bereits gewonnen hat. Diese Gefühle vernebeln unsere Wahrnehmungen von Chancen und Risiken.

Schon nach einer kurzen Serie von Gewinnen fühlen sich die meisten Amateure wie ein Genie. Es ist aufregend anzunehmen, sie seien so gut, dass sie ihre eigenen Regeln beugen und trotzdem gewinnen können. Das ist der Zeitpunkt, zu dem sich Trader auf einen selbstzerstörerischen Weg begeben.

Trader lernen hinzu, sie machen Gewinne, ihre Gefühle kommen ins Spiel und sie zerstören sich selbst. Die meisten Trader geben ihre Mega-Gewinne schnell wieder an den Markt zurück. Die Märkte sind voll von Geschichten, die so ähnlich lauten, wie etwa »Der Weg zum Millionär und wieder zurück«. Das Markenzeichen eines erfolgreichen Traders ist seine Fähigkeit, Werte zu schaffen und zu mehren.

Sie sollten Ihre Wertpapieranlagen so objektiv wie nur möglich gestalten. Führen Sie ein Tagebuch Ihrer Trades mit Zuvor- und Danach-Charts, führen Sie ein Protokoll all Ihrer Trades und schließen Sie in die Aufzeichnungen auch Provisionen und Slippages ein und unterhalten Sie darüber hinaus ein sehr striktes Money Management. Es kann sein, dass Sie ebenso viel Energie aufbringen müssen, sich selbst wie den Markt zu analysieren.

Als ich lernte, wie man mit Wertpapieren handelt, las ich jedes Buch über die Psychologie des Handels, das ich finden konnte. Viele Autoren unterbreiteten vernünftige Ratschläge. Einige betonten besonders die Disziplin. »Lassen Sie es nicht zu, dass die Märkte Sie verbiegen. Treffen Sie Ihre Entscheidungen nie während der Börsenzeit. Planen Sie einen Trade und handeln Sie auch nach diesem Plan.« Andere betonten die Flexibilität: »Gehen Sie nie in einen Markt mit irgendwelchen festen Vorsätzen. Ändern Sie Ihre Pläne, wenn der Markt sich ändert.« Einige Experten empfahlen die Isolation: keine Wirtschaftsnachrichten, kein *Wall Street Journal*, nicht auf andere Trader hören, nur Sie und der Markt. Andere empfahlen, aufgeschlossen zu sein, mit anderen Tradern Kontakt zu halten und neue Ideen aufzunehmen. Jeder Ratschlag schien vernünftig zu sein, aber oft widersprachen sie einander.

Ich las weiterhin, ich handelte und konzentrierte mich darauf, ein System zu entwickeln. Ich praktizierte auch weiterhin in meiner psychiatrischen Praxis. Nie glaubte ich daran, dass diese beiden Felder miteinander eine Vebindung hatten – bis ich plötzlich eine Einsicht hatte. Der Gedanke, der die Art und Weise meines Tradings veränderte, kam aus der Psychiatrie.

Die Einsicht, die mein Trading veränderte

Wie die meisten Psychiater hatte ich immer auch Patienten mit Alkoholproblemen. Ich war auch als Berater für ein größeres Rehabilitationsprogramm tätig. Es dauerte nicht lange, bis ich feststellte, dass Alkoholiker und Abhängige in Selbsthilfegruppen viel leichter von ihrer Abhängigkeit loskamen als in den klassischen psychiatrischen Sitzungen.

Psychotherapie, Medikamente, teure Krankenhäuser und Kliniken können einen Trinker nüchtern machen, aber nur sehr selten werden sie dabei Erfolg haben, ihn auch nüchtern zu halten. Die meisten Abhängigen fallen schnell wieder in ihre Abhängigkeit zurück. Sie haben eine viel größere Chance vom Alkohol wegzukommen, wenn sie bei den Anonymen Alkoholikern oder in ähnlichen Selbsthilfegruppen tätig werden.

Und als ich feststellte, dass die Anonymen Alkoholiker viel eher trocken bleiben und ihr Leben neu gestalten, wurde ich ein vehementer Anhänger. Ich begann meine Patienten mit Alkoholproblemen zu den Anonymen Alkoholikern und zu ähnlichen Gruppen zu schicken. Wenn nunmehr ein Alkoholiker zu mir kommt, um behandelt zu werden, dann bestehe ich darauf, dass er auch zu den Anonymen Alkoholikern geht. Ich sage ihm das, weil er ansonsten viel Zeit und Geld verschwenden würde.

Eines Abends, es ist schon einige Jahre her, besuchte ich ganz kurz einen Freund in seinem Büro und wollte danach zu einer Party fahren, die in unserer psychiatrischen Abteilung stattfand. Wir hatten noch zwei Stunden, bevor die Party beginnen sollte, da sagte mein Freund, der ein Alkoholiker auf dem Weg der Besserung war: »Sollen wir zusammen ins Kino gehen oder möchtest du mit mir zu einem Treffen der Anonymen Alkoholiker kommen?« Ich hatte viele Patienten zu den Anonymen Alkoholikern geschickt, aber war selbst niemals auf einem Treffen gewesen, da ich ja schließlich kein Problem mit Alkohol hatte. Ich nahm die Gelegenheit wahr, einem Treffen beizuwohnen – es war eine neue Erfahrung.

Das Treffen wurde im Clubhaus des YMCA (Christlicher Verein junger Männer) abgehalten. Ein Dutzend Männer und einige Frauen saßen auf Klappstühlen in einem leeren Raum. Das Treffen dauerte ungefähr eine Stunde. Ich war erstaunt von dem, was ich hörte – diese Menschen schienen über das Trading zu sprechen!

Sie sprachen zwar über Alkohol, aber immer wenn ich das Wort Verlust für Alkohol einsetzte, dann stimmte das, was sie sagten, durchaus mit meinen Auffassungen über das Trading überein! Damals ging die Bilanz meines Wertpapierkontos immer noch auf und ab. Ich verließ das Clubhaus und wusste, dass ich mit meinen Verlusten so umgehen musste, wie die Anonymen Alkoholiker mit Alkohol umgehen.

9 Nachhilfe für Trader – von den Anonymen Alkoholikern

Fast jeder Trinker kann für einige Tage trocken bleiben. Doch bald wird der Zwang zu trinken ihn überkommen, und er kehrt zur Flasche zurück. Er kann dem Zwang nicht widerstehen, weil er weiterhin fühlt und denkt wie ein Alkoholiker. Nüchternheit beginnt und endet im Kopf.

Die Anonymen Alkoholiker haben ein System, um die Art und Weise, wie Alkoholiker über das Trinken denken, zu verändern. Sie benutzen ein Zwölf-Stufen-Programm, um ihre Einstellung zu verändern. Diese zwölf Stufen, die in dem Buch *Twelve steps and twelve traditions* beschrieben werden, gehen auf die zwölf Stufen des persönlichen Wachstums zurück. Entwöhnte Alkoholiker besuchen die Treffen, wo sie ihre Erfahrungen mit anderen entwöhnten Alkoholikern teilen, und sie unterstützen sich gegenseitig in ihrer Nüchternheit. Jedes Mitglied kann einen Helfer bekommen – einen anderen Anonymen Alkoholiker, den er anrufen kann, wenn er den Drang zu trinken verspürt.

Die Anonymen Alkoholiker wurden in den 30er-Jahren des 20. Jahrhunderts von zwei Alkoholikern gegründet – einem Arzt und einem Handelsreisenden. Sie trafen sich regelmäßig und halfen einander dabei, trocken zu bleiben. Sie entwickelten ein System, das so gut funktionierte, dass andere mitmachten. Die Anonymen Alkoholiker haben nur ein Ziel – ihren Mitgliedern zu helfen, trocken zu bleiben. Sie sammeln kein Geld, sie nehmen keine politischen Positionen ein und sie unternehmen auch keine Werbefeldzüge. Ihre Teilnehmerzahl steigt nur durch Mundpropaganda.

Das Zwölf-Stufen-Programm der Anonymen Alkoholiker ist so wirksam, dass es auch von Menschen mit anderen Problemen genutzt wird. Es gibt Zwölf-Stufen-Gruppen für Kinder von Alkoholikern, für Raucher, Spieler und andere. Ich bin davon überzeugt, dass Trader ihre Geldverluste stoppen können, wenn sie sich an die Grundregeln der Anonymen Alkoholiker auch beim Trading halten.

Das Leugnen

Der gelegentliche Trinker genießt einen Cocktail oder ein Glas Wein oder Bier, aber hört auf damit, wenn er das Gefühl hat, dass er genug hat. Die Chemie eines Alkoholikers funktioniert anders. Wenn ein Alkoholiker einmal einen Drink nimmt, dann hat er das dringende Bedürfnis, immer mehr zu trinken, bis er betrunken ist.

Ein Trinker sagt sich oft, dass er weniger trinken sollte, aber er kann nicht zugeben, dass sein Trinken außer Kontrolle geraten ist. Die meisten Trinker leugnen, dass sie Alkoholiker sind. Versuchen Sie einmal, einem Verwandten, einem Freund oder einem Angestellten, der Alkoholiker ist, zu sagen, dass er seinen Alkoholkonsum nicht kontrollieren kann, dass er sein Leben ruiniert, und Sie werden gegen eine Wand von Leugnen und Verneinung rennen.

Ein Alkoholiker sagt oft: »Mein Chef hat mich entlassen, weil ich einen Kater hatte und zu spät zur Arbeit kam. Meine Frau hat die Kinder genommen und mich verlassen, weil sie in erster Linie ihren Verstand verloren hat. Mein Vermieter will mir kündigen, weil ich mit meiner Miete ein klein wenig im Rückstand bin. Ich muss mein Trinken ein wenig einschränken und alles wird in Ordnung kommen.«

Dieser Mann hat seine Familie und seine Anstellung verloren. Er ist dabei, das Dach über seinem Kopf zu verlieren. Sein Leben läuft ihm völlig aus der Kontrolle – aber er sagt weiterhin, dass er sein Trinken einschränken kann. Das meine ich mit Leugnen! Er will seinen Zustand nicht zur Kenntnis nehmen und verschließt seine Augen und seinen Verstand vor der Wahrheit.

Alkoholiker leugnen ihre Probleme, während ihr Leben zerfällt. Die meisten von ihnen halten an der Vorstellung fest, dass sie ihre Trinkgewohnheiten kontrollieren könnten. Solange ein Alkoholiker daran glaubt, er könnte sein Trinken kontrollieren, ist er auf dem Abstieg. Nichts wird sich jemals ändern. Auch wenn er einen neuen Job, eine neue Frau oder einen neuen Vermieter bekommt.

Alkoholiker leugnen, dass der Alkohol ihr Leben kontrolliert. Wenn sie davon sprechen, dass sie ihr Trinken einschränken wollen, dann sprechen sie davon, dass sie das Unkontrollierbare kontrollieren wollen. Sie sind wie ein Autofahrer, dessen Auto auf einer Passstraße außer Kontrolle gerät. Wenn das Auto einen Abhang hinabstürzt, dann ist es zu spät zu versprechen, demnächst vorsichtiger zu fahren. Das Leben eines Alkoholikers gerät aus seiner Kontrolle, während er immer noch nicht wahrhaben will, ein Alkoholiker zu sein.

Es gibt eine sehr enge Parallele zwischen einem Alkoholiker und einem Trader, dessen Konto von Verlusten heruntergewirtschaftet wurde. Der Trader ändert weiterhin seine Taktik und verhält sich wie ein Alkoholiker, der versucht, sein Problem dadurch zu lösen, dass er von Schnaps auf Bier umsteigt. Ein Verlierer leugnet, dass er die Kontrolle über seinen Weg in den Märkten verloren hat.

In der Gosse

Ein Trinker kann seinen Weg zur Entwöhnung erst dann beginnen, wenn er zugibt, dass er ein Alkoholiker ist. Er muss einsehen, dass der Alkohol sein Leben kontrolliert und es nicht umgekehrt ist. Einige Alkoholiker kommen dann auf den Tiefststand, wenn sie eine lebensgefährliche Krankheit erleiden müssen. Andere kommen auf ihren Tiefpunkt, wenn sie von ihrer Familie verlassen werden oder ihre Anstellung verlieren. Ein Alkoholiker muss auf einen Punkt sinken, der so tief, so weit unten in der Gosse und so unsäglich schmerzhaft ist, dass dieses Bewusstsein schließlich sein Leugnen durchdringt.

Der Schmerz, den Tiefpunkt erreicht zu haben, ist geradezu unerträglich. Nun sieht ein Alkoholiker, wie tief er gesunken ist. Dieser Schmerz durchdringt sein Leugnen. Er wird vor eine ganz einfache Wahl gestellt – entweder sein Leben zu ändern oder zu sterben. Nur dann ist ein Alkoholiker bereit, sich auf den Weg der Entwöhnung zu begeben.

Gewinne geben Tradern ein Gefühl der Macht und verleihen ihnen ein Hochgefühl. Sie versuchen, dieses Hoch wieder zu erleben, lassen sich auf höchst risikoreiche Geschäfte ein und verlieren all ihre Gewinne. Die meisten Trader können den Schmerz, den schwere Verluste verursachen, nicht ertragen. Sie quittieren als Trader, nachdem sie ihren Tiefpunkt erreicht haben und werden aus den Märkten gefegt. Die wenigen Überlebenden stellen fest, dass die größten Defizite nicht in ihren Methoden liegen, sondern in ihrem Denken. Das können sie aber ändern und zu erfolgreichen Tradern werden.

Der erste Schritt

Ein Alkoholiker, der sich entwöhnen möchte, muss zwölf Stufen gehen – die zwölf Stufen des persönlichen Wachstums. Er muss sein Denken und seine Gefühle ändern, er muss neu ordnen, wie er zu sich und zu anderen steht. Der erste Schritt eines Anonymen Alkoholikers ist der härteste.

Der erste Schritt, den ein Alkoholiker unternehmen muss, ist zuzugeben, dass er gegenüber dem Alkohol machtlos ist, dass sein Leben nicht mehr kontrollierbar ist, dass der Alkohol stärker ist als er. Die meisten Alkoholiker können diesen Schritt nicht gehen, sie steigen aus dem Entwöhnungsprogramm aus und sie zerstören weiterhin ihr Leben.

Wenn man schwächer ist als der Alkohol, dann darf man ihn nie wieder anfassen, nicht ein Schlückchen, solange man lebt. Man muss das Trinken für immer aufgeben. Doch die meisten Trinker möchten dieses Vergnügen gar nicht aufgeben. Lieber zerstören sie ihr Leben als den ersten Schritt der Anonymen Alkoholiker zu tun. Nur der Schmerz, den sie erleiden, wenn sie den Tiefpunkt in der Gosse erreichen, kann die Motivation vermitteln, diesen ersten Schritt zu tun.

Immer nur einen Tag

Wahrscheinlich haben sie schon Autoaufkleber gesehen, auf denen stand »Immer nur einen Tag«. Dies ist ein Slogan der Anonymen Alkoholiker und Menschen, die Autos mit solchen Aufklebern fahren, sind wahrscheinlich entwöhnte Alkoholiker.

Sich ein ganzes Leben ohne Alkohol vorzunehmen, kann überwältigend erscheinen. Und deshalb ermutigen die Anonymen Alkoholiker ihre Mitglieder, immer nur einen Tag trocken zu bleiben.

Das Ziel jedes Anonymen Alkoholikers ist, heute trocken zu bleiben und nüchtern ins Bett zu gehen. Langsam werden aus den Tagen Wochen, aus den Wochen Monate, und aus den Monaten Jahre. Die Treffen der Anonymen Alkoholiker und andere Aktivitäten helfen jedem entwöhnten Alkoholiker trocken zu bleiben, immer nur einen Tag lang.

Entwöhnte Alkoholiker erhalten – und geben anderen – unschätzbare Hilfe und Kameradschaft bei diesen Treffen. Diese Treffen werden zu jeder Stunde in jedem Land der Welt abgehalten. Trader können von solchen Treffen sehr viel lernen.

Ein Meeting der Anonymen Alkoholiker

Das Beste, was ein Trader machen kann, ist zu einem Treffen der Anonymen Alkoholiker zu gehen. Ich empfehle das besonders den Tradern, die gerade auf der Verliererstraße sind. Rufen Sie an und fragen nach dem nächsten offenen Treffen oder einem Anfängertreffen in Ihrer Gegend.

Ein Treffen dauert ungefähr eine Stunde. Sie können sich hinten in den Raum setzen und ruhig zuhören. Es gibt keinen Zwang zu sprechen und niemand fragt Sie nach Ihrem Familiennamen.

Jedes Treffen beginnt damit, dass ein Mitglied, das schon lange dabei ist, aufsteht und über seinen persönlichen Kampf spricht, vom Alkohol loszukommen. Andere Mitglieder teilen diese Erfahrungen. Am Ende gibt es eine kleine Sammlung, um die Kosten zu decken – die meisten geben einen Dollar. Alles, was Sie tun müssen, ist sorgfältig zuzuören und immer, wenn Sie das Wort

Alkohol hören, ersetzen Sie es durch das Wort Verlust. Und dann werden Sie das Gefühl haben, dass diese Leute über Ihren Handel mit Wertpapieren sprechen!

10 Die Anonymen Verlierer

Ein gelegentlicher Trinker genießt ab und zu einen Drink, doch ein Alkoholiker dürstet nach Alkohol. Er leugnet aber, dass der Alkohol sein Leben kontrolliert und es zerstört – bis er in eine persönliche Krise kommt. Das kann eine lebensbedrohliche Krankheit sein, die Kündigung des Arbeitsplatzes, die Distanzierung des Lebensgefährten oder irgendein anderes Ereignis, das ihm nahezu unerträglich schmerzvoll erscheint. Die Anonymen Alkoholiker nennen es »hitting rock bottoms«, in der Gosse landen.

Der Schmerz, den Tiefpunkt zu erreichen, durchdringt das Leugnen eines Alkoholikers. Er sieht sich vor die Wahl gestellt, entweder zu ertrinken oder umzukehren, um nach oben zu schwimmen, damit er wieder Luft bekommt. Sein erster Schritt zur Entwöhnung ist zuzugeben, dass er gegenüber dem Alkohol machtlos ist. Ein entwöhnter Alkoholiker darf nie wieder trinken. Der Verlust bedeutet für den Verlierer, was der Alkohol für einen Alkoholiker ist. Ein kleiner Verlust beim Trading ist wie ein einzelner Drink. Ein großer Verlust ist wie ein Vollrausch. Eine Serie von Verlusten vergleiche ich mit einem mehrtägigen Saufgelage. Ein Verlierer wechselt weiterhin die verschiedenen Märkte, Gurus und Tradingsysteme. Sein Konto schrumpft, während er bemüht ist, das angenehme Gefühl des Gewinnens wieder zu erleben. Verlierende Trader denken und handeln wie Alkoholiker, nur dass ihre Sprache klar und deutlich ist. Die beiden Gruppen sind einander so ähnlich, dass Sie voraussagen können, was ein Verlierer tun wird, wenn Sie einen Alkoholiker zum Beispiel nehmen. Trinken ist eine heilbare Krankheit – und Verlieren auch. Verlierer können sich ändern, wenn sie damit beginnen, die Grundregeln der Anonymen Alkoholiker zu beherzigen.

Der Zwang zum Traden

Erfolgreiche Trader gehen mit Tiefs so um, wie ein gelegentlicher Trinker mit Alkohol. Ein wenig Verlust reicht ihnen und dann hören sie auf. Wenn sie mehrere Verluste hintereinander einstecken müssen, dann sehen sie das als ein Signal dafür an, dass irgendetwas nicht stimmt: Es ist also an der Zeit anzuhalten und die Analysen oder Methoden neu zu überdenken. Verlierer können nicht aufhören. Sie traden weiter, weil sie abhängig sind von der Aufregung und der Spannung des Spiels und weil sie weiterhin auf den großen Gewinn hoffen. Ein sehr bekannter Wertpapierberater schrieb einmal, dass das Vergnügen des Tradens höher sei, als Sex zu haben oder ein Düsenflugzeug zu fliegen. Sowie ein Alkoholiker vom gelegentlichen Trinken zur Trunkenheit kommt, so gehen Verlierer immer größere Risiken ein. Sie überschreiten die Linie zwischen einem normalen Geschäftsrisiko und dem Glücksspiel. Viele Verlierer wissen nicht einmal, dass es diese Linie gibt.

Verlierer fühlen den Zwang zu traden, genauso wie Alkoholiker den Zwang zu trinken verspüren. Sie tätigen impulsive Geschäfte, riskieren regelrechte Tradinggelage und versuchen, sich aus einem Loch herauszutraden.

Verlierer bluten ihre Konten aus. Die meisten von ihnen geben auf, aber einige gehen dazu über, das Geld anderer Leute zu verwalten, nachdem sie ihr eigenes verloren haben. Wieder andere verkaufen Beratungsdienste, so wie ausgebrannte Trinker zum Gläserwaschen in eine Kneipe gehen.

Die meisten Verlierer verbergen ihre Verluste vor sich selbst und vor allen anderen. Sie schieben Geld hin und her, führen schlechte Protokolle und werfen die Slips (Quittungen) der Broker in den Papierkorb. Ein Verlierer ist wie ein Alkoholiker, der überhaupt nicht wissen möchte, wie viel Gläser Schnaps er getrunken hat.

In die Gosse

Ein Verlierer weiß nie, weshalb er verliert. Wenn er es wüsste, würde er etwas dagegen unternommen haben und ein Gewinner geworden sein. Er handelt wie benebelt. Ein Verlierer versucht, seine Anlagen so zu verwalten, wie ein Alkoholiker versucht, sein Trinken zu kontrollieren.

Verlierer versuchen, sich aus einer Talsohle herauszutraden. Sie ändern ihr Tradingsystem, kaufen neue Software, oder sie kaufen Tipps von einem neuen Guru. Aus einer Fantasie heraus tun sie irgendetwas – ein netter Glaube an St. Nikolaus. Ihr verzweifelter Glaube an magische Lösungen hilft vielen Beratern, ihre Dienste zu verkaufen.

Wenn sich die Verluste anhäufen und der Kontostand sinkt, verhält sich ein Verlierer wie ein Alkoholiker, dem die Kündigung der Wohnung oder der Arbeitsstelle droht. Ein Verlierer verzweifelt und geht zusätzlich eine Gegenposition ein oder er verdoppelt seine Positionen, auf denen er ohnehin verliert, oder er wendet seine Strategie und handelt in die Gegenrichtung usw. Verlierer haben von diesen Manövern so viel, wie ein Alkoholiker ebenso nichts davon hat, wenn er von Schnaps auf Wein umsteigt.

Ein Trader, der verliert, schlingert außer Kontrolle und versucht, das zu kontrollieren, was nicht kontrolliert werden kann. Alkoholiker sterben vorzeitig, und die meisten Anleger verschwinden aus den Märkten und kommen nicht wieder zurück. Neue Tradingmethoden, heiße Tipps und verbesserte Software können nicht helfen, bis sie gelernt haben, mit sich selbst umzugehen. Sie müssen ihr Denken ändern, um ihre Verluste zu stoppen und mit ihrer Entwöhnung vom Verlieren zu beginnen.

Verlierer werden von Verlusten betrunken; sie sind abhängig von Verlusten. Trader ziehen zwar Gewinne vor, aber auch Verluste bieten eine ganz gehörige Portion an Spannung. Das Vergnügen des Trading ist sehr groß. Wenige Verlierer legen es darauf an zu verlieren – aber auch nur wenige Alkoholiker versuchen ganz bewusst in der Gosse zu enden.

Ein Verlierer bleibt high, auch wenn sein Kontostand sinkt. Ihm zu sagen, dass er auf der Verliererstraße ist, ist so, als ob man einem Trinker die Flasche wegnehmen wolle. Ein Verlierer muss den absoluten Tiefpunkt erreichen, bevor er anfangen kann, sich wieder zu erholen.

Der absolute Tiefpunkt

Auf dem absoluten Tiefpunkt anzukommen, ist ein schreckliches Gefühl. Es ist schmerzhaft und erniedrigend. Sie kommen dort an, wenn Sie Geld verlieren, das Sie sich gar nicht zu verlieren erlauben können. Sie kommen dort an, wenn Sie Ihre Ersparnisse verspielen. Sie kommen dort an, wenn Sie Ihre Freunde anpumpen müssen, nachdem Sie ihnen zuvor versichert haben, wie klug Sie seien. Sie kommen am Tiefstpunkt an, wenn der Markt brüllend auf Sie zukommt und schreit: »Du Dummkopf!«

Einige Menschen kommen schon nach ein paar Wochen im Anlagegeschäft an ihrem Tiefpunkt an. Andere stocken ihr Tradingkonto auf, um den Tag der Abrechnung hinauszuschieben. Es schmerzt, in den Spiegel sehen zu müssen und darin einen Verlierer zu finden.

Wir brauchen fast ein Leben lang, um Selbstachtung aufzubauen. Die meisten von uns haben von sich selbst eine sehr hohe Meinung. Es schmerzt eine intelligente und erfolgreiche Person, an einem Tiefpunkt anzukommen. Ihr erster Impuls mag dahin gehen, dass Sie sich verstecken, aber denken Sie daran, Sie sind nicht allein. Fast jeder Trader war schon einmal dort.

Die meisten Menschen, die am Tiefpunkt ankommen, sind als Trader »gestorben«. Sie wenden sich von der Börse ab und schauen niemals zurück. Aufzeichnungen von Brokern zeigen, dass 90 von 100 Menschen, die heute noch im Geldanlagegeschäft sind, wahrscheinlich in einem Jahr vom Markt verschwunden sein werden. Sie werden einen Tiefschlag einstecken, sich krümmen und flüchten. Sie werden versuchen, das Trading zu vergessen, so wie einen schlechten Alptraum.

Einige Verlierer werden ihre Wunden lecken und warten, bis die Schmerzen vorbeigehen. Dann werden sie wieder an die Börse zurückkommen und ein wenig gelernt haben. Sie werden furchtsam sein und die Furcht wird ihre Anlagegeschäfte weiterhin verschlechtern.

Sehr wenige Trader werden den Prozess des Wandels und des Wachstums bestehen können. Bei diesen sehr seltenen Menschen wird der Schmerz, den Tiefpunkt erreicht zu haben, den Teufelskreis unterbrechen.

Wenn Sie zugeben, dass Sie ein persönliches Problem haben, das Ihre Verluste verursacht, dann können Sie damit beginnen, ein neues Leben als Trader aufzubauen. Sie können damit beginnen, die Disziplin eines Gewinners zu entwickeln.

Der erste Schritt

Ein Alkoholiker muss zugeben, dass er sein Trinken nicht kontrollieren kann. Ein Trader muss zugeben, dass er seine Verluste nicht kontrollieren kann. Er muss zugeben, dass er mit Verlusten ein psychologisches Problem hat und dass er auf bestem Wege ist, sein Tradingkonto zugrunde zu richten. Der erste Schritt eines Anonymen Alkoholikers ist zu sagen: »Ich bin ein Alkoholiker und ich bin dem Alkohol gegenüber machtlos.« Als Trader müssen Sie Ihren ersten Schritt tun und sagen: »Ich bin ein Verlierer und ich habe keine Gewalt über meine Verluste.«

Ein Trader kann sich erholen, wenn er den Prinzipien der Anonymen Alkoholiker folgt. Sich entwöhnende Alkoholiker geben sich größte Mühe, trocken zu bleiben – immer nur einen Tag lang. Nun müssen Sie sich größte Mühe geben, ohne Verluste zu traden, immer nur einen Tag lang. Sie werden sagen, das ist unmöglich. Was ist, wenn Sie kaufen und der Markt sofort nach unten geht? Was ist, wenn Sie am untersten Punkt einer Kurskurve leer verkaufen und der Markt einen Höhenflug antritt. Auch die besten Trader verlieren bei einigen Geschäften Geld. Die Antwort ist: Ziehen Sie eine Grenze zwischen einem Geschäftsrisiko und einem Verlust. Ein Anleger muss ein

Geschäftsrisiko in Kauf nehmen, aber er darf niemals einen Verlust hinnehmen, der größer ist als sein zuvor festgelegtes Risiko.

Ein Geschäftsmann geht immer ein Risiko ein, wenn er neue Handelsware auf Lager nimmt. Wenn er die Ware nicht verkauft, wird er Geld verlieren. Ein intelligenter Geschäftsmann geht nur solche Risiken ein, die ihn nicht aus dem Geschäft werfen, auch wenn er einige Fehler hintereinander macht. Zwei Großpackungen einer Ware auf Lager zu nehmen, kann ein vernünftiges Geschäftsrisiko darstellen, aber einen ganzen Container auf Lager zu nehmen, ist wahrscheinlich ein Glücksspiel.

Als Trader sind Sie im Geschäft mit der Geldanlage. Sie müssen Ihr Geschäftsrisiko definieren – den größten Geldbetrag, den Sie für jedes einzelne Geschäft aufwenden wollen. Es gibt keinen bestimmten Geldbetrag, so wie es kein standardisiertes Geschäft gibt. Ein akzeptables Geschäftsrisiko hängt in erster Linie von der Größe Ihres Tradingkontos ab. Und es hängt ebenso von Ihrer Tradingmethode und von Ihrer Schmerzgrenze ab.

Das Konzept des Geschäftsrisikos wird die Art und Weise verändern, in der Sie Ihr Geld verwalten (siehe auch Kapitel X: Risikomanagement). Ein vernünftiger Trader riskiert bei einem Abschluss nie mehr als zwei Prozent seines Kontostands. Wenn Sie beispielsweise 30.000 Dollar auf Ihrem Konto haben, dürfen Sie nicht mehr als 600 Dollar pro Anlage riskieren und wenn Sie 10.000 Dollar haben, dann dürfen Sie eben nicht mehr als 200 Dollar riskieren. Wenn Ihr Konto klein ist, dann sollten Sie sich darauf beschränken, weniger teure Anlagen zu kaufen oder eben nur Kleinkontrakte einzugehen. Wenn Sie ein vielversprechendes Geschäft sehen, Ihr Stop aber höher liegen müsste als bei zwei Prozent Ihres Kontostands, dann sollten Sie dieses Geschäft sausen lassen. Vermeiden Sie unbedingt, mehr als zwei Prozent je Abschluss zu riskieren, so wie ein entwöhnter Alkoholiker Kneipen meidet. Wenn Sie nicht sicher sind, wie viel Sie riskieren sollten, dann gehen Sie lieber auf die sichere Seite und legen weniger an.

Wenn Sie sich über die zu hohe Provision eines Brokers oder über die Slippage eines Parketthändlers beklagen, dann geben Sie die Kontrolle über Ihr Leben als Trader auf. Versuchen Sie beides zu reduzieren, aber übernehmen Sie dafür die Verantwortung. Wenn Sie nur einen Dollar mehr verlieren als Ihr kalkuliertes Geschäftsrisiko, inklusive Provision und Slippage, dann sind Sie ein Verlierer.

Führen Sie über Ihre Abschlüsse ein Protokoll? Eine schlechte Buchführung ist ein sicheres Zeichen, an dem man einen Spieler und Verlierer erkennt. Gute Geschäftsleute führen sorgfältige Aufzeichnungen. Die Aufzeichnungen Ihrer

Geldanlagen müssen das Datum und den Preis jeden Kaufs und Verkaufs, die Slippage, die Provision, die Stops und alle Veränderungen von Stops, die Gründe, in das Geschäft einzusteigen und die Ziele, bei denen Sie aussteigen wollen, den höchsten Papiergewinn, den höchsten Papierverlust, nachdem Sie den Stop erreicht haben, und andere wichtige Daten enthalten. Wenn Sie innerhalb des Geschäftsrisikos aus einem Geschäft aussteigen, dann ist das ein normales Geschäftsgebaren. Es gibt kein Feilschen, kein Warten auf eine weitere Kursbewegung, keine Hoffnung auf eine Änderung. Einen Dollar mehr zu verlieren als das festgelegte Geschäftsrisiko erlaubt, ist so, wie betrunken zu sein, in eine Schlägerei zu geraten, auf dem Heimweg zu erbrechen und mit Kopfschmerzen in der Gosse aufzuwachen. Das werden Sie sicherlich nicht erleben wollen.

Eine Konferenz – ganz allein

Wenn Sie zu einem Treffen der Anonymen Alkoholiker gehen, dann werden Sie Menschen treffen, die jahrelang kein einziges Glas Alkohol getrunken haben und trotzdem aufstehen und sagen: »Hallo, mein Name ist X.Y., und ich bin ein Alkoholiker.« Warum nennen sie sich Alkoholiker, nachdem sie schon jahrelang trocken geblieben sind? Weil, wenn sie denken, sie haben den Alkohol besiegt, sie wieder mit dem Trinken anfangen würden. Jemand, der trocken bleiben möchte, muss sich immer daran erinnern, dass er eigentlich ein Alkoholiker ist und das für den Rest seines Lebens.

Trader könnten von einer eigenen Selbsthilfeorganisation profitieren – ich würde sie Anonyme Verlierer nennen. Weshalb nicht Anonyme Trader? Weil ein derber Name dazu beiträgt, Aufmerksamkeit auf die selbstzerstörerischen Tendenzen im Wesen der Trader zu lenken. Und im übrigen nennen sich auch die Anonymen Alkoholiker nicht Anonyme Trinker. Solange man sich als Verlierer bezeichnet, konzentriert man sich darauf, Verluste zu vermeiden.

Viele Trader halten es für negatives Denken, wenn man sich Anonymer Verlierer nennt. Eine pensionierte Frau aus Texas, eine äußerst erfolgreiche Traderin, beschrieb ihre Auffassung. Sie ist sehr religiös und denkt, es würde Gott nicht gefallen, wenn sie Geld verlieren würde. Deshalb hat sie ihre Verluste so schnell wie nur möglich minimiert. Ich denke, dass unsere Methoden sehr ähnlich sind. Das Ziel ist es, die Verluste aufgrund irgendeines objektiven, von außen kommenden Gesetzes zu minimieren. Innerhalb des Geschäftsrisikos zu traden, sehe ich so, als lebte man ohne Alkohol. Ein Trader muss einfach zugeben, dass er ein Verlierer ist, genau wie ein Trinker zugeben muss, dass er Alkoholiker ist. Erst dann kann seine Genesung beginnen.

Deshalb setze ich mich jeden Morgen, bevor ich mit dem Traden beginne, vor meinen Bildschirm mit den Kursen und sage: »Guten Morgen, ich heiße Alex und ich bin ein Verlierer. Ich habe es in mir, dass ich meinem Tradingkonto großen finanziellen Schaden zufügen kann.« Das ist für mich wie ein Treffen der Anonymen Alkoholiker – es trägt dazu bei, dass sich mein Verstand auf die wichtigsten Grundsätze konzentriert. Auch wenn ich heute Tausende von Dollar an der Börse gewinne, werde ich morgen sagen: »Guten Morgen, mein Name ist Alex und ich bin ein Verlierer.«

Einer meiner Freunde witzelte: »Wenn ich mich am Morgen vor den Bildschirm mit den Börsenkursen setze, dann sage ich: Mein Name ist John und heute werde ich die Gewinne meines Lebens machen.« Sein Denken schafft Spannung. Die »Anonymen Verlierer« schaffen mit ihrem Denken Ernsthaftigkeit. Ein Trader, der seriös denkt und sich entspannt fühlt, kann sich darauf konzentrieren, nach den besten und sichersten Geschäften Ausschau zu halten. Einen Trader, der angespannt ist, vergleiche ich mit einem Autofahrer, der hinter seinem Lenkrad verkrampft. Wenn ein Nüchterner und ein Betrunkener ein Rennen fahren wollen, dann wissen Sie, wer höchstwahrscheinlich gewinnen wird. Ein Betrunkener wird vielleicht, wenn er Glück hat, irgendwann einmal ein Rennen gewinnen, aber der nüchterne Mensch ist derjenige, auf den Sie setzen sollten. Im Rennen an der Börse sollten Sie der nüchterne Mensch sein.

11 Gewinner und Verlierer

Wir kommen mit unterschiedlichen Lebenserfahrungen an die Börse und schleppen den mentalen Ballast unserer Erziehung und unserer bisherigen Vergangenheit mit uns herum. Die meisten von uns werden herausfinden, dass wir, wenn wir uns an der Börse so verhalten wie in unserem Alltag, Geld verlieren werden. Ihr Erfolg oder Ihr Misserfolg an der Börse hängt von Ihren Gedanken und von Ihren Gefühlen ab. Er hängt von Ihrer Einstellung gegenüber Gewinn und Risiko, Angst und Gier ab, und von der Art und Weise, wie Sie die Aufregungen und die Spannung des Trading und des Risikos bewältigen.

In erster Linie aber hängt Ihr Erfolg oder Ihr Misserfolg von Ihrer Fähigkeit ab, Ihren Verstand zu nutzen, und nicht davon, dass Sie emotional handeln. Ein Trader, der überglücklich ist, wenn er gewinnt, und der niedergeschlagen ist, wenn er verliert, kann seinen Kontostand nicht erhöhen, weil er von seinen Gefühlen kontrolliert wird. Wenn Sie es zulassen, dass Sie die Börse in Freude oder in Depression versetzt, dann werden Sie Geld verlieren. Um an der Börse zu den Gewinnern zu zählen, müssen Sie sich selbst kennen, kühl und voll Verantwortung handeln. Der Schmerz des Velustes verängstigt Menschen so sehr, dass sie nach magischen Methoden Ausschau halten. Gleichzeitig entledigen sie sich dessen, was sich in ihrem beruflichen oder geschäftlichen Leben als nützlich erwiesen hat.

Wie ein Ozean

Der Markt ist wie ein Ozean – Ebbe und Flut richten sich nicht nach dem, was Sie gern möchten. Sie können hocherfreut sein, wenn Sie eine Aktie kaufen und sie in einem Aufschwung geradezu explodiert. Sie können zittern vor Angst, wenn Sie leer verkaufen und der Markt anzieht und Ihr Kontostand mit jeder Aufwärtsbewegung dahinschmilzt. Diese Gefühle haben nichts mit dem Markt zu tun - sie existieren nur in Ihnen. Der Markt weiß nicht, dass es Sie gibt. Sie können nichts tun, um ihn zu beeinflussen. Sie können nur Ihr Verhalten kontrollieren.

Auch der Ozean kümmert sich nicht um Ihr Wohlergehen, aber er hat auch nicht die geringste Absicht, Ihnen zu schaden. Sie können ein Gefühl der Freude erleben, wenn Sie an einem sonnigen Tag mit einem leichten Wind Ihr Segelboot an Ihr Ziel steuern. Sie können aber auch Panik empfinden, wenn der Ozean an einem stürmischen Tag Ihr Segelboot auf eine Felsenküste zutreibt. Die Gefühle dem Ozean gegenüber existieren nur in Ihrem Gehirn. Sie bedrohen Ihr Überleben, wenn Sie sich eher von Ihren Gefühlen als von Ihrem Verstand leiten lassen. Ein Segler kann den Ozean nicht kontrollieren, aber er kann sich selbst kontrollieren. Er studiert die Strömungen und das Wetter. Er erlernt sichere Segeltechniken und gewinnt an Erfahrung. Er weiß, wann er hinausfahren kann und wann er im Hafen bleiben muss. Er hat gelernt, seinen Verstand zu benutzen. Je mehr Sie sich von Ihrem Verstand leiten lassen, wenn Sie an eine Aufgabe herangehen, um so wahrscheinlicher ist es, dass Sie das bekommen, was Sie gerne hätten. Wenn Sie Ihre Gefühle ausleben, dann können Sie sich nicht auf die Realität des Ozeans konzentrieren.

Ein Trader muss die Trends und die Wendepunkte im Markt studieren, so wie ein Segler das Meer studiert. Er muss in kleinem Rahmen handeln, während er noch lernt, sich im Markt zu bewegen. Sie können den Markt niemals kontrollieren, aber Sie können lernen, sich selbst zu kontrollieren.

Ein Anfänger, der eine Reihe von gewinnbringenden Geschäften abgeschlossen hat, fühlt sich oft so, als könne er auf dem Wasser laufen. Er geht große Risiken ein und ruiniert sein Konto. Andererseits wird ein Amateur, der einige Verluste hintereinander einstecken muss, sich so demoralisiert fühlen, dass er nicht in der Lage ist, einen Auftrag zu erteilen, wenn sein System ihm ein deutliches Zeichen zu kaufen oder zu verkaufen gibt. Wenn Sie das Trading in Hochstimmung oder in Niedergeschlagenheit versetzt, dann können Sie Ihren Verstand nicht in vollem Umfang nutzen. Wenn Freude Sie von Ihren Füßen reißt, dann werden Sie irrationale Käufe oder Verkäufe tätigen, Sie werden verlieren. Und wenn die Angst Sie ergreift, dann werden Sie gewinnbringende Trades verpassen.

Ein professioneller Wertpapieranleger nutzt seinen Kopf und bleibt kühl. Nur Amateure werden im Börsengeschäft in Hochstimmung oder in Niedergeschlagenheit versetzt. Emotionale Reaktionen sind ein Luxus, den Sie sich an der Börse nicht leisten können.

Gefühlsmässiges Trading

Die meisten Leute suchen nach Spannung und Unterhaltung. Sänger, Schauspieler und Berufssportler verdienen in unserer Gesellschaft weitaus mehr als so bodenständige Berufstätige wie Ärzte, Piloten oder Universitätsprofessoren. Die Menschen mögen es, wenn ihre Nerven gereizt werden – sie kaufen Lotterielose, fliegen nach Las Vegas und sie fahren langsamer, wenn sie Unfälle begaffen können. Das Trading ist eine berauschende Erfahrung und kann abhängig machen. Auch Verlierer, die viel Geld an der Börse lassen, bekommen dafür einen sehr hohen Unterhaltungswert.

Die Börsen gehören zu den unterhaltsamsten Plätzen auf der Erde. An der Börse zu handeln ist gleichzeitig ein passiver und ein aktiver Sport. Stellen Sie sich vor, Sie gehen in ein Erstligafußballspiel, bei dem Sie nicht auf die Tribünen verbannt sind. Für ein paar hundert Dollar haben Sie die Möglichkeit, aufs Spielfeld zu laufen und am Spiel teilzunehmen. Wenn Sie den Ball richtig treffen, werden Sie bezahlt wie ein Profi.

Wahrscheinlich würden Sie es sich die ersten paar Male sehr überlegen, ob Sie überhaupt auf das Feld laufen. Dieses vorsichtige Verhalten ist der Grund für das wohlbekannte Anfängerglück. Wenn ein Anfänger ein paar Mal den Ball richtig getroffen hat und seine Belohnung einsteckt, dann könnte er leicht auf die Idee kommen, er sei besser als die Profis und er könnte davon gut leben. Gierige Amateure laufen an der Börse viel zu oft aufs Spielfeld, auch wenn es keine guten Gelegenheiten gibt. Bevor sie überhaupt begreifen, was ihnen widerfährt, zerstört eine kurze Reihe von Verlusten ihre Karriere.

Entscheidungen, die auf Gefühlen basieren, sind an der Börse tödlich. Ein gutes Beispiel für emotionales Trading können Sie dann sehen, wenn Sie auf die Pferderennbahn gehen und sich so stellen, dass Sie die Menschen und nicht die Pferde beobachten. Die Zuschauer, die eine Wette laufen haben, stampfen mit den Füßen, sie springen auf und nieder und sie schreien in die Richtung der Pferde und der Jockeys. Tausende von Menschen leben hier ihre Gefühle aus. Die Gewinner umarmen sich und die Verlierer zerreißen vor Wut ihre Tickets. Die Freude, der Schmerz und die Intensität der Wunschträume sind Karikaturen dessen, was an der Börse passiert. Ein kühler Wetter, der seinen Lebensunterhalt auf der Rennbahn verdienen möchte, wird nicht aufgeregt, er schreit nicht und er verwettet nicht sein gesamtes Geld bei einem einzigen Rennen, ebenso wenig wie ein Roulettespieler mit 1.000 Dollar Budget alles auf die Zahl 13 setzt.

Spielkasinos lieben betrunkene Kunden. Sie spendieren den Spielern Drinks, weil Betrunkene gefühlsmäßiger reagieren und mehr spielen. Spielkasinos versuchen, intelligente Kartenzähler rauszuwerfen. An der Wall Street gibt es weniger Freibier als in einem Kasino, aber wenigstens schmeißt man Sie hier nicht raus, wenn Sie ein guter Trader sind.

VERANTWORTUNG FÜR IHR LEBEN

Wenn ein Affe seinen Fuß an einem Baumstumpf verletzt, dann gerät er in Wut und tritt gegen das Holzstück. Sie mögen über den Affen lachen, aber lachen Sie auch über sich selbst, wenn Sie sich wie er verhalten? Wenn der Markt einen Abschwung nimmt, während Sie in einer Long-Position sind, dann können Sie an Ihrer Verlustsituation zerbrechen oder short gehen und versuchen, schadlos aus dem Deal herauszukommen. Sie handeln gefühlsbetont, anstatt Ihren Verstand zu benutzen. Was ist der Unterschied zwischen einem Trader, der versucht, in den Markt zurückzukommen und einem Affen, der einen Baumstumpf tritt? Wenn Ihr Handeln von Ärger, Angst oder Stolz bestimmt wird, dann zerstört das Ihre Aussichten auf Gewinn. Sie müssen Ihr Marktverhalten analysieren, anstatt Ihre Gefühle auszuleben.

Wir ärgern uns über die Börse, weil wir sie fürchten, wir entwickeln dumme Verdächtigungen. Währenddessen bewegt sich der Markt regelmäßig durch seine Aufschwünge und Abschwünge weiter, wie ein Ozean durch stürmisches und ruhiges Wetter. Marc Douglas schreibt in seinem Buch *The Disciplined*

Trader, »dass es an der Börse keinen Anfang, keine Mitte und kein Ende gibt – nur das, was Sie in Ihrem Kopf erschaffen. Kaum jemand von uns wächst auf und lernt dabei, in einem Umfeld zu operieren, das ihm die völlige Freiheit kreativen Ausdrucks ermöglicht, ohne irgendwelche äußere Strukturen, die ihn in irgendeiner Weise einschränken.«

Wir versuchen, den Markt zu umschmeicheln oder ihn zu manipulieren, und verhalten uns wie der antike Herrscher Xerxes, der seinen Soldaten befahl, das Meer mit ihren Peitschen zu schlagen, weil seine Flotte gesunken war. Die meisten von uns sind sich dessen nicht bewusst, wie leicht wir zu manipulieren sind, wie wir feilschen, wie gefühlsbetont wir uns im Markt bewegen. Die meisten von uns halten sich für den Mittelpunkt des Universums und glauben, dass jede Person oder jede Gruppe sich uns gegenüber entweder gut oder schlecht verhält. Das gibt es an den Märkten nicht, sie sind völlig unpersönlich.

Leston Havens, ein Psychiater an der Harvard University, schreibt: »Kannibalismus und Sklaverei sind wahrscheinlich die ältesten Symptome menschlichen Raubinstinkts und menschlicher Unterwerfung. Obgleich heute beides verboten ist, zeigt ihre fortwährende Existenz in psychologischen Ausformungen, dass die Gesellschaft große Erfolge erzielt hat, sich vom Konkreten und Körperlichen zum Abstrakten und Psychologischen hinzuwenden und trotzdem auf den gleichen Absichten zu bestehen. »Eltern ängstigen ihre Kinder, Rüpel schlagen sie, und die Lehrer versuchen in der Schule, ihren Willen zu beugen. Es ist deshalb kein Wunder, dass die meisten von uns aufwachsen, indem sie sich entweder in einer Muschel verstecken oder lernen, andere in einer Art der Selbstverteidigung zu manipulieren. Völlig unabhängig zu handeln erscheint uns nicht natürlich – aber das ist die einzige Möglichkeit an der Börse Erfolg zu haben.

Douglas warnt: »Wenn das Verhalten des Marktes Ihnen wunderlich erscheint, dann deshalb, weil Ihr Verhalten wunderlich und unkontrollierbar ist. Sie können nie wirklich herausfinden, was der Markt voraussichtlich tun wird, wenn Sie nicht einmal wissen, was Sie als nächstes tun werden. Schließlich sind Sie selbst das einzige, was Sie wirklich kontrollieren können. Als Trader haben Sie die Macht, entweder selbst Geld zu gewinnen oder Ihr Geld anderen Tradern zu geben.« Er fügt hinzu: »Die Trader, die ständig Geld verdienen... gehen an das Trading mit viel mentaler Disziplin heran.«

Jeder Trader hat seine eigenen Dämonen, die er auf dem Weg, ein eigener erfolgreicher Profi zu werden, austreiben muss. Hier sind einige Regeln, die mir geholfen haben, als ich von einem wilden Amateur zu einem berüchtigten

Halbprofi und schließlich zu einem Profi-Trader wurde. Sie können diese Liste entsprechend Ihrer Persönlichkeit verändern.

1.) Entscheiden Sie sich, langfristig auf dem Markt zu bleiben – das heißt, Sie sollten von nun an zwanzig Jahre lang traden wollen.

2.) Lernen Sie so viel Sie können, lesen Sie und hören Sie Experten zu, aber behalten Sie allem gegenüber eine gesunde Skepsis. Stellen Sie Fragen und glauben Sie nicht alles, was die Experten sagen.

3.) Werden Sie nicht gierig und handeln Sie nicht übereilt – nehmen Sie sich Zeit zu lernen. Die Märkte werden auch noch in Monaten und in Jahren da sein und sie werden für Sie immer gute Gelegenheiten bereithalten.

4.) Entwickeln Sie eine Methode, um den Markt zu analysieren – das heißt: »Wenn A eintritt, dann wird wahrscheinlich B folgen.« Die Märkte haben viele Dimensionen - benutzen Sie verschiedene analytische Methoden, um Ihre Geschäfte abzusichern. Testen Sie alle Methoden anhand von Daten aus der Vergangenheit und dann in den gegenwärtigen Märkten, indem Sie richtiges Geld verwenden. Die Märkte verändern sich ständig – und deshalb brauchen Sie verschiedene Werkzeuge, um in Bullen- und Bärenmärkten anzulegen, ebenso in Übergangszeiten und Sie brauchen auch eine Methode, um die Unterschiede zu erkennen (siehe auch die Abschnitte über die technische Analyse).

5.) Entwickeln Sie einen Money Management-Plan. Ihr erstes Ziel muss Ihr langfristiges Überleben sein; Ihr zweites Ziel, das ständige Wachstum Ihres Kapitals; und Ihr drittes Ziel muss es sein, hohe Gewinne zu erzielen. Die meisten Trader setzen das dritte Ziel an die Spitze und wissen gar nicht, dass die wichtigen Ziele eins und zwei überhaupt existieren (siehe auch Kapitel 10 – Risikomanagement).

6.) Seien Sie sich dessen bewusst, dass der Trader das schwächste Glied in jedem Tradingsystem ist. Gehen Sie zu einem Treffen der Anonymen Alkoholiker, um zu lernen, wie Sie Verluste vermeiden. Oder entwickeln Sie eine eigene Methode, mit der Sie gefühlsgeleitete Abschlüsse ausschließen können.

7.) Gewinner denken, fühlen und handeln anders als Verlierer. Sie müssen in sich hineinsehen, Ihre Illusionen beiseite legen, und Ihr altes Sein, Denken und Handeln verändern. Veränderung ist schwierig, aber wenn Sie ein Profi-Trader werden wollen, müssen Sie daran arbeiten, Ihre Persönlichkeit zu verändern.

Kapitel II

Die Psychologie der Massen

12 Was ist ein Kurs?

Die Wall Street wurde nach einer Mauer benannt, die Haustiere daran hindern sollte, von den Höfen am Ende von Manhattan wegzulaufen. In der Sprache der Trader findet man immer noch Spuren aus der Erbschaft der Landwirtschaft. Vier Tiere werden an der Wall Street besonders häufig genannt: Bullen und Bären, Schweine und Schafe. Die Trader sagen: »Die Bullen machen Geld, die Bären machen Geld, aber Schweine werden geschlachtet.«

Bullen kämpfen, indem sie mit ihren Hörnern von unten nach oben stoßen. Ein Bulle ist ein Käufer – jemand, der auf einen Aufschwung setzt und von den Kursgewinnen profitiert. Ein Bär kämpft, indem er mit seinen Pranken nach unten schlägt. Ein Bär ist ein Leerverkäufer – jemand, der auf einen Abschwung setzt und vom Kursverfall profitiert.

Schweine sind gierig. Sie werden geschlachtet, während sie handeln, um ihre Gier zu befriedigen. Einige Schweine kaufen oder verkaufen in Größenordnungen, die zu groß für sie sind und werden von einer kleinen gegenläufigen Bewegung zerstört. Andere Schweine halten ihre Positionen zu lange – sie warten weiterhin auf Profite, um noch dicker zu werden, auch dann, wenn sich der Trend schon gewendet hat. Schafe sind passive und ängstliche Trendfolger, sie hören auf Tipps und auf Gurus. Manchmal setzen sie sich das Horn eines Bullen auf oder ziehen sich eine Bärenhaut über und versuchen zu schwindeln. Man erkennt sie aber an ihrem erbärmlichen Blöken, wenn der Markt wild wird. Wann immer die Börse geöffnet ist, kaufen die Bullen, verkaufen die Bären leer, und die Schweine und Schafe werden niedergetrampelt. Die unentschlossenen Trader warten am Rand. Bildschirme mit aktuellen Börsenkursen überall auf der Welt zeigen einen ständigen Strom von Kursen – die aktuellen Kurse, zu denen irgendetwas gehandelt wird. Tausende von Augen sind auf jeden Kurs gerichtet, wenn die Menschen ihre Entscheidungen im Anlagegeschäft treffen.

Diskussionen über den Kurs

Wenn ich in einem Seminar Trader frage »Was ist ein Kurs?«, dann antworten einige, »Der Kurs ist ein angenommener Wert.« Andere sagen: »Der Kurs ist das, was jemand zu einem bestimmten Zeitpunkt einem anderen für eine Ware bereit ist zu bezahlen.« Wieder ein anderer sagt, »Der Kurs ist das, was die letzte Person dafür bezahlt hat. Das ist der aktuelle Preis.« Ein anderer schlägt vor: »Nein, der Kurs ist, was der nächste Käufer dafür bezahlen wird.«

Trader, die keine klare Definition eines Kurses geben können, wissen nicht, was sie analysieren. Ihr Erfolg oder Ihr Misserfolg als Trader hängt davon ab, wie Sie mit Kursen umgehen – und Sie sollten besser wissen,welche Bedeutung Kurse haben! Einige Teilnehmer an den Seminaren, die ich gebe, werden ganz aufgeregt, wenn sie nach der Antwort auf eine anscheinend offensichtliche Frage suchen. Die Argumente gehen hin und her, wie in der folgenden Diskussion:

> Hier ein Beispiel für den schlechtesten Fall. Im Crash von 1929 wurde die Singer-Aktie mit 100 Dollar gehandelt, aber plötzlich gab es keine Nachfrage und nochmals keine Nachfrage und nochmals keine Nachfrage. Und dann kam jemand, der sagte: »Ich verkaufe. Was wird geboten?« und einer der Parketthändler sagte: »Einen Dollar.« Und er bekam die Aktie.
>
> Der Preis ist das, was der größere Narr zu bezahlen bereit ist.
>
> Nehmen Sie den Markt von 1987. Betrachten Sie den Abschwung, der über insgesamt 500 Punkte ging – die Aktien waren danach keinen Cent weniger wert als vor dem Abschwung. Und so war es nur der Unterschied in der Art der Auffassung und in der Bereitschaft des nächsten, dafür zu bezahlen.
>
> Das können Sie auch noch einen Schritt weiterverfolgen. Wofür Sie zahlen, ist absolut wertlos. Es ist nur ein Stück Papier. Der einzige Wert, den es hat, ist der verbriefte Dividendenwert, verglichen mit einer Staatsanleihe zur gleichen Zeit.
>
> Es hat immer noch den Wert dessen, was irgendjemand bezahlen will. Wenn niemand etwas dafür bezahlen will, dann ist es wertlos.
>
> Was ist, wenn Sie mit Sojabohnen handeln? Die können Sie essen.
>
> Was ist, wenn eine Aktie keine Dividende bringt?
>
> Aber hat die Aktie nicht ihre materielle Grundlage?
>
> Das Unternehmen, das diese Aktien ausgegeben hat, hat einen Wert, hat einen Cashflow.
>
> Ich gebe Ihnen einen Anteil von IBM. Wenn ihn niemand kaufen will, dann können Sie damit Ihre Zigarette anzünden.

> Das gibt es gar nicht, dass niemand IBM kaufen will. Es gibt immer ein Angebot und eine Nachfrage.
>
> Sehen Sie mal auf United Airlines. An einem Tag ist eine Aktie 300 Dollar wert und am nächsten Tag sind es nur noch 150 Dollar.
>
> Es gibt überhaupt keine Veränderungen in der Fluggesellschaft, sie machen immer noch den gleichen Cashflow, sie haben immer noch den gleichen Buchwert und die gleichen Vermögenswerte – worin liegt der Unterschied?
>
> Der Kurs einer Aktie hat wenig mit dem Unternehmen zu tun, für das sie steht. Der Kurs von IBM-Aktien hat wenig mit IBM zu tun. So wie ich es sehe, ist der Kurs der Aktie mit einem kilometerlangen Gummiband an IBM gebunden. – IBM geht weiterhin seinen Weg und zur Aktie ist es nur eine sehr weite Verbindung.
>
> Der Kurs ist der Abstand zwischen der Nachfrage- und der Angebotskurve.

Jeder ernsthafte Trader muss die Bedeutung des Kurses, des Preises für eine Aktie kennen. Sie müssen wissen, was Sie analysieren, bevor Sie losgehen und anfangen, Aktien, Futures oder Optionen zu kaufen und zu verkaufen.

Die Lösung des Konflikts

An den Börsen gibt es drei Arten von Tradern: Käufer, Verkäufer und unentschiedene Trader. Die Nachfrage ist das, was ein Verkäufer für seine Ware verlangt. Das Angebot ist das, was ein Käufer für diese Ware anbietet. Käufer und Verkäufer stehen immer in einem Konflikt zueinander.

Käufer wollen so wenig wie möglich bezahlen und Verkäufer wollen soviel wie möglich bekommen. Wenn die Mitglieder beider Gruppen auf ihrem Verlangen bestehen, so kann kein Handel vollzogen werden. Kein Handel bedeutet auch kein Kurs – es gibt nur Wunschkurse von Käufern und Verkäufern.

Ein Verkäufer hat eine Alternative: Er kann warten, bis die Kurse steigen, oder ein niedrigeres Angebot für seine Ware annehmen. Ein Käufer hat ebenfalls eine Alternative: Er muss warten bis die Preise fallen oder er mussss mehr bezahlen als er beabsichtigt. Ein Handel findet dann statt, wenn es eine Übereinstimmung zweier Vorstellungen gibt: Ein engagierter »Bulle« akzeptiert die Bedingungen eines Verkäufers und bezahlt mehr, oder ein engagierter »Bär«

geht auf die Bedingungen eines Käufers ein und verkauft ein wenig billiger. Die Anwesenheit unentschlossener Trader erlegt »Bullen« und »Bären« gleichzeitig Druck auf.

Wenn ein Käufer und ein Verkäufer im Privaten handeln, dann kann es sein, dass das seine Zeit braucht. Wenn die beiden jedoch an der Börse handeln, so muss das viel schneller geschehen. Sie wissen, dass sie von einer Menge anderer Trader umgeben sind, die sich jederzeit in diesen Deal einmischen können. Der Käufer weiß, dass, wenn er zu lange nachdenkt, ein anderer Trader einsteigen kann und ihm seinen Gewinn wegschnappt. Ein Verkäufer weiß, dass, wenn er versucht, auf einen höheren Preis zu warten, ein anderer Trader auftreten kann und die gleiche Ware zu einem niedrigeren Preis liefert. Die Menge der unentschiedenen Trader drängen Käufer und Verkäufer, sich schneller mit ihren Opponenten zu einigen. Ein Handel findet dann statt, wenn zwei Auffassungen übereinstimmen.

Der Wertkonsens

Jedes Ticken der Kurse an Ihrem Bildschirm stellt einen Handel zwischen einem Käufer und einem Verkäufer dar. Käufer kaufen, weil sie erwarten, dass die Kurse ansteigen. Verkäufer verkaufen deshalb, weil sie erwarten, dass die Kurse fallen werden. Käufer und Verkäufer handeln miteinander, während sie von einer Menge von unentschiedenen Tradern umgeben sind. Diese könnten Käufer oder Verkäufer werden, je nachdem, wie sich die Kurse ändern oder wie die Zeit vergeht.

Die Käufe von Bullen treiben den Markt nach oben, die Verkäufe von Bären drücken den Markt nach unten, und unbeteiligte Trader sind dafür verantwortlich, dass alles viel schneller abläuft, weil sie beim Verkäufer und beim Käufer ein Gefühl der Dringlichkeit verursachen.

Trader kommen von überall her auf die Märkte: entweder persönlich, über Computer oder über ihre Broker. Jeder hat die Möglichkeit zu kaufen und zu verkaufen. Jeder Kurs ist eine momentane Übereinstimmung aller Marktteilnehmer, was den Wert einer Ware anbetrifft, der sich in einer Aktion ausdrückt. Der Kurs ist ein psychologisches Ereignis – ein momentanes Gleichgewicht in den Auffassungen zwischen Bullen und Bären. Kurse werden von vielen Tradern geschaffen – von Käufern, Verkäufern und unentschlossenen Menschen. Die Muster der Kurse und die Anzahl der getätigten Geschäfte geben die Massenpsychologie der Börsen wieder.

Verhaltensmuster

Große Menschenmengen kommen an Aktienbörsen, Warenbörsen und Optionsbörsen zusammen – entweder persönlich oder sie werden durch ihre Broker vertreten. Viel Geld und wenig Geld, kluges Geld und dummes Geld, institutionelles Geld und privates Geld: alles trifft sich auf dem Börsenparkett. *Jeder Kurs stellt die augenblickliche Übereinstimmung über einen Wert zwischen Käufern, Verkäufern und unentschlossenen Tradern im Augenblick der Transaktion dar. Hinter jedem Muster auf einem Chart steht eine Menge von Tradern.*

Übereinstimmende Auffassungen einer Menge ändern sich von Augenblick zu Augenblick. Manchmal kommt diese Übereinstimmung in relativ ruhiger Umgebung zustande, und zu anderen Zeiten wird das Umfeld hektisch. Während ruhiger Zeiten bewegen sich die Kurse in kleinen Schritten. Wenn eine Masse entweder ängstlich wird oder in Hochstimmung gerät, dann beginnen die Kurse zu springen. Stellen Sie sich nur einmal eine Versteigerung eines Rettungsrings an Bord eines sinkenden Schiffes vor – so springen auch die Kurse, wenn viele Trader emotional auf einen Trend reagieren. Ein schlauer Trader versucht, während ruhiger Zeiten in den Markt einzusteigen und während wilder Zeiten seine Gewinne mitzunehmen.

Technische Analysten studieren die Bewegungen der Massenpsychologie an den Finanzmärkten. Jeder Börsentag ist eine Schlacht zwischen Bullen, die Geld verdienen, wenn die Kurse steigen und Bären, die Geld verdienen, wenn die Kurse fallen. Das Ziel der technischen Analysten ist es, die Kräftebilanz zwischen Bullen und Bären zu entdecken und auf die Gewinner zu setzen. Wenn Bullen wesentlich stärker sind, sollten Sie kaufen und halten. Wenn Bären viel stärker sind, sollten Sie verkaufen und leer verkaufen. Wenn beide Lager in etwa gleich stark sind, dann hält sich der kluge Trader zurück. Er lässt die Kampfhähne miteinander kämpfen und setzt nur dann auf ein Geschäft, wenn er ziemlich sicher ist, dass er voraussichtlich gewinnen wird.

Preise, Umsätze und offene Kontrakte reflektieren das Massenverhalten. Und das tun auch die Indikatoren, die darauf beruhen. Deshalb kann man die technische Analyse mit einer Meinungsumfrage vergleichen. Beide kombinieren Wissenschaft und Kunst: Sie sind in dem Ausmaß wissenschaftlich, als statistische Methoden und Computer benutzt werden, und sie sind in dem Maß künstlerisch wie persönliches Beurteilungsvermögen genutzt wird, um die erlangten Erkenntnisse zu interpretieren.

13 Was ist der Markt?

Was ist eigentlich die Realität hinter den Marktsymbolen, Kursen, Zahlen und Grafiken? Wenn Sie in Ihrer Zeitung die Kurse nachschlagen, die Kurse auf Ihrem Bildschirm verfolgen oder einen Indikator in Ihre Charts einzeichnen, worauf genau sehen Sie? Was ist der Markt, den Sie analysieren wollen und in dem Sie anlegen wollen?

Amateure verhalten sich so, als ob der Markt ein gigantisches Happening wäre, ein Fußballspiel, bei dem sie sich auf den Platz begeben könnten und Geld verdienen. Trader mit einem wissenschaftlichen oder technischen Hintergrund behandeln den Markt oft als ein physikalisches Ereignis. Sie wenden darauf die Grundsätze der Tonerzeugung oder der Geräuschreduzierung und ähnliche Ideen an. Im Gegensatz dazu wissen alle professionellen Trader sehr wohl, was der Markt wirklich ist – eine riesige Menge von Menschen.

Jeder Trader versucht, dem anderen Geld abzunehmen, indem er besser als dieser die voraussichtliche Richtung des Marktes voraussieht. Die Marktteilnehmer leben auf unterschiedlichen Kontinenten. Sie sind durch moderne Telekommunikationsmittel miteinander verbunden und suchen den Erfolg immer zu Lasten des anderen. *Der Markt ist eine riesige Menschenmenge. Jeder einzelne in der Menge versucht, dem anderen Geld wegzunehmen, indem er versucht, ihn auszutricksen. Der Markt ist eine außerordentlich harte Umgebung, weil jeder gegen Sie ist, und Sie sind gegen jeden.*

Aber nicht nur der Markt ist hart, Sie müssen auch hohe Preise dafür bezahlen, dass Sie eintreten können und ihn wieder verlassen dürfen. Sie müssen über zwei hohe Hürden springen – Provisionen und Slippage – bevor Sie überhaupt einen Pfennig verdienen können. In dem Augenblick, in dem Sie einen Auftrag platzieren, schulden Sie Ihrem Broker eine Provision – Sie haben schon Geld verloren, bevor Sie überhaupt beginnen. Dann versuchen die Parketthändler, Ihnen die Slippage aufzudrücken, wenn Ihr Auftrag auf dem Parkett ankommt. Und wenn Sie aus Ihrem Geschäft wieder aussteigen wollen, dann werden Sie noch einen Happen von Ihrem Konto wegnehmen. *Wenn Sie mit Wertpapieren handeln, dann treten Sie in den Wettbewerb mit den hellsten Köpfen in der Finanzwelt und müssen gleichzeitig noch die Piranhas – Provision und Slippage – abwehren.*

Weltweite Massen

Früher waren die Börsen klein und viele Trader kannten einander persönlich. Die New Yorker Börse wurde 1792 als ein Club von zwei Dutzend Brokern gegründet. An sonnigen Tagen handelten sie unter einer Pappel und wenn es regnete, gingen sie in Fraunces Taverne. Das erste, was die Broker taten, nachdem sie die New Yorker Börse eingerichtet hatten, war, das Publikum mit festen Provisionen zu belasten – und diese überlebten die nächsten 180 Jahre.

Heute treffen sich nur noch die Parketthändler von Angesicht zu Angesicht. Die meisten von uns sind mit der Börse elektronisch verbunden. Alle Teilnehmer an den Finanzmärkten sehen die gleichen Kurse auf ihrem Bildschirm, lesen die gleichen Artikel in den Finanzzeitschriften und bekommen von ihren Brokern ähnliche Angebote. Diese Verbindungen vereinigen uns als Mitglieder der Marktmasse, auch wenn wir Tausende von Kilometern von der Börse entfernt sind.

Dank moderner Telekommunikationsmöglichkeiten wird die Welt kleiner und die Märkte wachsen. Die Euphorie von London greift auf New York über und die düstere Stimmung von Tokio infiziert auch Hongkong.

Wenn Sie den Markt analysieren, dann analysieren Sie das Verhalten von Menschenmassen. In allen Kulturen und auf allen Kontinenten verhalten sich die Massen gleich. Sozialpsychologen haben einige Grundregeln herausgefunden, die dem Massenverhalten zugrunde liegen. Ein Trader muss verstehen, wie die Marktmassen sein Bewusstsein beeinflussen.

Gruppen und nicht Einzelpersonen

Die meisten Menschen haben das dringende Bedürfnis, sich einer Menge zuzugesellen und so zu handeln, »wie jeder andere auch«. Dieser primitive Drang vernebelt ihr Urteilsvermögen, wenn sie einen Deal eingehen. Ein erfolgreicher Händler muss unabhängig denken können. Er muss stark genug sein, den Markt allein zu analysieren und seine Tradingentscheidungen allein auszuführen.

Wenn acht oder zehn Menschen Sie mit ihren Händen nach unten drücken, dann werden Sie in die Knie gehen, ganz gleich, wie stark Sie sind. Massen mögen vielleicht dumm sein, aber sie sind stärker als Sie. Die Massen haben die Macht, Trends zu schaffen. Setzen Sie sich niemals einem Trend entgegen. Wenn es einen Aufwärtstrend gibt, dann sollten Sie ausschließlich kaufen oder nichts tun. Verkaufen Sie niemals leer, weil die Preise zu hoch sind – legen Sie sich nie mit den Massen an. Sie müssen nicht mit den Massen laufen, aber Sie sollten auch niemals gegen sie anstürmen.

Respektieren Sie die Kraft der Massen – aber haben Sie keine Angst davor. Massen sind kraftvoll, aber primitiv. Ihr Verhalten ist einfach und es wiederholt sich gleichmäßig und kalkulierbar. Ein Trader, der selbst denkt, kann den Mitgliedern einer Menschenmenge viel Geld abnehmen.

Woher kommt das Geld?

Wenn Sie beim Trading Geld verdienen wollen, haben Sie sich dann schon einmal überlegt, woher die erwarteten Gewinne kommen sollen? Gibt es an den Börsen Geld, weil die Unternehmen mehr verdienen oder weil es weniger Schuldzinsen gibt oder weil es eine gute Sojabohnenernte gegeben hat?

Der einzige Grund, weshalb es in den Börsen Geld gibt, ist der, dass andere Trader ihres dorthin gegeben haben. Das Geld, das Sie haben wollen, gehört anderen Menschen, die nicht die geringste Absicht haben, es Ihnen zu überlassen.

Trading bedeutet, dass Sie versuchen, andere Leute zu bestehlen, während diese versuchen, Sie zu bestehlen. Es ist ein hartes Geschäft. Gewinne zu erzielen, ist besonders schwierig, weil Broker und Parketthändler den Verlierern und den Gewinnern Geld aus der Tasche ziehen. Tim Slater verglich das Trading mit einer mittelalterlichen Schlacht. Damals ging ein Mann mit seinem Schwert auf das Schlachtfeld und versuchte, seinen Gegner umzubringen, der ihn ebenfalls umbringen wollte. Der Gewinner nahm die Waffen des Verlierers, dessen Habe und dessen Frau und verkaufte dessen Kinder in die Sklaverei. Heutzutage treiben wir einen Börsenhandel, anstatt auf offenem Feld Schlachten zu schlagen. Wenn Sie jemandem Geld wegnehmen, ist das nicht viel anders, als ihn körperlich zu verletzen. Er kann sein Haus verlieren, seine Habe und seine Frau, und auch seine Kinder können in Mitleidenschaft gezogen werden. Ein sehr optimistischer Freund lachte einmal darüber, dass es so viele schlecht ausgerüstete Menschen auf dem Schlachtfeld gäbe: »90 bis 95 Prozent der Broker wissen nichts über Recherchen. Sie wissen überhaupt nicht, was sie tun. Wir haben das Wissen und einige arme Leute, die es nicht haben, verschwenden geradezu ihr Geld.« Diese Theorie hört sich gut an, aber sie ist falsch – an der Börse gibt es kein einfach zu verdienendes Geld. Es gibt viele dumme Schafe, die nur darauf warten, dass man ihnen das Fell abzieht oder dass man sie schlachtet. Das ist eigentlich nicht schwer – aber wenn Sie ein Stück Fleisch eines Schafes wollen, dann müssen Sie gegen einige gefährliche Wettbewerber kämpfen. Diese sind gemeine Profis: amerikanische Pistolenhelden, englische

Ritter, deutsche Landsknechte, japanische Samurai und andere Krieger, die es alle auf das gleiche, unglückliche Schaf abgesehen haben. An der Börse mit Wertpapieren zu handeln bedeutet, Massen von feindlichen Leuten wie auf einem Schlachtfeld bekämpfen zu dürfen und zusätzlich für dieses Privileg, ganz gleich, ob tot, verwundet oder lebend, auch noch zahlen zu müssen.

Insiderinformationen

Es gibt mindestens eine Gruppe von Menschen, die ständig Informationen erhält, bevor sie andere Trader erhalten. Aufzeichnungen zeigen, dass die Insider von großen Unternehmen ständig an der Börse gewinnen. Diese Protokolle berichten von rechtmäßigen Handelsgeschäften, die von Insidern der Securities and Exchange Commission gemeldet wurden. Sie stellen nur die Spitze eines Eisberges dar – denn es gibt auf dem Aktienmarkt eine große Anzahl von ungesetzlichen Insidergeschäften.

Leute, die ihre Handelsgeschäfte aufgrund von Insiderinformationen tätigen, stehlen von den anderen Geld. Die Insiderprozesse der 80er-Jahre haben einige der bekanntesten Insider ins Gefängnis gebracht – Dennis Levine, Ivan Boesky und andere. Eine Zeitlang verging kaum eine Woche ohne eine Festnahme, eine Anklage, eine Verurteilung oder einen Vergleich: The Yuppie Five, Michael Milken, ein Psychiater aus Connecticut, der ins Geschäft eingestiegen ist, nachdem er von einem Patienten über eine anstehende Übernahme erfahren hatte. Die Beschuldigten aus den Achtziger-Insiderprozessen flogen deshalb auf, weil sie gierig und sorglos wurden – und in New York auf einen Staatsanwalt trafen, der größere politische Pläne hatte. Die Spitze des Eisbergs wurde nun kleiner, aber der größte Teil schwimmt weiter. Fragen Sie nicht, wessen Schiff er treffen wird – es ist Ihr Handelskonto.

Zu versuchen, den Insiderhandel einzudämmen, können Sie damit vergleichen, als ob jemand Ratten von seiner Farm vertreiben wollte. Pestizide halten die Ratten unter Kontrolle, aber Sie können sie nicht ausrotten. Ein Vorstandsmitglied einer Aktiengesellschaft, das inzwischen im Ruhestand ist, erklärte mir, dass ein kluger Mann nicht aufgrund seiner Insiderinformationen handelt, sondern dass er sein Wissen an einen Freund beim Golf oder im Country-Club weitergibt. Später gibt ihm dieser Insiderinformationen über seine Firma und beide profitieren, ohne entdeckt zu werden. Das Insidernetzwerk ist solange sicher, wie ihre Mitglieder dem gleichen Verhaltenskodex folgen und nicht zu gierig werden.

In den Futures-Märkten ist das Insidertrading legal. Die technische Analyse hilft Ihnen, herauszufinden, wann Insider kaufen und verkaufen. Die Charts zeigen die Geschäfte sämtlicher Marktteilnehmer – auch die der Insider. Sie hinterlassen ihre Spuren auf den Charts, wie jeder andere auch – und es ist ihre Aufgabe als technischer Analyst, die Spuren bis zur Bank zurückzuverfolgen.

14 Die Trader-Szene

Die Menschen trieben seit Beginn der Geschichte Handel – denn: es war sicherer mit den Nachbarn zu handeln, als sie zu überfallen. Als sich die Gesellschaft weiterentwickelte, wurde Geld das Handelsmittel. Aktien und Warenmärkte sind gar die Markenzeichen einer entwickelten Gesellschaft. Eine der ersten wirtschaftlichen Entwicklungen in Osteuropa nach dem Zusammenbruch des Kommunismus war die Errichtung von Aktien- und Warenbörsen. Marco Polo brauchte 15 Jahre, um von Italien nach China zu kommen. Wenn heute ein europäischer Trader in Hongkong Gold kaufen möchte, kann sein Auftrag innerhalb einer Minute ausgeführt werden.

Heute umspannen Aktien-, Futures- und Optionsmärkte den Erdball. Allein in Indien gibt es 14 Aktienbörsen. Auf der Welt gibt es über 65 Futures- und Optionsbörsen. Wie Barbara Diamond und Marc Kollar in ihrem Buch *24-Hour-Trading* schreiben, gibt es Märkte für nahezu 400 Bereiche – von Gold bis zu Schafwolle, vom australischen All-Ordinaries-Index bis zu getrockneten Seidenpuppen. Alle Börsen müssen die drei Kriterien erfüllen, die zum ersten Mal in den Agoras des antiken Griechenland und auf den mittelalterlichen Märkten Westeuropas entwickelt wurden: einen anerkannten Handelsraum, Regeln, die das Handelsgut klassifizieren, und festgelegte Vertragsbedingungen.

Der einzelne Trader

Private Trader kommen in der Regel nach einer erfolgreichen Karriere in ihrem Beruf an die Börse. Der durchschnittliche private Futures-Trader in Amerika ist fünfzig Jahre alt, verheiratet und hat ein Hochschulstudium abgeschlossen. Viele Futures-Trader haben ihr eigenes Geschäft und viele haben akademische Grade erworben. Die beiden größten Berufsgruppen unter den Futures-Tradern sind Farmer und Ingenieure.

Die meisten Menschen traden teilweise aus rationalen, teilweise aber aus irrationalen Gründen. Ein rationaler Grund ist auch der Wunsch, mit dem eingesetzten Kapital einen großen Gewinn zu machen. Irrationale Gründe sind das Glücksspiel und die Suche nach dem emotionalen Kick. Die meisten Trader sind sich ihrer irrationalen Motive nicht bewusst.

Um den Handel mit Wertpapieren zu erlernen, bedarf es viel harter Arbeit, Zeit, Energie und Geld. Nur wenige erreichen das Niveau von Profis, die sich von ihrem Wertpapierhandel ernähren können. Profis nehmen das, was sie tun, außerordentlich ernst. Sie befriedigen ihre irrationalen Ziele außerhalb der Märkte, während Amateure ihre Gefühle in den Märkten ausleben.

Die wichtigste wirtschaftliche Rolle, die ein Trader spielt, ist seinen Broker zu ernähren – ihm zu helfen, seine Hypothek zu bezahlen und das Schulgeld für seine Kinder aufzubringen. Zusätzlich gehört es zur Rolle eines Traders, den Unternehmen zu helfen, Kapital aufzunehmen und auf den Warenmärkten das Preisrisiko zu übernehmen, und es so den Herstellern zu ermöglichen, sich auf die Produktion zu konzentrieren. Diese hochfliegenden wirtschaftlichen Ziele sind einem Trader nicht bewusst, wenn er seinem Broker einen Auftrag erteilt.

Institutionelle Anleger

Institutionen sind für einen großen Umsatz verantwortlich. Ihre tiefen Taschen geben ihnen etliche Vorteile. Sie zahlen geringere Provisionen. Sie können es sich erlauben, die besten Rechercheure, Broker und Trader zu engagieren. Einige schlagen sogar zurück, wenn Parketthändler ihnen zuviel Slippage berechnen. Die Flut der Festnahmen von Parketthändlern und Gerichtsverhandlungen in Chicago in den Jahren 1990 und 1991 begann damit, dass Archer Daniels Midland, ein Lebensmittelhersteller, das FBI ins Spiel brachte.

Einer meiner Freunde, der die Wertpapierabteilung einer Bank leitet, gründet einen Teil seiner Entscheidungen auf eine Dienstleistung, die von einer Gruppe ehemaliger CIA-Beamten angeboten wird. Diese durchsuchen die Medien, um frühe Trends in der Gesellschaft aufzudecken, und schicken ihre Berichte an die Bank. Mein Freund bezieht einige seiner besten Ideen aus diesen Berichten. Die ansehnliche Jahresgebühr für diese Experten nimmt sich für seine Firma, verglichen mit den Millionen von Dollar, mit denen sie handelt, wie »Peanuts« aus. Die meisten privaten Anleger haben solche Möglichkeiten nicht. Für Institutionen ist es einfacher, die besten Recherchen zu kaufen.

Einige große Firmen haben Nachrichtendienste, die es ihnen ermöglichen, vor der Öffentlichkeit tätig zu werden. Eines Tages, als die Öl-Futures als Reaktion auf einen Brand auf einer Bohrinsel in der Nordsee in die Höhe schnellten, rief ich einen Freund bei einer Ölfirma an. Der Markt spielte verrückt, er aber war ganz ruhig – er hatte die Öl-Futures eine halbe Stunde bevor sie explodierten gekauft. Er hatte von einem Agenten aus dem Gebiet ein Telex erhalten, noch bevor sich die Nachricht über den Rundfunk verbreitete. Rechtzeitige Information ist kaum zu bezahlen; nur ein großes Unternehmen kann sich einen eigenen Nachrichtendienst leisten.

Die Firmen, die im Futures- und Cash-Markt tätig sind, haben zwei Vorteile. Sie haben wirkliche Insiderinformationen und sie werden von den Speculative Position Limits ausgenommen (siehe auch Abschnitt 40). Neulich besuchte ich einen Bekannten in einer multinationalen Ölgesellschaft. Nachdem ich am Sicherheitsdienst vorbei war, der genauer kontrollierte als der am Kennedy International Airport, ging ich durch glasgerahmte Korridore. Trauben von Männern standen um Monitore herum und handelten mit Ölprodukten. Als ich meinen Gastgeber fragte, ob seine Trader ihre Positionen absicherten oder spekulierten, sah er mich an und sagte »Ja«. Ich fragte noch einmal und erhielt die gleiche Antwort. Gesellschaften überschreiten oft die dünne Linie zwischen Kurssicherung und Spekulation aufgrund von Insiderinformationen.

Die Angestellten von Handelsfirmen haben einen psychologischen Vorteil – sie können entspannter sein, weil ihr eigenes Geld nicht auf dem Spiel steht. Die meisten Einzelpersonen haben nicht die Disziplin, mit ihren Handelsgeschäften aufzuhören, wenn sie auf die Verliererstraße kommen, aber die Institutionen verlangen von ihren Tradern Disziplin. Ein Trader hat zwei Grenzen: das Höchstrisiko bei einem einzelnen Abschluss und den Höchstbetrag, den er in einem Monat verlieren darf. Diese Begrenzungen wirken bei einem Trader wie Stop-Loss-Orders.

Bei all diesen Vorteilen für die Institutionen – wie kann ein einzelner Trader gegen die Institutionen antreten und gewinnen? Erstens sind viele Wertpapierabteilungen von Institutionen schlecht geführt. Zweitens: die Achillesferse der meisten Einrichtungen ist, dass sie oft Wertpapiergeschäfte abschließen müssen, während es dem einzelnen Trader überlassen bleibt, ob er tradet oder vom Markt fernbleibt. Banken müssen im Anleihenmarkt tätig werden und Lebensmittelfirmen müssen auf dem Getreidemarkt fast zu jedem Preis tätig werden. Der einzelne Trader hat die Möglichkeit zu warten, bis sich die besten Geschäfte abzeichnen.

Die meisten privaten Anleger verplempern diesen Vorteil dadurch, dass sie zuviel Abschlüsse tätigen. Der einzelne, der gegen die Riesen gewinnen möchte, muss Geduld entwickeln und seine Gier verdrängen. Denken Sie daran: *Ihr Ziel ist es, gute und nicht viele Abschlüsse zu tätigen.*

Erfolgreiche institutionelle Trader bekommen Gehaltserhöhungen und Bonuszahlungen. Aber auch ein hoher Bonus kann jemandem gering erscheinen, der für seine Firma viele Millionen Dollar verdient. Erfolgreiche institutionelle Trader sprechen oft davon, ihren Job zu kündigen und auf eigene Rechnung Geld anzulegen. Aber nur eine Handvoll von ihnen schafft es, diesen Übergang zu bewerkstelligen. Die meisten Trader, die Institutionen verlassen, werden von Angst, Gier, von Hochgefühlen und Panik befallen, wenn sie beginnen, ihr eigenes Geld aufs Spiel zu setzen. Nur sehr selten schließen sie auf eigene Rechnung gute Geschäfte ab – und das ist noch ein Zeichen, dass die Psychologie die Wurzeln eines jeden Erfolgs oder Misserfolgs im Anlagengeschäft ist.

Die Schwertmacher

Die mittelalterlichen Ritter hielten nach den schärfsten Schwertern Ausschau und die modernen Anleger halten nach den besten Trading-Tools Ausschau. Der verbesserte Zugang zu Daten, Computern und Software schafft für alle Trader ähnliche Bedingungen. Die Preise für die Hardware fallen fast monatlich, die Software wird immer besser. Auch für jemanden, der sich mit Computern nicht auskennt, ist es einfach, einen Berater zu bestellen und ein System aufzubauen (siehe auch Abschnitt 24).

Ein Computer ermöglicht es Ihnen, Ihre Recherchen schneller abzuwickeln und mehr als nur eine Spur zu verfolgen. Er ist aber kein Ersatz dafür, dass *Sie* Ihre Anlageentscheidungen treffen müssen. Ein Computer hilft Ihnen, mehr Märkte in größerer Tiefe zu recherchieren, aber die letzte Verantwortung für jede Anlage bleibt bei Ihnen.

Es gibt drei Arten von Tradingsoftware: Tool Boxes, Black Boxes und Grey Boxes. Eine Tool Box ist wie eine Werkzeugkiste, bei der Sie die einzelnen Daten sichtbar machen können, Charts erstellen und die Indikatoren ausdrucken können. Mit einer Tool Box können Sie sogar Ihr Tradingsystem testen. Tool Boxes für Optionshändler schließen auch Bewertungsmodelle mit ein. Es ist einfach, eine gute Tool Box Ihren Anforderungen entsprechend zu justieren, genauso wie Sie Ihren Autositz verstellen können.

Was in einer Black box vorgeht, bleibt geheim. Sie können die Box mit Daten füttern und sie sagt Ihnen, wann Sie kaufen und verkaufen sollen. Es ist wie ein Zauber – eine Möglichkeit, Geld zu machen, ohne nachdenken zu müssen. Black Boxes haben normalerweise hervorragende Performance-Protokolle, was die Vergangenheit betrifft. Das ist auch ganz normal, weil sie geschaffen wurden, um zu alten Daten zu passen! Die Märkte ändern sich aber und Black Boxes versagen, aber neue Generationen von Verlierern kaufen weiterhin neue Black Boxes.

Grey Boxes sind ein Mittelding zwischen Tool Boxes und Black Boxes. Diese Pakete werden normalerweise von sehr bekannten Persönlichkeiten der Wirtschaft herausgegeben. Sie geben das grundsätzliche, logische System preis und ermöglichen Ihnen einige der Parameter zu verändern.

Berater

Newsletter von Beratern sind die bunten Punkte in der Szene der Anleger. Die Freiheit der Presse gestattet jedem, eine Schreibmaschine auf den Küchentisch zu stellen, einige Briefmarken zu kaufen und Finanzberatungsbriefe zu verschicken. Deren Performance zu verfolgen, ist ziemlich nutzlos, weil es kaum jemanden geben wird, der alle Ratschläge in irgendeinem Newsletter beherzigt.

Einige Newsletter bieten nützliche Ideen an und zeigen den Lesern die Tendenz einer guten Anlagemöglichkeit auf. Einige bieten auch Weiterbildung an. Die meisten jedoch verkaufen den Außenstehenden die Illusion, ein Insider zu sein, die Illusion zu wissen, was in den Märkten passiert oder bald passieren wird.

Newsletter sind eine gute Unterhaltung. Mit dem Abonnement bekommen Sie einen Brieffreund, der Ihnen amüsante und interessante Briefe schreibt und niemals von Ihnen verlangt, dass Sie zurückschreiben, außer, dass Sie ihm jedes Jahr, wenn das Abonnement erneuert werden soll, einen Scheck schicken. Es gibt Dienste, die die Newsletter beurteilen, aber auch diese sind profitabhängige, kleine Geschäfte, deren Wohlergehen von dem Wohlergehen der »Beraterindustrie« abhängt. Rating-Dienste können einem Berater oder Newsletter-Herausgeber ab und zu einmal mit dem kleinen Finger drohen, aber die meiste Energie widmen sie lautem Applaus.

Ich habe auch einmal einen Beraterbrief herausgegeben: Ich habe keine Ergebnisse gefälscht und auch gute Beurteilungen erhalten. Als Insider sah ich enorme Möglichkeiten, Ergebnisse zu fälschen. Und das ist ein wohlbehütetes Geheimnis der Beraterindustrie.

Als ich mit meinem Newsletter anfing, sagte mir einer der bekanntesten Berater, dass ich weniger Zeit für Recherche, sondern mehr Zeit für das

Marketing verwenden sollte. Die Grundregel des Newsletterschreibens ist: »Wenn Sie Voraussagen treffen müssen, dann treffen Sie viele Voraussagen. Und wann immer sich eine Voraussage als richtig herausstellt, dann sollten Sie den Umfang Ihrer Werbebriefe verdoppeln.«

15 Die Marktmassen und Sie

Der Markt ist eine locker organisierte Menge von Anlegern, deren Mitglieder darauf setzen, dass die Preise entweder ansteigen oder fallen werden. Da jeder Preis die übereinstimmende Meinung der Masse im Augenblick eines Handels darstellt, setzen alle Anleger in Wirklichkeit auf die künftige Stimmung der Masse. Die Masse schwankt von Gleichgültigkeit zu Optimismus oder Pessimismus beziehungsweise von Hoffnung zu Angst. Die meisten Menschen folgen ihren eigenen Anlageplänen nicht, weil sie zulassen, dass die Massen ihre Gefühle, Gedanken und Handlungen beeinflussen.

Bullen und Bären bekämpfen sich auf dem Markt, und der Wert Ihres Investments sinkt oder steigt entsprechend der Aktionen von völlig Fremden. Sie können die Märkte nicht kontrollieren. Sie können nur entscheiden, ob und wann Sie in ein Geschäft einsteigen oder aussteigen.

Die meisten Anleger haben einen Mordsbammel, wenn sie in ein Geschäft einsteigen. Und nachdem sie sich der Marktmasse angeschlossen haben, wird ihr Urteilsvermögen von Gefühlen vernebelt. Diese, von der Masse ausgehenden Gefühle, sind Schuld daran, dass die Anleger von ihren Anlageplänen abweichen und Geld verlieren.

Was Experten über die Massen sagen

Charles Mackay, ein schottischer Rechtsanwalt, beschrieb in seinem schon klassischen Buch *Extraordinary Popular Delusions and the Madness of Crowds* im Jahr 1841 einige Massenhysterien, einschließlich der »Tulip Mania« im Jahr 1634 und des »South Seas Investment Bubble« in England im Jahr 1720.

Der Wahnsinn mit den Tulpen begann als ein Bullenmarkt mit Tulpenzwiebeln. Die langanhaltende Hausse überzeugte die wohlhabenden Holländer, dass Tulpen weiterhin hoch eingeschätzt würden. Viele stiegen aus ihren bisherigen Geschäften aus, um Tulpen zu züchten, mit ihnen zu handeln oder ein Tulpenbroker zu werden. Die Banken akzeptierten Tulpen als Sicherheit und Spekulanten machten ihre Gewinne. Schließlich brach diese Hysterie in Wellen von Panikverkäufen zusammen, viele Leute verarmten und die Nation war geschockt. Mackay seufzte: »Die Menschen werden gesamt, als eine Masse verrückt und dann kommen sie langsam, nacheinander wieder zu Sinnen.«

Im Jahr 1897 schrieb Gustav LeBon, ein französischer Philosoph und Politiker, das Buch *The Crowd*, eines der besten Bücher über die Psychologie der Massen. Ein Anleger, der es heute liest, kann sein Spiegelbild in einem Jahrhunderte alten Spiegel wiedererkennen.

LeBon schrieb, wenn Menschen sich in einer Menge zusammentun, »wer auch immer die einzelnen Personen sein mögen, aus denen die Menge besteht, wie gleich oder ungleich ihr Lebensstil sein mag, ihre Berufe, ihr Charakter oder ihre Intelligenz – die Tatsache, dass sie in einer Menge zusammengefasst sind, gibt ihnen eine Art von Kollektivverstand, der sie dazu bringt, in einer ganz anderen Art und Weise zu fühlen, zu denken und zu handeln, als jede Einzelperson fühlen, denken und handeln würde, wenn sie allein wäre.«

Menschen verändern sich, wenn sie sich zu einer Menschenmenge zusammentun. Sie werden leichtgläubig und impulsiv und suchen aufgeregt nach einem Anführer. Sie reagieren auf Gefühle, anstatt ihren Intellekt zu nutzen. Eine Einzelperson, die in eine Gruppe gerät, wird unfähig, für sich selbst zu denken.

Experimente amerikanischer Sozialpsychologen in den 50er-Jahren haben bewiesen, dass Menschen, wenn sie sich in Gruppen befinden, anders denken, als wenn sie alleine sind. Beispielsweise kann eine einzelne Person leicht erkennen, welche von zwei Linien auf einem Stück Papier länger ist. Er verliert diese Fähigkeit, wenn er in eine Gruppe gerät, deren andere Mitglieder ihm bewusst falsche Antworten vorgeben. Intelligente und an Universitäten ausgebildete Menschen glauben einer Gruppe von Fremden mehr als sie ihren eigenen Augen vertrauen!

Die Mitglieder einer Gruppe glauben anderen, insbesondere dem Gruppenanführer, viel mehr als sich selbst. Theodor Adorno und andere Soziologen zeigten in ihrer zweibändigen Studie *The American Soldier*, dass der beste Indikator für die Effektivität eines Einzelnen im Kampf das Verhältnis zu seinem Sergeant ist. Ein Soldat, der auf seinen Anführer vertraut, wird ihm buchstäblich bis zu seinem Tode folgen. Ein Anleger, der glaubt, einem Trend zu folgen, kann an einer Verlustposition festhalten, bis sein Kontostand auf Null gebracht ist.

Sigmund Freud erklärte, dass Gruppen durch die Loyalität der Mitglieder zu ihrem Anführer zusammengehalten werden. Unsere Gefühle einem Gruppenanführer gegenüber gehen auf die Gefühle zu unseren Vätern zurück – eine Mischung aus Vertrauen, Ehrfurcht, Angst, dem Wunsch nach Lob und potenzieller Aufruhr. Wenn wir uns Gruppen anschließen, geht unser Denken über Belange, die die Gruppe betreffen, auf das Niveau eines Kindes zurück. Eine führerlose Gruppe kann sich selbst nicht zusammenhalten und fällt auseinander. Das erklärt Panikkäufe und Panikverkäufe. Wenn Anleger plötzlich das Gefühl haben, dass der Trend, dem sie gefolgt sind, sie verlassen hat, dann verschleudern sie ihre Papiere in Panik.

Gruppen können auf einige Trends aufspringen, aber wenn sich die Trends wenden, dann sind sie erledigt. Wenn Sie sich einer Gruppe anschließen, dann handeln Sie wie ein Kind, das einem Elternteil folgt. Die Märkte kümmern sich nicht um Ihr Wohlergehen. Erfolgreiche Anleger sind unabhängige Denker.

Weshalb sollte man sich mit anderen zusammentun?

Seit Anbeginn haben sich die Menschen zusammengeschlossen, um mehr Sicherheit zu gewinnen. Wenn eine Gruppe von Jägern sich einem Säbelzahntiger zum Kampf stellte, war es wahrscheinlich, dass die meisten von ihnen überlebten. Ein einzelner Jäger hätte nur eine geringe Chance gehabt. Mitglieder einer Gruppe konnten zu einem höheren Grad an Wahrscheinlichkeit überleben, und es scheint, als ob der Zwang, sich in Gruppen zusammenzutun, in den Menschen hineingezüchtet wurde.

Unsere Gesellschaft glorifiziert Freiheit und den freien Willen, aber unter der dünnen Schicht der Zivilisation sind uns viele primitive Impulse eigen. Wir schließen uns aus Sicherheitsgründen Gruppen an und möchten von starken Anführern geführt werden. Je größer die Unsicherheit ist, um so stärker ist der Wunsch, uns mit anderen zusammenzutun und jemandem zu folgen.

Inzwischen streichen keine Säbelzahntiger mehr durch die Schluchten der Wall Street, aber wahrscheinlich fürchten viele Trader um ihr finanzielles Überleben. Ihre Furcht wird größer, weil sie die Kursänderungen nicht kontrollieren können. Der Wert ihrer Positionen steigt und fällt, weil vollkommen Fremde kaufen oder verkaufen. Diese Unsicherheit veranlasst die meisten Anleger, nach einem Anführer zu suchen, der Ihnen sagt, was sie tun sollen.

Sie können sich rational entschieden haben, long oder short zu gehen, aber in dem Augenblick, in dem Sie sich auf ein Geschäft einlassen, saugt Sie die Menge in sich auf. Sie müssen auf einige Anzeichen aufpassen, die Ihnen zeigen, wann Sie anfangen, sich in ein Gruppenmitglied zu verwandeln, anstatt in einen intelligenten Anleger.

Wenn Sie mit Argusaugen auf die Kurse starren, dann beginnen Sie, Ihre Unabhängigkeit zu verlieren. Sie empfinden Stolz, wenn die Kurse Ihren Weg gehen oder Sie fühlen sich niedergeschlagen, wenn sie in die falsche Richtung laufen. Sie kommen in Schwierigkeiten, wenn Sie anfangen, Gurus mehr zu glauben als sich selbst. Sie verlieren Ihre Unabhängigkeit, wenn Sie Ihrem Anlageplan nicht folgen. Wenn Sie feststellen, dass das geschieht, dann sollten Sie versuchen, wieder zu Sinnen zu kommen. Wenn Sie Ihre Haltung nicht wiedergewinnen können, dann sollten Sie aus einem Geschäft aussteigen.

Die Mentalität der Massen

Wenn Menschen sich einer Gruppe anschließen, dann werden sie primitiv und aktionistisch. Massen spüren einfache, aber starke Empfindungen wie Terror, Stolz, Unruhe und Freude. Massen bewegen sich von Angst zu Fröhlichkeit, von Panik zu Heiterkeit. Ein Wissenschaftler kann in seinem Labor kühl und rational sein, aber er kann auch haarsträubende Anlagegeschäfte eingehen, wenn er von der Hysterie des Marktes hinweggespült wird. Eine Gruppe kann Sie aufsaugen, ganz gleich, ob Sie im überfüllten Büro eines Brokers Ihre Geschäfte machen oder von einem weit entfernten Berggipfel aus. Wenn Sie es zulassen, dass andere Ihre Anlageentscheidungen beeinflussen, dann verlieren Sie Ihre Chance auf Erfolg.

Die Loyalität zur Gruppe ist für das Überleben einer Militäreinheit wesentlich. Wenn Sie einer Gewerkschaft beitreten, kann Ihnen dies helfen, Ihren Job zu behalten, auch wenn Ihre Leistungen nicht besonders gut sind. Aber an der Börse kann Sie keine Gruppe beschützen.

Die Massen sind größer und stärker als Sie. Ganz gleich, wie klug Sie sind, mit den Massen können Sie nicht streiten. Sie haben nur zwei Möglichkeiten – mit der Masse zu gehen oder unabhängig zu handeln.

Viele Anleger wundern sich, weshalb Märkte sich immer dann zu wenden scheinen, wenn sie ihre Verlustpapiere verschleudert haben. Der Grund dafür ist, dass alle einzelnen Mitglieder einer Menschenmenge von derselben Angst befallen sind – und jeder verschleudert seine Papiere zur gleichen Zeit. Wenn dann der Verkaufs-»Anfall« vorbei ist, dann kann der Markt nicht anders als nur noch steigen. Optimismus kehrt an die Börse zurück, die Massen werden gierig und lassen sich auf ein neues Kaufgelage ein.

Die Massen sind primitiv, und Ihre Anlagestrategien sollten einfach sein. Um eine erfolgreiche Anlagemethode zu entwerfen, müssen Sie kein Spitzenwissenschaftler sein. Wenn ein Geschäft gegen Sie läuft – dann begrenzen Sie Ihre Verluste und steigen aus. Es macht keinen Sinn, sich mit den Massen anzulegen – nutzen Sie ausschließlich Ihre Urteilskraft, um zu entscheiden, wann Sie mit der Menge gehen und wann Sie sie wieder verlassen.

Die Natur hat Sie so ausgerüstet, dass Sie unter Stress Ihre Unabhängigkeit aufgeben. Wenn Sie sich auf ein Geschäft einlassen, dann wird bei Ihnen der Wunsch aufkommen, andere nachzuahmen und Sie werden offensichtliche Tradingsignale übersehen. Und deshalb müssen Sie Tradingsysteme entwickeln und ihnen auch folgen – das gilt auch für die Regeln des Money Managements. Diese Regeln stellen Ihre ganz persönlichen rationalen Entscheidungen dar, die Sie aufgestellt haben, bevor Sie in ein Geschäft eingestiegen sind und somit Mitglied einer Menge wurden.

Wer ist der Anführer?

Wenn die Kurse sich zu Ihren Gunsten entwickeln, dann freuen Sie sich. Wenn die Kurse sich zu Ihren Ungunsten entwickeln, dann werden Sie sich ärgern, sich niedergeschlagen und ängstlich fühlen und Sie werden gespannt darauf warten, was Ihnen der Markt als nächstes antun wird. Trader mischen sich unter die Massen, wenn sie sich gestresst oder bedroht fühlen. Von ihren Gefühlen niedergeschmettert, verlieren sie ihre Unabhängigkeit und fangen an, andere Mitglieder der Gruppe nachzuahmen, besonders aber den Anführer.

Wenn Kinder sich fürchten, dann möchten sie, dass man ihnen sagt, was sie tun sollen und sie sehen zu ihren Eltern auf. Sie übertragen dieses Verhalten später auf Lehrer, Ärzte, Beamte und Vorgesetzte und auch auf verschiedene Experten. Trader wenden sich an Gurus, an Verkäufer von Tradingsystemen, an Zeitungskolumnisten und andere Marktführer. Aber, wie Toni Plummer in seinem Buch *Forecasting Financial Markets* in brillanter Weise herausstellt, ist der Kurs selbst der wichtigste Anführer am Markt.

Der Kurs ist der Anführer der Marktmassen. Trader auf der ganzen Welt verfolgen die geringfügigsten Aufwärts- und Abwärtsbewegungen des Marktes. Die Kurse scheinen den Anlegern zu sagen: »Folge mir, und ich werde dir den Weg zum Reichtum zeigen.« Die meisten Trader halten sich für unabhängig. Wenige nehmen überhaupt zur Kenntns, wie stark man sich auf das Verhalten eines Anführers konzentriert.

Ein Trend, der zu Ihren Gunsten läuft, symbolisiert ein starkes, großzügiges Elternteil, das Sie zum Essen an den Tisch ruft. Wenn Sie nicht kommen, riskieren Sie, hungrig zu bleiben. Ein Trend, der gegen Sie läuft, symbolisiert ein ärgerliches, strafendes Elternteil. Wenn Sie von diesen Gefühlen ergriffen werden, dann übersehen Sie leicht offensichtliche Anzeichen, die Ihnen sagen, dass Sie aussteigen sollten. Es kann sein, dass Sie sich trotzig fühlen, dass Sie verhandeln wollen oder um Vergebung bitten – in Wirklichkeit vermeiden Sie es, die Realität Ihres Verlustes anzuerkennen und vernünftigerweise aus einer Verlustposition auszusteigen.

Unabhängigkeit

Sie sollten ihre Anlagegeschäfte auf sorgfältig vorbereitete Tradingpläne bauen und keinesfalls aufgrund von kurzfristigen Kursänderungen handeln. Es zahlt sich aus, Ihren Anlageplan schriftlich niederzulegen. Sie müssen genau wissen, unter welchen Bedingungen Sie in ein Geschäft einsteigen und unter welchen Bedingungen Sie aussteigen. Treffen Sie keine Entscheidungen, indem Sie nur einer Eingebung folgen, wenn die Gefahr besteht, dass Sie von der Masse aufgesogen werden.

Beim Trading können Sie nur erfolgreich sein, wenn Sie als einzelner denken und handeln. Der schwächste Punkt eines jeden Tradingsystems ist der Trader selbst. Trader versagen, wenn sie ohne einen Plan Geschäfte abschließen oder von ihren Plänen abweichen. Pläne werden von rationalen Personen entworfen. Impulsivgeschäfte werden von Massenmitgliedern getätigt.

Wenn Sie Geldgeschäfte tätigen, dann müssen Sie sich selbst genau beobachten und Veränderungen in Ihrem mentalen Zustand beachten. Schreiben Sie die Gründe für den Eintritt in ein Geschäft und die Regeln, wieder daraus auszusteigen, auf. Hinzu kommen noch die Regeln des Money Managements. Sie dürfen Ihren Plan nie ändern, wenn Sie noch eine Position offen haben.

Die Sirenen waren vogelartige Wesen der griechischen Sage, die so schön sangen, dass die Seeleute an Land gingen und auf ewig, bis zu ihrem Tode lauschten. Als Odysseus die Sirenen hören wollte, befahl er seinen Leuten, ihn am Schiffsmast festzubinden und sich selbst Wachs in die Ohren zu stecken. Odysseus hörte das Lied der Sirenen, aber er überlebte, weil er das Schiff nicht verlassen konnte. Sie sichern Ihr Überleben als Anleger, wenn Sie sich an den Mast Ihres Anlageplans und an die Money Management-Regeln binden.

16 Die Psychologie der Trends

Jeder Kurs ist der Wertkonsens aller Marktteilnehmer. Der Kurs zeigt die letzte »Abstimmung« über den Wert einer Handelsware. Jeder Trader kann dazu beitragen, wenn er einen Kauf- oder Verkaufsauftrag erteilt, oder wenn er zum gegenwärtigen Zeitpunkt nichts tut. Jeder Balken auf einem Chart zeigt den

Kampf zwischen Bullen und Bären. Wenn sich die Bullen sehr gut fühlen, dann kaufen sie eifriger und die Märkte gehen nach oben. Wenn sich die Bären sehr gut fühlen, dann verkaufen sie viel mehr und drücken die Märkte nach unten.

Jeder Kurs spiegelt die Aktionen oder das Unterlassen von Aktionen der Marktteilnehmer wieder. Charts sind wie ein Fenster zur Massenpsychologie. Wenn Sie Charts analysieren, dann analysieren Sie das Verhalten der Anleger. Technische Indikatoren helfen, diese Analyse objektiver zu gestalten. *Die technische Analyse hängt sehr eng mit der Sozialpsychologie zusammen. Ihr Ziel ist es, Trends und Veränderungen im Massenverhalten zu erkennen, um intelligente Anlageentscheidungen zu treffen.*

Gefühlsausbrüche

Wenn Sie Anleger fragen, warum Kurse ansteigen, dann werden Sie zumeist eine Standardantwort erhalten: mehr Käufer als Verkäufer. Das stimmt nicht. Die Zahl der Wertpapiere, wie beispielsweise Aktien oder Terminpapiere, die in einem Markt gekauft und verkauft werden, muss immer gleich sein.

Wenn Sie einen Kontrakt über Schweizer Franken kaufen wollen, dann muss ihn jemand verkaufen. Wenn Sie einen Kontrakt »S&P 500« leer verkaufen wollen, dann muss Ihnen jemand den Kontrakt abkaufen. Die Anzahl der Aktien, die gekauft und verkauft werden, ist im Aktienmarkt immer gleich. Außerdem ist die Anzahl der Long- und Short-Positionen im Futures-Markt immer gleich. Die Kurse steigen an oder fallen, weil sich die Intensität von Gier und Angst unter den Käufern oder Verkäufern ändert.

Wenn der Trend aufwärts geht, fühlen sich die Bullen optimistisch und es macht ihnen nichts aus, ein wenig mehr zu bezahlen. Sie kaufen hoch ein, weil sie annehmen, dass die Kurse noch höher steigen werden. Bären sind in einem Aufwärtstrend angespannt. Sie verkaufen nur zu einem höheren Preis. Wenn gierige und optimistische Bullen auf ängstliche und passive Bären treffen, dann erholt sich der Markt. Je intensiver die Gefühle der Bullen sind, um so steiler ist der Anstieg. Die Rallye endet erst dann, wenn viele Bullen ihre Begeisterung verlieren.

Wenn die Kurse fallen, dann fühlen sich die Bären optimistisch und zieren sich nicht, auch zu niedrigen Preisen zu verkaufen. Die Bullen werden furchtsam und kaufen nur zu einem Discountpreis. Solange sich die Bären als Gewinner fühlen, verkaufen sie weiterhin zu niedrigeren Kursen und der Abwärtstrend setzt sich fort. Er endet erst dann, wenn die Bären vorsichtig werden und aufhören, zu noch niedrigeren Preisen zu verkaufen.

KURSAUFSCHWÜNGE UND KURSABSCHWÜNGE

Nur wenige Trader handeln ausschließlich als rational bestimmte Menschen. In den Märkten gibt es eine Menge emotional begründeter Aktivitäten. Die meisten Marktteilnehmer handeln nach dem Prinzip »Was der Affe sieht, das ahmt er nach«. Die Wellen von Angst und Gier überschwemmen Bullen und Bären.

Die Märkte ziehen an, weil die Käufer gierig werden und die Short-Verkäufer Angst bekommen. Normalerweise kaufen die Bullen gern billig ein. Wenn sie sich sehr stark fühlen, dann sorgen sie sich mehr darum, eine Rallye zu versäumen, als zu einem günstigen Preis einzukaufen. Eine Rallye dauert solange an, wie die Bullen gierig genug sind, den Forderungen der Verkäufer nachzukommen.

Ob eine Rallye steil ansteigt, hängt davon ab, wie sich die Anleger fühlen. Wenn die Käufer sich nur ein wenig stärker fühlen als die Verkäufer, dann zieht der Markt nur langsam an. Wenn sie sich viel stärker fühlen als die Verkäufer, dann steigt der Markt schnell. Es ist die Aufgabe eines technischen Analysten, herauszufinden, wann die Käufer stark sind und wann ihnen die Kraft ausgeht.

Short-Verkäufer fühlen sich in ansteigenden Märkten wie in einer Falle, weil ihre Profite dahinschmelzen und sich in Verluste verkehren. Wenn Short-Verkäufer hektisch ihre Positionen glattstellen, dann steigt eine Rallye nahezu senkrecht an. Angst ist ein viel stärkeres Gefühl als Gier, und Rallyes, die durch Liquidationen von Short-Positionen angetrieben werden, verlaufen besonders steil.

Märkte fallen aufgrund der Gier unter den Bären und der Angst unter den Bullen. Normalerweise ziehen es die Bären vor, bei Rallyes leer zu verkaufen, aber wenn sie annehmen, dass sie bei einem Abschwung viel Geld verdienen, dann macht es ihnen nichts aus, auch in einem Abwärtstrend leer zu verkaufen. Ängstliche Käufer kaufen nur noch unter dem Marktpreis ein. Solange Short-Verkäufer diesen Bedingungen folgen und auf ein Gebot eingehen, setzt sich der Abschwung fort.

Wenn nun die Gewinne der Bullen dahinschmelzen und sich zu Verlusten wandeln, dann geraten sie in Panik und verkaufen zu fast jedem Preis. Sie wollen so dringend aussteigen, dass sie Gebote unter dem Marktpreis annehmen. Märkte können sehr schnell abrutschen, wenn sie von Panikverkäufen getroffen werden.

Trendführer

Loyalität hält Gruppen zusammen. Freud zeigte, dass sich Gruppenmitglieder ihrem Führer gegenüber so verhalten, wie Kinder gegenüber ihrem Vater. Die Mitglieder einer Gruppe erwarten von Ihrem Führer, dass er sie inspiriert und sie belohnt, wenn sie gut sind, aber auch, dass sie bestraft werden, wenn sie böse sind.

Wer lenkt die Markttrends? Wenn Einzelne versuchen, einen Markt zu kontrollieren, dann ergeht es ihnen zumeist schlecht. Der Silbermarkt in den 80er-Jahren wurde beispielsweise von den Gebrüdern Hunt aus Texas und ihren arabischen Gesellschaftern angeführt. Die Hunts endeten vor dem Konkursgericht. Sie hatten nicht einmal mehr das Geld, um in einem Auto zum Gericht zu fahren, sondern sie mussten die öffentlichen Verkehrsmittel benutzen. Manchmal führen Marktgurus die Trends an, aber sie überstehen niemals einen Marktzyklus (siehe auch Abschnitt 6).

In seinem Buch *Forecasting Financial Markets – The Truth Behind Technical Analysis* stellte Toni Plummer, ein britischer Trader, eine revolutionäre Idee vor. Er zeigte, dass der Kurs selbst als Führer der Marktmassen agiert! Schließlich konzentrieren die meisten Anleger ihre Aufmerksamkeit auf den Kurs.

Gewinner fühlen sich belohnt, wenn die Kurse sich zu ihren Gunsten bewegen und die Verlierer fühlen sich bestraft, wenn sich die Kurse gegen sie bewegen. Die Mitglieder einer Masse sind sich dessen nicht bewusst, dass sie, wenn sie sich auf den Kurs konzentrieren, ihren eigenen Anführer geschaffen haben. Anleger, die wie gebannt auf den Kurs starren, schaffen ihre eigenen Götter.

Wenn der Trend aufwärts geht, fühlen sich die Bullen von großzügigen Eltern belohnt. Je länger der Aufwärtstrend andauert, um so zuversichtlicher fühlen sie sich. Wenn das Verhalten eines Kindes belohnt wird, dann tut es das, was es getan hat, auch weiterhin. Wenn die Bullen Geld verdienen, dann verstärken sie Ihre Long-Positionen und neue Bullen treten in den Markt ein. Bären fühlen, dass sie bestraft werden, weil sie leer verkauft haben. Viele von ihnen liquidieren ihre Short-Positionen und gehen long, sie gesellen sich zu den Bullen.

Das Kaufen der glücklichen Bullen und das Glattstellen der ängstlichen Bären puscht den Aufwärtstrend noch höher. Die Käufer fühlen sich belohnt, während die Verkäufer sich bestraft fühlen. Beide sind emotional engagiert, aber nur wenigen Tradern wird klar, dass sie den Aufwärtstrend schaffen, indem sie den Kurs selbst zu ihrem Anführer machen.

Zuweilen kann ein Kursschock eintreten – ein großer Verkauf trifft den Markt und es gibt nicht genügend Käufer, um die Verkäufe zu absorbieren. Der

Aufwärtstrend geht in eine Abwärtsbewegung über. Die Bullen fühlen sich misshandelt wie Kinder, deren Vater sie schlägt, doch die Bären fühlen sich ermutigt.

Ein Preisschock legt die Grundlagen für den Umkehrpunkt eines Aufwärtstrends. Auch wenn der Markt sich erholt und einen neuen Höchststand erreicht, gebärden sich die Bullen scheuer und die Bären werden mutiger. Dieser Mangel an Zusammenhang in der dominanten Gruppe und der Optimismus unter ihren Gegnern bereitet den Aufwärtstrend auf eine Umkehr vor. Einige technische Indikatoren kennzeichnen die Spitzen, weil sie ein Muster verfolgen, das man bearishe Abweichung (Divergenz) nennt (siehe auch Abschnitt 28). Das geschieht, wenn die Kurse einen neuen Höchststand erreichen, aber der Indikator nur ein geringeres Hoch erreicht als in der vorangehenden Rallye. Bearishe Divergenzen kennzeichnen die besten Shorting-Gelegenheiten.

Wenn der Trend abwärts geht, dann fühlen sich die Bären wie gute Kinder, die gelobt und belohnt werden, weil sie klug sind. Sie fühlen sich zuversichtlicher, verstärken ihre Positionen und der Abwärtstrend setzt sich fort. Neue Bären kommen in den Markt. Die meisten Menschen bewundern Gewinner und die Finanzmedien interviewen in einem Bärenmarkt immer nur die Bären. Bullen verlieren in einem Abwärtstrend Geld und das gibt ihnen das Gefühl, sie seien schlecht. Die Bullen verschleudern ihre Positionen, und viele von ihnen wechseln die Fronten und gesellen sich zu den Bären. Ihre Verkäufe drücken den Markt noch tiefer.

Nach einiger Zeit werden die Bären zuversichtlich und die Bullen fühlen sich demoralisiert. Plötzlich ereignet sich jedoch ein Preisschock. Eine große Anzahl von Kaufaufträgen neutralisiert alle verfügbaren Verkaufsaufträge und das hebt den Markt. Nun fühlen sich die Bären wie Kinder, deren Vater ihnen eine Ohrfeige gegeben hat.

Ein Preisschock sät den Samen für die mögliche Umkehr eines Abwärtstrends, weil einige Bären Angst bekommen und die Bullen mutiger werden. Wenn ein Kind anfängt zu zweifeln, dass es den Weihnachtsmann gibt, wird es später sehr selten wieder an den Weihnachtsmann glauben. Auch wenn sich die Bären erholen und die Kurse auf ein neues Tief fallen, stellen einige technische Indikatoren ihre Schwäche anhand eines Musters fest, das man bullishe Abweichung (Divergenz) nennt. Das geschieht dann, wenn die Kurse auf ein neues Tief fallen, aber das Tief eines Indikators weniger tief liegt als während des vorangegangenen Abschwungs. Bullishe Abweichungen kennzeichnen die besten Kaufgelegenheiten.

Sozialpsychologie

Eine einzelne Person hat ihren freien Willen und ihr Verhalten ist nur schwer vorauszusagen. Das Verhalten von Gruppen ist viel primitiver und viel einfacher zu verfolgen. Wenn Sie Märkte analysieren, dann analysieren Sie Gruppenverhalten. Sie müssen die Richtung, in die die Gruppen laufen, und ihre Richtungsänderungen feststellen. Gruppen saugen uns auf und vernebeln unser Urteilsvermögen. Das Problem der meisten Analysten ist, dass sie von der Mentalität der Gruppe, die sie analysieren, eingenommen werden.

Je länger ein Aufschwung anhält, um so mehr Techniker werden von Bullengefühlen eingenommen, sie missachten die Anzeichen für Gefahren, und sie übersehen die Richtungsänderung. Je länger ein Abschwung anhält, um so mehr Techniker werden von der düsteren Stimmung der Bären eingefangen und sie verkennen die Signale der Bullen. Deshalb ist es hilfreich, einen schriftlich niedergelegten Plan für die Marktanalyse zu haben. Wir müssen im voraus entscheiden, welche Indikatoren wir beachten wollen und wie wir sie interpretieren.

Die Händler auf dem Parkett haben mehrere Werkzeuge dafür, die Qualität und die Intensität der Gefühle einer Menge zu verfolgen. Sie beobachten die Fähigkeit der Menge, durch vorangegangene Unterstützungs- und Widerstandslinien zu brechen. Sie behalten auch die Kundenaufträge im Auge, die als Antwort auf Kursänderungen aufs Parkett kommen. Die Parketthändler hören auf die Veränderungen der Tonhöhe und der Lautstärke des Gebrülls auf dem Börsenparkett.

Wenn man nicht selbst auf dem Börsenparkett ist, dann benötigt man andere Werkzeuge, um das Verhalten der Massen zu analysieren. Ihre Charts und Indikatoren zeigen die Massenpsychologie in Aktion. Ein technischer Analyst wendet die Sozialpsychologie an, oft mit einem Computer bewaffnet.

17 Management im Gegensatz zu Prophetie

Einmal traf ich in einem Seminar auf einen sehr dickleibigen Chirurgen. Er erzählte mir, er habe innerhalb von drei Jahren bei der Geldanlage in Aktien und Optionen eine Viertelmillion Dollar verloren. Als ich ihn fragte, wie er denn seine Anlageentscheidungen treffen würde, da zeigte er, dümmlich lachend, auf seinen dicken Bauch. Er setzte auf Ahnungen und verbrauchte das Einkommen aus seinem Beruf, um dieses Verhalten beibehalten zu können. Es gibt zwei Alternativen zum Trading aus dem Bauch heraus: eine ist die fundamentale Analyse, die andere ist die technische Analyse.

Größere Bullen- und Bärenmärkte resultieren aus grundlegenden Veränderungen in Angebot und Nachfrage. Fundamentalanalysten verfolgen Ernteberichte, sie studieren die Aktionen der Bundesbank, Berichte über die Auftragslage der Industrie usw. Auch wenn sie all diese Faktoren kennen, können sie Geld verlieren, wenn sie nicht die mittelfristigen und kurzfristigen Trends kennen. Diese sind von der Stimmung der Massen abhängig.

Technische Analysten glauben, dass die Kurse ein Spiegelbild all dessen sind, was über den Markt bekannt ist, einschließlich aller fundamentalen Faktoren. Jeder Kurs stellt den Konsens aller Marktteilnehmer über einen Wert dar – große, wirtschaftliche Interessen und kleine Spekulanten, Fundamentalanalysten, Techniker und Spieler. Die technische Analyse ist wie ein Studium der Massenpsychologie. Sie ist teilweise Wissenschaft und teilweise Kunst. Techniker nutzen viele wissenschaftliche Methoden, einschließlich mathematischer Konzepte der Spieltheorie und der Wahrscheinlichkeitsrechnung. Viele Techniker benutzen Computer, um sehr anspruchsvollen Indikatoren auf die Spur zu kommen.

Die technische Analyse ist auch eine Kunst. Die Balken auf einem Chart fügen sich zu Mustern und Formationen zusammen. Wenn Kurse und Indikatoren in Bewegung geraten, dann wird aus ihnen in gewissem Sinn ein Fluss und ein Rhythmus, das Gefühl von Spannung und Schönheit, das Ihnen dabei hilft zu spüren, was geschieht und wie Sie anlegen sollen.

Individualverhalten ist komplex, vielfältig und schwierig vorauszusehen. Das Verhalten von Gruppen ist primitiv. Techniker untersuchen die Verhaltensmuster der Marktmassen. Sie traden dann, wenn sie ein Muster erkennen, das auch in vorangegangenen Marktbewegungen zu sehen war.

Meinungsumfragen

Techniker und politische Meinungsforscher versuchen, das Massenbewusstsein zu lesen. Meinungsforscher tun es wegen des politischen Vorteils, Techniker wegen des finanziellen Vorteils. Politiker möchten gern die Chancen für eine Wahl oder eine Wiederwahl wissen. Ihren Wählern gegenüber machen sie Versprechungen und fragen dann die Meinungsforscher, wie ihre Chancen auf einen Sieg stehen.

Meinungsforscher nutzen wissenschaftliche Methoden: Statistik, Stichprobenverfahren und ähnliches. Sie brauchen auch einen gewissen Spürsinn für die Formulierung der Fragen von Interviews. Die Meinungsforscher müssen mit den emotionalen Strömungen ihrer Partei vertraut sein. Meinungsforschung ist eine Kombination von Wissenschaft und Kunst. Wenn ein Meinungsforscher sagt, er sei ein Wissenschaftler, dann sollten Sie ihn fragen, weshalb jeder bedeutende politische Meinungsforscher in den Vereinigten Staaten entweder mit den Demokraten oder den Republikanern in Verbindung steht. Die wahre Wissenschaft kennt keine Parteinamen.

Ein Markttechniker muss über jede Parteizugehörigkiet erhaben sein. Er darf weder ein Bulle noch ein Bär sein, sondern er darf nur nach der Wahrheit suchen. Ein voreingenommener Bulle sieht auf ein Chart und fragt: »Wo kann ich kaufen?« Ein voreingenommener Bär schaut den gleichen Chart an und versucht herauszufinden, wo er short gehen kann. Ein guter Analyst ist völlig frei vom Gedankengut der Bullen und Bären.

Es gibt einen Trick, der Ihnen hilft, Ihre Voreingenommenheit zu erkennen. Wenn Sie kaufen wollen, dann drehen Sie Ihren Chart einfach um und schauen, ob er nicht doch eher eine Verkaufsempfehlung gibt. Wenn es immer noch nach kaufen aussieht, nachdem Sie den Chart auf den Kopf gestellt haben, dann müssen Sie an Ihrer Vorliebe für Bullen arbeiten und sie aus Ihrem Denksystem ausräumen. Wenn beide Charts, auch der Chart, der auf dem Kopf steht, eine Verkaufsempfehlung geben, dann müssen Sie daran arbeiten, Ihre Vorliebe für Bären zu beseitigen.

Die Kristallkugel

Die meisten Trader nehmen Preisschwankungen persönlich. Sie fühlen sich sehr stolz, wenn sie Geld verdienen, und sprechen gerne über ihre Gewinne. Wenn aber eine Geldanlage missglückt, dann fühlen sie sich wie Kinder bestraft und versuchen, ihre Verluste geheimzuhalten. Sie können die Gefühle der Trader an ihren Gesichtern ablesen.

Viele Trader glauben, dass es das Ziel eines Marktanalysten sei, die zukünftigen Kurse vorauszusagen. Amateure auf den meisten Gebieten fragen nach Voraussagen, während die Profis ganz einfach die Informationen managen und ihre Entscheidungen auf Wahrscheinlichkeiten gründen. Nehmen Sie beispielsweise die Medizin. Ein Patient wird in die Notfallambulanz gebracht und ein Messer ragt aus seiner Brust – und die aufgeregten Familienangehörigen haben nur zwei Fragen: »Wird er überleben?« und »Wann kann er wieder nach Hause kommen?« Sie bitten den Arzt um eine Vorhersage.

Aber der Arzt trifft keine Vorhersagen – er kümmert sich um die Probleme, so wie sie anstehen. Er beobachtet den Trend des Zustands eines Patienten und trifft Maßnahmen, um Komplikationen zu verhindern. Wenn die Familie um eine Vorhersage bittet, dann kann er sie auch treffen, aber der praktische Wert ist äußerst gering.

Um beim Trading Geld zu verdienen, brauchen Sie die Zukunft nicht vorherzusagen. Sie müssen Informationen aus dem Markt entnehmen und herausfinden, ob die Bullen oder die Bären gerade vorherrschend sind. Sie müssen die Kraft der dominanten Marktgruppe einschätzen und entscheiden, wie sich der augenblickliche Trend voraussichtlich weiterentwickeln wird. Sie müssen konservatives Money Management einsetzen, das auf langfristiges Überleben und auf die Kumulation von Gewinnen ausgerichtet ist. Sie müssen beachten, wie Ihr Verstand arbeitet, und vermeiden, in Gier oder Angst zu verfallen. Ein Trader, der all dies beherzigt, wird voraussichtlich erfolgreicher sein als einer, der versucht, die Zukunft vorauszusehen.

Lesen Sie den Markt, managen Sie sich selbst

Während eines Handelstages strömen enorme Massen von Informationen aus den Märkten. Die Veränderungen der Kurse machen uns deutlich, wie Bullen und Bären miteinander kämpfen. Ihre Aufgabe ist es, diese Informationen zu analysieren und auf die dominante Marktgruppe zu setzen.

Dramatische Vorhersagen sind ein Marketingtrick. Leute, die Beratungsdienste verkaufen oder Geld für die Vermögensverwaltung sammeln, wissen, dass gute Nachrichten zahlende Kunden anziehen, während schlechte Nachrichten schnell vergessen werden. Während ich dieses Kapitel schrieb, läutete mein Telefon. Einer der berühmten Gurus – im Augenblick vom Glück verlassen – sagte mir, er habe eine Kaufgelegenheit in einem bestimmten landwirtschaftlichen Sektor erkannt, wie sie nur einmal im Leben vorkommt. Er bat mich, für ihn Geld zu beschaffen und versprach, es innerhalb von sechs Monaten zu verhundertfachen! Ich weiß nicht, wie viele Narren er damit ködern konnte, aber dramatische Voraussagen waren schon immer gut, um der Öffentlichkeit das Fell über die Ohren zu ziehen.

Wenn Sie einen Markt analysieren, dann sollten Sie Ihren gesunden Menschenverstand benutzen. Wenn eine neue Entwicklung Sie erstaunt, dann vergleichen Sie diese Entwicklung mit dem Leben außerhalb der Märkte. Beispielsweise könnte es sein, dass Indikatoren Ihnen ein Zeichen geben, auf zwei Märkten zu kaufen. Sollten Sie auf dem Markt kaufen, der gerade einen

Abschwung erlebt, lange vor einem Kaufsignal oder auf dem, der nur ein wenig abgerutscht ist? Vergleichen Sie das damit, was mit jemandem geschieht, nachdem er gefallen ist. Wenn er einen Treppenabsatz hinunterfällt, dann kann es sein, dass er sich den Staub von der Kleidung klopft und wieder hinaufläuft. Wenn er aber aus dem Fenster der dritten Etage fällt, dann wird er wahrscheinlich nicht so schnell wieder laufen. Er braucht lange Zeit, um sich zu erholen. Nach einem schlimmen Absturz gehen die Kurse sehr selten wieder auf einen steilen Anstieg.

Die erfolgreiche Geldanlage ruht auf drei Säulen. Sie müssen das Gleichgewicht der Kräfte zwischen Bullen und Bären analysieren. Sie müssen gutes Money Management betreiben. Sie brauchen persönliche Disziplin, um Ihrem Anlageplan zu folgen, und Sie müssen vermeiden, in den Märkten starke Gefühle zu zeigen.

Kapitel III

Die klassische Chartanalyse

18 Über Charts

Chartisten studieren die Marktbewegungen, und versuchen, wiederkehrende Kursmuster zu erkennen. Ihr Ziel ist es, Gewinne zu erzielen, wenn sich bestimmte Muster wiederholen. Die meisten Chartisten arbeiten mit Balkendiagrammen, die Hochs, Tiefs, Schlusskurse und Umsätze sowie offene Kontraktpositionen darstellen. Point-and-figure-Chartisten verfolgen nur Kursänderungen und vernachlässigen Zeit, Umsätze und offene Kontraktpositionen.

Das klassische Erstellen eines Charts bedarf nur eines Bleistifts und eines Stücks Papier. Mit Charts zu arbeiten kommt visuell veranlagten Menschen entgegen. Diejenigen, die die Daten per Hand aufzeichnen, entwickeln oft ein physisches Gefühl für Kurse. Wenn man Charts mit Computern erstellt, dann spart man zwar Zeit, aber man verliert etwas von diesem Gefühl.

Das größte Problem bei der Arbeit mit Charts ist das Wunschdenken. Trader reden sich oft selbst ein, dass ein bestimmtes Muster entweder bullish oder bearish erscheint, je nachdem, ob sie kaufen oder verkaufen möchten.

Zu Beginn dieses Jahrhunderts entwarf Hermann Rorschach, ein schweizer Psychiater, einen Test, um das Denken eines Menschen zu erforschen. Er tropfte Tinte auf zehn Blatt Papier und faltete ein jedes in der Mitte, sodass ein symmetrischer Tintenklecks entstand. Die meisten Testpersonen beschrieben, was sie sahen: Körperteile, Tiere, Gebäude usw. In Wirklichkeit sind es jedoch nur Tintenkleckse! Jede Person sieht das, was ihr gerade in den Sinn kommt. Die meisten Anleger benutzen die Charts wie einen gigantischen Rorschach-Test. Sie projizieren ihre Hoffnungen, Ängste und Fantasien auf die Charts.

Ein kurzer historischer Rückblick

Die ersten Chartisten tauchten in den Vereinigten Staaten um die Jahrhundertwende auf. Zu ihnen gehörte auch Charles Dow, der Autor einer berühmten Aktienmarkt-Theorie, und William Hamilton, der Dow als Herausgeber des *Wall Street Journal* nachfolgte. Dows berühmte Maxime war: »The averages discount everything.« (frei übersetzt: Die Indizes nehmen alles vorweg.) Er glaubte, dass die Veränderungen im »Dow Jones Industrial and Rail Average« das ganze Wissen und die Hoffnungen über die wirtschaftliche Entwicklung und den Aktienmarkt wiedergeben.

Dow schrieb niemals ein Buch, sondern ausschließlich die Leitartikel im *Wall Street Journal*. Nachdem Dow gestorben war, übernahm Hamilton die Aufgabe und schlug eine Scharte für die Chartanalyse, als er *The Turn of the Tide* schrieb, den Leitartikel, der dem Crash von 1929 folgte.

In seinem Buch *The Stock Market Barometer* legte Hamilton die Prinzipien der Dow-Theorie dar. Robert Rhea, Herausgeber eines Newsletters, brachte diese Theorie 1932 in seinem Buch *The Dow Theory* auf den Punkt.

Die 30er-Jahre waren das goldene Zeitalter der Chartanalyse. Viele Erneuerer hatten nach dem Crash von 1929 plötzlich viel Zeit. Schabaker, Rhea, Elliott, Wyckoff, Gann und andere veröffentlichten ihre Untersuchungen in diesem Jahrzehnt. Ihre Arbeiten gingen in zwei verschiedene Richtungen. Einige wie Wyckoff und Schabaker sahen die Charts als grafischen Nachweis für Angebot und Nachfrage in den Märkten. Andere, wie Elliott und Gann, suchten nach einer perfekten Marktordnung – ein faszinierendes, aber vergebliches Unterfangen (siehe auch Abschnitt 6).

Im Jahr 1948 veröffentlichten Edwards (der Schwiegersohn von Schabaker) und Magee die *Technical Analysis of Stock Trends*. Sie führten Begriffe wie Dreieck, Rechteck, Kopf und Schulter und andere Chartformationen ein, ebenso wie Unterstützungs-, Widerstands- und Trendlinien. Andere Chartisten übertrugen diese Konzepte auf Sachwerte.

Die Märkte haben sich seit den Tagen von Edwards und Magee stark verändert. In den 40er-Jahren machte der tägliche Umsatz eines aktiven Wertpapiers an der New Yorker Börse gerade einmal einige hundert Anteile aus, während der Umsatz in den 90er-Jahren oft eine Million Anteile übertrifft. Die Machtverteilung im Aktienmarkt hat sich zu Gunsten der Bullen verändert. Frühe Chartisten schrieben, dass die Hochs auf dem Aktienmarkt steil und kurz waren, während sich die Tiefs über eine längere Zeit hinzogen. Das stimmte in der Zeit der Deflation, aber seit den 50er-Jahren ist das Gegenteil der Fall. Heute entwickeln sich Tiefs schnell, während Hochs länger andauern.

Was ein Balkenchart aussagt

Chartmuster geben das Auf und Ab von Gier und Angst unter den Tradern wieder. Dieses Buch konzentriert sich auf Tagescharts, aber Sie können viele Prinzipien auch auf andere Daten anwenden. Die Regeln für das Lesen der Wochencharts, Tagescharts, Stundencharts oder Intraday-Charts (Charts, die während eines Börsentages laufend erstellt werden) sind sehr ähnlich. Jeder Kurs ist die momentane Übereinstimmung aller Marktteilnehmer über den Wert eines Handelsgegenstandes, der in einer Aktion ausgedrückt wird. Jeder

Abbildung 18-1

Was ein Balkenchart aussagt

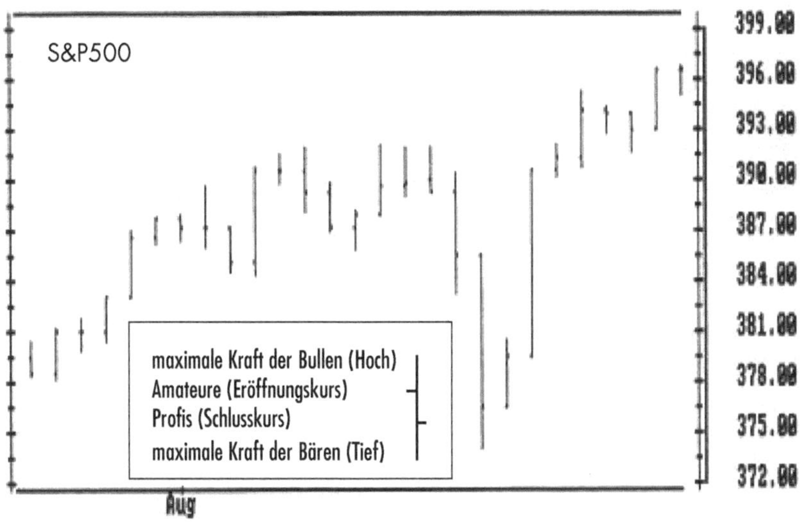

Eröffnungskurse werden von Amateuren, deren Aufträge sich über Nacht ansammeln und morgens den Markt erreichen, stark geprägt. Schlusskurse werden weitestgehend von Börsenprofis geprägt, die den ganzen Tag traden. Beachten Sie, wie oft Eröffnungskurse und Schlusskurse am entgegengesetzten Ende einer Säule liegen.

Das Hoch eines jeden Balkens kennzeichnet die größte Kraft der Bullen innerhalb dieses Balkens. Der tiefste Punkt jedes Balkens kennzeichnet die maximale Kraft der Bären innerhalb dieses Balkens. Slippage ist im Allgemeinen geringer, wenn Sie während kurzer Balken in ein Geschäft einsteigen oder wieder aussteigen.

Kursbalken stellt mehrere Informationen über die Machtverteilung zwischen Bullen und Bären zur Verfügung (siehe Abbildung 18-1).

Der Eröffnungskurs eines Tages- oder Wochenbalkens gibt normalerweise die Meinung von Amateuren über den Wert eines Papiers wieder. Sie lesen die Morgenzeitungen, entdecken, was am Tag zuvor passiert ist, und Sie rufen Ihren Broker an und erteilen Ihre Aufträge, bevor Sie ins Büro gehen. Amateure sind am Morgen und am Wochenanfang besonders aktiv.

Trader, die das Verhältnis zwischen Eröffnungs- und Schlusskursen über Jahrzehnte hinweg untersuchten, fanden heraus, dass Eröffnungskurse meist in der

Nähe des Hochs oder des Tiefs eines Tagesbalkens sind. Käufe oder Verkäufe von Amateuren am frühen Morgen schaffen emotionale Extreme, von denen sich die Kurse im Verlauf des Tages erholen.

In einem Bullenmarkt liegt das Wochentief meist an einem Montag oder Dienstag, weil dann die Amateure ihre Gewinne mitnehmen. Dann steigen die Kurse bis zum Donnerstag oder Freitag auf ein neues Hoch. In Bärenmärkten liegt das Wochenhoch meist an einem Montag oder Dienstag, mit einem neuen Tief zum Wochenende hin, am Donnerstag oder am Freitag.

Die Schlusskurse von Tages- oder Wochenbalken geben eher die Aktionen der professionellen Anleger wieder. Sie beobachten die Märkte den Tag hindurch, reagieren auf Veränderungen, und gegen Börsenschluss werden sie besonders aktiv. Viele von ihnen nehmen dann die Gewinne mit, um offene Positionen über Nacht zu vermeiden.

Professionelle Anleger als Gruppe traden im Allgemeinen gegen die Amateure. Sie kaufen meist bei niedrigeren Eröffnungskursen, verkaufen leer bei höheren Eröffnungskursen und lösen ihre Positionen im Tagesverlauf auf. Trader müssen das Verhältnis zwischen Eröffnungs- und Schlusskursen beachten. Wenn die Kurse höher schließen als sie eröffnet haben, dann waren die Marktprofis wahrscheinlich bullisher als die Amateure. Wenn die Kurse niedriger schließen als sie eröffnet haben, dann waren die Marktprofis wahrscheinlich bearisher als die Amateure. Es zahlt sich aus, mit den Profis und gegen die Amateure zu gehen.

Der höchste Punkt eines jeden Balkens stellt die größte Kraft der Bullen innerhalb dieses Balkens dar. Die Bullen verdienen Geld, wenn die Kurse steigen. Ihre Käufe drücken die Kurse weiter nach oben und jeder weitere Tick vergrößert ihre Gewinne. Schließlich erreichen die Bullen einen Punkt, an dem sie die Preise nicht weiter anheben können - nicht einmal mehr um einen Tick. Der höchste Punkt eines Tagesbalkens stellt die größte Kraft der Bullen während eines Tages dar und der höchste Punkt eines Wochenbalkens markiert die größte Kraft der Bullen während der Woche. Der höchste Punkt eines Fünf-Minuten-Balkens zeigt die Maximalkraft der Bullen während dieser fünf Minuten. *Der höchste Punkt eines Balkens stellt die Maximalkraft der Bullen innerhalb dieses Balkens dar.*

Der Tiefpunkt eines Balkens stellt die Maximalkraft der Bären innerhalb dieses Balkens dar. Bären verdienen Geld, wenn die Kurse sinken. Sie verkaufen weiterhin leer, ihre Verkäufe drücken die Kurse weiter nach unten und jeder Abwärtstick vergrößert ihre Gewinne. An irgendeinem Punkt geht ihnen entweder das Kapital oder die Begeisterung aus, und die Kurse hören auf zu fallen. *Der Tiefpunkt eines jeden Balkens zeigt die Maximalkraft der Bären innerhalb dieses Balkens.*

Die letzte Kursbewegung eines jeden Balkens zeigt den Ausgang der Schlacht zwischen Bullen und Bären innerhalb dieses Balkens. Wenn die Kurse nahe dem Tageshoch schließen, dann zeigt das, dass die Bullen an diesem Tag die Schlacht gewonnen haben. Wenn die Kurse in der Nähe des Tagestiefs schließen, dann zeigt das, dass die Bären an diesem Tag gewonnen haben. Schlusskurse auf Tagescharts im Futuresmarkt sind besonders bedeutsam. Der Geldbetrag auf Ihrem Tradingkonto hängt von ihm ab, weil Ihr Kontostand jede Nacht dem Markt angepasst wird.

Der Abstand zwischen dem höchsten und dem niedrigsten Punkt eines Balkens zeigt die Intensität des Konflikts zwischen Bullen und Bären. Ein Durchschnittsbalken kennzeichnet einen relativ kühlen Markt. Ein Balken, der nur halb so lang ist wie der Durchschnittsbalken, zeigt einen müden und uninteressierten Markt. Ein Balken, der doppelt so hoch ist wie der Durchschnittsbalken, zeigt einen kochenden Markt, auf dem die Bullen und Bären den ganzen Tag hinweg miteinander gekämpft haben.

Die Slippage (siehe Abschnitt 3) ist in ruhigen Märkten normalerweise niedriger. Es lohnt sich, während kurzer oder normaler Balken in ein Geschäft einzutreten. Der Versuch, in ein Geschäft einzusteigen, wenn der Markt rennt, ist mit dem Sprung auf einen fahrenden Zug zu vergleichen. Es ist besser, Sie warten auf den nächsten Zug.

Japanische Kerzen

Zwei Jahrhunderte bevor die ersten Chartisten in Amerika auftauchten, fingen japanische Reishändler damit an, Candlestick-Charts zu benutzen. An Stelle von Balken haben diese Kerzen mit Dochten an beiden Enden. Der Corpus einer jeden Kerze stellt den Unterschied zwischen Eröffnungs- und Schlusskursen dar. Wenn der Schlusskurs höher ist als der Eröffnungskurs, dann ist der Corpus weiß. Ist der Schlusskurs niedriger, dann ist der Corpus schwarz.

Die Spitze des oberen Dochtes stellt das Tageshoch dar und das Ende des unteren Dochtes das Tagestief. Die Japaner betrachten Hochs und Tiefs als relativ unwesentlich, so wie es Steve Nison, der Autor von *Japanese Candlestick Charting Techniques* ausdrückt. Sie konzentrieren sich auf das Verhältnis der Eröffnungs- und Schlusskurse und auf die Muster, die durch mehrere Kerzen entstehen.

Der Hauptvorteil eines Candlestick-Charts ist seine Konzentration auf das Kämpfchen zwischen Amateuren, die die Eröffnungskurse kontrollieren und den Profis, die die Schlusskurse bestimmen. Unglücklicherweise nutzen die Candlestick-Chartisten die meisten Möglichkeiten westlicher Analysten nicht. Sie ignorieren den Umsatz, sie haben keine Trendlinien und keine technischen Indikatoren. Dieses Desiderat füllen moderne amerikanische Analysten wie Greg Morris, dessen Candlepower-Software westliche, technische Indikatoren mit klassischen Candlestick-Mustern kombiniert.

Marktprofile

Diese Charttechnik, die Akkumulationen und Verteilungen während eines Börsentages herauszufinden soll, wurde von J. Peter Steidelmayer entwickelt. Marktprofile erfordern den Zugang zu Echtzeitdaten – einen konstanten Zufluss von Kursen den ganzen Tag über. Diese Technik ordnet einer jeden halben Stunde des Börsentags einen Buchstaben des Alphabets zu. Jede Kursebene, die während dieser halben Stunde erreicht wurde, wird mit einem eigenen Buchstaben gekennzeichnet.

In dem Maß, wie sich die Kurse ändern, füllen immer mehr Buchstaben den Bildschirm und formen eine glockenartige Kurve. Wenn die Kurse in einen Trend übergehen, dann zeigen das die Marktprofile, indem sie verlängert werden. Marktprofile werden manchmal mit einer »Liquiditäts-Datenbank« kombiniert. Diese verfolgt den Umsatz während eines Tages, der von mehreren Gruppen getätigt wird – Parketthändler, Hedger und Trader, die nicht auf dem Parkett handeln.

Efficient Markets, Random Walk und Nature's Law

Die Theorie des **Efficient Market** ist die akademische Annahme, dass niemand stärker sein kann als der Markt, weil jeder Kurs in jedem Augenblick alle verfügbaren Informationen verkörpert. Warren Buffet, einer der erfolgreichsten Anleger unseres Jahrhunderts, sagte dazu: »Ich halte es für faszinierend, wie tonangebende Orthodoxe eine Menge von Menschen dazu bringen können, daran zu glauben, dass die Erde eine Scheibe ist. In einem Markt zu investieren, in dem die Menschen an Effizienz glauben, vergleiche ich damit, als ob ich mit jemandem, dem gesagt wurde, es würde schaden, auf die Karten zu achten, Bridge spiele.«

Der logische Makel der Efficient-Market-Theorie ist, dass sie Wissen mit Aktion gleichsetzt. Menschen können etwas wissen, aber der emotionale Druck der Massen bringt sie oft dazu, irrational zu handeln. Ein guter Analyst kann sich wiederholende Muster des Massenverhaltens auf seinen Charts erkennen und sie auswerten.

Random-Walk-Theoretiker behaupten, dass sich die Kurse zufällig verändern. Sicherlich gibt es eine Menge Zufälle oder »Nebengeräusche« in den Märkten, sowie es auch vom Zufall abhängt, wie sich irgendeine andere Menge bewegt. Ein intelligenter Beobachter kann sich wiederholende Verhaltensmuster einer Menge erkennen und vernünftige Vermutungen über ihre weiteren Bewegungen oder Kehrtwendungen anstellen.

Menschen haben ein Gedächtnis, sie erinnern sich an vergangene Kurse und ihr Gedächtnis beeinflusst ihre Kauf- und Verkaufsentscheidungen. Das Gedächtnis trägt dazu bei, dass es unter dem Markt Unterstützungslinien und über dem Markt Widerstandslinien gibt. Anhänger des Random Walk leugnen, dass die Erinnerung an die Vergangenheit unser Verhalten in der Gegenwart beeinflusst.

Wie es schon Milton Friedman herausgestellt hat, beinhalten die Kurse die Informationen über die Verfügbarkeit von Angeboten und die Intensität von Nachfrage. Marktteilnehmer nutzen diese Information, um ihre Kauf- und Verkaufsentscheidungen zu treffen. Beispielsweise kaufen Konsumenten mehr Waren, wenn sie ausverkauft werden und weniger, wenn die Preise hoch sind. Trader können sich ebenso logisch verhalten wie Hausfrauen in einem Supermarkt. Wenn die Preise niedrig sind, dann tauchen plötzlich Schnäppchenjäger auf. Knappheit kann zu einer Kaufpanik führen, doch hohe Preise schrecken die Nachfrager ab.

Das **Naturgesetz** ist der anschwellende Schrei von einigen Mystikern, die den »Random Walkers« auf den Finanzmärkten entgegenstehen. Die Mystiker behaupten, dass es auf den Märkten eine perfekte Ordnung gibt, die sich, wie sie sagen, wie ein Uhrwerk entsprechend von Naturgesetzen bewegen. R.N. Elliott nannte sein letztes Buch sogar *Das Naturgesetz*.

Die Anhänger der »perfekten Ordnung« neigen zu Astrologie und suchen nach Beziehungen zwischen Kursen und den Bewegungen der Planeten. Die meisten Mystiker versuchen, ihre astrologische Neigung zu verbergen, aber es ist einfach, sie zu enttarnen. Wenn demnächst jemand von Naturgesetzen auf den Finanzmärkten spricht, dann sprechen Sie ihn auf die Astrologie an. Voraussichtlich wird er die Gelegenheit wahrnehmen, aus seinem Versteck heauszukommen und über die Sterne sprechen.

Diejenigen, die an eine »perfekte Ordnung« in den Märkten glauben, akzeptieren, dass eine Hausse oder eine Baisse weit in die Zukunft hinein vorausgesagt werden kann. Amateure lieben Voraussagen und Mystiker bieten einen großartigen Marketinggag. Das hilft, Seminare, Anlagesysteme und Newsletter zu verkaufen.

Mystiker, die Akademiker des »Random Walk« und die Theoretiker des »Efficient Market« haben etwas gemeinsam: Sie alle sind gleichermaßen von der Realität der Börsen entfernt. Extremisten dieser Lager streiten zwar miteinander, aber ihre Gedanken sind ähnlich.

19 Unterstützung und Widerstand

Ein Ball fällt auf den Boden und springt auf und ab. Er fällt wieder, nachdem er die Decke erreicht hat. Unterstützung und Widerstand sind wie ein Fußboden und eine Zimmerdecke, mit Kursen zwischendrin. Für das Verständnis von Kurstrends und Chartmustern ist es sehr wesentlich, die Bedeutung von Unterstützung und Widerstand genau zu kennen. Ihre Stärke einzuschätzen, hilft zu entscheiden, ob der Trend sich fortsetzen oder sich umkehren wird.

Unterstützung ist eine Kursebene, auf der die Käufe stark genug sind, einen Abwärtstrend zu unterbrechen oder ihn gar umzukehren. Wenn ein Abwärtstrend auf eine Unterstützung trifft, dann prallt er ab wie ein Taucher, der den Grund erreicht und sich wieder davon abstößt. Unterstützung wird auf einem Chart durch eine horizontale oder fast horizontale Linie gekennzeichnet, die mehrere Tiefpunkte tangiert (siehe Abbildung 19-1).

Widerstand ist ein Preisniveau, an dem die Verkäufe stark genug sind, um einen Aufwärtstrend zu unterbrechen oder ihn umzukehren. Wenn ein Aufwärtstrend auf Widerstand stößt, dann hält er an oder schwankt abwärts wie ein Mann, der mit seinem Kopf an einen Ast gestoßen ist, während er auf einen Baum kletterte. Der Widerstand wird auf einem Chart durch eine horizontale oder fast horizontale Linie dargestellt, die mehrere Spitzen berührt.

Es ist besser, Unterstützungs- und Widerstandslinien von den Begrenzungen solcher Zonen aus zu zeichnen, an denen sich die Kurse dicht drängen (Konsolidierungszonen), anstatt durch extreme Kursausschläge. Die Ecken zeigen, wo die meisten Trader ihre Ansicht geändert haben, während die extremen Punkte nur die Panik unter den schwächsten Tradern darstellen.

Geringe Unterstützung oder geringer Widerstand veranlassen Trends anzuhalten, während starke Unterstützung oder starker Widerstand einen Trend zur

Abbildung 19-1

Unterstützung und Widerstand

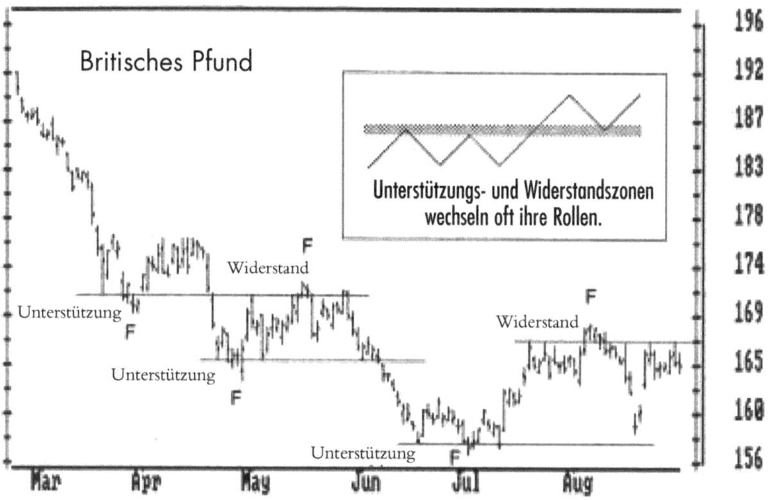

Ziehen Sie horizontale Linien durch die oberen und unteren Enden von Zonen, in denen die Kurse dicht beieinander liegen. Die untere Linie stellt die Unterstützung dar – die Ebene, auf der die Käufer stärker sind als die Verkäufer. Die obere Linie stellt den Widerstand dar, an dem die Verkäufer stärker sind als die Käufer. Die Widerstands- und Unterstützungslinien tauschen oft ihre Rollen. Beachten Sie bitte, wie die Unterstützungslinie im März zur Widerstandslinie im Mai wurde. Die Kraft dieser Barrieren wird immer stärker, wenn die Kurse an sie heranreichen und wieder davon abprallen.

Hüten Sie sich vor falschen Durchbrüchen durch die Unterstützungs- und der Widerstandslinien. Der Buchstabe F kennzeichnet auf diesem Chart falsche Durchbrüche. Amateure neigen dazu, Durchbrüchen zu folgen, während die Profis sie abzublocken versuchen. An der rechten Seite des Charts treffen die Kurse auf starken Widerstand. Dies ist die richtige Zeit, um mit einem schützenden Stop knapp über der Widerstandslinie eine Möglichkeit für Leerverkäufe zu suchen.

Umkehr zwingt. Anleger kaufen an Unterstützungslinien und verkaufen bei Widerstand, und tragen so zur selbsterfüllenden Prophezeiung von Unterstützung und Widerstand bei.

Erinnerungen, Schmerzen und Reue

Unterstützung und Widerstand gibt es deshalb, weil die Menschen sich erinnern können. Unsere Erinnerung veranlasst uns, an bestimmten Kursebenen zu kaufen und zu verkaufen. Die Käufe und Verkäufe sehr vieler Anleger schaffen Unterstützung und Widerstand.

Wenn sich Anleger daran erinnern, dass die Kurse erst kürzlich auf einer bestimmten Ebene aufgehört haben zu fallen und wieder anstiegen, dann werden Sie wahrscheinlich kaufen, wenn die Kurse diese Ebene wiederum erreichen. Wenn sich Anleger daran erinnern, dass sich erst kürzlich ein Aufwärtstrend wendete, nachdem er eine bestimmte Höhe erreicht hatte, dann neigen sie dazu, zu verkaufen und Leerverkäufe zu tätigen, wenn die Kurse sich wieder dieser Ebene nähern. Beispielsweise endeten alle größeren Kursanstiege im Aktienmarkt von 1966 bis 1982 immer dann, wenn der Dow Jones Industrial Index auf 950 oder 1.050 Punkte angestiegen war. Der Widerstand war so stark, dass die Trader ihn den »Friedhof am Himmel« nannten. Als die Bullen schließlich den Markt über diese Ebene hinausgetrieben hatten, wurde sie zu einer wichtigen Unterstützungszone.

Unterstützung und Widerstand gibt es, weil viele Anleger Schmerz und Reue empfinden. Anleger, die auf Verlustpositionen sitzen, leiden unter intensiven Schmerzen. Die Verlierer sind fest entschlossen auszusteigen, sobald ihnen der Markt eine neue Chance gibt. Anleger, die eine Gelegenheit verpasst haben, empfinden Reue und warten ebenso darauf, dass der Markt ihnen eine neue Chance gibt. Die Gefühle des Schmerzes und der Reue sind in Trading-Ranges eher gering, weil hier die Kursausschläge klein sind und die Verlierer nicht allzu sehr verletzt werden. Durchbrüche durch Trading-Ranges erzeugen intensive Schmerzen und große Reue.

Wenn der Markt eine Zeit lang relativ flach bleibt, dann kaufen die Anleger eher am unteren Ende des Bereiches und verkaufen am oberen Ende. In Aufwärtstrends empfinden Bären, die leer verkauft haben, Schmerzen und die Bullen bereuen, dass sie nicht mehr gekauft haben. Beide sind fest entschlossen zu kaufen, wenn ihnen der Markt eine neue Chance einräumt. Die Schmerzen der Bären und die Reue der Bullen sind der Grund für Käufe und so schaffen sie durch ihre Reaktionen die Unterstützung in einem Aufwärtstrend.

Der Widerstandsbereich ist eine Ebene, auf der die Bullen Schmerzen verspüren, die Bären Reue empfinden und beide bereit sind zu verkaufen. Wenn die Kurse aus dem Bereich zwischen Unterstützung und Widerstand ausbrechen, dann empfinden die Bullen großen Schmerz, sie fühlen sich getäuscht und warten, bis ihnen eine Rallye die Chance gibt, ohne Verluste aus einem Geschäft auszusteigen. Die Bären bereuen, dass sie nicht mehr leer verkauft haben, und warten auf eine Rallye, die ihnen die Möglichkeit gibt, weitere Leerverkäufe zu tätigen. Die Schmerzen der Bullen und die Reue der Bären schaffen Widerstand – eine Decke über dem Markt in einem Abwärtstrend. Die Stärke von Unterstützung und Widerstand hängt von der Intensität der Gefühle unter den Tradern ab.

Die Stärke von Unterstützung und Widerstand

Ein Bereich, in dem die Kurse sehr dicht beieinander liegen, und der von mehreren Trends getroffen wird, ist wie ein zerfurchtes Schlachtfeld. Die Verteidiger können sich gut verstecken und die Angreifer müssen langsamer werden. Je länger die Kurse in einem solchen Bereich verharren, um so stärker wird die gefühlsmäßige Bindung von Bullen und Bären an diesen Bereich. Wenn die Kurse sich dieser Zone von oben her nähern, dann dient sie als Unterstützung. Wenn die Kurse von unten her kommen, dann wirkt sie als Widerstandszone. Eine Zone, in der die Kurse dicht beieinanderliegen, kann ihre Rolle verändern und sowohl als Unterstützung als auch als Widerstand erscheinen.

Die Stärke jeder Unterstützungs- oder Widerstandszone hängt von drei Faktoren ab: von ihrer Länge, von ihrer Höhe und von dem Umsatz, der innerhalb dieser Zone stattfindet. Sie können sich diese Faktoren als Länge, Weite und Tiefe einer Konsolidierungszone vorstellen.

Je länger eine Unterstützungs- oder Widerstandszone ist – damit ist die Zeitdauer gemeint oder die Anzahl der Angriffe, die sie überstehen musste – um so stärker wird sie. Unterstützung und Widerstand werden, wie guter Wein, mit dem Alter immer besser. Eine zwei Wochen alte Trading-Range bietet nur geringen Widerstand oder Unterstützung. Eine zwei Monate alte Trading-Range gibt den Menschen Zeit, sich an sie zu gewöhnen und schafft mittlere Unterstützung oder mittleren Widerstand, während eine Trading-Range, die zwei Jahre überdauert hat, als Standard eines Wertes akzeptiert wird und großen Widerstand oder Unterstützung bietet.

Wenn Unterstützungs- und Widerstandsebenen älter werden, dann werden sie auch langsam schwächer. Die Verlierer verlassen die Märkte und werden von Neulingen ersetzt, die nicht die gleiche emotionale Bindung zu alten Kursebenen haben. Menschen, die erst vor kurzer Zeit Geld verloren haben, erinnern sich sehr gut an das, was ihnen geschah. Sie sind wahrscheinlich immer noch im Markt, fühlen Schmerzen und Reue, und sie versuchen, ihren

Schaden auszugleichen. Leute, die vor vielen Jahren ungünstige Entscheidungen getroffen haben, sind wahrscheinlich nicht mehr auf dem Markt; deren Erinnerungen zählen kaum noch.

Die Stärke von Unterstützung und Widerstand nimmt jedes Mal zu, wenn ihr Bereich getroffen wird. Wenn die Trader sehen, dass die Kurse an einem bestimmten Kursniveau ihre Richtung ändern, dann neigen sie dazu, auch beim nächsten Mal, wenn die Kurse diese Ebene erreichen, auf eine Umkehr zu setzen.

Je größer die Unterstützungs- und Widerstandszonen sind, um so stärker sind sie. Eine große Konsolidierungszone ist wie ein großer Zaun um ein Grundstück. Eine Konsolidierungszone, deren Höhe ein Prozent des augenblicklichen Marktwerts ausmacht (vier Punkte im Fall des S&P 500 bei 400 Punkten) bietet nur geringe Unterstützung oder Widerstand. Eine Konsolidierungszone, die drei Prozent hoch ist, stellt mittlere Unterstützung oder Widerstand dar, und eine Konsolidierungszone, die sieben Prozent hoch oder noch höher ist, kann einen starken Trend aufhalten.

Je größer das Umsatzvolumen in einer Unterstützungs- oder Widerstandszone ist, um so stärker wird diese Zone. Hohe Umsätze in einer Konsolidierungszone zeigen die Aktivitäten von Tradern – ein Zeichen von starker, gefühlsmäßiger Einbindung. Geringes Umsatzvolumen zeigt, dass die Trader kein großes Interesse haben, auf dieser Kursebene zu handeln – ein Zeichen für schwache Unterstützung oder schwachen Widerstand.

TRADINGREGELN

1) *Wenn der Trend, in dem Sie sich befinden, sich einer Unterstützungs- oder Widerstandszone nähert, dann sollten Sie Ihren Sicherheitsstop sehr dicht legen. Ein Sicherheitsstop ist ein Verkaufsauftrag unterhalb des Marktes, wenn Sie long sind, oder oberhalb des Marktes, wenn Sie short sind. Dieser Stop schützt Sie davor, von einer Marktwende schwer verletzt zu werden. Die Gesundheit eines Trends kann man an seinem Verhalten ablesen, wenn er auf Unterstützung oder Widerstand trifft. Wenn er stark genug ist, diesen Bereich zu durchstoßen, dann nimmt er an Geschwindigkeit zu und Ihr enger Stop wird nicht berührt. Wenn ein Trend an einer Unterstützung oder an einem Widerstand abprallt, dann wird seine Schwäche aufgedeckt. In diesem Fall bringt Ihnen Ihr enger Stop einen Batzen an Gewinnen.*

2) *Unterstützung und Widerstand sind auf Langfristcharts wichtiger als auf kurzzeitigen Charts. Wochencharts sind bedeutsamer als Tagescharts. Ein guter Trader beobachtet mehrere Zeitrahmen, verlässt sich aber auf den größeren Zeitrahmen. Wenn der Wochentrend durch eine unproblematische Zone segelt, dann ist die Tatsache, dass der Tagestrend auf einen Widerstand trifft, weniger bedeutsam. Wenn ein Wochentrend sich einer Unterstützung oder einem Widerstand nähert, dann sollten Sie eher daran denken, etwas zu tun.*
3) *Unterstützungs- und Widerstandsebenen sind sehr nützlich, um Stop-Loss- und gewinnschützende Aufträge zu platzieren. Der Boden einer Konsolidierungszone ist auch die Unterlinie der Unterstützung. Wenn Sie kaufen und Ihren Stop unter diesem Niveau ansiedeln, dann geben Sie einem Aufwärtstrend viel Raum. Vorsichtigere Trader kaufen nach einem aufwärtsgerichteten Durchbruch und setzen in der Mitte der Konsolidierungszone einen Stop. Ein wirklicher Aufwärtsdurchbruch sollte nicht von einem Rückzug in die Trading-Range gefolgt werden, ebenso wie eine Rakete nicht an ihren Startplatz zurückfallen sollte. In Abwärtstrends sollten Sie sich genau umgekehrt verhalten.*

Viele Trader vermeiden es, ihre Stops an glatten Zahlen zu setzen. Dieser Aberglaube begann mit einem Ratschlag von Edwards und Magee, die einfach behaupteten, man solle an glatten Zahlen keine Stops setzen, weil jeder sie dort setzen würde. Heutzutage ist es aber so, dass Trader, wenn sie bei 92 Kupfer kaufen, ihren Stop eher bei 89,75 als bei 90 setzen. Wenn sie eine Aktie bei 76 leer verkaufen, dann setzen sie Ihren Schutzstop eher bei 80,25 als bei 80. Heutzutage gibt es an runden Zahlen weniger Stops als an gebrochenen Zahlen. Es ist auch besser, wenn Sie Ihre Stops an logischen Ebenen setzen, ganz gleich, ob sie durch runde Zahlen dargestellt werden oder nicht.

Echte und falsche Durchbrüche

Die Märkte befinden sich länger in Trading-Ranges als in Trends. Die meisten Durchbrüche aus Trading-Ranges sind falsche Durchbrüche. Sie ziehen Trendmitläufer an, bevor die Kurse wieder in die Trading-Range zurückfallen. Ein falscher Durchbruch ist oft der Ruin von Amateuren, Profitrader jedoch lieben ihn.

Profis gehen davon aus, dass die Kurse schwanken, ohne zumeist weit auszureißen. Sie warten, bis ein Aufwärtsdurchbruch aufhört, neue Höhen zu erreichen, oder ein Abwärtsdurchbruch aufhört, auf neue Tiefpunkte zu sinken. Dann stürzen sie sich ins Geschehen – sie schwächen den Durchbruch und platzieren einen Schutzstop am letzten Extrem. Es ist ein sehr enger Stop und ihr Risiko ist gering, während es ein großes Gewinnpotenzial gibt, wenn sich die Kurse wieder in die Konsolidierungszone zurückziehen. Das Risiko-Gewinn-Verhältnis ist so gut, dass die Profis es sich leisten können, in der Hälfte aller Fälle falsch zu liegen und dieses Spiel dennoch zu gewinnen.

Die beste Gelegenheit, um einem aufwärtsgerichteten Durchbruch zu glauben, ist, wenn Ihre Analyse des Wochencharts vermuten lässt, dass sich ein neuer Aufwärtstrend entwickelt. Wirkliche Durchbrüche werden durch große Umsätze bestätigt, während falsche Durchbrüche eher geringe Umsätze aufweisen. Die wirklichen Durchbrüche werden bestätigt, wenn technische Indikatoren neue Höchst- oder Tiefststände in der Richtung des Trends zeigen, während falsche Durchbrüche oft von Abweichungen zwischen Kursen und Indikatoren gekennzeichnet sind.

20 Trend und Trading-Range

Trader versuchen, von Kursänderungen zu profitieren: Sie kaufen niedrig und verkaufen hoch, oder sie verkaufen leer, wenn der Kurs hoch liegt und decken sich bei niedrigem Kursstand ein. Auch ein kurzer Blick auf einen Chart zeigt, dass sich die Märkte die meiste Zeit in Trading-Ranges befinden. Viel weniger Zeit verbringen sie in Trends.

Ein **Trend** liegt dann vor, wenn die Kurse über längere Zeit ansteigen oder fallen. In einem **Aufwärtstrend** erreicht jede Rallye höhere Spitzen als der vorangehende Anstieg und jeder Abschwung stoppt auf einem höheren Level als der vorangehende Abschwung. In einem **Abwärtstrend** fällt jeder Abschwung auf ein tieferes Tief als der vorangehende Abschwung und jede Rallye

Abbildung 20-1

Trend und Trading-Range

Ein Muster von tieferen Tiefs und tieferen Hochs kennzeichnet einen Abwärtstrend. Sojabohnen fielen vom November bis Mitte Januar. Das Tief 4 war tiefer als das Tief 2, und das Hoch 3 lag tiefer als das Hoch 1. Der Bruch an Punkt 5 signalisierte das Ende des Abwärtstrends. Ein gebrochener Abwärtstrend kann entweder in eine Trading-Range oder in einen Aufwärtstrend übergehen.

Der Abwärtstrend von November bis Januar löste sich in einer Trading-Range auf, die durch die waagrechte Linie am Tief bei Punkt 4 und die Linie am Hoch bei den Punkten 3 und 6 gekennzeichnet ist. Als der Abschwung vom Hoch 6 auf ein höheres Tief 7 fiel, ohne den Boden der Trading-Range zu erreichen, konnten Sie eine vorläufige Aufwärtstrendlinie eintragen. Ein Durchbruch aus der Trading-Range an Punkt 8 bestätigte den Beginn eines neuen Aufwärtstrends.

An der rechten Seite des Charts schwanken die Kurse etwas über ihrer Aufwärtstrendlinie. Das stellt eine Kaufgelegenheit dar, weil der Trend weiter steigt. Das Risiko, dass die Kurse wieder sinken, kann dadurch eingegrenzt werden, dass Sie entweder unter dem letzten Tief oder unter der Trendlinie einen Stop setzen. Beachten Sie, dass die Tages-Trading-Ranges (die Entfernungen von Hochs zu Tiefs) ziemlich eng sind. Dies ist typisch für einen gesunden Trend. Oftmals enden Trends nach einigen Tagen mit großen Schwankungen – das Zeichen für einen Schlussspurt.

stoppt auf tieferer Ebene als die vorangehende Rallye. In einer Trading-Range stoppen die meisten Rallyes ungefähr auf gleicher Höhe und die Abschwünge werden ungefähr auf dem gleichen Niveau beendet.

Ein Trader muss Trends und Trading-Ranges erkennen. Es ist einfacher, während Trends anzulegen (siehe Abbildung 20-1). Es ist schwieriger, Geld zu verdienen solange die Kurse flach verlaufen, außer Sie zeichnen Optionen, was allerdings besondere Fertigkeiten und Kenntnisse erfordert.

In Trends anzulegen, erfordert eine andere Taktik als in Trading-Ranges Gewinne zu suchen. Wenn Sie in einem Aufwärtstrend long gehen oder bei einem Abwärtstrend leer verkaufen, dann dürfen Sie dem Trend nicht allzu sehr vertrauen und sich nicht so leicht aus der Bahn werfen lassen. Es zahlt sich aus, die Sicherheitsgurte anzulegen und solange dranzubleiben, wie sich der Trend fortsetzt. Wenn Sie in einer Trading-Range anlegen, dann müssen Sie sehr schnell reagieren und beim geringsten Anzeichen einer Richtungsänderung Ihre Position auflösen.

Ein weiterer Unterschied bei den Tradingtaktiken zwischen Trends und Trading-Ranges ist die Beurteilung von Stärke und Schwäche. In einem Trend müssen Sie der Stärke folgen – bei Aufwärtstrends kaufen und bei Abwärtstrends leer verkaufen. Wenn die Kurse in einer Trading-Range sind, dann müssen Sie das Gegenteil tun – kaufen Sie bei Schwäche und verkaufen Sie bei Stärke.

MASSENPSYCHOLOGIE

Ein Aufwärtstrend wird erkennbar, wenn die Bullen stärker sind als die Bären und ihre Kaufkraft die Kurse in die Höhe treibt. Wenn es den Bären gelingt, die Kurse zu drücken, kehren die Bullen verstärkt zurück, brechen die Abwärtsbewegung und zwingen die Kurse in neue Höhen. Abwärtstrends entstehen, wenn die Bären stärker sind und ihre Verkäufe den Markt drücken. Wenn ein Hagel von Käufen die Kurse in die Höhe treibt, verkaufen die Bären leer in diesen Kursaufschwung hinein, stoppen ihn und schicken die Kurse in neue Tiefen.

Wenn Bullen und Bären gleich stark oder gleich schwach sind, bleiben die Kurse in einer Trading-Range. Wenn es den Bullen gelingt, die Kurse hochzutreiben, verkaufen die Bären leer in diesen Kursanstieg hinein und die Kurse fallen wieder. Nun kommen die Schnäppchenjäger und brechen die Abwärtsbewegung; die Bären lösen ihre Short-Positionen auf und ihre Käufe nähren einen geringfügigen Kursanstieg und alles beginnt von vorn.

Eine Trading-Range kann man mit einem Kampf zweier gleich starker Banden vergleichen. Sie treiben sich gegenseitig auf einer Straßenkreuzung vor und zurück, aber keine kann den Platz behaupten. Ein Trend ist wie ein Kampf, in dem die stärkere Bande die schwächere eine Straße hinunterjagt. Ab und zu hält die schwächere Bande an und stellt sich dem Kampf, wird aber bald zur weiteren Flucht gezwungen.

Die Kurse in Trading-Ranges bleiben da, wo sie sind, so wie Menschenmengen meist ziellos herumtrödeln. Die Märkte sind öfter in Trading-Ranges als in Trends, weil auch unter den Menschen die Ziellosigkeit weitaus verbreiteter ist als zielgerichtetes Handeln. Wenn eine Menschenmenge unruhig wird, drängt sie vorwärts und löst damit einen Trend aus. Menschenmengen bleiben allerdings nicht lange so aufgeregt – bald schlängeln sie sich wieder auf der Stelle umher. Trader neigen dazu, sich im Zweifel für Trading-Ranges zu entscheiden.

Ganz auf der rechten Seite

Trends und Trading-Ranges zu erkennen ist eine der schwierigsten Aufgaben der technischen Analyse. Es ist einfach, sie in der Mitte eines Charts zu erkennen, aber je weiter man auf die rechte Seite kommt, um so schwieriger wird es.

Trends und Trading-Ranges sind auf alten Charts deutlich erkennbar. Experten zeigen solche Charts in ihren Seminaren und lassen es einfach erscheinen, Trends zu erkennen. Ihr Problem ist es aber, dass Ihr Broker Ihnen nicht die Möglichkeit geben kann, in der Mitte der Charts zu kaufen oder zu verkaufen. Er sagt, Sie müssen Ihre Entscheidungen für einen Kauf oder einen Verkauf am äußersten rechten Rand eines Charts treffen.

Die Vergangenheit liegt fest und es ist einfach, sie einer Analyse zu unterziehen. Die Zukunft ist unsicher. In dem Augenblick, in dem Sie einen Trend erkennen, ist schon ein großes Stück des Kuchens weg. Niemand kündigt es groß an, wann sich ein Trend in einer Trading-Range auflöst. Wenn Sie die Veränderung erkennen und weiter so kaufen oder verkaufen, als ob sich der Markt noch in einem Trend befindet, werden Sie einiges an Geld verlieren.

An der rechten Seite eines Charts widersprechen viele Chartmuster und Kauf- oder Verkaufssignale einander. Sie müssen Ihre Entscheidungen auf der Basis von Wahrscheinlichkeiten in einer Umgebung von Unsicherheiten treffen.

Die meisten Menschen können keine Unsicherheit ertragen. Sie haben das starke emotionale Bedürfnis, richtig zu handeln. Sie verharren in einer Verlustsituation und warten darauf, dass sich der Markt wieder ändert und ihren

Verlust ausgleicht. Es kann sehr teuer werden, wenn Sie versuchen, in einem Markt recht zu behalten. Profis steigen schnell aus Verlustgeschäften aus. Wenn der Markt von Ihrer Analyse abweicht, dann müssen Sie Ihre Verluste ohne zu zögern und ohne Emotionen begrenzen.

Methoden und Techniken

Es gibt kein einzelnes magisches Patentrezept, um Trends und Trading-Ranges zu erkennen. Es gibt verschiedene Methoden, und es zahlt sich aus, sie miteinander zu kombinieren. Wenn sie einander bestätigen, wird ihre Aussage bestärkt. Wenn sie einander widersprechen, dann sollten Sie dieses Geschäft lieber sausen lassen.

1. Analysieren Sie die Muster der Hoch- und Tiefstände der Kurse. Wenn die Kursanstiege ein immer höheres Niveau erreichen und die Kursrückgänge auf höherem Niveau anhalten, dann ist das ein deutliches Zeichen für einen Aufwärtstrend. Das Muster niedrigerer Tiefstände und Hochstände auf niedrigem Niveau kennzeichnet einen Abwärtstrend. Das Muster unregelmäßiger Hoch- und Tiefstände der Kurse weist auf eine Trading-Range hin (siehe auch Abb. 20-1).
2. Wenn Sie eine Aufwärts-Trendlinie zeichnen, dann verbinden Sie die signifikanten Tiefstände der letzten Zeit und entsprechend die erkennbaren Hochstände der Kurse (siehe auch Abschnitt 21). Die Neigung der letzten Trendlinie zeigt den aktuellen Trend an (Abb. 20-1, 20-2, 21-1).

Ein signifikantes Hoch oder Tief auf einem Tageschart ist der Höchstkurs oder der Tiefstkurs innerhalb mindestens einer Woche. Wenn Sie üben, Charts zu analysieren, werden Sie diese Punkte immer besser erkennen. Die technische Analyse kann einerseits als Wissenschaft, andererseits auch als Kunst betrachtet werden.

3. Verwenden Sie einen exponentiell geglätteten gleitenden Durchschnitt über einen Zeitraum von mindestens 13 Tagen (siehe Abschnitt 25). Seine Richtung zeigt den Trend an. Wenn diese Linie innerhalb eines Monats noch kein neues Hoch oder Tief erreicht hat, befindet sich der Markt innerhalb einer Trading-Range.
4. Mehrere Marktindikatoren, wie beispielsweise der MACD (siehe Abschnitt 26) und das direktionale System (Abschnitt 27), helfen Trends aufzuspüren. Besonders das direktionale System ist geeignet, neue Trends schon frühzeitig zu erkennen.

Abbildung 20-2

Trendlinien kennzeichnen Trends

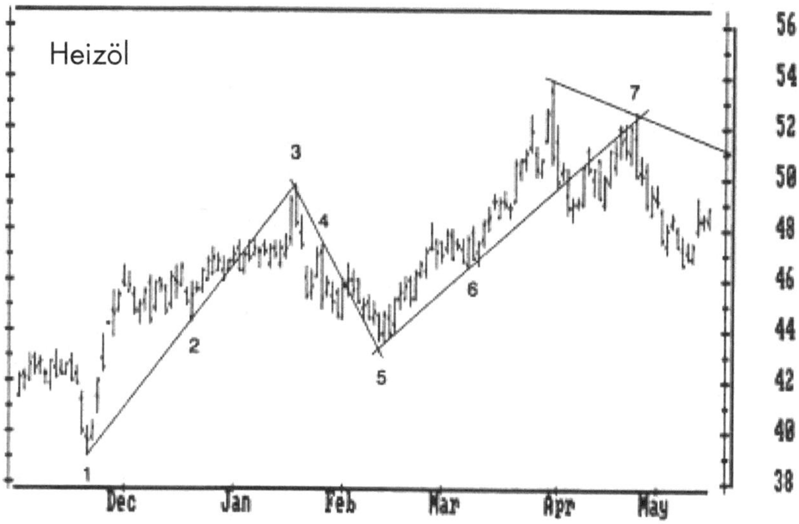

Die wichtigste Aussage einer Trendlinie ist ihre Richtung. Bei einer Aufwärtsbewegung sollten Sie in diesem Markt long gehen, bei einer Abwärtsbewegung gehen Sie short.

Die aufwärtsgerichtete Trendlinie, die die Tiefstände 1 und 2 verbindet, lässt einen Aufwärtstrend erkennen. Sie besagt, dass Sie in Heizöl nur long sein sollten. Beachten Sie, dass die Kurse zuweilen die Trendlinie nach unten durchbrechen, später aber wieder an die Trendlinie steigen (3). Dies ist eine hervorragende Gelegenheit für Leerverkäufe. Die gleiche Situation finden wir bei Punkt 7 wieder, an dem der Kurs wieder zu seinem Aufwärtstrend zurückkehrt, nachdem er sich zuvor unterhalb der Trendlinie befand.

Wenn Sie in der Richtung der Trendlinie traden, dann gehen Sie im Allgemeinen mit dem Markt. An der rechten Seite des Charts sollten Sie nach einer Gelegenheit für Leerverkäufe suchen, weil der Trend abwärts verläuft. Tätigen Sie die Leerverkäufe nicht sofort, weil der Kurs noch zu weit unterhalb der Abwärts-Trendlinie liegt und Ihre Stop-Order zu weitreichend wäre. Es ist äußerst wichtig zu warten, bis sich ein günstiges Risiko-Gewinn-Verhältnis ergibt. Geduld zählt zu den Tugenden eines Traders.

Handeln oder Warten

Wenn Sie einen Aufwärtstrend erkennen und sich daraufhin für Käufe entscheiden, dann müssen Sie ebenfalls entscheiden, ob Sie sofort kaufen oder noch ein klein wenig warten wollen. Wenn Sie schnell kaufen, dann liegen Sie voll im Trend, aber Ihre Stops sind wahrscheinlich weiter entfernt und Sie gehen höhere Risiken ein.

Wenn Sie noch ein wenig warten, dann ist Ihr Risiko geringer, aber Sie werden vier Arten von Mitstreitern haben: Longs, die ihre Positionen verbessern wollen, Shorts, die schadlos aus dem Geschäft aussteigen wollen, Trader, die noch nicht gekauft haben und Trader, die zu früh verkauft haben und nun ganz wild darauf sind, neu einzusteigen. Oft warten zu viele auf eine Reaktion. Die Warteschleife für eine Reaktion ist ziemlich dicht besiedelt! Märkte sind keine Wohltätigkeitsveranstaltungen und eine starke Reaktion kann sehr wohl den Beginn einer Trendwende ankündigen. Diese Überlegungen gelten auch für Abwärtstrends. Das Warten auf Reaktionen, während ein Trend Geschwindigkeit aufnimmt, ist das Spiel eines Amateurs.

Wenn sich der Markt in einer Trading-Range befindet, und Sie auf einen Durchbruch warten, dann müssen Sie entscheiden, ob Sie in Erwartung eines Durchbruchs kaufen, während des Durchbruchs kaufen oder erst auf dem Rückzug nach einem bestätigten Durchbruch. Wenn Sie in mehreren Positionen traden, dann könnten Sie ein Drittel auf Ihre Erwartung setzen, ein Drittel auf den Durchbruch und ein Drittel auf eine Korrektur.

Ganz gleich, welche Methode Sie anwenden, es gibt eine Money Management-Regel, die Sie aus den risikoreichsten Geschäften heraushält. Die Entfernung vom Eintrittspunkt zur Ebene eines Schutzstops sollte nie weiter sein als zwei Prozent Ihres Tradingkontos (siehe Kapitel 10). Ganz gleich, wie reizvoll ein Geschäft erscheint, lassen Sie es sausen, wenn es einen weiteren Stop erfordert.

Die Taktiken des Money Managements sind in Trends und in Trading-Ranges unterschiedlich. Es zahlt sich aus, in einem Trend etwas weniger anzulegen und einen weiter entfernten Stop zu setzen. Dann werden Sie von unerwarteten Reaktionen wahrscheinlich nicht aus der Bahn geworfen und können Ihr Risiko unter Kontrolle halten. In einer Trading-Range können Sie auch größere Positionen setzen, aber Sie sollten einen näheren Sicherheitsstop wählen.

Einen guten Einstieg zu finden ist in Trading-Ranges besonders wichtig. Sie müssen hier sehr genau sein, denn das Gewinnpotenzial ist sehr begrenzt. Ein Trend verzeiht einen schlampigen Eintritt in den Markt eher, solange Sie in der

Richtung des Trends anlegen. Routiniers lachen: »Lass dir von einem Bullenmarkt nicht den Kopf verdrehen.« Wenn Sie nicht genau sagen können, ob sich der Markt in einem Trend oder in einer Trading-Range befindet, nehmen die Profis im Zweifel an, sie befänden sich in einer Trading-Range. Wenn Sie sich Ihrer Sache nicht sicher sind, dann halten Sie sich still und unternehmen nichts.

Profis lieben Trading-Ranges, weil sie ohne das Risiko aus ihren Positionen ein- und aussteigen können, auf einen Trend festgenagelt zu werden. Da sie wenig oder überhaupt keine Provisionen bezahlen und auch kaum mit Slippage rechnen müssen, ist es für sie sehr lukrativ, in nur leicht schwankenden Märkten zu handeln. Diejenigen unter uns, die nicht den engen Kontakt zum Börsenparkett haben, sind besser beraten, auf einen Trend aufzuspringen. Während eines Trends brauchen sie nicht so oft tätig zu werden und ihr Kontostand wird von Provisionen und Slippage weniger in Mitleidenschaft gezogen.

Gegensätzliche Zeitrahmen

Die meisten Trader nehmen nicht zur Kenntnis, dass die Märkte sich meistens sowohl in einem Trend als auch in einer Trading-Range befinden! Sie nehmen beispielsweise den Tageschart oder sogar einen Stundenchart und halten darauf nach Anlagemöglichkeiten Ausschau. Während sie ihre Aufmerksamkeit auf Tages- oder Stundencharts richten, kommen Trends aus anderen Zeitrahmen, beispielsweise aus Wochencharts oder Zehn-Minutencharts auf sie zu und bringen ihre Pläne durcheinander.

Märkte existieren in mehreren Zeitrahmen gleichzeitig (siehe auch Abschnitt 36). Es gibt sie in einem Zehn-Minutenchart, in einem Stundenchart, einem Tageschart, einem Wochenchart und jedem anderen denkbaren Zeitrahmen. Auf einem Tageschart kann der Markt aussehen, als ob man kaufen sollte, auf einem Wochenchart hingegen empfiehlt es sich eher zu verkaufen, und auch umgekehrt (Abbildung 20-3). Oft widersprechen sich die Signale des gleichen Marktes in unterschiedlichen Zeitrahmen. Welchem wollen Sie folgen?

Wenn Sie im Zweifel sind, ob ein Trend vorliegt oder nicht, welche Richtung er hat oder nehmen wird, dann treten Sie einen Schritt zurück und betrachten die Charts in einem Zeitrahmen, der größer ist als der, innerhalb dessen Sie Ihre Entscheidungen treffen wollen. Die Suche nach einer weiteren

Perspektive ist eine der Grundprinzipien des Triple-Screen-Tradingsystems (siehe Abschnitt 43).

Wenn sich ein Trader auf der Verliererstraße befindet, dann denkt er oft, er hätte Vorteile, wenn er die Möglichkeit zur Kursbeobachtung in Echtzeit hätte. Eine weitverbreitete Fantasie von Verlierern ist, dass sie eigentlich Gewinner wären, wenn sie schnelleren Zugang zu den Daten hätten und sich auf einen kürzeren Zeitrahmen konzentrieren könnten. Stünden ihnen die Kurse tatsächlich in Echtzeit zur Verfügung, verlören sie ihr Geld lediglich noch schneller! Und wenn das geschieht, dann sagen einige Verlierer, es wäre vorteilhafter, gleich auf dem Börsenparkett handeln zu können, ohne irgendeine Verzögerung, was die Datenübertragung anbetrifft. Aber mehr als die Hälfte aller Parketthändler werden schon im ersten Jahr wieder vom Parkett gefegt; mitten im Geschehen zu sein, bringt Verlierern keine Vorteile.

Die widersprüchlichen Signale aus unterschiedlichen Zeitrahmen desselben Marktes sind eines der großen Rätsel in der Marktanalyse. Was auf einem Tageschart wie ein Trend aussieht, kann auf einem flachen Wochenchart wie ein kurzes Aufblinken aussehen. Was auf einem Tageschart wie eine ruhige Trading-Range aussieht, zeigt auf einem Stundenchart zahlreiche Aufwärts- und Abwärtstrends usw. Wenn Profis im Zweifel sind, dann schauen sie das große Bild an, nur Amateure konzentrieren sich auf Kurzzeitcharts.

21 TRENDLINIEN

Charts verdeutlichen die Aktionen von Bullen und Bären. Tiefstände von Abschwüngen zeigen, wo die Bären angehalten haben und Bullen die Kontrolle des Marktes wieder übernommen haben. Spitzen von Rallyes zeigen, wo den Bullen die Kraft ausging und die Bären die Kontrolle gewannen. Eine Linie, die zwei nebeneinanderliegende Tiefstände verbindet, zeigt den niedrigsten gemeinsamen Nenner der Kraft der Bullen. Eine Linie, die zwei nebeneinanderliegende Spitzen verbindet, zeigt den niedrigsten gemeinsamen Nenner der Kraft der Bären. Diese Linien werden **Trendlinien** genannt. An ihnen können Trader Trends erkennen.

Wenn die Kurse sich erholen, dann ziehen Sie entlang der Tiefstände eine Aufwärtstrendlinie. Wenn die Kurse fallen, dann ziehen Sie die Abwärtstrendlinie an den Spitzen entlang. Diese Linien in die Zukunft hinein zu verlängern, hilft dabei, die besten Zeitpunkte für Käufe und Verkäufe vorauszusehen.

Abbildung 20-3

Widersprüchliche Trends in unterschiedlichen Zeitrahmen

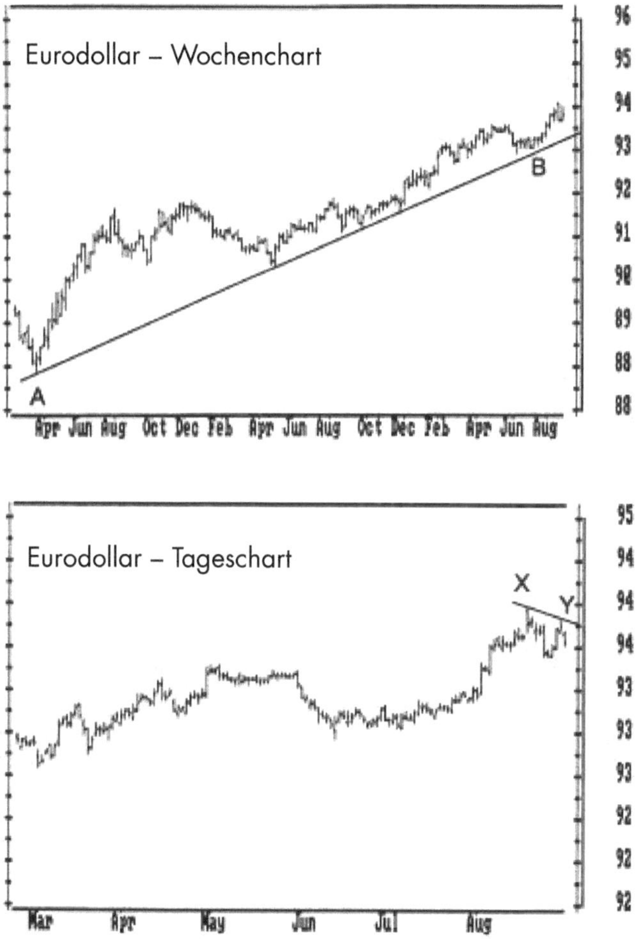

Der Wochenchart des Eurodollars zeigt einen perfekten Aufwärtstrend A-B. Gleichzeitig zeigt der Tageschart den Anfang des Abwärtstrends X-Y. Welchem Trend schenken Sie Glauben? Widersprüchliche Signale in unterschiedlichen Zeitrahmen desselben Marktes zählen zu den häufigsten und schwierigsten Problemen im Trading. Es erfordert, die Märkte in mehr als einem Zeitrahmen zu beobachten, um genau zu wissen, wie Sie mit widersprüchlichen Signalen umgehen sollen. Das Triple-Screen-Tradingsystem hilft Ihnen, dieses Problem zu lösen (siehe Abschnitt 43).

Das wichtigste Merkmal einer Trendlinie ist seine Neigung – sie kennzeichnet die dominante Marktmacht. Wenn eine Trendlinie aufwärts zeigt, haben die Bullen die Kontrolle übernommen. Dann lohnt es sich zu kaufen, jedoch mit einem schützenden Stop unterhalb der Trendlinie. Wenn eine Trendlinie abwärts zeigt, dann heißt das, dass die Bären die Kontrolle übernommen haben. Dann lohnt es sich, leer zu verkaufen und die Position mit einem Stop überhalb der Trendlinie abzusichern.

Trendlinien gehören zu den ältesten Hilfsmitteln von Tradern. Moderne, computerisierte Hilfsmittel zur Trenderkennung zeigen auch gleitende Durchschnitte, das direktionale System und den MACD (Kapitel 4).

Wie man eine Trendlinie zieht

Die meisten Chartisten ziehen eine Trendlinie durch die extremen Hoch- und Tiefpunkte, aber es ist besser, sie durch die Ecken von Konsolidierungszonen zu ziehen (Abbildung 21-1). Diese Ecken zeigen, wo die Mehrheit der Trader ihre Meinung geändert hat. Die technische Analyse ist wie eine Meinungsumfrage – und Meinungsforscher wollen die Meinung der Massen erforschen und nicht die von wenigen Extremisten. Wenn man Trendlinien durch die Begrenzungen von Konsolidierungszonen zieht, dann ist das etwas Subjektives. Widerstehen Sie der Versuchung, Ihr Lineal etwas zu verrutschen.

Panikverkäufe von Bullen an den Tiefständen und panische Deckungskäufe von Bären an den Spitzen erzeugen Extreme, die als lange Ein-Tages-Umkehr auf den Charts erscheinen. Setzen Sie Ihre Trendlinien auf die Begrenzungen von Konsolidierungszonen und nicht auf die Ein-Tages-Umkehr-Formationen, weil diese wenig über die Massen aussagen, außer über ihre Neigung, in Panik zu geraten.

Die Extrempunkte sind sehr bedeutsam – aber nicht dafür, Trendlinien zu ziehen. Die Märkte schrecken im Allgemeinen vor solchen Ein-Tages-Umkehr-Formationen zurück, und bieten Anlegern für kurze Zeit gute Möglichkeiten (Abbildung 21-1). Steidelmayer betonte, dass ein Balken, der aussieht wie ein Finger, der aus einer dichten Chartformation herausragt, einen wichtigen Bezugspunkt für Kurzzeitanleger darstellt.

Märkte schwanken ständig und suchen die Zone, die den höchsten Umsatz hervorbringt. Eine Ein-Tages-Umkehr-Formation zeigt, dass ein bestimmter Kurs vom Markt zurückgewiesen wurde. Er führt zu einem Umschwung in die Gegenrichtung. Sobald Sie eine Ein-Tages-Umkehr-Formation erkennen, sollten Sie gegen sie anlegen. Setzen Sie Ihren schützenden Stop etwa in der Mitte

Abbildung 21-1

Trendlinien und Ein-Tages-Umkehr-Formationen

Ziehen Sie Trendlinien durch die Begrenzungen von Konsolidierungszonen und ignorieren Sie Extremkurse. Ein-Tages-Umkehr-Formationen sind lange Balken am Ende von Trends – sie ragen aus den Konsolidierungszonen heraus. Die Märkte weichen vor ihnen zurück. Das bietet gute Gelegenheiten für Anlagen in der Gegenrichtung.

Beachten Sie, wie sich die Winkel der Aufwärtstrends Monat für Monat wiederholen. Wenn Sie dies wissen, dann kann es Ihnen behilflich sein, vorläufige Trendlinien zu ziehen. An der rechten Seite der Chart berühren die Kurse Ihre Aufwärtstrendlinie – kaufen Sie, sobald Sie sehen, dass ein Balken kein neues Tief erreicht.

des Balkens der Ein-Tages-Umkehr-Formation. Wenn der Markt beginnt zurückzureagieren, ist es an der Zeit, wieder auszusteigen.

In seinem Buch *Trader Vic* beschrieb Victor Sperandeo eine andere Methode, um Trendlinien zu ziehen. Seine Technik hilft, Umschwünge stabiler Trends zu erkennen (Abbildung 21-2).

Sperandeo zieht die Aufwärtstrendlinie vom niedrigsten Tief der Bewegung zum höchsten Tiefpunkt vor dem höchsten Hochstand. Diese Linie darf zwischen diesen beiden Punkten keine Kurse durchlaufen. Wenn diese Trendlinie durchbrochen wird, dann ist dies das erste Anzeichen für eine Trendwende. Das zweite Anzeichen wird dann sichtbar, wenn die Kurse das letzte Hoch testen und wieder von ihm abprallen. Das dritte Anzeichen sehen Sie dann, wenn die Kurse durch das vorangehende Tief fallen. Das bestätigt, dass der Aufwärtstrend sich gewendet hat. Ein Spiegelbild dieser Methode kann für Abwärtstrends angewendet werden.

Trendlinien bewerten

Das wichtigste Merkmal einer Trendlinie ist ihre Steigung. Wenn eine Trendlinie nach oben zeigt, dann kontrollieren die Bullen den Markt, und es lohnt sich, nach Kaufgelegenheiten Ausschau zu halten. Wenn eine Trendlinie nach unten zeigt, dann sind die Bären am Zug, und es lohnt sich, nach günstigen Möglichkeiten für Leerverkäufe Ausschau zu halten. Sie können die Bedeutung einer Trendlinie einschätzen, indem Sie fünf Faktoren untersuchen: den Zeitrahmen der Trendlinie, ihre Länge, wie oft die Kurse sie berühren, ihren Winkel und die Umsätze.

Je größer der Zeitrahmen, um so größer ist die Bedeutung der Trendlinie. Eine Trendlinie auf einem Wochenchart kennzeichnet einen wichtigeren Trend als eine Tagestrendlinie. Eine Trendlinie auf einem Tageschart kennzeichnet einen wichtigeren Trend als eine Stundentrendlinie usw.

Je länger die Trendlinie, um so aussagekräftiger ist sie. Eine kurze Trendlinie gibt das Massenverhalten über einen kurzen Zeitraum hinweg wieder. Eine längere Trendlinie kennzeichnet das Massenverhalten über eine längere Zeit hinweg. Je länger ein Trend anhält, um so größer ist sein Beharrungsvermögen. Ein starker Bullenmarkt kann seiner Trendlinie über mehrere Jahre hinweg folgen.

Je öfter Kurse auf ihre Trendlinie treffen, um so aussagekräftiger ist diese Linie. Wenn der Trend ansteigt, zeigt die Rückkehr auf die Trendlinie einen Aufstand der Bären an. Wenn der Trend nach unten gerichtet ist, dann zeigt eine Rallye an die Trendlinie, dass es unter den Bullen eine kleine Rebellion gibt. Wenn sich die Kurse an eine Trendlinie zurückziehen und dann wieder von ihr abprallen, dann wissen Sie, dass die beherrschende Marktgruppe die Rebellen geschlagen hat.

Eine vorläufige Trendlinie wird nur über zwei Punkte hinweg gezogen. Drei Kontaktpunkte werten diese Linie jedoch auf. Vier oder fünf Kontaktpunkte zeigen, dass die dominante Marktmasse die Situation fest in der Hand hat.

Der Winkel zwischen einer Trendlinie und der horizontalen Achse kennzeichnet die gefühlsmäßige Intensität der dominanten Marktmasse. Eine steile Trendlinie zeigt,

Abbildung 21-2

Die 1-2-3-Umkehr-Methode

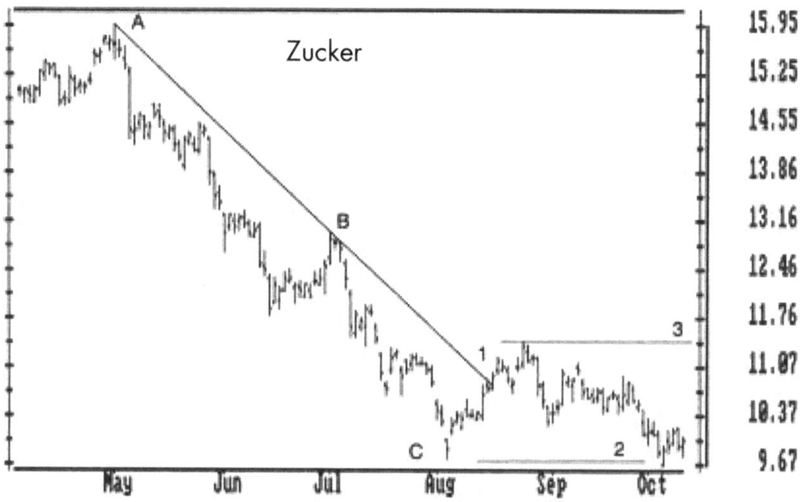

Ziehen Sie eine Trendlinie vom höchsten Hoch (A) zum höchsten, kleineren Hoch (B), das dem Tiefpunkt (C) vorangeht, sodass Sie nicht zwischendurch irgendwelche anderen Kurse zwischen A und B berührt. Der Bruch dieser Trendlinie (1) ist das erste Signal einer Trendwende. Das ist eine gute Gelegenheit, mit Käufen zu beginnen. Wenn die Kurse durch ihr niedrigstes Hoch (3) brechen, dann bestätigt das, dass der Trend sich gewendet hat. Diese Methode, die von Victor Sperandeo beschrieben wurde, ist hilfreich, wenn Sie größere Umschwünge als nur kurzfristige Schwankungen aufdecken wollen.

dass sich die herrschende Masse schnell bewegt. Eine relativ flache Trendlinie zeigt, dass sich die bestimmende Masse nur langsam bewegt. Eine flache Trendlinie wird wahrscheinlich länger anhalten, sowie bei einem Rennen zwischen einer Schildkröte und einem Hasen die Schildkröte länger braucht, um ans Ziel zu gelangen. Es zahlt sich aus, den Winkel jeder Trendlinie zur Horizontalen zu messen und den Grad der Steigung auf dem Chart zu notieren (Abbildung 21-1). Das können Sie entweder auf einem Computer tun oder mit einem Winkelmesser. Der Vergleich der Winkel der Steigungen von Trendlinien zeigt, ob die beherrschende Marktmasse eher bullish oder bearish wird. Es ist erstaunlich, wie oft Trendlinien mit immer der gleichen Steigung erscheinen. Das kann damit zusammenhängen, dass die wichtigsten Marktteilnehmer nur selten wechseln.

Manchmal entfernen sich die Kurse sehr schnell von ihrer Trendlinie. Dann können Sie eine neue, steilere Trendlinie ziehen. Das zeigt, dass ein Trend Fahrt aufnimmt und an Kraft gewinnt (Abbildung 21-3). Nun sollten Sie Ihre Stops dichter setzen, am besten direkt unter die letzte Trendlinie. Berichtigen Sie diesen Stop an jedem neuen Balken. Dem Durchbruch durch eine steile Trendlinie folgt meist eine starke Umkehrbewegung.

In einem Aufwärtstrend nehmen die Umsätze normalerweise zu, wenn die Kurse sich erholen und gehen zurück, wenn die Kurse fallen. Das zeigt, dass Rallyes Anleger anziehen, während Abschwünge sie eher kalt lassen. Das Gegenteil ist in Abwärtstrends der Fall – Umsätze steigen bei Abschwüngen und gehen in Rallyes zurück. Ein Rückzug bei großen Umsätzen erschüttert eine Trendlinie, weil das zeigt, dass die rebellische Masse größer wird.

Wenn der Umsatz ansteigt, während die Kurse in der Richtung einer Trendlinie verlaufen, bestätigt das diese Trendlinie. Wenn der Umsatz rückläufig ist, während die Kurse sich auf eine Trendlinie zurückziehen, dann bestätigt auch das diese Trendlinie. Wenn aber der Umsatz ansteigt und die Kurse an eine Trendlinie zurückkehren, dann ist dies ein Anzeichen für einen möglichen Durchbruch. Wenn der Umsatz zurückgeht und die Preise sich von einer Trendlinie fortbewegen, dann ist dies ein Anzeichen dafür, dass die Trendlinie in Gefahr ist.

Durchbrüche durch eine Trendlinie

Der Durchbruch durch eine stabile Trendlinie zeigt, dass die vorherrschende Marktmacht ihre Kraft verloren hat. Nun müssen Sie vorsichtig sein und Tradingsignale nicht vorwegnehmen – die meisten Trader verlieren Geld, wenn sie voreilig handeln.

Eine Trendlinie ist kein Glasfußboden unter dem Markt, der bei Druck zerbricht. Sie ist eher wie ein Zaun, an den sich Bullen oder Bären anlehnen können. Sie können den Zaun sogar ein wenig beschädigen, ohne ihn umzuwerfen, sowie Tiere einen Zaun zum Wackeln bringen können. Der Bruch einer Trendlinie ist nur dann maßgeblich, wenn die Kurse auf der anderen Seite dieser Trendlinie schließen. Einige Trader bestehen darauf, dass eine Trendlinie mit zwei oder drei Prozent des Kurses durchbrochen werden muss (8 bis 10 Dollar im Fall eines Kurses von 400 Dollar für eine Unze Gold), wenn sie von einem Durchbruch sprechen.

Abbildung 21-3

Wenn sich Trends beschleunigen

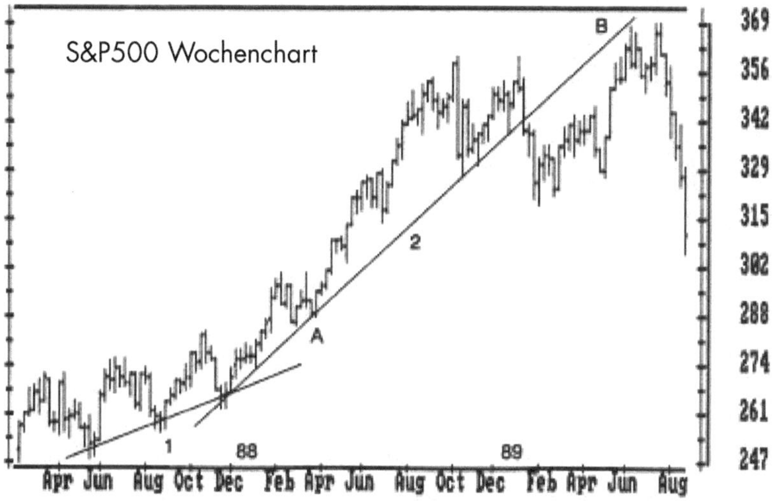

Dieser Chart zeigt, dass sich der Aktienmarkt langsam aber sicher von seinem Tief von 1987 erholte. Sie konnten immer kaufen, wenn die Kurse die flache Aufwärtstrendlinie berührten (1). Der Anstieg beschleunigte sich im Jahr 1988. Am Punkt A musste eine neue Aufwärtstrendlinie (2) gezogen werden. Als diese neue, steilere Trendlinie durchbrochen wurde, zeigte das an, dass es mit der Energie der Bullen vorbei war. Der Markt bot, wie er es oft tut, eine hervorragende Gelegenheit für Leerverkäufe am Punkt B, als er sich noch einmal an seine alte Aufwärtstrendlinie zurückzog, bevor er abstürzte.

Wenn ein sehr steiler Aufwärtstrend gebrochen wurde, dann geschieht es oft, dass sich die Kurse auf eine neue Rallye machen, um ihr altes Hoch zu testen, und sie berühren ihre alte Aufwärtstrendlinie von unten (Abbildungen 20-2, 21-3). Wenn das der Fall ist, dann haben Sie eine nahezu perfekte Verkaufsgelegenheit: die Kombination einer Doppelspitze, ein Rückzug an eine alte Trendlinie und vielleicht auch eine bearishe Abweichung von technischen Indikatoren. Das gleiche, nur umgekehrt, gilt für Abwärtstrends.

TRADINGREGELN

1. *Traden Sie immer in die Richtung einer Trendlinie. Wenn sie aufwärts gerichtet ist, sollten Sie nach Kaufmöglichkeiten Ausschau halten und Leerverkäufe meiden. Wenn die Trendlinie nach unten gerichtet ist, dann sollten Sie Leerverkäufe tätigen und Käufe vermeiden.*
2. *Eine Trendlinie bietet Unterstützung oder Widerstand. Wenn die Kurse anziehen, sollten Sie an der Aufwärtstrendlinie entlang Kauforder mit schützenden Order unterhalb der Linie platzieren. In einem Abwärtstrend gilt dies umgekehrt.*
3. *Steile Trendlinien gehen scharfen Durchbrüchen voraus. Wenn eine Trendlinie steiler als 45° ist, dann sollten Sie Ihren Stop genau an der Trendlinie platzieren und die Order täglich anpassen.*
4. *Die Kurse testen oft ihren letzten Höchststand, nachdem sie eine steile Trendlinie durchbrochen haben. Eine Rallye zurück an ein altes Hoch bei fallenden Umsätzen und mit Indikatorabweichungen stellt eine hervorragende Möglichkeit für Leerverkäufe dar. Ein Abschwung zu einem alten Tief, nachdem eine Abwärtstrendlinie durchbrochen wurde, gibt Ihnen die Möglichkeit bei geringem Risiko zu kaufen.*
5. *Ziehen Sie parallel zu einer Trendlinie eine Kanallinie und benutzen Sie diese als Ziel für Ihre Gewinnmitnahme.*

TRENDLINIENKANÄLE

Ein **Kanal** besteht aus zwei parallelen Linien, in denen ein bestimmter Kurs verläuft (Abbildung 21-4). Wenn Sie eine Abwärtstrendlinie durch die Tiefs der Bewegung ziehen, dann können Sie parallel dazu, über die Spitzen der Rallyes eine Kanallinie ziehen. Wenn Sie eine Abwärtstrendlinie über die Spitzen von Rallyes ziehen, dann können Sie ebenso eine Kanallinie parallel dazu durch die Tiefs der Abschwünge ziehen.

Kanallinien sollten ebenso wie Trendlinien immer durch die Begrenzungen von Konsolidierungszonen gezogen werden, extreme Hoch- und Tiefstände sollten unberücksichtigt bleiben. Wenn es zu einer Trendlinie eine Kanallinie gibt, dann verstärkt das die Bedeutung der Trendlinie. Die Stichhaltigkeit von Kanallinien hängt davon ab, wie oft sie von Kursen tangiert werden.

Eine Kanallinie kennzeichnet den Bereich der Maximalkraft der Bullen in einem Aufwärtstrend und die Maximalkraft der Bären in einem Abwärtstrend.

Abbildung 21-4

Trendlinienkanäle und vorläufige Trendlinien

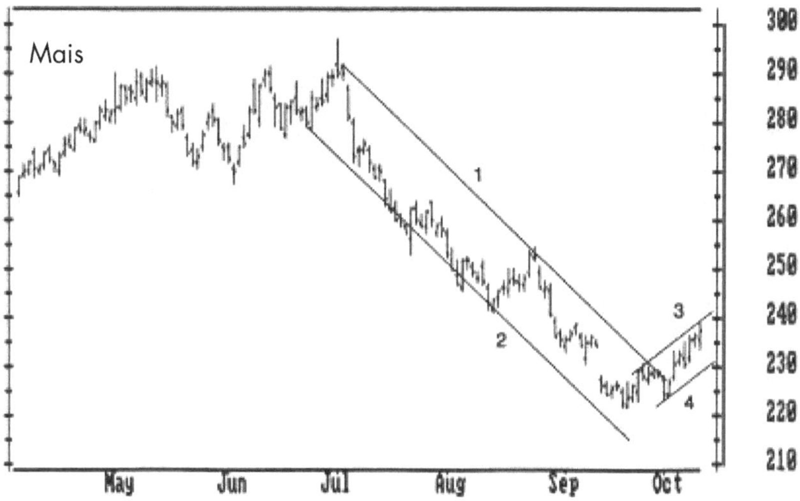

Die Abwärtstrendlinie 1, die über die Spitzen von Rallyes hinweggezogen wurde, kennzeichnet eine Baisse bei Mais. Die Kanallinie 2 wurde durch die Tiefstände gezogen, parallel zur Trendlinie. Die Kanallinie hilft Ihnen, die maximale Kraft der Bären in einem Abwärtstrend zu bestimmen. Die besten Gelegenheiten für Leerverkäufe sind in der oberen Hälfte eines fallenden Kanals, während die besten Kaufgelegenheiten in der unteren Hälfte eines steigenden Kanals zu finden sind.

Wenn die Kurse über ihre Abwärtstrendlinie ausbrechen, dann können Kanäle Ihnen dabei helfen, eine vorläufige Aufwärtstrendlinie zu ziehen. Zunächst ziehen Sie eine neue Kanallinie 3, um die letzten beiden Spitzen der Rallye miteinander zu verbinden. Dann ziehen Sie, parallel dazu, die Linie 4, die den letzten Tiefstand berührt. Das ist die neue vorläufige Aufwärtstrendlinie.

An der rechten Seite des Charts geht der Mais in einen Aufwärtstrend über. Er wird teuer – nahe an der oberen Kanallinie. Wenn Sie long gehen wollen, dann sollten Sie in der Nähe der neuen Aufwärtstrendlinie 4 eine Kauforder erteilen.

Je breiter der Kanal ist, um so stärker ist der Trend. Es zahlt sich aus, in der Richtung der Neigung eines Kanals anzulegen, Sie sollten im unteren Viertel oder in der unteren Hälfte eines ansteigenden Kanals long gehen und im oberen Viertel oder der oberen Hälfte eines fallenden Kanals leer verkaufen. Sobald die Kurse die Gegenseite des Kanals erreichen, sollten Sie die Gewinne mitnehmen (siehe auch Abschnitt 45).

Eine vorläufige Trendlinie

Normalerweise berührt eine Trendlinie auf einem Chart mindestens zwei Punkte. Es gibt jedoch eine wenig bekannte Technik, um eine vorläufige Trendlinie durch nur einen Punkt zu zeichnen (Abbildung 21-4).

Wenn die Kurse ihren Abwärtstrend durchbrechen und zu einer neuen Rallye ansetzen, dann können Sie davon ausgehen, dass der Abwärtstrend ein Ende gefunden hat und ein neuer Aufwärtstrend beginnt. Verbinden Sie die beiden letzten Spitzen miteinander – dies ist die Kanallinie des neuen Aufwärtstrends. Ziehen Sie nun, parallel dazu, eine Linie durch das letzte Tief. Diese vorläufige Aufwärtstrendlinie, die parallel zu einer Kanallinie liegt, zeigt Ihnen, wo Sie den nächsten Tiefstand erwarten können. Oft zeigt sie auch gute Kaufgelegenheiten an. Diese Prozedur funktioniert im Allgemeinen besser an Tiefständen als an Spitzen.

Mehr über Trendlinien

Wenn Kurse ihren Aufwärtstrend durchbrechen, dann sollten Sie den vertikalen Abstand von der Trendlinie zum letzten Hochstand messen und ihn vom Punkt des Durchbruchs aus abwärts noch einmal antragen. Wenn die Massen so optimistisch werden, dass sie die Kurse so viele Dollar über der Trendlinie schwanken lassen, dann können sie wahrscheinlich ebenso pessimistisch werden und die Kurse in die gleiche Entfernung von der Trendlinie purzeln lassen. In Abwärtstrends müssen Sie diese Prozedur spiegelbildlich vornehmen. Diese Methode zeigt Ihnen das Mindestziel für eine neue Bewegung an, das oftmals auch übertroffen wird.

Trendlinien können auch auf den Umsatz und auf die Indikatoren bezogen werden. Die Richtung einer Umsatztrendlinie zeigt, ob mehr oder weniger Marktteilnehmer vorhanden sind. Eine ansteigende Umsatztrendlinie bestätigt den augenblicklichen Kurstrend. Eine fallende Umsatztrendlinie zeigt, dass die Marktmassen sich gegen den augenblicklichen Kurstrend stellen. Unter den technischen Indikatoren ist der Relative-Stärke-Index (siehe Abschnitt 31) besonders gut für eine Trendlinienanalyse geeignet. Er durchbricht seine

Trendlinien oftmals vor den Kursen, und gibt Ihnen somit einen frühzeitigen Hinweis, lange vor einem Trendwechsel.

22 Lücken

Eine Lücke ist ein Chartmuster, das aus zwei benachbarten Balken besteht, wobei das Tief des einen Balken höher liegt, als das Hoch des nächsten Balken (Abbildung 22-1). Das zeigt, dass zu einem bestimmten Kurs keine Käufe und Verkäufe stattgefunden haben, nur auf höherem oder niedrigerem Niveau.

Kurslücken entstehen dann, wenn die Kurse als Reaktion auf ein plötzliches Ungleichgewicht von Käufen oder Verkäufen springen. Oft rufen Schreckensnachrichten solche Lücken hervor. Lücken auf Tagescharts zeigen die Reaktionen auf Ereignisse, die stattfanden, während die Börse noch geschlossen war. Wären die Nachrichten während der Handelszeit bekannt geworden, könnte eine solche Lücke nur auf Charts angezeigt werden, die einen kurzen Zeitrahmen haben und möglicherweise zu einer weiteren Tagesspanne geführt hätten.

So wirkt beispielsweise ein Streik in einer großen Kupfermine auf Kupferwerte kurstreibend. Wenn die Nachricht am Abend bekannt wird, dann bekommen es die Leerverkäufer mit der Angst zu tun und wollen glattstellen. Sie überfluten die Börse mit Kaufaufträgen, bevor die Börse eröffnet. Die Parketthändler reagieren darauf, indem sie mit den Kupferkursen über dem Vortagshoch eröffnen. Kluge Leute jedoch haben wahrscheinlich Kupfer gekauft, bevor der Streik bekannt wurde. Kluge Trader gehen dann auf den Markt, wenn er ruhig ist, Amateure neigen dazu, aufgrund von Neuigkeiten geradezu zu springen.

Lücken zeigen, dass die Massen auf dem Wertpapiermarkt ein unheimliches Gefühl beschlichen hat, dass Verlierer Schmerzen leiden und dass sie ihre Positionen verschleudern. Wenn Sie wissen, ob gerade Bären oder Bullen leiden, dann können Sie sich vorstellen, was diese demnächst tun werden und sich entsprechend darauf einstellen.

Einige Lücken sind wirkliche Lücken, andere erwecken nur den Schein. Echte Lücken entstehen dann, wenn der Markt ein Preisniveau überspringt. Scheinbare Lücken treten dann auf, wenn ein Papier in einem anderen Markt gehandelt wird, während der Markt, den Sie analysieren, gerade geschlossen ist. Beispielsweise sind die Tagescharts der Chicago-Währungs-Futures voll von scheinbaren Lücken. Währungen werden in Tokio, London und sonstwo gehandelt, während die Chicago Mercantile Exchange geschlossen ist. Wenn

Abbildung 22-1

Lücken

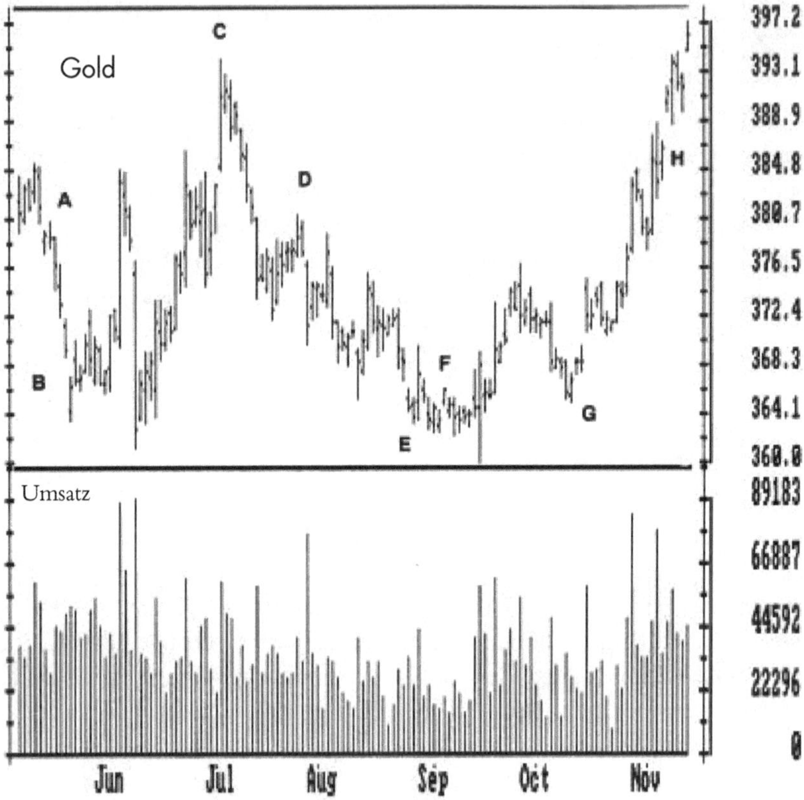

die Währungsbörse in Chicago wieder öffnet, geben die Kurslücken die Kursveränderung aus Übersee wieder.

Alle Lücken können in vier große Gruppen eingeteilt werden: Allgemeine Lücken, Ausbruchslücken, Fortsetzungslücken und Erschöpfungslücken. Sie müssen Lücken sicher erkennen, denn jede erzählt eine andere Geschichte und erfordert eine andere Tradingtaktik.

Decken Sie das Chart mit einem Blatt Papier zu und ziehen Sie es langsam von links nach rechts.

A. Eine Ausbruchslücke. Verkaufen Sie leer und setzen Sie ein paar Ticks über dem oberen Ende der Lücke einen Stop.
B. Eine Erschöpfungslücke – die Kurse füllen diese Lücke am nächsten Tag aus. Der Abwärtstrend ist vorbei. Stellen Sie Leerverkäufe sofort glatt.
C. Eine weitere Erschöpfungslücke, die durch das Fehlen neuer Hochs hinter der Lücke gekennzeichnet ist. Nach einigen turbulenten Tagen haben Sie gute Gelegenheiten, mit einem Stop über dem Hoch short zu gehen.
D. Eine Fortsetzungslücke in einem Abwärtstrend. Verkaufen Sie leer mit einem Stop ein paar Ticks über dem unteren Rand der Lücke. Die Kurse treffen ein paar Tage später auf diesen Stop – keine Methode ist narrensicher.
E. Eine Erschöpfungslücke, die zwei Tage nachdem sie geöffnet wurde, wieder geschlossen wird. Stellen Sie Leerverkäufe sofort glatt.
F. Eine allgemeine Lücke in der Mitte einer Konsolidierungszone, die am nächsten Tag wieder geschlossen wird. Hier besteht kein Handlungsbedarf.
G. Eine Ausbruchslücke. Gehen Sie long und platzieren Sie einen Sicherheitsstop ein paar Ticks unter dem unteren Rand der Lücke.
H. Eine Fortsetzungslücke. Verstärken Sie Ihre Long-Positionen und setzen Sie einen Sicherheitsstop ein paar Ticks unter dem unteren Rand der Lücke. Die Lücke an der rechten Seite dieses Charts kann entweder eine Fortsetzungslücke oder eine Erschöpfungslücke werden. Der relativ ruhige Umsatz lässt eine Fortsetzung vermuten. Wenn Sie kaufen, setzen Sie ein paar Ticks unter dem unteren Rand der Lücke einen Sicherheitsstop.

Allgemeine Lücken

Allgemeine Lücken werden schnell geschlossen – die Kurse schließen sie innerhalb weniger Tage. Allgemeine Lücken findet man in der Regel in ruhigen und trendfreien Märkten. Sie werden in Termingeschäften bei Lieferverzögerung beobachtet, kommen bei wenig gehandelten Aktien und in ausverkauften Markttiefs bei geringen Umsätzen vor.

Nach Allgemeinen Lücken gibt es keine Folgeaktionen – keine neuen Hochs nach einer Aufwärtslücke oder keine neuen Tiefs nach einer Abwärtslücke. Der Umsatz kann sich am Tag nach einer Allgemeinen Lücke leicht erhöhen, aber schon am darauffolgenden Tag kehrt der Umsatz zum Durchschnitt zurück. Das Fehlen neuer Hochs oder Tiefs und unschlüssige Umsätze zeigen, dass weder Bullen noch Bären sehr am Markt interessiert sind. Die Allgemeinen Lücken bringen dem Trader den geringsten Nutzen.

Allgemeine Lücken kommen wesentlich häufiger vor als die anderen. Es bedarf keiner großen Aktionen, um sie in einem lustlosen Markt entstehen zu lassen. Ein Parketthändler von Comics erzählte auf einem meiner Seminare, er könnte an einem ruhigen Tag den Goldpreis leicht 2 Dollar aufwärts oder abwärts bewegen. Er war als sehr großer Trader bekannt und wenn er plötzlich 20 Kontrakte anbietet, dann verhalten sich andere Parketthändler ruhig, weil sie annehmen, er wüsste etwas. Bei Gold würde eine Lücke entstehen, und sein Trick war es, zu verkaufen bevor diese Lücke wieder geschlossen wurde.

Eine Ex-Dividenden-Lücke ist eine normale Lücke, die im Aktienmarkt an dem Tag vorkommt, an dem die Dividende ausgezahlt wird. Wenn beispielsweise eine Dividende 50 Cents beträgt, dann ist jeder Anteil, nach dem die Dividende bezahlt wurde, 50 Cents weniger wert. Vergleichbar ist das mit dem Preis für eine Kuh, der dann niedriger wird, nachdem sie gekalbt hat. Ex-Dividenden-Lücken kamen früher sehr häufig vor. Heute ist die durchschnittliche Handelsspanne an einem Tag einer dividendenzahlenden Aktie größer als der Betrag ihrer Dividende, und der Ex-Dividenden-Nachlass wird nur noch selten in einer Lücke sichtbar.

Ausbruchslücken

Eine Ausbruchslücke ergibt sich dann, wenn die Kurse aus einer Konsolidierungszone bei starken Umsätzen herausspringen und einen neuen Trend beginnen. Eine Ausbruchslücke kann über Wochen oder Monate, manchmal aber auch über Jahre hinweg offen bleiben. Je länger die Range, die der Lücke vorausging, desto länger wird der darauffolgende Trend.

Einer aufwärtsgerichteten Ausbruchslücke folgen normalerweise über mehrere Tage hinweg immer neue Hochs, einer abwärtsgerichteten Ausbruchslücke folgen eine Reihe neuer Tiefs. Am Tag, an dem die Ausbruchslücke erscheint, gibt es eine starke Umsatzzunahme, die auch noch einige Tage lang anhält. Der Umsatz am Tag der Lücke kann doppelt so hoch sein, wie der Durchschnittsumsatz der vorausgehenden Tage.

Eine Ausbruchslücke kennzeichnet eine starke Veränderung im Massenbewusstsein – es zeigt auf, dass hinter dem neuen Trend ein starker Druck steht. Je früher Sie auf den neuen Trend aufspringen, um so besser ist es für Sie.

Die meisten Lücken sind normale Lücken, die auch schnell wieder geschlossen werden. Profi-Trader schwächen sie gerne ab – sie traden gegen die Lücken. Sie müssen sehr vorsichtig sein, denn wenn Sie das automatisch tun, dann werden Sie früher oder später von einer Ausbruchslücke erwischt. Es bedarf tiefer Taschen, um über Monate hinweg eine Verlustposition zu halten, und darauf zu warten, dass sich die Lücke wieder schließt.

Fortsetzungslücken

Eine Fortsetzungslücke taucht in der Mitte eines kraftvollen Trends auf, der danach neue Höhen oder neue Tiefen erreicht, ohne dass die Lücke wieder gefüllt wird. Sie ist mit einer Ausbruchslücke zu vergleichen, kommt aber eher in der Mitte eines Trends vor als am Anfang. Fortsetzungslücken zeigen, dass es in der beherrschenden Marktmasse eine neue Kraft gibt. Die inflationären Bullenmärkte bei den Sachwerten in den 70er-Jahren wiesen eine Reihe von Verlängerungslücken auf.

Eine Fortsetzungslücke kann Ihnen helfen abzuschätzen, wie weit ein Trend voraussichtlich reicht. Messen Sie den vertikalen Abstand vom Beginn des Trends zur Lücke und projizieren Sie diesen Abstand von der Lücke in die Richtung des Trends. Wenn der Markt sich diesem Ziel nähert, dann ist es an der Zeit, Gewinne mitzunehmen.

Der Umsatz bestätigt Fortsetzungslücken, wenn er um mindestens 50 Prozent über den Durchschnittsumsatz der vorherigen Tage ansteigt. Wenn die Kurse einige Tage nach der Lücke immer noch keine neuen Hochs oder keine neuen Tiefs erreicht haben, dann haben Sie es wahrscheinlich mit einer tückischen Erschöpfungslücke zu tun.

Erschöpfungslücken

Einer Erschöpfungslücke folgen keine neuen Hochs während Aufwärtstrends oder keine neuen Tiefs während Abwärtstrends – die Kurse bewegen sich heftig und bewegen sich zur Lücke zurück, um sie zu schließen. Erschöpfungslücken tauchen am Ende von Trends auf. Die Kurse steigen oder fallen mehrere Wochen oder Monate lang, woraufhin in der Richtung des Trends eine Lücke entsteht. Zunächst sieht eine Erschöpfungslücke wie eine Verlängerungslücke aus – ein Sprung in der Richtung des Trends bei großen Umsätzen. Wenn die Kurse aber über mehrere Tage hinweg nach der Lücke keine neuen Hochs oder Tiefs erreichen, dann ist es wahrscheinlich eine Erschöpfungslücke.

Eine Erschöpfungslücke wird nur dann bestätigt, wenn die Kurse in die entgegengesetzte Richtung laufen und die Lücke schließen. Diese Lücke kann man mit dem Endspurt eines müden Leichtathleten vergleichen. Er setzt sich kurz von dem Feld ab, kann aber das Tempo nicht halten. Wenn die anderen Läufer wieder zu ihm aufschließen, dann wissen sie, dass er das Rennen verlieren wird.

TRADINGREGELN

1. *Allgemeine Lücken bieten Tradern keine guten Gelegenheiten, aber wenn Sie handeln müssen, dann sollten Sie gegen die Lücken anlegen. Wenn die Kurse eine Lücke nach oben bilden, dann sollten Sie leer verkaufen, sobald der Markt keine neuen Hochs erreicht – und Sie sollten einen Sicherheitsstop über dem Hoch der letzten paar Tage setzen. Stellen Sie Leerverkäufe glatt und nehmen Sie die Gewinne am unteren Rand der Lücke mit. Wenn die Kurse eine Lücke nach unten hin offenlassen, dann sollten Sie long gehen, solange der Markt keine neuen Tiefs mehr erreicht. Setzen Sie zusätzlich unter dem Tief der letzten Tage einen Sicherheitsstop. Platzieren Sie eine Verkaufsorder am oberen Rand der Lücke und nehmen Sie Ihre Gewinne mit.*
2. *Wenn der Markt innerhalb einer langen Trading-Range bei großen Umsätzen eine Lücke bildet, und weiterhin neue Hoch- oder Tiefstände erreicht, dann haben Sie es wahrscheinlich mit einer Ausbruchslücke zu tun. Wenn die Kurse eine Lücke nach oben hin gelassen haben, dann sollten Sie kaufen und am unteren Rand der Lücke einen Sicherheitsstop setzen. Eine wirkliche Durchbruchslücke wird fast nie geschlossen. In Abwärtstrends gilt das Gesagte spiegelbildlich. Wenn ein neuer Trend begonnen hat und Sie immer noch auf einen Rückzug warten, dann kann es sein, dass Sie außen vor bleiben.*
3. *Bei einer Fortsetzungslücke sollten Sie sich ähnlich verhalten wie bei einer Ausbruchslücke – kaufen Sie früh und setzen Sie am unteren Rand der Lücke einen Sicherheitsstop. Auch hier gilt es, sich in Abwärtstrends spiegelbildlich zu verhalten. Ziehen Sie den Stop dichter, wenn ein Trend sich seinem Ziel nähert, wie Sie es bei der Fortsetzungslücke vorausprojiziert haben.*
4. *Eine wirkliche Ausbruchs- oder Fortsetzungslücke muss von einer Reihe von verschiedenen neuen Hochs oder Tiefs bestätigt werden. Andernfalls*

kann es sein, dass Sie es mit einer Erschöpfungslücke zu tun haben. Wenn der Markt in Richtung der Lücke keine neuen Höhen oder Tiefen erreicht, dann sollten Sie aussteigen und den Markt neu bewerten.

5. *Erschöpfungslücken bieten attraktive Möglichkeiten, weil sie oft von heftigen Umschwüngen begleitet werden. Wenn Sie eine Aufwärts-Erschöpfungslücke bemerken, dann sollten Sie leer verkaufen und über dem letzten Hoch einen Sicherheitsstop setzen. Wenn die Kurse einmal ins Rutschen geraten sind, dann werden die schwachen Bullen ausscheren. Bleiben Sie solange short, wie die Kurse neue Tiefs erreichen und stellen Sie Ihre Positionen an dem Tag glatt, nach dem die Kurse kein neues Tief erreicht haben. In Abwärtstrends gilt das Gesagte spiegelbildlich. Wegen der großen Unbeständigkeit ist es einfacher, bei Erschöpfungslücken mit Optionen zu handeln, besonders wenn Sie an den Spitzen Puts kaufen.*

Mehr über Lücken

Ein »Insel-Umschwung« ist die Kombination einer Fortsetzungslücke und einer Ausbruchslücke in entgegengesetzter Richtung. Ein »Insel-Umschwung« sieht aus wie eine Insel, die vom Rest der Kursbewegungen durch einen Wasserlauf abgeschnitten ist, in dem kein Handel stattfand. Er beginnt als Fortsetzungslücke, die von einer kompakten Trading-Range mit hohem Umsatzvolumen gekennzeichnet ist. Dann gibt es in der entgegengesetzten Richtung eine Kurslücke und eine Insel von Kursen bleibt zurück. Diese Formation gibt es sehr selten, aber sie kennzeichnet größere Umschwungbereiche. Traden Sie gegen den Trend, der einer Insel vorausging.

Es lohnt sich, auch in verwandten Märkten nach Lücken zu suchen. Wenn Gold eine Ausbruchslücke zeigt und Silber und Platin nicht, dann könnten Sie die Chance bekommen, in einem Markt, der noch nicht »verrückt« geworden ist, sich rechtzeitig zu positionieren.

Lücken können als Unterstützungs- und Widerstandszonen angesehen werden. Wenn nach einer Lücke das Umsatzvolumen ansteigt, dann deutet das auf starke Unterstützung hin. Wenn der Umsatz vor der Lücke sehr hoch war, dann ist die Unterstützung weniger stark.

Technische Indikatoren helfen Ihnen, die Typen der Lücken zu erkennen. Der Force-Index (siehe Abschnitt 42) basiert auf Kursen und Umsätzen. Wenn der Force-Index an dem Tag der Lücke nur kleinere Veränderungen zeigt, dann handelt es sich wahrscheinlich um eine normale Lücke. Wenn der Force-Index ein Rekordhoch oder ein sehr niedriges Niveau erreicht, dann bestätigt das Ausbruchs- und Fortsetzungslücken.

Charts innerhalb eines Handelstages zeigen viele sich öffnende Lücken, wenn die Kurse außerhalb der Bandbreite des Vortages eröffnen. Dann gibt es ein Ungleichgewicht zwischen den Kauf- und Verkaufsordern des Publikums vor der Börseneröffnung, und die Parketthändler eröffnen die Märkte höher oder tiefer. Wenn Außenstehende kaufen wollen, dann verkaufen die Parketthändler zu einem solch hohen Preis, dass auch nur die kleinste Bewegung ihnen Geld einbringt. Wenn die Kunden verkaufen wollen, dann reißen ihnen die Parketthändler die Papiere aus den Händen – zu einem Preis, der niedrig genug ist, um auch von der geringsten Erholung zu profitieren. Profis sind eiskalt – sie wissen, dass die Massen selten lange aufgeregt bleiben und dass die Kurse sich oft in den Vortagsbereich zurückziehen. Sie verkaufen in diesem Bereich oder niedriger, warten, um sich aus ihren Positionen zu lösen und nehmen die Gewinne mit, wenn die Lücke zu Börsenbeginn wieder geschlossen ist.

Wenn Sie mit S&P 500-Futures handeln, dann sollten Sie daran denken, dass Ihre Eröffnungslücken fast immer geschlossen werden. Wenn die S&P 500-Futures höher eröffnen, dann sinken sie regelmäßig während des Handelstages und erreichen das Hoch des Vortags. Wenn sie niedriger eröffnen, dann steigen sie während des Tages fast immer und erreichen das Tief des Vortags. Day Trader mit Köpfchen verkaufen bei höheren Eröffnungen gern leer und kaufen bei niedrigeren Eröffnungskursen. Das ist keine automatische Methode – Sie sollen nur kaufen oder verkaufen, wenn die Indikatoren Ihnen sagen, dass die Kraft hinter der Eröffnungslücke verbraucht ist und der Markt bereit ist, die Lücke wieder zu schließen.

23 Chartmuster

Die Muster, die Sie auf Ihren Charts oder auf Ihrem Bildschirm sehen, sind die Spuren, die Bullen und Bären hinterließen. Ein Chartist ist wie ein Jäger, der den geringsten Spuren folgt, die nur für jene sichtbar sind, die wissen, wonach sie suchen sollen. Chartmuster können Ihnen helfen zu entscheiden, wann sich ein Trend wahrscheinlich fortsetzen oder wann er sich wenden wird!

Es gibt zwei Hauptgruppen von Mustern: Fortsetzung und Umkehr. Muster, die eine Fortsetzung andeuten, sind unter anderem Flaggen und Wimpel. Sie empfehlen, in der Richtung des gegenwärtigen Trends zu agieren. Ebenfalls

Umkehrmuster sind die Kopf-Schulter-Formationen, umgekehrte Kopf-Schulter-Formationen sowie Doppelhochs und Doppelböden. Sie zeigen an, dass es an der Zeit ist, aus offenen Positionen die Gewinne mitzunehmen. Einige Muster können sowohl als Fortsetzungs- als auch als Umkehrformationen verstanden werden. Dreiecke und Rechtecke sind bekannt dafür, diese Doppelaufgabe zu erfüllen.

Wenn mehrere Chartmuster in die gleiche Richtung weisen, dann werden die Signale verstärkt. Wenn beispielsweise eine Aufwärtstrendlinie dann durchbrochen wird, wenn eine Kopf- und Schulter-Formation zu Ende geht, dann bestätigen beide, dass der Aufwärtstrend endet. Wenn verschiedene Muster gegensätzliche Aussagen treffen, ihre Signale einander neutralisieren, dann sollten Sie nichts tun.

Kopf-Schulter-Spitzen

Ein gesunder Aufwärtstrend bewegt sich in Stufen. Die meisten Kursanstiege erreichen höhere Spitzen als der vorangehende Anstieg und die Abschwünge stoppen auf höherer Ebene als der vorangehende Abschwung. Wenn ein Aufwärtstrend keine höheren Hochs erreicht oder ein Abschwung unter das vorangehende Tief fällt, dann zeigt das, dass die Bullen ihre Kraft verlieren.

Kopf-Schulter-Muster kennzeichnen das Ende von Aufwärtstrends (Abbildung 23-1). Der »Kopf« ist eine Kursspitze, die von zwei niedrigeren Spitzen, den »Schultern«, umgeben ist. Eine Nackenlinie verbindet die Tiefs der Abschwünge der linken Schulter und des Kopfs. Die Nackenlinie muss nicht horizontal liegen – sie kann flach ansteigend oder fallend sein. Eine abwärtsgerichtete Nackenlinie ist sehr bearish – sie zeigt, dass die Bären stärker werden.

Wenn die Kurse nicht über den Kopf ansteigen können, dann bestätigt das, dass sich eine Kopf-Schulter-Formation entwickelt. Die rechte Schulter kann höher oder auch tiefer als die linke Schulter sein, sie kann aber auch kürzer oder länger als diese sein. Wenn der Abschwung von der rechten Schulter die Nackenlinie durchbricht, dann ist der Aufwärtstrend beendet.

Nachdem die Nackenlinie durchbrochen wurde, kehren die Kurse manchmal an sie zurück, allerdings bei geringen Umsätzen. Diese zarte Rallye bietet hervorragende Gelegenheiten, short zu gehen, mit einem logischen Stop genau über der Nackenlinie.

Kopf und Schultern zeigen oft typische Umsatzmuster. Am Kopf sind die Umsätze oft geringer als an der linken Schulter. An der rechten Schulter sind sie sogar noch niedriger. Die Umsätze nehmen meist zu, wenn die Kurse die Nackenlinie durchbrechen. Wenn sich die Kurse an die Nackenlinie zurückziehen, dann ist der Umsatz meist sehr dürftig.

Das Kopf-Schulter-Muster gibt auch ein ungefähres Ziel für den neuen Abwärtstrend an. Sie erhalten es, wenn Sie die Entfernung von der Spitze des Kopfes bis zur Nackenlinie messen und diese Entfernung von der Nackenlinie aus abwärts weiterzeichnen.

TRADINGREGELN

Wenn Sie eine Kopf-Schulter-Formation erkennen, dann müsen Sie zwei Entscheidungen treffen: was Sie mit Ihrer Long-Position machen und wie es mit Leerverkäufen wäre. Sie haben drei Wahlmöglichkeiten, wie Sie mit Ihren Long-Positionen umgehen: sofort verkaufen, die Stops dichter heranziehen oder einige verkaufen und den Rest halten.

Viele Trader wählen eine vierte Möglichkeit – sie tun überhaupt nichts. Trading ist aber ein komplexes und nicht alltägliches Spiel, das verlangt, in einer Umgebung der Unsicherheit Entscheidungen zu treffen.

Ihre Entscheidung hängt davon ab, wie sicher Sie in der Beurteilung von Formationen sind. Es hängt auch von der Größe Ihres Budgets ab. Ein großes Budget gestattet Ihnen, Stück für Stück zu kaufen und zu verkaufen. Wenn Sie mit einem kleinen Budget nur auf einen einzigen Kontrakt setzen, dann verlangt dies ein sehr genaues Timing – es ist eine gute Schule für angehende Trader.

Sie müssen Ihre Charts in mehr als nur einem Zeitrahmen analysieren (siehe Abschnitt 36). Wenn ein Wochenchart wacklig ist und eine Kopf-Schulter-Formation auf den Tagescharts auftaucht, dann sollten Sie schleunigst nach dem Ausstieg suchen. Wenn die Wochencharts stark sind, dann ist es oft besser, einfach nur die Stops näher heranzuziehen. Technische Indikatoren können bei der Entscheidung, wie dringend Sie verkaufen sollten, hilfreich sein.

Die Märkte sind an ihren Spitzen oft sehr unbeständig, mit weiten Ausschlägen zwischen kurzzeitigen Hochs und kurzzeitigen Tiefs. Leerverkäufe und ein Stop über dem letzten Hoch können Sie einem größeren Risiko aussetzen, als es Ihr Budget zulässt (siehe Kapitel 10). Eventuell müssen Sie dieses Geschäft sausen lassen oder Puts kaufen, um Ihr Risiko innerhalb der erlaubten Grenzen zu halten.

Abbildung 23-1

Kopf-Schulter-Formation

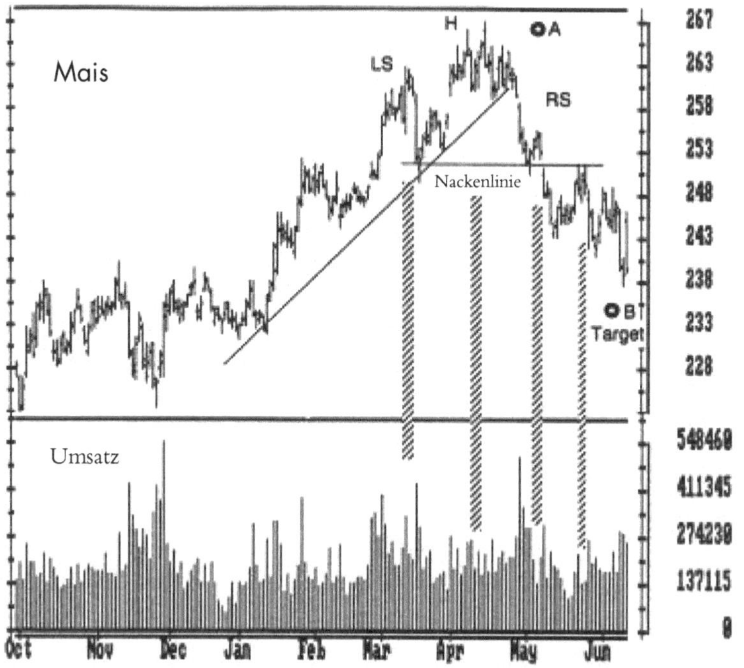

Ein Aufwärtstrend bleibt solange gesund, wie jeder neue Aufschwung ein neues Hoch erreicht. Ansteigende Umsätze bestätigen die Rallyes. Der Umsatz lässt nach, wenn die Kurse den Kopf (H) erreichen, und gibt damit ein Warnsignal, die Stops bei Long-Positionen näher heranzuholen. Der Abschwung vom Kopf durchbricht die Aufwärtstrendlinie und signalisiert, dass es mit dem Aufwärtstrend vorbei ist.

Der Kopf ist in diesem Fall eine Insel-Umkehr (s. Lücken, Abschnitt 22) – ein sehr bearishes Muster. Die Umsätze schießen während des Abschwungs vom Kopf bedrohlich in die Höhe. Die rechte Schulter (RS) ist viel kleiner als die linke Schulter – ein weiteres Anzeichen für Schwäche. Geringe Umsätze an der rechten Schulter deuten auf eine gute Short-Möglichkeit hin.

Der Abschwung von der rechten Schulter durchbricht die Nackenlinie. Damit ist die Kopf-Schulter-Formation vollständig. Wenn sich die Kurse von unten her bei geringen Umsätzen wieder der Nackenlinie nähern, dann stellt dies eine hervorragende Short-Möglichkeit dar. Der Abstand von der Spitze des Kopfs zur Nackenlinie (A) stellt ein Ziel für den Abschwung (B) dar. An der rechten Seite des Charts sollten Sie Short-Positionen halten, weil die Kurse bei ansteigenden Umsätzen weiterhin fallen und ihr Ziel noch nicht erreicht haben. Setzen Sie im Bereich der Spitze der letzten fünf Tage einen Sicherheitsstop.

1. *Verkaufen Sie, wenn Sie den Kopf oder die rechte Schulter einer Kopf-Schulter-Formation erkennen, insbesondere bei geringem Umsatz, dem Durchbruch eines Aufwärtstrends und einer Abweichung zwischen Indikatoren und Kursen.*
2. *Der Abschwung vom Kopf errichtet eine Nackenlinie. Wenn Sie immer noch Long-Positionen halten, dann sollten Sie unterhalb der Nackenlinie einen Stop setzen.*
3. *Die Rallye zur rechten Schulter ist im Allgemeinen von geringem Umsatz und auffälliger Schwäche der technischen Indikatoren gekennzeichnet. Hier haben Sie die letzte gute Möglichkeit, Ihren Gewinn aus einem Aufwärtstrend mitzunehmen. Die technischen Indikatoren erreichen an der rechten Schulter oft höhere Bereiche als am Kopf, aber sie gehen nie weiter als zum Niveau, das auf der linken Schulter erreicht wurde. Wenn Sie an der rechten Schullter leer verkaufen, dann setzen Sie Ihren Stop an der Spitze des Kopfes. Geben Sie die Order »stop-and-reverse« – wenn Ihre Short-Position ausgestoppt wird, wechseln Sie – und gehen long (siehe »The Hound of the Baskervilles«-Signal).*
4. *Wenn die Nackenlinie einmal durchbrochen ist, bietet ein Rückzug an die Nackenlinie bei geringem Umsatz oft eine hervorragende Short-Möglichkeit, allerdings mit einem Sicherheitsstop knapp über der Nackenlinie.*

The Hound of the Baskervilles

Dieses Signal kommt dann vor, wenn weder ein verlässlicher Chart vorliegt noch ein Indikatormuster zu Ergebnissen führt, die Sie erwarten, und die Kurse sich in eine andere Richtung bewegen. Eine Kopf-Schulter-Formation zeigt an, dass ein Aufwärtstrend zu Ende ist. Wenn die Kurse dennoch weiter ansteigen, dann geben sie das »Hound of the Baskervilles«-Signal.

Dieses Signal wurde nach der Geschichte von Sir Arthur Conan Doyle benannt, in der Sherlock Holmes auf ein Landgut gerufen wurde, um einen Mordfall zu lösen. Den wesentlichen Hinweis fand er, als ihm klar wurde, dass der Hund der Familie, während ein Mord ausgeübt wurde, nie bellte. Das bedeutete, der Hund kannte den Verbrecher und der Mord war eine interne Angelegenheit. Das Signal ging davon aus, dass eine erwartete Aktion nicht eintrat – vom Fehlen des Bellens!

Wenn der Markt sich weigert, auf ein deutliches Signal hin zu »bellen«, dann ist das für Sie das »Hound of the Baskervilles«-Signal. Es bedeutet, dass sich unter der Oberfläche etwas grundsätzlich ändert. Dann ist es höchste Zeit, sich auf einen neuen kraftvollen Trend einzustellen.

Eine Kopf-Schulter-Formation gibt ein starkes Verkaufssignal. Wenn der Markt dennoch nicht zusammenfällt, sondern von der rechten Schulter aus rapide ansteigt, dann ist das das »Hound of the Baskervilles«-Signal. Wenn die Kurse über den Kopf hinaussteigen, dann ist es Zeit, Short-Positionen glattzustellen, die Richtung zu ändern und long zu gehen. Eine abgebrochene Kopf-Schulter-Formation führt oft zu einem sehr starken Kursaufschwung. Kaufen Sie über dem Durchbruch und setzen Sie knapp unter der Kopfspitze einen Sicherheitsstop.

Die umgekehrte Kopf-Schulter-Formation

Einige Trader nennen diese Formation Kopf-Schulter-Boden – das Spiegelbild einer Kopf-Schulter-Formation. Es sieht aus wie die Silhouette einer Person, die auf dem Kopf steht. Der Kopf befindet sich am tiefsten Punkt, umgeben von zwei Schultern. Diese Formation entwickelt sich, wenn ein Abwärtstrend seine Kraft verliert und bereit ist, die Richtung zu ändern (Abbildung 23-2).

In einem echten Abwärtstrend fällt jedes neue Tief tiefer als das vorangehende Tief und jede Rallye stoppt auf niedrigerem Niveau. Eine starke Rallye vom Kopf aus ermöglicht es Ihnen, eine Nackenlinie zu ziehen. Wenn ein Abschwung von der Nackenlinie nicht mehr die Ebene des Kopfes erreicht, dann wird daraus die rechte Schulter. Wenn die Kurse von der rechten Schulter aus über die Nackenlinie bei erhöhten Umsätzen ansteigen, dann vervollständigt das die umgekehrte Kopf-Schulter-Formation und ein neuer Aufwärtstrend beginnt.

Manchmal folgt bei geringen Umsätzen eine Reaktion zurück an die Nackenlinie einer umgekehrten Kopf-Schulter-Formation und bietet dabei gute Kaufgelegenheiten. Messen Sie den Abstand vom Tiefpunkt des Kopfes bis zur Nackenlinie und tragen Sie diesen Abstand nach oben ab, und zwar von dem Punkt aus, an dem die Nackenlinie durchbrochen wurde. Das gibt Ihnen das Mindestmaß für eine Rallye, das oft auch übertroffen wird.

Die Taktiken mit einer umgekehrten Kopf-Schulter-Formation umzugehen, sind ähnlich der einer Kopf-Schulter-Formation. Wenn Sie mit umgekehrten Kopf-Schulter-Formationen traden, dann riskieren Sie weniger Geld, weil die Kurse nicht so unbeständig sind, und weil Sie dichtere Stops setzen können.

Rechtecke

Ein **Rechteck** ist eine Chartformation, die Kursbewegungen zwischen zwei parallelen Linien enthält. Die Linien sind im Allgemeinen horizontal, können aber zuweilen auch abwärts- oder aufwärtsgerichtet sein (siehe Linien und Fahnen weiter hinten in diesem Abschnitt). Rechtecke und Dreiecke können auf eine Fortsetzung oder eine Umkehr hindeuten.

Um ein Rechteck zu zeichnen, brauchen Sie vier Punkte: die obere Linie verbindet die Spitzen zweier Rallyes und die untere Linie verbindet zwei Tiefpunkte (Abbildung 23-3). Diese Linien sollten durch die Ecken von Konsolidierungszonen gezogen werden und nicht durch extreme Hochs und Tiefs (siehe Abschnitt 19). Die obere Linie eines Rechtecks kennzeichnet den Widerstand, während die untere Linie Unterstützung ausdrückt. Die obere Linie zeigt, wo den Bullen der Dampf ausgeht, die untere Linie zeigt, wo sich bei den Bären Erschöpfung zeigt. Ein Rechteck zeigt auf, dass Bullen und Bären in etwa gleich stark sind. Die Schlüsselfrage ist, ob innerhalb dieser Formation die Bullen oder die Bären die Schlacht gewinnen.

Wenn der Umsatz ansteigt und die Kurse die obere Grenze des Rechtecks erreichen, dann ist ein Aufwärtsdurchbruch wahrscheinlich. Wenn der Umsatz steigt und die Kurse nähern sich der Untergrenze, dann ist ein Abwärtsdurchbruch eher wahrscheinlich. Ein echter Durchbruch aus einem Rechteck wird normalerweise durch einen Umsatzzuwachs bestätigt – ungefähr ein Drittel bis eine Hälfte höher als der Umsatzdurchschnitt der vorausgehenden fünf Tage. Wenn der Umsatz dürftig ist, dann ist es aller Voraussicht nach ein Scheindurchbruch.

In Aufwärtstrends sind Rechtecke im Allgemeinen breiter als in Abwärtstrends. Je länger ein Rechteck ist, um so bedeutsamer wird ein Durchbruch. Durchbrüche aus Rechtecken auf Wochencharts sind besonders aussagestark, weil sie wichtige Siege für Bullen oder Bären anzeigen.

Es gibt mehrere Techniken, um festzulegen, wie weit ein Durchbruch wahrscheinlich reichen wird. Messen Sie die Höhe eines Rechtecks und projizieren Sie diese von der durchbrochenen Wand aus in die Richtung des Durchbruchs. Dies ist das Minimalziel. Das Maximalziel erhalten Sie dann, wenn Sie die Länge des Rechtecks nehmen und sie senkrecht von der durchbrochenen Wand aus in die Richtung des Durchbruchs projizieren. Toni Plummer schreibt, dass ein Rechteck ein Teil einer spiralartigen Entwicklung eines Trends ist. Er empfiehlt, die Höhe eines Rechtecks zu messen, sie mit drei Fibonacci-Quotienten zu multiplizieren (1,618, 2,618 und 4,236) und diese

Abbildung 23-2

Umgekehrte Kopf-Schulter-Formation

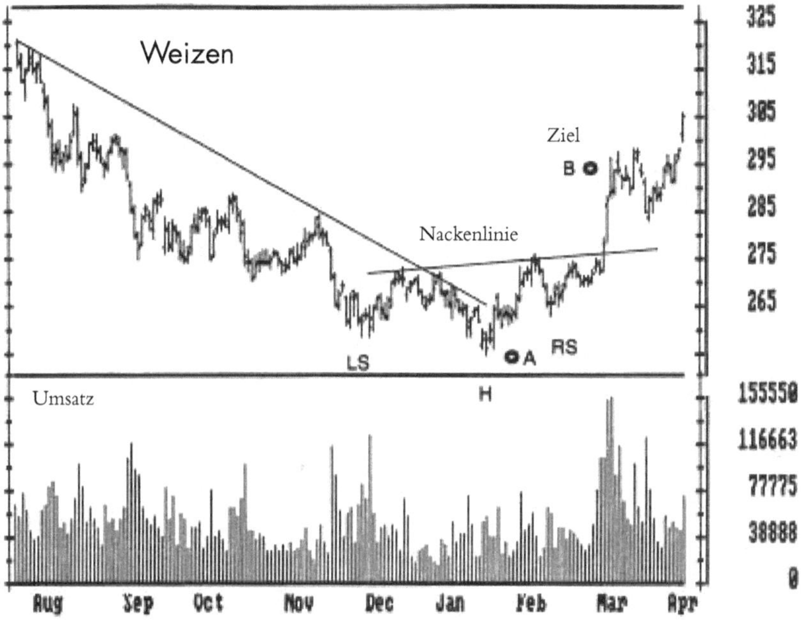

In einem Abwärtstrend bestätigt hoher Umsatz alle Abschwünge bis zur linken Schulter (LS). Der Abschwung zum Kopf (H) wird von geringem Umsatz begleitet – ein Warnsignal für Bären. Die Rallye aus dem Kopf heraus durchbricht die Abwärtstrendlinie und gibt damit das Zeichen für das Ende des Abwärtstrends.

Geringer Umsatz an der rechten Schulter (RS) und die aufwärtsgeneigte Nackenlinie weisen auf das Nahen eines kraftvollen Aufwärtstrends hin. Die starke Umsatzsteigerung beim Durchbruch durch die Nackenlinie bestätigt den neuen Aufwärtstrend. Kein Pullback erreichte das Niveau der Nackenlinie.

Das vorläufige Kurzziel (B) liegt ebenso hoch über der Nackenlinie, wie der Boden des Kopfes unter der Nackenlinie liegt. Rallyes, die einer Kopf-Schulter-Formation entspringen, übertreffen sehr oft ihr Kursziel. Die beste Kaufgelegenheit war an der rechten Schulter, mit einem Sicherheitsstop einige Ticks unterhalb des Kopfes. An der rechten Seite des Charts bestätigt eine Lücke einen starken Aufwärtstrend. Wenn Sie an dieser Stelle Long-Positionen halten, dann sollten Sie ein paar Ticks unterhalb des unteren Randes der Lücke einen Sicherheitsstop setzen.

Maße in der Richtung des Durchbruchs abzutragen, um ein Kursziel zu erhalten.

TRADINGREGELN

Parketthändler können zwar davon profitieren, wenn sie kurzfristige Schwankungen zwischen den Begrenzungen eines Rechtecks traden, das große Geld wird aber verdient, wenn man in die Richtung eines Durchbruchs geht.

1. *Wenn Sie innerhalb eines Rechtecks traden, dann sollten Sie an der Untergrenze kaufen und an der Obergrenze leer verkaufen. Oszillatoren können Ihnen helfen zu entscheiden, wann sich die Kurse innerhalb eines Rechtecks umkehren werden. Die Stochastik, der Relative-Stärke-Index und der Williams %R (siehe Kapitel 4) kennzeichnen Kurswendungen innerhalb von Rechtecken, wenn sie ihre Referenzlinien berühren und ihre Richtung ändern.*
   Wenn Sie im unteren Teil eines Rechtecks kaufen, dann sollten Sie Ihren Sicherheitsstop knapp unter dem Rechteck setzen. Wenn Sie in der Nähe der Oberseite leer verkaufen, dann sollten Sie knapp über dieser Grenze Ihren Sicherheitsstop setzen. Sie müssen sehr feinfühlig sein und beim ersten Anzeichen einer Wende Ihre Gewinne mitnehmen. Es ist gefährlich, innerhalb eines Rechtecks noch ein paar weitere Ticks abzuwarten.
2. *Wenn Sie herausfinden wollen, ob ein Aufwärts- oder ein Abwärtsdurchbruch wahrscheinlicher ist, dann müssen Sie den Markt in einem größeren Zeitrahmen analysieren als in dem, in dem Sie gerade traden. Wenn Sie auf einem Tageschart einen Durchbruch erkennen wollen, müssen Sie den Wochentrend kennen, weil ein Durchbruch wahrscheinlich diese Richtung nehmen wird (siehe Abschnitt 43).*
3. *Wenn Sie an einem Durchbruch nach oben kaufen oder bei einem Durchbruch nach unten leer verkaufen, dann sollten Sie Ihren Sicherheitsstop knapp innerhalb des Rechtecks setzen. Es ist möglich, dass es bei schwachem Umsatz zu einem Rückzug an das Rechteck kommt, aber die Kurse dürften nach einem echten Durchbruch nicht wieder ins Rechteck zurückkehren.*

Abbildung 23-3

Rechtecke

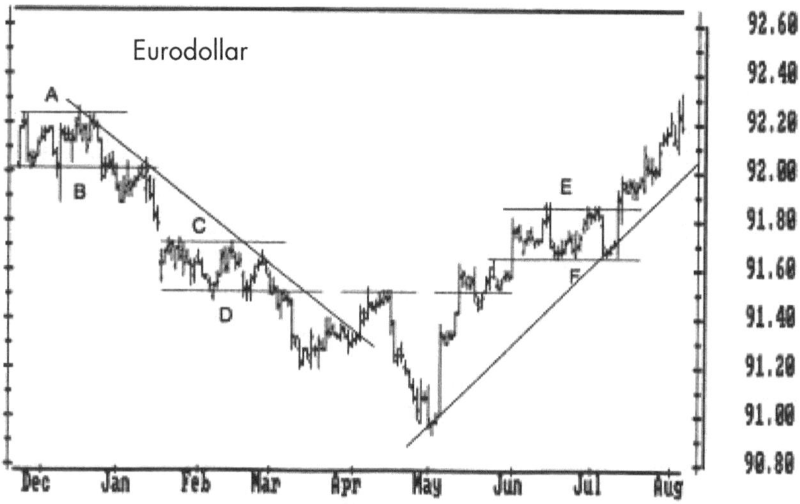

Die obere Seite eines jeden Rechtecks wird über zwei oder mehrere Hochs hinweggezogen. Die untere Seite wird über zwei oder mehrere Tiefpunkte gezogen. Ein Rechteck kann ein Anzeichen für Fortsetzung oder auch für Umkehr sein. Solange eine wichtige Trendlinie intakt ist, gilt ein Rechteck eher als Zeichen für die Fortsetzung des Trends.

Wenn die Kurse aus einem Rechteck ausbrechen, kehren sie oft wieder zurück und berühren die Wand von außen (B, D, E). Diese Rückzüge bieten hervorragende Einstiegsmöglichkeiten in Geschäfte mit geringem Risiko, wenn sie in der Richtung des Durchbruchs und mit einem Sicherheitsstop innerhalb des Rechtecks getätigt werden.

Die gleichen Kursebenen dienen sowohl als Unterstützung als auch als Widerstand. Beachten Sie, wie aus der Linie D zunächst Unterstützung, dann Widerstand und danach wieder Unterstützung wird. An der rechten Seite des Charts sind alle Kurse deutlich über ihrer Aufwärtstrendlinie, und es ist besser, auf einen Rückzug zu warten, bevor Sie kaufen.

Linien und Flaggen

Eine Linie ist eine Art von Rechteck – eine längliche Konsolidierungszone. In der Dow-Theorie ist eine Linie eine Korrektur gegen den vorherrschenden Trend. Es ist eine Konsolidierungszone, deren Höhe ungefähr drei Prozent des augenblicklichen Aktienwerts ausmacht. Wenn der Aktienmarkt eine Linie zieht, anstatt stärker gegen den Trend zu reagieren, dann zeigt das, dass es sich um einen außerordentlich starken Trend handelt. Eine Flagge ist ein Rechteck, dessen Grenzlinien zwar parallel sind, doch sie neigen sich entweder aufwärts oder abwärts. Durchbrüche verlaufen meist gegen die Neigung einer Fahne. Wenn eine Flagge aufwärts gerichtet ist, dann können Sie eher mit einem abwärtsgerichteten Durchbruch rechnen. Wenn die Flagge nach unten geneigt ist, ist ein aufwärtsgerichteter Durchbruch wahrscheinlicher.

Wenn Sie in einem Aufwärtstrend eine abwärtsgerichtete Flagge finden, dann sollten Sie über der letzten Spitze in der Flagge eine Kauforder setzen, um auf einen aufwärtsgerichteten Durchbruch aufzuspringen. Eine ansteigende Flagge in einem Aufwärtstrend kennzeichnet Distribution und ein Durchbruch nach unten ist wahrscheinlicher. Geben Sie einen Auftrag, unterhalb des letzten Tiefs dieser Flagge leer zu verkaufen. In Abwärtstrends sollten Sie umgekehrt vorgehen.

Dreiecke

Ein **Dreieck** ist eine Konsolidierungszone, deren obere und untere Grenzen auf der rechten Seite zusammenlaufen (Abbildung 23-4). Ein Dreieck ist ein Zeichen für eine Umkehr oder – noch öfter – ein Zeichen für Fortführung. Einige Techniker nennen die Dreiecke Spiralen. Der Markt wendet sich aufwärts, die Energie der Trader gerät unter Druck und sie sind bereit, aus einem Dreieck herauszuspringen. Ein kleines Dreieck mit einer Höhe von 10 bis 15 Prozent des vorangehenden Trends ist eher als Fortsetzungsformation anzusehen. Viele Aufwärtstrends und Abwärtstrends werden von Dreiecken durchsetzt, sowie Kommata in Sätzen stehen. Große Dreiecke, deren Höhe etwa ein Drittel oder mehr des vorangehenden Trends ausmachen, deuten eher auf eine Umkehr hin. Schließlich gibt es einige Dreiecke, die einfach in lustlose Trading-Ranges übergehen.

Dreiecke können je nach ihrem Winkel in drei große Gruppen eingeteilt werden. Die Ober- und die Unterlinie von **symmetrischen Dreiecken** treffen sich unter dem gleichen Winkel zur Horizontalen. Wenn die Oberlinie mit 30° zur Horizontalen geneigt ist, dann hat auch die Unterlinie eine Neigung von 30° zur Horizontalen. Symmetrische Dreiecke geben eine ausgeglichene Machtverteilung zwischen Bullen und Bären wieder und können eher als Fortsetzungsformationen angesehen werden.

Ein **ansteigendes Dreieck** hat eine relativ flache Oberseite und eine ansteigende Unterseite. Die flachere Oberseite zeigt, dass die Bullen ihre Kraft

Abbildung 23-4

Dreiecke

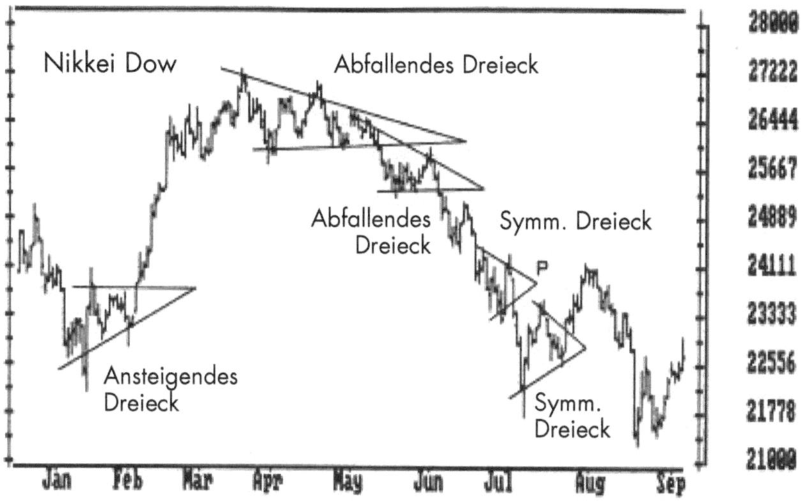

Jedes Dreieck wird durch zwei aufeinander zulaufende Linien definiert. Die Oberlinie verbindet zwei oder mehr Spitzen und die Unterlinie verbindet zwei oder mehr Tiefstände.

Ein Dreieck, dessen Unterseite ansteigt, nennt man ein ansteigendes Dreieck. Es zeigt Ihnen an, dass Sie einen aufwärtsgerichteten Durchbruch erwarten dürfen. Ein abfallendes Dreieck hat eine fallende Oberlinie. Das zeigt, dass die Kurse wohl eher abwärts fallen werden. Ein symmetrisches Dreieck zeigt, dass die Kräfte unter Bullen und Bären gleichmäßig verteilt sind und dass der Trend sich wahrscheinlich fortsetzen wird. Wirkliche Durchbrüche gibt es meist in den ersten beiden Dritteln eines Dreiecks. Manchmal kehren die Kurse nach einem Durchbruch an ein Dreieck zurück. Solche Rückzüge bieten hervorragende Einstiegsmöglichkeiten in Anlagen in der Richtung des Durchbruchs.

aufrechterhalten und die Kurse bis zu diesem Niveau anheben können, während die Bären ihre Fähigkeit verlieren, die Kurse zu drücken. Ein ansteigendes Dreieck deutet auf die Wahrscheinlichkeit eines aufwärtsgerichteten Durchbruchs hin.

Ein **abfallendes Dreieck** hat eine relativ flache untere Begrenzung, während die obere Begrenzung abwärts geneigt ist. Die flache untere Begrenzung zeigt, dass die Bären ihre Kraft beibehalten und die Kurse weiterhin drücken, während die Bullen ihre Fähigkeit, die Kurse anzuheben, verlieren. Ein abfallendes Dreieck führt meistens in einen abwärtsgerichteten Durchbruch.

Wenn Dreiecke älter werden, dann lassen auch die Umsätze nach. Wenn die Umsätze bei einer Rallye zur oberen Begrenzung ansteigen, dann ist ein aufwärtsgerichteter Durchbruch wahrscheinlich. Wenn der Umsatz zunimmt und die Kurse auf die Unterseite eines Dreiecks zugehen, dann ist ein abwärtsgerichteter Durchbruch wahrscheinlich. Wirkliche Durchbrüche werden von einer Umsatzexplosion begleitet – mindestens 50 Prozent über dem Durchschnitt der letzten fünf Tage.

Echte Durchbrüche gibt es meist innerhalb der ersten beiden Drittel eines Dreiecks. Durchbrüchen aus dem letzten Drittel eines Dreiecks sollten Sie nicht folgen. Wenn die Kurse auf dem Weg in die Spitze stagnieren, dann ist es wahrscheinlich, dass sie auch weiterhin nur geringste Schwankungen aufzeigen werden. Ein Dreieck ist wie ein Kampf zwischen zwei müden Boxern, die sich aneinander lehnen. Ein früher Durchbruch zeigt, dass einer der beiden Kämpfer stärker ist. Wenn die Kurse bis zur Spitze hin im Dreieck bleiben, dann zeigt es, dass beide Boxer erschöpft sind und voraussichtlich kein Trend aus dem Dreieck hervorgehen wird.

Charts von verwandten Märkten zeigen oft gleichzeitig Dreiecke. Wenn Gold, Silber und Platin Dreiecke aufweisen und Gold nach oben durchbricht, dann ist es wahrscheinlich, dass Platin und Silber folgen werden. Dies gilt auch für Währungen, besonders für solche, die eng miteinander verbunden sind, wie beispielsweise die Deutsche Mark und der Schweizer Franken. Das gilt auch für Aktien aus derselben Kategorie – vergleichen Sie General Motors mit Ford, aber nicht mit IBM.

Dreiecke zeigen ein Minimalziel für eine Bewegung an, die einem Ausbruch folgt. Messen Sie die Höhe eines Dreiecks an seiner Basis und tragen Sie dieses Maß von dem Punkt aus, an dem das Dreieck durchbrochen wurde, senkrecht ab. Wenn Sie es mit einem kleinen Dreieck mitten in einem dynamischen Trend zu tun haben, dann wird dieses Minimalmaß voraussichtlich übertroffen. Sie können aber auch die Fibonacci-Projektionen verwenden, die ich vorher schon erwähnt habe.

TRADINGREGELN

Es ist besser, kleinere Umschwünge innerhalb eines Dreiecks unbeachtet zu lassen, außer das Dreieck ist sehr groß. Wenn ein Dreieck älter wird, dann werden die Ausschläge enger. Das Gewinnpotenzial nimmt ab, während Slippage und Provisionen weiterhin einen großen Bissen aus Ihrem Konto nehmen.

1. *Wenn Sie innerhalb eines Dreiecks traden, dann sollten Sie Oszillatoren (Schwingungsmesser) wie die Stochastik (siehe Abschnitt 30) und den Elder-Ray (siehe Abschnitt 41) nutzen. Sie können Ihnen helfen, auch kleinere Umschwünge zu erkennen.*
2. *Wenn Sie versuchen festzustellen, ob ein Dreieck auf einem Tageschart eher zu einem Aufwärts- oder Abwärtsausbruch führt, dann sollten Sie den Wochenchart betrachten (siehe Abschnitt 43). Wenn der Wochentrend nach oben geht, dann wird ein Dreieck auf dem Tageschart eher auf der Oberseite als auf der Unterseite durchbrochen werden.*
3. *Wenn Sie bei einem Aufwärtsausbruch kaufen wollen, dann sollten Sie Ihre Kauforder knapp über der Oberseite des Dreiecks platzieren. Setzen Sie Ihre Kauforder herab, solange das Dreieck enger wird. Wenn Sie bei einem Abwärtsausbruch short gehen wollen, dann platzieren Sie eine Verkaufsorder knapp unter der Unterseite des Dreiecks. Heben Sie die Verkaufsorder an, wenn das Dreieck enger wird. Wenn Sie in einer offenen Position sind, platzieren Sie einen Sicherheitsstop knapp innerhalb des Dreiecks. Die Kurse können an die Dreiecksseite zurückkehren, aber sie sollten nicht weit in ein Dreieck eindringen können, wenn sie einem echten Ausbruch folgen.*
4. *Wenn einem Ausbruch aus einem Dreieck von einem Pullback gefolgt wird, dann sollten Sie den Umsatz beachten. Eine Umkehr bei hohen Umsätzen droht den Ausbruch verkümmern zu lassen, eine Umkehr bei geringen Umsätzen bietet jedoch eine gute Gelegenheit, Ihre Positionen aufzustocken.*
5. *Wenn die Kurse sich dem letzten Drittel eines Dreiecks nähern, dann sollten Sie Ihre Kauf- oder Verkaufsorder rückgängig machen. Ausbrüche aus dem letzten Drittel eines Dreiecks sind sehr unzuverlässig.*

Atypische Dreiecke

Ein **Wimpel** ist ein kleines Dreieck, dessen Linien in der gleichen Richtung geneigt sind. Wimpel, die gegen den Trend zeigen, können als Fortsetzungsformationen betrachtet werden. Es gibt ein altes Sprichwort, das heißt, »ein Wimpel flattert halbmast« – eine Rallye legt nach einem Wimpel den gleichen Weg zurück wie vor einem Wimpel. Ein Wimpel, der in die Richtung eines Trends zeigt, weist auf Ermüdung hin – ein Trend nähert sich einer Umkehrbewegung.

Ein **sich weitendes Dreieck** liegt dann vor, wenn die Kurse eine Serie von höheren Hochs und niedrigeren Tiefs erreichen. Diese Formation zeigt, dass der Markt fast hysterisch und unbeständig wird, und Bullen und Bären gleichzeitig auf ihn einströmen. Der Kampf zwischen Bullen und Bären wird zu heiß, als dass sich der Aufwärtstrend fortsetzen könnte – ein sich weitendes Dreieck tötet einen Aufwärtstrend.

Ein **Diamant** beginnt als sich weitendes Dreieck und endet als symmetrisches Dreieck. Sie müssen schon sehr genau hinsehen, um einen Diamanten zu erkennen. Diamanten sind ein gutes Beispiel von Rorschachformationen für Chartisten. Wenn Sie lange genug hinsehen, dann werden Sie sie finden. Der Nutzen, den sie bringen, ist hingegen minimal. Ich hielt einmal Ausschau nach Diamanten. Die meisten von ihnen aber waren Zirkone.

Doppelspitzen und Doppeltiefs

Doppelspitzen liegen dann vor, wenn Kurse sich auf die Höhe eines vorangegangenen Hochstands erholen. Doppeltiefs liegen dann vor, wenn die Kurse in die Nähe des vorangegangenen Tiefstands fallen. Die zweite Spitze oder der zweite Tiefstand kann dabei leicht über oder unter der ersten Spitze oder dem ersten Tiefstand liegen. Dies verwirrt oft angehende Analysten. Trader mit Köpfchen nutzen technische Indikatoren, um Doppelspitzen und Doppeltiefs zu erkennen. Oft zeichnen sie sich durch bullishe oder bearishe Abweichungen aus. Bei Doppeltiefs zu kaufen und bei Doppelspitzen leer zu verkaufen verspricht ausgezeichnete Gewinnmöglichkeiten.

Kapitel IV

Die computergestützte technische Analyse

24 Mit Computern traden

Um als Trader erfolgreich zu sein, müssen Sie die Märkte besser verstehen als Ihre Konkurrenten. Mit einem Computer können Sie die Märkte gründlicher analysieren. Viele Trader, die mit Ihnen im Wettbewerb sind, verfügen bereits über diese Maschinen. Charts mit der Hand anzulegen kann Ihnen dabei helfen, ein intuitives, fast körperliches Gefühl für Kurse zu entwickeln. Sie können Millimeterpapier kaufen und darauf jeden Tag einige Aktien oder Sachwerte aufzeichnen. Wenn Sie Eintragungen in Ihre Charts machen, dann sollten Sie auch aufschreiben, auf welchen Kursniveaus Sie kaufen oder verkaufen würden und an welchen Stellen Sie Ihre Stops setzen würden.

Wenn Sie das eine Zeit lang gemacht haben, dann werden Sie wahrscheinlich weitere Märkte unter der Ausnutzung technischer Indikatoren analysieren wollen. Dann wird es Zeit, nach einem Computer und der Software für die technische Analyse zu suchen.

Fahren oder gehen

Ein Trader ohne Computer ist wie ein Mann, der auf einem Fahrrad fährt. Seine Beine werden muskulös und er sieht viel von der Landschaft, aber er kommt nur langsam voran. Wenn Sie auf Geschäftsreise sind und schnell an Ihr Ziel kommen wollen, dann nehmen Sie ein Auto. Ein Computer kann Ihnen dabei helfen, mehrere Märkte zu verfolgen und in der Tiefe zu analysieren. Er kann Routineaufgaben übernehmen und Ihnen den Kopf für das Nachdenken freihalten. Ein Computer ermöglicht es Ihnen, mehr Indikatoren zu nutzen und mehr Möglichkeiten in den Märkten auszumachen. Trading ist ein Spiel mit Informationen. Ein Computer hilft Ihnen, mehr Informationen bereitzustellen.

Die computergestützte technische Analyse ist objektiver als die klassische Chartanalyse. Sie können darüber streiten, ob eine Kopf-Schulter-Formation vorliegt – aber nie wird es einen Streit über die Richtung eines Indikators geben. Wenn ein Indikator nach oben zeigt, dann ist es eindeutig nach oben und wenn er abwärts zeigt, dann ist es eindeutig nach unten.

Wenn Sie von der manuellen Chartanalyse zur Computeranalyse übergehen, dann ist das so, als ob Sie einen Abakus gegen einen Taschenrechner eintauschen. Möglicherweise sind Sie anfangs damit ein wenig langsamer, weil Sie lernen müssen, auf welche Knöpfe Sie zu drücken haben, aber die anzunehmende Geschwindigkeitszunahme ist diese Anstrengungen wert.

Drei Schritte zur computergestützten Analyse

Es gibt drei Schritte, um mit der Hilfe des Computers zu traden. Zuerst müssen Sie Ihre Software auswählen, dann einen Computer und schließlich die Daten für die Analyse. Unterschiedliche Programme erfordern unterschiedliche Computer, und deshalb zahlt es sich aus, zuerst die Software auszusuchen. Software sagt einem Computer, wie er Daten zu verarbeiten hat und wie er die Ergebnisse darbieten soll. Jedes Programm hat seine Charakteristika, sein eigenes Aussehen und Empfinden.

Schreiben Sie eine Liste der Aufgaben, die Ihr Computer für Sie erledigen soll und zeigen Sie diese Liste einem Trader, der mit Computern arbeitet. Nehmen Sie zu Traderclubs wie beispielsweise dem »Club 3000« Kontakt auf und fragen Sie, was deren Mitglieder bevorzugen. Viele Trader rufen Financial Trading Seminars, Inc. an, um unsere Meinung über die besten Programme zu erfahren. Zeitschriften für Trader, wie beispielsweise *Futures and Technical Analysis of Stocks and Commodities*, veröffentlichen viele Anzeigen mit Software für die technische Analyse. Lesen Sie diese Anzeigen und Softwarebesprechungen, und lassen Sie sich Demodisketten zuschicken.

Wenn nur noch zwei oder drei Programme in der engeren Auswahl stehen, dann sollten Sie die Firmen anrufen, deren Software Ihnen am meisten zusagt, und nach Namen von Anwendern in Ihrer Nähe fragen. Bestehen Sie auf Namen von wirklichen Anwendern – das ist Ihre beste Quelle für praktischen und unvoreingenommenen Rat. Viele Trader fühlen sich isoliert und freuen sich über den Kontakt mit Kollegen. Sie zeigen gern ihre Ausrüstung und erzählen über die Qualität des technischen Supports. Die meisten Programme für die technische Analyse fallen in eine der drei folgenden Gruppen: Tool Boxes, Black Boxes und Grey Boxes. Tool Boxes sind für ernsthafte Trader, Black Boxes sind für Leute, die an den Weihnachtsmann glauben, und Grey Boxes liegen irgendwo dazwischen. Wenn Sie daran denken, ein neues Programm zu kaufen, dann sollten Sie überlegen, zu welcher Gruppe Sie gehören.

Tool Boxes

Wenn Sie mit Holz oder mit Metall arbeiten wollen, dann können Sie in einen Baumarkt gehen und eine Kiste mit einem Satz von Werkzeugen kaufen. Sie müssen lernen, wie man diese Werkzeuge benutzt, um besser und wirkungsvoller zu arbeiten. Eine Werkzeugkiste für die technische Analyse bietet einen Satz elektronischer Werkzeuge, um Marktdaten zu bearbeiten.

Eine Tool Box stellt Tages- und Wochencharts dar, kann darüber hinaus den Bildschirm in verschiedene Fenster aufteilen und druckt Kurse und Indikatoren aus. Eine gute Tool Box beinhaltet viele bekannte Indikatoren wie gleitende Durchschnitte, Kanäle, MACD, MACD-Histogramme, Stochastik, den Relativen-Stärke-Index und viele andere. Das Programm ermöglicht Ihnen, all diese Indikatoren zu verfeinern. Beispielsweise können Sie von einer Fünf-Tage-Stochastik zu einer Neun-Tage-Stochastik wechseln, und Sie brauchen dafür nur auf einen Knopf zu drücken.

Ein wirklich gutes Programm ermöglicht Ihnen, Ihre eigenen Indikatoren in das System einzutragen. Vermeiden Sie, Programme zu kaufen, die Ihnen ausschließlich Indikatoren aus der Konserve bieten.

Eine gute Tool Box erlaubt Ihnen, jeweils zwei Märkte miteinander zu vergleichen und ihre Unterschiede zu analysieren. Wenn Sie mit Optionen handeln, dann muss Ihre Tool Box auch ein Modul für die Bewertung von Optionen beinhalten. Weiterentwickelte Programme geben Ihnen die Möglichkeit, die Gewinnchancen von Tradingsystemen zu testen.

Gute Tool Boxes gibt es auf allen Preisebenen. Am oberen Ende steht CompuTrac's Liste von Indikatoren, die sich über zwei Seiten erstreckt. Sie ermöglicht Ihnen auch, die Gewinnchancen zu testen und ist weitgehend automatisiert. Die meisten Charts in diesem Buch wurden von CompuTrac gezeichnet. Financial Trading Seminars, Inc. hält eine Liste von empfehlenswerten Quellen für Trader, die mit dem Computer arbeiten, bereit – Softwarepakete auf allen Preisebenen, Datendienste, Computerkonfigurationen usw. Diese Liste wird regelmäßig aktualisiert und Tradern als kostenloser Service angeboten. Auch Sie können diese Informationen erhalten, wenn Sie mit unserer Firma unter der Adresse, die am Ende des Buches angegeben ist, Kontakt aufnehmen.

Black Boxes

Black Box-Software sagt Ihnen, was Sie kaufen und was Sie verkaufen sollen und wann Sie es kaufen und wann Sie es verkaufen sollen, ohne Ihnen einen Grund dafür zu nennen. Sie geben Daten in eine Black Box ein, Lichter blinken, das Laufwerk klickt und der Drucker spuckt ein Stück Papier aus, auf dem steht, was Sie tun sollen. Tausende von Tradern zahlen dafür gutes Geld.

Die meisten Black Boxes werden von Strauchdieben an einfältige oder unsichere Trader verkauft. Black Boxes kommen immer mit sehr eindrucksvollen Erfolgsstories aus der Vergangenheit einher. Jede Black Box zerstört sich selbst, weil sich die Märkte ständig ändern. Sogar Systeme mit eingebauter Optimierung funktionieren nicht, weil man nicht weiß, welcher Art die Optimierung sein muss, die wir in der Zukunft brauchen. Es gibt keinen Ersatz für ein ausgereiftes Beurteilungsvermögen. Die einzige Möglichkeit, mit einer Black Box Geld zu verdienen, ist – sie zu verkaufen.

Jede Black Box hat die eingebaute Garantie zu versagen, auch wenn sie von einem ehrenhaften Entwickler verkauft wird. Komplexe menschliche Tätigkeiten wie die Geldanlage können nicht automatisiert werden. Maschinen können den Menschen helfen, sie aber nicht ersetzen. Mit einer Black Box Geld anlegen bedeutet, ein wenig Intelligenz eines anderen Menschen, die zu irgendeinem Zeitpunkt in der Vergangenheit Bestand hatte, zu benutzen. Die Märkte ändern sich und Experten ändern ihre Meinungen, aber eine Black Box spuckt weiterhin ihre Kauf- und Verkaufssignale aus.

Grey Boxes

Wie eine Black Box generiert eine Grey Box Tradingsignale, die auf einer geschützten Formel beruhen. Anders als bei einer Black Box erlaubt Ihnen eine Grey Box ein grundsätzliches Verständnis ihrer Formel und ermöglicht Ihnen, die Operationen bis zu einem gewissen Grad zu verfeinern. Je näher eine Grey Box einer Tool Box ist, um so besser ist sie einzuschätzen.

Bekannte Grey Boxes beinhalten Programme wie MESA. Es wird als das beste Programm angesehen, um Marktzyklen zu erkennen.

Computer

Verschiedene Softwarepakete verlangen besondere Computer. Deshalb ist es günstiger, die Software vor dem Computer auszuwählen. Kaufen Sie sich den modernsten Computer, dann können Sie ihn noch jahrelang benutzen. Trader verlangen immer mehr Speicher und höhere Geschwindigkeit – ich habe noch nie von jemandem gehört, der sich beschwert hätte, er hätte zuviel davon. Kaufen Sie ein schnelles Modem, damit Sie die Daten aus einer Datenbank übertragen können. Kaufen Sie einen Laserdrucker, wenn Sie qualitativ hochwertige Charts ausdrucken möchten.

Die meisten Programme ermöglichen Ihnen automatische Untersuchungen und drucken sie auch aus. Sie drücken auf einen Knopf und lassen den Computer allein. Wenn Sie zurückkommen, dann finden Sie einen Stapel von

Charts mit Indikatoren in der Papierablage. Die zeitraubende Arbeit ist getan, und nun können Sie sich an die Arbeit machen und Entscheidungen treffen.

Es lohnt sich, jemanden zu engagieren, der das von Ihnen ausgewählte Programm bereits benutzt und der Ihr System in Betrieb nimmt. Ich tue das oft, wenn ich mit einer neuen Software beginne – es spart viel Zeit und Energie. Wenn Sie einmal wissen, auf welche Knöpfe Sie drücken müssen, dann können Sie fast mit allen Programmen zurechtkommen, ohne viel über Computer wissen zu müssen.

MARKTDATEN

Jeder Trader beginnt mit einer historischen Datenbank und aktualisiert sie täglich. Früher musste beides manuell erstellt werden. Heute gibt es historische Daten für jeden Markt für weniger als einen Dollar pro Monat, und auch die Aktualisierungen sind billig. In weniger als einer Minute können Sie ein Dutzend Märkte mit Hilfe eines Modems aktualisieren, Sie brauchen dazu nur Ihre normale Telefonleitung. Es gibt viele verlässliche Datenbanken, die eine Vielzahl von Informationen über Aktien, Währungen, Futures und Optionen anbieten.

Einige Trader sammeln ihre Daten rund um die Uhr. Dafür benutzen sie Satellitenschüsseln, UKW-Empfänger und spezielle Telefonleitungen. Echtzeitdaten sind dann erforderlich, wenn Sie den ganzen Tag über traden und sofort reagieren wollen, sobald sich etwas ändert, aber nicht, wenn Sie Ihre Positionen lange halten wollen.

Trader, die ihre Papiere länger halten, kaufen oder verkaufen nur alle paar Tage oder Wochen. Day Trader steigen in Geschäfte ein und verlassen sie innerhalb von Stunden, wenn nicht sogar innerhalb von Minuten wieder. Bevor Sie sich auf diese Art der Spekulation einlassen, müssen Sie zunächst ein kompetenter Position Trader werden. Position Trading und Day Trading kann man mit einem Videospiel vergleichen, das entweder auf Stufe 1 oder auf Stufe 9 gespielt wird. Sie laufen durch die gleichen Irrgärten und schlagen sich mit den gleichen Monstern, aber die Geschwindigkeit des Spiels auf Stufe 9 ist so schnell, dass Ihre Reaktionen schon automatisch gesteuert sein müssen. Wenn Sie anhalten, um nachzudenken, dann sind Sie tot. Lernen Sie, die Märkte zu analysieren und auf Stufe eins anzulegen – lernen Sie, ein guter Position Trader zu sein, bevor sie sich im Day Trading versuchen.

Wenn Sie historische Daten kaufen, dann lohnt es sich, zwei Bullenmärkte und zwei Bärenmärkte zu kaufen. Wenn ich einen neuen Markt analysiere, dann informiere ich mich in einem monatlich erscheinenden Chartbook, das die letzten 20 Jahre abdeckt, um zu sehen, ob der Markt in einem historischen Hoch oder Tief liegt. Ich kaufe Wochendaten, die einen Zeitraum von drei bis fünf Jahren abdecken sowie Tagesdaten über ein Jahr.

Wenn Sie anfangen, einen Computer zu benützen, dann konzentrieren Sie sich auf sechs oder weniger Märkte und fügen später mehr hinzu. Beispielsweise können Sie Schatzanleihen, den S&P 500, Gold, den Japanischen Yen oder die Deutsche Mark verfolgen. Verändern Sie diese Liste, wenn Sie landwirtschaftliche oder Industriemärkte beobachten wollen. Wählen Sie einige technische Indikatoren aus und wenden Sie diese täglich auf jedem Markt an. Nachdem Sie diese gut beherrschen, können Sie neue Indikatoren hinzufügen. Ich benutze immer eine Batterie von zehn oder zwölf Indikatoren, zusätzlich einen neuen Indikator. Ich beobachte ihn mehrere Monate lang und vergleiche seine Signale mit denen anderer Indikatoren. Wenn sich der neue Indikator als nützlich erweist, dann füge ich ihn meinem Standardprogramm hinzu.

Drei Hauptgruppen von Indikatoren

Indikatoren können Ihnen helfen, Trends und ihre Wendepunkte zu erkennen. Sie bieten tiefere Einsicht in die Machtverteilung zwischen Bullen und Bären. Indikatoren sind objektiver als Chartformationen.

Der Ärger mit Indikatoren ist allerdings, dass sie einander oft widersprechen. Einige von ihnen funktionieren am besten in Märkten, die gerade in einem Trend liegen, andere geben in flachen Märkten bessere Signale. Einige Indikatoren sind geeignet, Wendepunkte herauszufinden, während andere besser sind, wenn man einem Trend folgen möchte.

Die meisten Anfänger suchen nach einem einzigen Indikator – die silberne Kugel, die die Konfusion im Markt erledigen soll. Andere bündeln mehrere Indikatoren und versuchen, deren Signale zu mitteln. Wie dem auch sei, ein sorgloser Anfänger mit einem Computer ist wie ein Teenager mit einem Sportwagen – auf einen Unfall kann man warten. Ein ernsthafter Trader muss wissen, welche Indikatoren unter den unterschiedlichen Bedingungen am Besten geeignet sind. Bevor Sie einen Indikator verwenden, müssen Sie verstehen, was er misst und wie er funktioniert. Nur dann können Sie seinen Signalen vertrauen.

Profis unterscheiden drei Gruppen von Indikatoren: trendfolgende Indikatoren, Oszillatoren und Mischindikatoren. Trendfolgende Indikatoren arbeiten am besten, wenn die Märkte Trends aufweisen, aber sie geben schlechte und gefährliche Signale, wenn die Märkte seitwärts tendieren. Oszillatoren erfassen Wendepunkte in flachen Märkten, aber geben verfrühte und gefährliche Signale, wenn die Märkte in einen Trend übergehen. Mischindikatoren vermitteln besondere Einsichten in die Massenpsychologie. Das Geheimnis der erfolgreichen Geldanlage ist es, mehrere Indikatoren aus verschiedenen Gruppen miteinander so zu kombinieren, dass ihre negativen Charakteristika sich gegenseitig aufheben, während ihre positiven Charakteristika unverändert bleiben. Dies ist das Ziel des »Triple-Screen-Tradingsystems« (siehe Abschnitt 43).

Trendfolgende Indikatoren sind beispielsweise gleitende Durchschnitte, der MACD (Moving average convergence devergence), MACD-Histogramme, das Direktionale System, der On-Balance-Volume, der Accumulation/Distribution und andere. Trendfolgende Indikatoren arbeiten zeitgleich oder verzögert – sie wenden sich nach einer Trendwende.

Oszillatoren helfen, Wendepunkte zu erkennen. Hierzu gehören Stochastik, Rate of Change, Smoothed Rate of Change, Momentum, der Relative-Stärke-Index, Elder-Ray, der Force-Index, Williams %R, der Commodity-Channel-Index und andere. Oszillatoren sind vorauseilende oder zeitgleiche Indikatoren. Oft wenden sie sich schon vor den Kursen.

Mischindikatoren bieten Einsichten in die Intensität bullisher oder bearisher Marktauffassungen. Hierzu gehören der New-High-New-Low-Index, der Put-Call-Ratio, bullish consensus, Commitments of traders, der Advance/Decline-Index, der Trader's Index usw. Auch Sie können vorauseilende oder zeitgleiche Indikatoren sein.

25 Gleitende Durchschnitte

Die Oldtimer der Wall Street behaupten, dass gleitende Durchschnitte von Flugabwehrschützen in die Finanzmärkte gebracht wurden. Diese benutzten gleitende Durchschnitte, um ihre Kanonen auf die feindlichen Flugzeuge einzustellen und wendeten diese Methode auch bei Kursen an. Die beiden ersten Experten für gleitende Durchschnitte waren Richard Donchian und J.M. Hurst – offenbar war keiner von ihnen ein Schütze. Donchian war ein Angestellter bei Merrill Lynch, der Tradingmethoden auf der Basis von sich kreuzenden, gleitenden Durchschnitten entwickelte. Hurst war ein Ingenieur, der die gleitenden Durchschnitte bei Aktien in seinem nunmehr klassischen Buch *The Profit Magic of Stock Transaction Timing* beschrieb.

Ein gleitender Durchschnitt (moving average, MA) zeigt den durchschnittlichen Wert von Daten in ihrem Zeitfenster. Ein Fünf-Tage-MA zeigt die Durchschnittskurse der letzten fünf Tage, ein Zwanzig-Tage-MA zeigt den Durchschnittskurs der letzten zwanzig Tage usw. Wenn Sie die Werte eines gleitenden Durchschnitts für jeden Tag miteinander verbinden, dann entsteht eine Linie, die den gleitenden Durchschnitt anzeigt.

Die Berechnung des einfachen gleitenden Durchschnitts: $MA = \frac{P_1 + P_2 + \ldots + P_N}{N}$

wobei gilt:
P = der Kurs, der gemittelt wird
N = Anzahl der (vom Trader festgelegten) Tage im gleitenden Durchschnitt

Der Wert eines MA hängt von zwei Faktoren ab: von den Werten, die gemittelt werden, und von der Größe des Zeitfensters. Nehmen wir an, Sie wollen den einfachen gleitenden Durchschnitt einer Aktie für drei Tage berechnen. Wenn die Aktie an drei aufeinanderfolgenden Tagen bei 19, 21 und 20 Dollar schließt, dann liegt der drei Tage gleitende Durchschnitt der Schlusskurse bei 20 Dollar (19 + 21 + 20 geteilt durch 3). Nehmen wir an, dass die Aktie am vierten Tag bei 22 Dollar schließt. Das hat zur Folge, dass der Drei-Tage-MA auf 21 Dollar ansteigt - der Durchschnitt der letzten drei Tage (21 + 20 + 22 geteilt durch 3).

Dies sind die drei Haupttypen von gleitenden Durchschnitten: der einfache gleitende Durchschnitt, der exponentielle gleitende Durchschnitt und der gewichtete gleitende Durchschnitt. Die meisten Trader benutzen einfache MAs, weil sie einfach zu berechnen sind. Donchian und Hurst benutzten sie in der Zeit, als es noch keine Computer gab. Einfache MAs haben jedoch einen schlimmen Fehler – sie reagieren auf jeden Kurs zweimal.

ZWEIMAL BELLEN

Ein einfacher MA verändert sich in der Reaktion auf jeden Kurs zweimal. Zuerst ändert er sich, wenn ein neuer Kurs in den gleitenden Durchschnitt eingefügt wird. Das ist gut – wir wollen ja, dass der gleitende Durchschnitt Kursänderungen anzeigt. Das Schlimme daran ist, dass der MA sich wieder ändert, wenn ein alter Kurs am Ende des Zeitfensters herausfällt. Wenn ein hoher Kurs nicht mehr berücksichtigt wird, dann tickt der einfache MA abwärts. Wenn ein niedriger Kurs herausfällt, dann steigt der einfache MA an. Solche Veränderungen haben nichts mit der aktuellen Realität des Markts zu tun.

Stellen Sie sich vor, dass eine Aktie zwischen 80 Dollar und 90 Dollar herumdümpelt und sein Zehn-Tage-Durchschnitt bei 85 Dollar liegt, aber er enthält einen Tag, an dem die Aktie 105 Dollar erreichte. Wenn dieser hohe Kurs am Ende des Zehn-Tages-Zeitfensters herausfällt, dann taucht der MA ab, als wäre er in einem Abwärtstrend. Dieser, an sich bedeutungslose Tauchgang, hat mit der gegenwärtigen Realität des Marktes nichts mehr zu tun.

Wenn ein alter Kurs aus dem gleitenden Durchschnitt herausfällt, reagiert ein einfacher MA heftig. Ein einfacher MA ist wie ein Wachhund, der zweimal bellt – einmal, wenn sich jemand dem Haus nähert, und noch einmal, wenn diese Person sich wieder entfernt. Sie wissen nicht, wann Sie dem Hund glauben sollen. Trader benutzen die einfachen MAs aus Faulheit. Ein moderner Trader, der einen Computer benutzt, ist viel besser beraten, wenn er den exponentiellen gleitenden Durchschnitt verwendet.

Marktpsychologie

Jeder Kurs ist eine Momentaufnahme eines augenblicklichen Konsensus großer Menschenmengen über den Wert einer Aktie (siehe Abschnitt 12). Ein einzelner Kurs kann Ihnen nicht sagen, ob die Menge bullish oder bearish gestimmt ist – genauso wenig wie Ihnen ein einzelnes Foto nichts darüber sagen kann, ob eine Person eher ein Optimist oder ein Pessimist ist. Wenn jemand andererseits zehn Fotos einer Person in ein Labor bringt und davon eine Fotomontage erstellen lässt, dann wird diese die typischen Charakteristika dieser Person darstellen. Wenn Sie diese Fotomontage jeden Tag aktualisieren, dann können Sie Stimmungsumschwünge dieser Person verfolgen.

Ein gleitender Durchschnitt ist wie eine Fotomontage des Marktes – er kombiniert die Kurse verschiedener, aufeinanderfolgender Tage. Der Markt besteht aus großen Menschenmengen, und ein gleitender Durchschnitt kennzeichnet die Richtung, in der sich diese Menschenmenge bewegt.

Die wichtigste Botschaft eines gleitenden Durchschnitts ist die Richtung seiner Neigung. Wenn er ansteigt, dann zeigt das, dass die Menge optimistisch ist – also bullish. Wenn er fällt, dann zeigt das, dass die Menge eher pessimistisch ist – also bearish. Wenn die Menge bullisher als zuvor wird, dann steigen die Kurse über einen gleitenden Durchschnitt hinaus. Wenn die große Menge bearisher ist als zuvor, dann fallen die Kurse unterhalb des gleitenden Durchschnitts.

Exponentielle gleitende Durchschnitte

Ein exponentieller gleitender Durchschnitt (exponential moving average, EMA) kann einem Trend besser folgen als ein einfacher gleitender Durchschnitt. Er gibt den letzten Daten mehr Gewicht und reagiert schneller auf Veränderungen als ein einfacher gleitender Durchschnitt. Gleichzeitig reagiert ein EMA nicht so heftig auf alte Daten. Der Wachhund hat bessere Ohren, und er bellt nur, wenn sich jemand dem Haus nähert.

$$EMA = P_{tod} \text{ x } K + EMA_{yest} \text{ x } (1 - K)$$

wobei gilt:

$$K = \frac{2}{N+1}$$

N = Anzahl der Tage im EMA (vom Trader festgelegt)
P_{tod} = Schlusskurs von heute
EMA_{yest} = EMA von gestern

Die Software für die technische Analyse ermöglicht es Ihnen, die Länge eines EMA auszuwählen und ihn mit einem Tastendruck zu berechnen. Um es »zu Fuß« zu errechnen, folgen Sie diesen Schritten:

1. Wählen Sie die Länge des EMA (siehe unten). Nehmen wir an, wir wollen einen Zehn-Tage-EMA berechnen.
2. Errechnen Sie den Koeffizienten K für diese Länge (siehe oben). Wenn Sie beispielsweise einen Zehn-Tage-EMA errechnen wollen, dann ist K gleich 2:(10+1), oder 0,18.
3. Errechnen Sie den einfachen gleitenden Durchschnitt für die ersten zehn Tage – addieren Sie die Schlusskurse und dividieren Sie die Summe durch 10.
4. Am elften Tag mutiplizieren Sie die Schlusspreise mit K. Dann multiplizieren Sie den gleitenden Durchschnitt des Vortags mit (1-K), und addieren die beiden Werte. Das Ergebnis ist der Zehn-Tage-EMA.
5. Diesen vierten Schritt wiederholen Sie an jedem weiteren Tag, um den neuesten EMA zu erhalten (siehe Arbeitsblatt, Abbildung 25-1).

Ein EMA hat gegenüber einem einfachen gleitenden Durchschnitt zwei große Vorteile. Erstens weist er dem letzten Handelstag eine größere Bedeutung zu.

Abbildung 25-1

Zehn-Tage-EMA-Arbeitsblatt

GOLD

Day	Close	10-EMA
1	447.3	
2	456.8	
3	451.0	
4	452.5	
5	453.4	
6	455.5	
7	456.0	
8	454.7	
9	453.5	
10	456.5	453.7
11	459.5	454.8
12	465.2	456.6
13	460.8	457.4
14	460.8	458.0

Fangen Sie damit an, dass Sie einen einfachen gleitenden Durchschnitt errechnen. Der erste Wert in der Spalte drei ist ein einfacher gleitender Durchschnitt. Dann berechnen Sie den EMA (exponential moving average) an jedem folgenden Tag, sowie es zuvor erklärt wurde.

Die letzte Stimmung der Menge ist wichtger. In einem Zehn-Tage-EMA ist der letzte Schlusskurs für 18 Prozent des EMA-Wertes verantwortlich, während in einem einfachen gleitenden Durchschnitt alle Tage gleich sind. Zweitens entlässt der EMA alte Daten nicht aus dem Zeitfenster, wie es ein einfacher gleitender Durchschnitt tut. Alte Daten vergehen langsamer.

So wählen Sie die Länge eines gleitenden Durchschnitts

Ein relativ kurzer EMA reagiert empfindlicher auf Kursänderungen – damit können Sie neue Trends schneller erkennen. Er verändert auch seine Richtung sehr häufig und produziert »Sägen«. Eine Säge ist eine schnelle Umkehr eines

Tradingsignals. Ein relativ langer EMA führt zu weniger Sägen, aber er »übersieht« sehr oft auch Wendepunkte.

Als die ersten Computer in Gebrauch genommen wurden, testeten die Trader verschiedene Zahlen, um die besten gleitenden Durchschnitte für unterschiedliche Märkte herauszufinden. Sie erkannten, welche gleitenden Durchschnitte in der Vergangenheit funktionierten – aber das half ihnen nicht viel weiter, denn die Märkte veränderten sich ständig. Broker erlauben uns nicht, in der Vergangenheit anzulegen.

Es lohnt sich, die Länge eines EMA an einen Zyklus zu binden, falls Sie einen herausfinden. Ein gleitender Durchschnitt sollte etwa die halbe Länge des dominanten Marktzyklus einnehmen (siehe Abschnitt 36). Wenn Sie einen 22-Tage-Zyklus finden, dann benutzen Sie einen 11-Tage-EMA. Wenn der Zyklus 34 Tage lang ist, dann benutzen Sie einen 17-Tage-EMA. Das Dumme ist, dass die Zyklen ihre Länge und ihr Verschwinden auch ändern. Einige Trader benutzen Software wie beispielsweise MESA, um nach gültigen Zyklen zu suchen, doch MESA zeigt, dass Störeinflüsse oft stärker sind als die Amplituden der Zyklen.

Letztendlich können sich die Trader auch an eine alte Faustregel halten: Je länger der Trend, auf den Sie aufspringen wollen, desto länger der gleitende Durchschnitt, den Sie brauchen. Um einen großen Fisch zu fangen, brauchen Sie auch eine große Angelrute. Der 200-Tage-EMA eignet sich gut für Investoren, die langfristig in Aktien anlegen wollen und auf starke Trends aufspringen wollen. Die meisten Trader benutzen einen EMA zwischen zehn und zwanzig Tagen. Ein gleitender Durchschnitt solte nicht kürzer als acht Tage sein, um nicht seinen Zweck als trendfolgendes Hilfsmittel zu demontieren. Ich habe über Jahre hinweg einen 13-Tage-EMA benutzt.

TRADINGREGELN

Ein erfolgreicher Anleger sagt die Zukunft nicht voraus – er beobachtet den Markt und managt seine Anlagen (siehe Abschnitt 17). Gleitende Durchschnitte helfen uns, in der Richtung eines Trends anzulegen. Die wichtigste Botschaft eines gleitenden Durchschnitts ist die Richtung seiner Neigung. Er zeigt die Richtung der Trägheit des Marktes. Wenn ein EMA ansteigt, dann ist es am Besten, Sie legen von der Long-Seite an, und wenn er fällt, dann zahlt es sich aus, den Markt von der Short-Seite anzugehen.

1. *Wenn ein EMA ansteigt, dann sollten Sie long gehen. Kaufen Sie, wenn die Kurse am gleitenden Durchschnitt liegen oder knapp darunter. Wenn Sie einmal long sind, setzen Sie einen Sicherheitsstop unter das letzte kleine Tief und bewegen den Stop auf den Break-Even zu, sobald die Kurse über dem EMA schließen.*
2. *Wenn der EMA fällt, dann sollten Sie den Markt von der Short-Seite her angehen. Verkaufen Sie leer, wenn die Kurse in die Richtung des EMA gehen oder knapp darüber hinaus ansteigen, und setzen Sie über dem letzten kleinen Hoch einen Sicherheitsstop. Senken Sie den Stop auf den Break-Even, sobald die Kurse unter Ihrem EMA schließen.*
3. *Wenn der EMA flach wird und nur noch ein wenig ausschlägt, dann kennzeichnet das einen ziellosen und trendlosen Markt. Nun sollten Sie keine trendfolgende Methode anwenden.*

Mechanische Systeme

Die alten mechanischen Tradingmethoden, die gleitende Durchschnitte nutzten, bestanden im Allgemeinen aus vier Schritten: (1) Kaufen Sie, wenn der gleitende Durchschnitt ansteigt und die Preise darüber schließen. (2) Verkaufen Sie, wenn die Kurse unterhalb des gleitenden Durchschnitts schließen. (3) Verkaufen Sie leer, wenn der gleitende Durchschnitt fällt und die Kurse unter dem Durchschnitt liegen. (4) Stellen Sie Leerverkäufe glatt, wenn die Kurse über dem gleitenden Durchschnitt liegen. Diese mechanische Methode funktioniert in Trendmärkten, führt aber zu hektischen Ausschlägen, wenn die Märkte flach werden.

Der Versuch, solche »Sägen« mit mechanischen Regeln herauszufiltern, ist selbstzerstörerisch – Filter reduzieren Profite ebenso wie Verluste. Ein Beispiel für einen Filter ist eine Regel, die erfordert, dass die Kurse auf der anderen Seite des MA nicht nur einmal, sondern zweimal schließen oder dass sie den MA mit einem bestimmten Maß durchbrechen müssen. Mechanische Filter reduzieren Verluste, aber sie mindern auch das Beste im Charakteristikum eines gleitenden Durchschnitts – seine Fähigkeit, früh einen Trend zu erkennen.

Die bevorzugte Methode von Donchian, einem der ersten, die mit gleitenden Durchschnitten gearbeitet haben, war es, die Schnittpunkte von 4-, 9- und 18-Tage-MAs auszuwerten. Tradingsignale gab es dann, wenn alle drei MAs sich in die gleiche Richtung wandten. Seine Methode wie auch andere mechanische Tradingmethoden funktionierten allerdings nur in sehr stark ausgeprägten Trendmärkten. Ein Trader muss einsehen, dass ein EMA wie jedes andere Instrument gute und schlechte Seiten hat. Gleitende Durchschnitte helfen Ihnen dabei, Trends zu erkennen und ihnen zu folgen, aber innerhalb von Trading-Ranges führen sie zu hektischen Ausschlägen. Darauf versuchen wir eine Antwort zu finden, wenn wir in Kapitel 9 das Triple-Screen-Tradingsystem behandeln.

Mehr über gleitende Durchschnitte

Gleitende Durchschnitte können als Unterstützungs- und Widerstandszonen angesehen werden. Ein ansteigender MA dient oft als Boden unter den Kursen und ein fallender MA stellt oft die über den Kursen liegende Decke dar. Deshalb sollten Sie in der Nähe eines ansteigenden MA kaufen und in der Nähe eines fallenden MA leer verkaufen.

Gleitende Durchschnitte können ebenso wie Kurse an Indikatoren gebunden werden. Einige Trader benutzen einen 5-Tage-MA für den Umsatz. Wenn der Umsatz unter seinen 5-Tage-MA fällt, dann zeigt das ein verringertes öffentliches Interesse an dem kleinen Trend, der sich wahrscheinlich wenden wird. Wenn die Umsätze Ihren MA übertreffen, dann deutet das auf ein starkes öffentliches Interesse hin und bestätigt den Kurstrend. Wenn Sie einen einfachen gleitenden Durchschnitt richtig aufzeichnen wollen, dann sollten Sie mit einer Verzögerung von der Hälfte seiner Länge hinter den Kursen stehen. Beispielsweise gehört ein einfacher gleitender Durchschnitt in die Mitte einer 10-Tage-Periode, und er sollte unterhalb des fünften oder sechsten Tages eingetragen werden. Ein EMA hat in der Richtung der neuesten Daten mehr Gewicht, und deshalb sollte ein 10-Tage-EMA unter dem siebten oder achten Tag eingetragen werden. Die meisten Softwarepakete ermöglichen es Ihnen, einen gleitenden Durchschnitt mit Verzögerung einzutragen.

Gleitende Durchschnitte können nicht nur auf Schlusskursen basieren, sondern auch auf Werte in der Mitte zwischen dem Tageshoch und dem Tagestief. Gleitende Durchschnitte von Schlusskursen werden für die tägliche Analyse benutzt, aber Day Trader ziehen es vor, ihre gleitenden Durchschnitte an Mittelpreise zu binden.

Ein EMA weist dem letzten Börsentag eine große Bedeutung zu, während ein gewichteter gleitender Durchschnitt es Ihnen ermöglicht, das Schwergewicht auf irgendeinen Tag zu legen, abhängig davon, was Sie für wichtig halten. Gewichtete gleitende Durchschnitte sind so kompliziert, dass Trader besser beraten sind, EMAs zu verwenden.

Abbildung 25-2

13-Tage-EMA

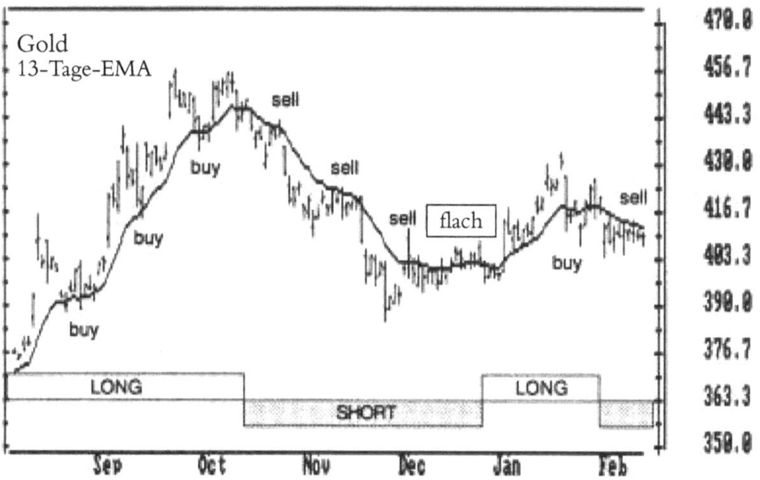

Wenn der EMA ansteigt, dann zeigt das, dass sich auch der Trend aufwärts wendet und der Markt von der Long-Seite angegangen werden sollte. Der beste Zeitpunkt für Käufe ist, wenn die Kurse an ihren EMA zurückkehren – nicht, wenn sie hoch darüberliegen. Solche Geschäfte bieten ein besseres Risiko-Gewinn-Verhältnis.

Wenn der EMA fällt, dann zeigt das, dass ein Abwärtstrend vorliegt und die Märkte von der Short-Seite angegangen werden sollten. Am besten ist es, wenn Sie dann verkaufen, wenn die Preise an Ihren EMA ansteigen. Wenn der EMA flach wird, so wie im Dezember, dann sagt Ihnen das, dass der Markt keinem Trend folgt. Nun sollten Sie keine trendfolgenden Methoden mehr verwenden, sondern diesen Indikator weiterverfolgen, und darauf warten, bis er wieder einen Trend anzeigt.

26 Moving Average Convergence-Divergence (MACD) und MACD-Histogramme

Gleitende Durchschnitte erkennen Trends dadurch, dass sie aus den Tageskursen kleine Wellenbewegungen herausfiltern. Ein verbesserter Indikator wurde von Gerald Appel, einem Analysten und Geldmanager aus New York, erstellt. Der Moving Average Convergence – Divergence, kurz MACD, besteht nicht aus einem, sondern aus drei EMAs. Auf den Charts erscheinen MACDs als zwei Kurven, deren Schnittpunkte Tradingsignale geben.

Wie man einen MACD erstellt

Der Original-MACD-Indikator besteht aus zwei Kurven: einer durchgehenden Linie (die MACD-Linie) und einer unterbrochenen Linie (die Signallinie). Die MACD-Linie wird aus zwei EMAs erstellt. Diese Kurve reagiert relativ schnell auf Kursänderungen. Die Signalkurve besteht aus der MACD-Kurve, die mit einem weiteren EMA geglättet wurde. Sie reagiert etwas langsamer auf Kursänderungen.

Kauf- und Verkaufssignale liegen dann vor, wenn die schnelle MACD-Kurve über oder unter der langsamen Signalkurve kreuzt. Der MACD-Indikator ist in den meisten Computerprogrammen für technische Analyse enthalten. Einige Trader berechnen ihn »zu Fuß« – ein Computer macht das jedoch schneller und genauer. So erstellen Sie einen MACD:

1. Errechnen Sie einen 12-Tage-EMA aus den Schlusskursen.
2. Errechnen Sie einen 26-Tage-EMA aus den Schlusskursen.
3. Subtrahieren Sie den 26-Tage-EMA vom 12-Tage-EMA und zeichnen Sie die Differenz als durchgehende Linie auf den Chart. Das ist die schnelle MACD-Linie.
4.) Berechnen Sie einen 9-Tage-EMA der schnellen Linie und tragen Sie das Ergebnis als unterbrochene Linie ein. Das ist die langsame Signalkurve (siehe Abbildung 26-1).

Marktpsychologie

Jeder Kurs stellt den Wertkonsens einer großen Menge von Marktteilnehmern im Augenblick eines Abschlusses dar. Ein gleitender Durchschnitt stellt einen durchschnittlichen Wertkonsens in einem ausgewählten Zeitraum dar – eine Fotomontage eines Massenkonsens. Ein langer gleitender Durchschnitt verfolgt langfristige Übereinstimmungen und ein kurzer gleitender Durchschnitt verfolgt kurzfristige Übereinstimmungen. Schnittpunkte des MACD und der Signalkurve kennzeichnen Veränderungen im Gleichgewicht zwischen Bullen und Bären. Die schnelle MACD-Kurve verfolgt die Massenübereinstimmung über einen kürzeren Zeitraum hinweg. Die langsame Signalkurve verfolgt den Massenkonsensus über einen längeren Zeitraum hinweg. Wenn sich die schnelle MACD-Kurve über die langsame Signalkurve erhebt, dann zeigt es, dass die

Abbildung 26-1

MACD- und MACD-Histogramm-Arbeitsblatt

Rohöl

DAY	CLOSE	12-EMA	26-EMA	MACD	SIGNAL	MACD-HIST
1	20.70	20.39	20.46	-0.07	-0.16	0.09
2	20.55	20.41	20.47	-0.06	-0.14	0.08
3	20.72	20.46	20.49	-0.03	-0.12	0.09
4	21.03	20.55	20.53	0.02	-0.09	0.11
5	21.10	20.63	20.57	0.06	-0.06	0.12
6	21.29	20.73	20.62	0.11	-0.02	0.13
7	21.09	20.79	20.66	0.13	0.01	0.12
8	21.48	20.90	20.72	0.18	0.04	0.14
9	21.23	20.95	20.76	0.19	0.07	0.12

Um MACD-Kurven und ein MACD-Histogramm zu erhalten, gehen Sie folgende Schritte:

1. Berechnen Sie den 12-Tage- und 26-Tage-EMA der Schlusskurse.
2. Subtrahieren Sie den 26-Tage-EMA vom 12-Tage-EMA, um die schnelle MACD-Kurve zu erhalten.
3. Berechnen Sie einen 9-Tage-EMA aus der schnellen MACD-Linie, um die langsame Signalkurve zu erhalten. Zeichnen Sie beide Linien ein, um den klassischen MACD-Indikator zu erhalten.
4. Subtrahieren Sie die Signallinie von der MACD-Linie, um ein MACD-Histogramm zu erhalten.

Bullen den Markt dominieren und es besser ist, den Markt von der Long-Seite anzugehen. Wenn die schnelle Linie unter die langsame Linie fällt, dann zeigt das, dass die Bären den Markt dominieren. Es lohnt sich, den Markt von der Short-Seite anzugehen.

TRADINGREGELN

Schnittstellen von MACD- und Signalkurven kennzeichnen sich wandelnde Märkte. Wenn Sie in der Richtung einer Schnittstelle anlegen, dann bedeutet das, dass Sie mit dem Markt gehen. Dieses System benötigt weniger Abschlüsse und erzeugt weniger »Sägen« als ein mechanisches System, das auf einem einzelnen gleitenden Durchschnitt beruht.

1. *Wenn die schnelle MACD-Kurve über die langsame Signalkurve kreuzt, dann stellt dies ein Kaufsignal dar. Gehen Sie long und setzen Sie einen Sicherheitsstop unter das letzte kleine Tief.*
2. *Wenn die schnelle Kurve unter die langsame Kurve kreuzt, dann stellt dies ein Verkaufssignal dar. Gehen Sie short und setzen Sie einen Sicherheitsstop über das letzte kleine Hoch (Abbildung 26-2).*

Mehr über den MACD

Viele Trader versuchen, den MACD dadurch zu optimieren, dass sie andere gleitende Durchschnitte als die standardisierten 12-, 26- und 9-Tage-EMAs nutzen. Sehr beliebt sind auch 5-, 34- und 7-Tage-EMAs. Einige Trader versuchen, den MACD an Marktzyklen anzubinden. Es ist nur schade, dass es in den meisten Zeiten auf dem Markt keine Zyklen gibt (siehe Abschnitt 36). Wenn Sie Zyklen benutzen, dann sollte der erste EMA ein Viertel der Länge des dominanten Zyklus ausmachen und der zweite EMA die Hälfte der Länge des Zyklus. Der dritte EMA ist ein glättendes Hilfsmittel, dessen Länge nicht an einen Zyklus gebunden sein muss. Hüten Sie sich davor, MACDs zu häufig zu optimieren. Wenn Sie an MACDs lange genug herumbasteln, dann können Sie von ihnen jedes Signal erwarten, auch wenn Sie die gleichen Daten verwenden. Ein »schneller aber unsauberer« Weg, um MACDs aufzuzeichnen, wird von Tradern genutzt, deren Software diesen Indikator nicht enthält. Mit einigen Softwarepaketen kann man nur zwei EMAs zeichnen. In einem solchen Fall können Sie die Schnittstellen zwischen zwei EMAs, beispielsweise einem 11-Tage- und einem 26-Tage-EMA, als eine Annäherung für MACD- und Signalkurven benutzen.

Das MACD-Histogramm

MACD-Histogramme bieten eine tiefere Einsicht in das Kräfteverhältnis von Bullen und Bären als der ursprüngliche MACD. Sie zeigen nicht nur, ob die Bullen oder die Bären die Kontrolle übernommen haben, sondern auch, ob sie stärker oder schwächer werden. MACD-Histogramme sind die besten Hilfsmittel, die einem Markttechniker zur Verfügung stehen.

MACD-Histogramm = MACD-Kurve minus Signalkurve

Abbildung 26-2

MACD-Linien

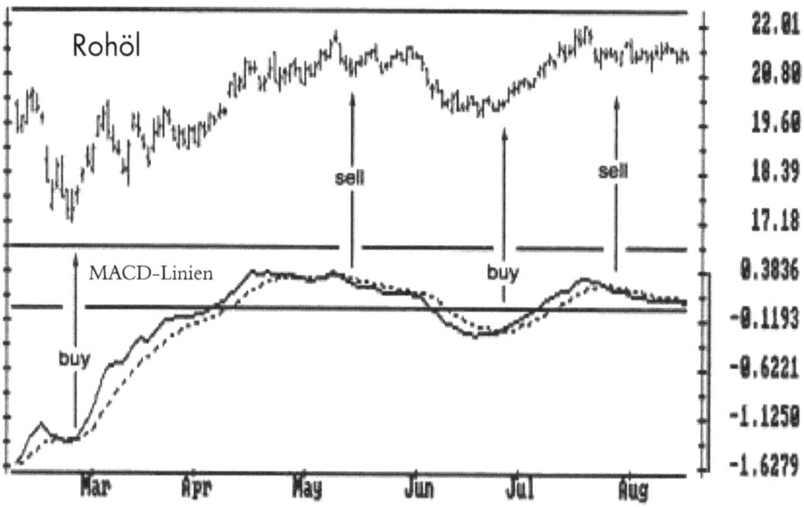

Wenn die schnelle MACD-Kurve über die langsame Signalkurve kreuzt, ist dies ein Kaufsignal. Verkaufssignale liegen immer dann vor, wenn die schnelle Kurve unter die langsame Kurve fällt. Diese Regel hilft Ihnen, die großen Trends zu erfassen und weniger „Sägen" zu produzieren als mit Schnittstellen von Kursen und einem einzelnen gleitenden Durchschnitt.

Das MACD-Histogramm misst die Differenz zwischen der MACD-Kurve und der Signalkurve (siehe Abbildung 26-1). Es zeichnet diesen Unterschied als ein Histogramm auf – eine Serie vertikaler Säulen. Dieser Unterschied kann sehr klein sein, aber ein Computer hat die Möglichkeit, es in einem neuen Maßstab sehr viel größer darzustellen.

Wenn die schnelle Kurve über der langsamen Kurve liegt, dann ist ein MACD-Histogramm positiv und wird über der Nulllinie gezeichnet. Wenn die schnelle Kurve unterhalb der langsamen Kurve liegt, dann ist das MACD-Histogramm negativ und wird unter der Nulllinie gezeichnet. Wenn die beiden Kurven sich berühren, dann liegt das MACD-Histogramm bei Null. Wenn der Abstand zwischen dem MACD und der Signalkurve zunimmt, dann wird das MACD-Histogramm höher oder tiefer, je nach seiner Richtung. Wenn die beiden Kurven enger zusammenlaufen, dann wird auch das MACD-Histogramm schmäler.

Die Neigung eines MACD-Histogramms wird vom Verhältnis zweier nebeneinanderliegender Balken bestimmt. Wenn der letzte Balken höher ist (vergleichbar mit der Höhe der Buchstaben m-M), dann ist das MACD-Histogramm aufwärtsgerichtet. Wenn der letzte Balken niedriger ist (wie die Unterlänge der Buchstaben P-p), dann ist das MACD-Histogramm abwärts geneigt.

Marktpsychologie

Das MACD-Histogramm zeigt den Unterschied zwischen langfristigem und kurzfristigem Wertkonsens. Die schnelle MACD-Kurve gibt den Marktkonsens in einer kürzeren Zeit wieder. Die langsame Signalkurve gibt den Marktkonsens über einen längeren Zeitraum hinweg wieder. Das MACD-Histogramm verfolgt den Unterschied dieser beiden Kurven.

Die Neigung des MACD-Histogramms kennzeichnet die vorherrschende Marktgruppe. Ein ansteigendes MACD-Histogramm zeigt, dass die Bullen stärker werden. Ein fallendes MACD-Histogramm zeigt, dass die Bären stärker werden.

Wenn die schnelle MACD-Kurve extremer als die langsame Signalkurve ansteigt, dann steigt auch das MACD-Histogramm an. Es zeigt, dass die Bullen stärker werden – das ist der richtige Zeitpunkt, um den Markt long anzugehen. Wenn die schnelle MACD-Kurve extremer als die langsame Kurve fällt, dann fällt auch das MACD-Histogramm ab. Es zeigt, dass die Bären stärker werden – und nun ist es an der Zeit, den Markt von der Short-Seite anzugehen.

Wenn sich die Neigung eines MACD-Histogramms in der gleichen Richtung wie die Kurse bewegt, dann haben Sie es mit einem sicheren Trend zu tun. Wenn die Neigung des MACD-Histogramms in die entgegengesetzte Kursrichtung geht, dann ist die Gesundheit des Trends infrage gestellt. Es ist anzuraten, in der Richtung der Neigung des MACD-Histogramms anzulegen, weil dieses anzeigt, ob Bullen oder Bären den Markt beherrschen.

Die Neigung eines MACD-Histogramms ist wichtiger als ihre Position über oder unter der Mittellinie. Die besten Verkaufssignale liegen dann vor, wenn ein MACD-Histogramm über seiner Mittellinie liegt, seine Neigung sich jedoch nach unten richtet, was anzeigt, dass die Bullen langsam müde werden. Die besten Kaufsignale liegen dann vor, wenn das MACD-Histogramm unter seiner Mittellinie liegt, aber die Neigung nach oben zeigt. Das bedeutet, dass die Bären am Ende ihrer Kräfte sind.

TRADINGREGELN

Ein MACD-Histogramm gibt zwei Arten von Tradingsignalen. Eines ist sehr häufig und taucht an jeder Kurssäule auf. Das andere ist selten und es ist nur einige Male im Jahr in irgendeinem Markt zu beobachten – aber es ist sehr aussagekräftig.

Das normale Signal wird von der Neigung des MACD-Histogramms (Abbildung 26-3) gegeben. Wenn der aktuelle Balken höher ist als der vorangehende, dann ist die Neigung aufwärtsgerichtet. Das bedeutet, dass die Bullen vorherrschend sind und es eine gute Zeit zu kaufen ist. Wenn der aktuelle Balken niedriger ist als der vorausgehende Balken, dann neigt sich die Kurve abwärts. Das bedeutet, dass die Bären die Kontrolle übernommen haben und es an der Zeit ist, short zu gehen. Wenn die Kurse in eine Richtung gehen und das MACD-Histogramm sich in die andere Richtung bewegt, dann zeigt das, dass die beherrschende Marktmasse ihre Begeisterung verliert und der Trend schwächer ist, als es den Anschein hat.

1. *Kaufen Sie, wenn der MACD aufhört zu fallen und wieder einen Tick nach oben geht. Setzen Sie einen Sicherheitsstop unter das letzte kleinere Tief.*
2. *Verkaufen Sie leer, wenn das MACD-Histogramm aufhört anzusteigen und die ersten Ticks abwärts nimmt. Setzen Sie über dem letzten kleineren Hoch Ihren Sicherheitsstop.*

Ein MACD-Histogramm tickt auf einem Tageschart so oft auf und nieder, dass es nicht sinnvoll ist, jedes Mal, wenn es sich wendet zu kaufen oder zu verkaufen. Die Neigungsänderungen eines MACD-Histogramms sind auf Wochencharts viel aussagekräftiger, deshalb wird es auch im Triple-Screen-Tradingsystem (siehe Abschnitt 43) verwendet.

WANN EIN NEUER GIPFEL ODER EIN NEUES TAL ZU ERWARTEN IST

MACD-Histogramme arbeiten wie die Scheinwerfer eines Autos. Sie geben Tradern einen begrenzten Blick auf die Straße voraus. Neue Hochs und Tiefs in diesem Indikator werden im Allgemeinen von neuen Hoch- oder Tiefkursen gefolgt.

Ein Rekordgipfel der letzten drei Monate zeigt in einem Tages-MACD-Histogramm, dass die Bullen sehr stark sind und die Kurse voraussichtlich noch höher ansteigen. Ein neues Rekordtief für das MACD-Histogramm der letzten drei Monate zeigt, dass voraussichtlich niedrigere Kurse folgen werden.

Wenn das MACD-Histogramm während einer Rally ein neues Hoch erreicht, dann ist der Aufwärtstrend gesund und Sie können davon ausgehen, dass die nächste Rallye ihren vorangehenden Gipfel testen oder sogar übertreffen wird. Wenn das MACD-Histogramm während eines Abwärtstrends auf ein neues Tief fällt, dann bedeutet dies, dass die Bären stark sind und die Kurse voraussichtlich ihr letztes Tief testen oder es unterschreiten.

Das stärkste Signal in der technischen Analyse

Abweichungen zwischen dem MACD-Histogramm und Kursen kommen nur ein paarmal pro Jahr in einem Markt vor, aber sie geben eine der stärksten Botschaften in der technischen Analyse. Diese Abweichungen kennzeichnen größere Wendepunkte und geben ein besonders starkes Kauf- oder Verkaufssignal. Diese Abweichungen erscheinen nicht an jeder wichtigen Spitze oder an jedem wichtigen Tiefpunkt, aber wenn Sie sie erkennen, dann wissen Sie, dass eine größere Wende bevorsteht.

Wenn die Kurse eine Rallye zu einem neuen Hoch unternehmen, das MACD-Histogramm aber eine tiefere Spitze aufzeigt, dann wird daraus eine bearishe Abweichung (siehe Abbildung 26-3). Eine niedrigere Spitze im MACD-Histogramm zeigt, dass die Bullen innerlich schwach sind, auch wenn die Kurse noch höher liegen. Wenn die Bullen an Kraft verlieren, dann sind die Bären bereit, die Kontrolle wieder zu übernehmen. Bearishe Abweichungen zwischen MACD-Histogramm und Kursen kennzeichnen Schwäche an den Marktspitzen. Sie geben Verkaufssignale, wenn sich die meisten Trader über einen Ausbruch zu einem neuen Hoch freuen!

3. *Verkaufen Sie leer, wenn das MACD-Histogramm von seinem zweiten niedrigeren Top heruntertickt, während die Kurse auf einem neuen Hoch sind. Setzen Sie über dem letzten Hoch Ihren Sicherheitsstop.*

Solange die Kurse weiterhin auf neue Tiefs fallen und das MACD-Histogramm weiterhin abwärts geht, wird der Abwärtstrend bestätigt. Wenn die Kurse auf

Abbildung 26-3

MACD-Histogramm-Abweichungen

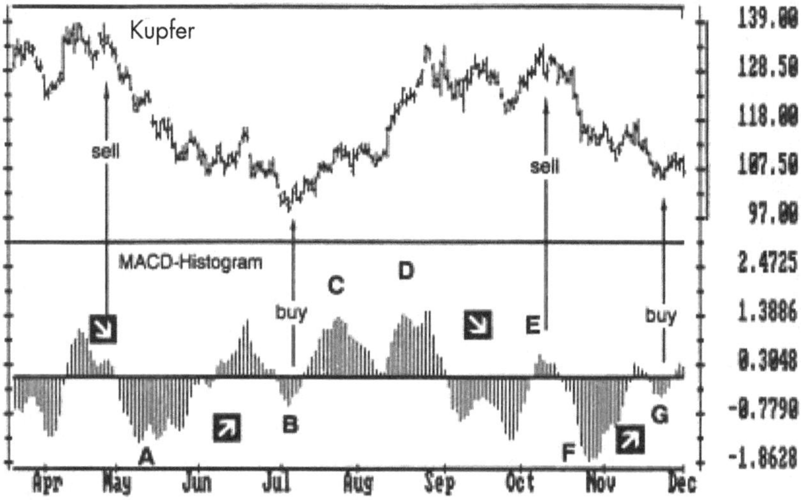

Ein MACD-Histogramm bestätigt Trends, wenn es zusammen mit den Kursen neue Hochs oder Tiefs erreicht. Die neuen Tiefs im MACD-Histogramm an den Punkten A und F bestätigen Abwärtstrends. Neue Tiefs im Indikator sagen den Tradern, dass der Abwärtstrend vermutlich die Tiefpunkte A und F testen oder unterschreiten wird. Die neuen Hochs C und D im MACD-Histogramm bestätigen Aufwärtstrends. Sie zeigen, dass der Aufwärtstrend voraussichtlich die Gipfel an C und D testen oder übersteigen wird.

Abweichungen zwischen dem MACD-Histogramm und den Kursen kennzeichnen wichtige Umkehrpunkte. Diese Signale kommen sehr selten vor, aber wenn sie auftauchen, dann haben Sie die Möglichkeit, starke Richtungsänderungen und den Anfang neuer Trends rechtzeitig mitzunehmen. Die bullishe Abweichung A-B signalisiert eine wichtige Kaufmöglichkeit. Die Kurse sind an einem neuen Tief, doch der Indikator bildet ein höhergelegenes Tief aus. Das bedeutet, dass die Bären ihre Kraft verloren haben und die Bullen bereitstehen, um die Oberhand zurückzugewinnen.

Die bearishe Abweichung D-E kennzeichnet eine gute Verkaufsgelegenheit. An der rechten Seite des Charts gibt es eine bullishe Abweichung F-G. Die beste Zeit für Käufe ist dann gegeben, wenn das MACD-Histogramm von seinem zweiten Tiefpunkt nach oben tickt, hier am Punkt G. Wenn Sie Ihre Positionen long platziert haben, dann sollten Sie unterhalb des Preistiefs G einen Sicherheitsstop setzen. Ziehen Sie den Stop hoch, wenn sich der Trend fortsetzt.

ein neues Tief fallen, aber das MACD-Histogramm ein flacheres Tief aufzeigt, dann bewirkt dies eine bullishe Abweichung. Es zeigt, dass die Kurse wegen ihrer Trägheit fallen, die Bären schwächer sind, als es den Anschein hat und die Bullen bereit sind, die Kontrolle zu übernehmen. Bullishe Abweichungen zwischen einem MACD-Histogramm und den Kursen kennzeichnen Stärke an den Marktspitzen. Sie geben Kaufsignale, wenn die meisten Trader einen Ausbruch zu einem neuen Tief befürchten!

4. *Kaufen Sie, wenn das MACD-Histogramm von seinem zweiten, etwas flacheren Tief nach oben tickt, während die Kurse sich auf einem neuen Tief befinden. Setzen Sie unterhalb des letzten Tiefs Ihren Sicherheitsstop.*

Wenn eine bullishe Abweichung zwischen MACD-Histogramm und den Kursen verkümmert und die Kurse auf ein neues Tief fallen, dann sind Sie ausgebremst. Beobachten Sie weiterhin das MACD-Histogramm. Wenn es einen noch flacheren, dritten Tiefpunkt zeichnet, während die Kurse auf ein erneutes Tief fallen, dann haben Sie es mit einer dreifachen bullishen Abweichung zu tun – ein besonders aussagekräftiges Kaufsignal. Kaufen Sie wieder, sobald das MACD-Histogramm von seinem flachen, dritten Tiefpunkt nach oben tickt. Das Umgekehrte gilt für dreifache bearishe Abweichungen, bei denen Sie leer verkaufen sollen.

Mehr über das MACD-Histogramm

Das MACD-Histogramm funktioniert in jedem Zeitrahmen: wöchentlich, täglich oder stündlich. Die Signale eines wöchentlichen MACD-Histogramms führen zu größeren Kursbewegungen als diejenigen täglicher oder stündlicher Indikatoren. Dieses Prinzip gilt für alle Indikatoren – Signale in längeren Zeitfenstern führen zu größeren Kursbewegungen. Wenn Sie den MACD und das MACD-Histogramm auf Wochencharts auswerten, dann müssen Sie jedoch bis Freitag warten, um Ihre Signale zu erkennen. Ein wichtiger Trend kann sich auch in der Wochenmitte wenden – der Markt beachtet den Kalender nicht. Deshalb sollen die Untersuchungen wöchentlicher Charts jeden Tag durchgeführt werden.

27 Das Direktionale System

Das Direktionale System ist eine trendfolgende Methode. Es wurde von J. Welles Wilder, jun. in der Mitte der 70er-Jahre entwickelt und von mehreren Analysten modifiziert. Das Direktionale System kennzeichnet Trends und zeigt, wann sich ein Trend schnell genug bewegt, um es geraten erscheinen zu lassen, ihm zu folgen. Es hilft den Tradern dabei, schon in der Mitte wichtiger Trends größere Gewinne mitzunehmen.

Wie man das Direktionale System aufbaut

Die direktionale Bewegung ist als der Bereich der heutigen Handelsspanne definiert, der außerhalb der Handelsspanne des Vortages eines Wertpapiers liegt. Das Direktionale System überprüft, ob die heutige Handelsspanne über oder unter die Handelsspanne des Vortages hinausreicht, und mittelt die Daten über eine bestimmte Zeit hinweg. Diese komplexen Berechnungen (siehe Arbeitsblatt, Abbildung 27-1) können am besten mit einem Computer angestellt werden. Das Direktionale System ist in den meisten Softwareprogrammen für die technische Analyse enthalten.

1. **Legen Sie das »Directional Movement« (DM)** dadurch fest, dass Sie den heutigen Hoch-Tief-Bereich mit dem gestrigen Hoch-Tief-Bereich vergleichen. Das direktionale Movement ist der größere Teil der heutigen Bandbreite, der außerhalb der gestrigen liegt. Es gibt vier Arten von direktionalem Movement (Abbildung 27-2). DM ist immer eine positive Zahl (Plus DM und Minus DM beziehen sich nur darauf, ob die Bewegung über oder unterhalb der Spanne des Vortags liegt).

2. **Legen Sie die True Range (reale Bandbreite, TR)** des Marktes, den Sie analysieren, fest. Es ist ebenfalls immer eine positive Zahl, nämlich die größte der folgenden drei Möglichkeiten:
   A. Die Entfernung vom heutigen Tageshoch bis zum heutigen Tagestief.
   B. Die Entfernung vom heutigen Tageshoch zum gestrigen Schlusskurs.
   C. Die Entfernung vom heutigen Tief zum gestrigen Schlusskurs.

3.) **Kalkulieren Sie tägliche, direktionale Indikatoren (+DI und -DI).** Das ermöglicht es, unterschiedliche Märkte zu vergleichen, wenn deren direktionale Bewegung als Prozentzahl der True Range eines jeden Marktes angegeben wird. Jeder DI ist eine positive Zahl: +DI ist dann Null, wenn an einem Tag keine direktionale Aufwärtsbewegung vorliegt; -DI ist dann Null, wenn an einem Tag keine direktionale Abwärtsbewegung vorliegt.

$$+DI = \frac{+DM}{TR} \qquad -DI = \frac{-DM}{TR}$$

4. **Berechnen Sie geglättete, direktionale Kurven ($+DI_{13}$ und $-DI_{13}$).** Geglättete +DI und -DI werden mit gleitenden Durchschnitten hergestellt. Die meisten Softwarepakete geben Ihnen die Möglichkeit, für das Glätten einen Zeitraum Ihrer Wahl festzulegen, beispielsweise als einen gleitenden Durchschnitt über 13 Tage hinweg. Sie erhalten zwei Indikatorkurven: geglättete positive und negative Direktionalkurven, $+DI_{13}$ und $-DI_{13}$. Beide Zahlen sind positiv. Sie werden im Allgemeinen in unterschiedlichen Farben oder als eine durchgezogene oder durchbrochene Kurve gezeichnet. Die Relation zwischen positiven und negativen Kurven kennzeichnet Trends. Wenn $+DI_{13}$ oben ist, dann bedeutet das, dass der Trend aufwärts geht, und wenn $-DI_{13}$ nach oben geht, dann zeigt es, dass der Trend abwärts läuft. Die Schnittpunkte von $+DI_{13}$ und $-DI_{13}$ geben Ihnen Kauf- und Verkaufssignale.
5. **Kalkulieren Sie den durchschnittlichen direktionalen Indikator** (Average Directional Indicator, ADX). Dieser einzigartige Bestandteil des Direktionalen Systems zeigt, wann es sich lohnt, einem Trend zu folgen. ADX misst die Spannbreite zwischen den direktionalen Kurven $+DI_{13}$ und $-DI_{13}$. Er wird in zwei Schritten berechnet:
A. Kalkulieren Sie den täglichen direktionalen Indikator DX:

$$DX = \frac{+DI_{13} - -DI_{13}}{+DI_{13} + -DI_{13}} \times 100$$

Beispiel: $+DI_{13} = 34$, $-DI_{13} = 18$. Dann gilt:

$$DX = \frac{34 - 18}{34 + 18} \times 100 = 30{,}77, \text{ aufgerundet } 31$$

B. Kalkulieren Sie den durchschnittlichen direktionalen Indikator ADX, indem Sie den DX mit einem gleitenden Durchschnitt glätten, wie beispielsweise mit einem 13-Tage-EMA.

Abbildung 27-1

Das Direktionale System

Japanischer Yen

Date	High	Low	Close	$+DI_{13}$	$-DI_{13}$	DX	ADX
7/1	72.24	71.87	71.92	30	20	20	20
7/2	71.83	71.63	71.69	29	23	12	19
7/3	71.65	71.33	71.36	27	27	0	18
7/5	72.10	71.83	72.06	31	23	15	18
7/8	71.94	71.78	71.90	30	23	13	18
7/9	72.02	71.77	71.79	30	22	15	18
7/10	71.95	71.87	71.90	29	21	16	18
7/11	72.13	71.82	71.85	30	20	20	18
7/12	73.20	71.94	73.11	41	16	44	20
7/15	72.94	72.65	72.80	38	15	43	22
7/16	72.75	72.55	72.58	36	16	38	23
7/17	72.91	72.62	72.71	37	15	42	24
7/18	73.07	72.29	72.42	32	18	28	24
7/19	73.06	72.69	73.06	29	16	29	24
7/22	72.70	72.22	72.36	26	21	11	23
7/23	72.76	72.62	72.69	25	20	11	22
7/24	72.96	72.38	72.48	23	22	2	20
7/25	72.42	71.64	71.76	20	30	20	20
7/26	72.50	71.96	72.37	19	27	17	20
7/29	72.34	72.08	72.25	18	26	18	20
7/30	72.47	72.18	72.26	19	25	14	20
7/31	72.59	72.31	72.51	20	23	7	19
8/1	72.59	72.30	72.41	19	22	7	18
8/2	72.92	72.28	72.58	23	20	7	17
8/5	72.95	72.56	72.80	22	19	7	16
8/6	73.57	72.94	73.50	28	17	24	17
8/7	73.29	73.07	73.21	27	16	26	18
8/8	73.15	72.84	73.06	25	18	16	18
8/9	73.18	72.67	72.81	23	20	7	17
8/12	72.92	72.72	72.88	22	19	7	16

$+DI_{13}$ und $-DI_{13}$ basieren auf positiven und negativen direktionalen Bewegungen und den wirklichen Handelsspannen der letzten 13 Tage. DX wird von $+D_{13}$ und von $-D_{13}$ abgeleitet, und ADX entsteht dadurch, dass DX geglättet wird. Die Formeln finden Sie in diesem Kapitel.

Wenn sich ein Trend gesund fortsetzt, dann nimmt der Unterschied zwischen den beiden geglätteten direktionalen Kurven zu und der ADX steigt an. Der ADX fällt, wenn ein Trend sich wendet oder der Markt in eine Trading-Range mündet. Es lohnt sich, eine trendfolgende Methode anzuwenden, wenn der ADX ansteigt, aber nicht, wenn der ADX fällt.

MASSENVERHALTEN

Das Direktionale System verfolgt Veränderungen von Optimismus und des Pessimismus der Massen, indem es die Fähigkeit von Bullen und Bären misst, die Kurse über die Handelsbandbreite des Vortags hinaus zu bewegen. Wenn das heutige Hoch über dem gestrigen Hoch liegt, dann bedeutet das, die Marktmassen werden bullisher. Wenn das heutige Tief unter dem gestrigen Tief liegt, dann zeigt das, dass die Marktmenge bearisher wird.

Die relative Stellung direktionaler Kurven kennzeichnet Trends. Wenn die positive direktionale Kurve über der negativen direktionalen Kurve liegt, bedeutet das, dass die bullishen Trader den Markt dominieren. Wenn die negative direktionale Kurve sich über die positive direktionale Kurve erhebt, dann bedeutet das, dass bearishe Trader stärker sind. Dann zahlt es sich aus, in der Richtung der oberen direktionalen Kurve anzulegen. Der Average Directional Indicator ADX steigt an, wenn der Abstand zwischen den direktionalen Kurven zunimmt. Das zeigt, dass die Marktführer stärker werden, die Verlierer schwächer werden und ein Trend sich wahrscheinlich fortsetzt. Wenn der ADX ansteigt, dann lohnt es sich, in der Richtung der oberen direktionalen Kurve anzulegen, und eine trendfolgende Methode anzuwenden.

Der ADX fällt, wenn der Abstand zwischen $+DI_{13}$ und $-DI_{13}$ enger wird. Dies zeigt, dass die dominante Marktgruppe ihre Kraft verliert, während die Underdogs aufkommen. Dann gerät der Markt in Bewegung und es ist besser, nunmehr keine trendfolgenden Methoden mehr anzuwenden.

TRADINGREGELN

1. *Steigen Sie nur von der Long-Seite in den Markt, wenn der $+DI_{13}$ über dem $-DI_{13}$ liegt. Wenn der $-DI_{13}$ über dem $+DI_{13}$ liegt, dann sollten Sie den Markt nur von der Short-Seite her betreten. Die beste Zeit, long zu gehen, ist dann gegeben, wenn sowohl der $+DI_{13}$ als auch der ADX über dem $-DI_{13}$ liegt und der ADX steigt. Dies zeigt, dass der Aufwärts-*

Abbildung 27-2

Directional Movement

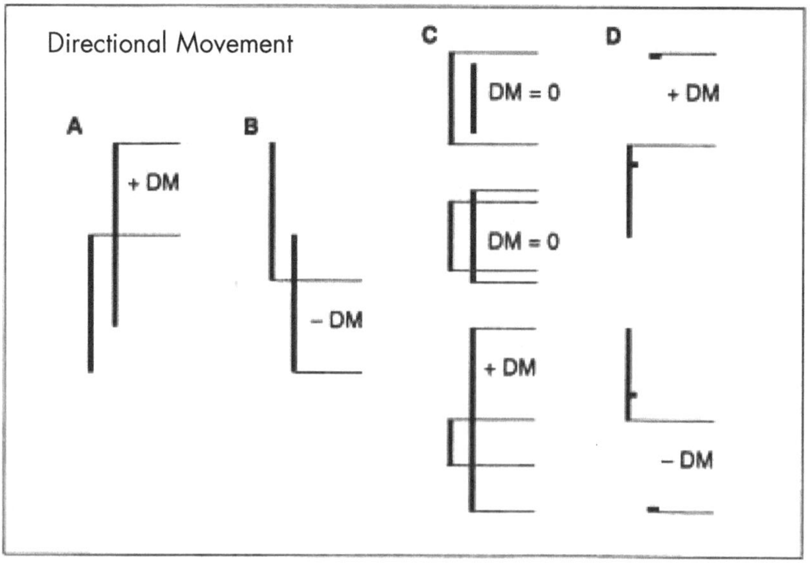

Die direktionale Bewegung ist der größte Teil der heutigen Handelsspanne, die außerhalb der gestrigen Handelsspanne liegt.

A. Wenn die heutige Handelsspanne über die gestrige Handelsspanne hinausragt, dann ist die direktionale Bewegung positiv (+DM).
B. Wenn die heutige Handelsspanne unterhalb der gestrigen Handelsspanne hinausragt, dann ist die direktionale Bewegung negativ (-DM).
C. Wenn die heutige Handelsspanne innerhalb des gestrigen Bereiches liegt oder überhalb und unterhalb im gleichen Umfang hinausragt, dann gibt es keine direktionale Bewegung (DM ist Null). Wenn die heutige Handelsspanne sowohl über als auch unter die gestrige Spanne hinausreicht, dann ist die DM positiv oder negativ, je nachdem, welcher Teil des außen liegenden Bereichs größer ist.
D. An einem »limit-up-day« entspricht +DM der Entfernung vom heutigen Schlusskurs zum gestrigen Hoch. An einem »limit-down-day« entspricht -DM der Entfernung vom heutigen Schlusskurs zum gestrigen Tief.

trend stärker wird. Gehen Sie long und setzen Sie unter dem letzten kleinen Tief einen Sicherheitsstop. Die beste Zeit short zu gehen, ist dann gegeben, wenn der -DI_{13} und der ADX über dem +DI_{13} liegen und der ADX ansteigt. Dies zeigt, dass die Bären stärker werden. Gehen Sie short und setzen Sie über dem letzten kleinen Hoch einen Sicherheitsstop.

2. *Wenn der ADX fällt, dann bedeutet das, dass der Markt weniger direktional wird. Meistens findet man dann viele »Sägen«, genauso wie es im Wasser beim Gezeitenwechsel Turbulenzen gibt. Wenn der ADX abwärts zeigt, dann sollten Sie keine trendfolgenden Methoden verwenden.*
3. *Wenn der ADX unter beide direktionalen Kurven fällt, dann kennzeichnet dies einen flachen, lustlosen Markt. Verwenden Sie keine trendfolgenden Systeme, sondern halten Sie sich bereit, denn oft entstehen aus solchen langweiligen Situationen große Trends.*
4. *Das beste Signal des Direktionalen Systems wird dann sichtbar, wenn der ADX unter beide direktionalen Kurven fällt. Je länger er dort bleibt, um so stärker ist die Basis für die nächste Bewegung. Wenn der ADX beide direktionalen Kurven von unten her durchstößt, dann zeigt es, dass der Markt aus seiner Lustlosigkeit erwacht. Wenn der ADX von seinem niedrigsten unteren Punkt unter den beiden direktionalen Kurven um vier Zähler ansteigt (beispielsweise von 9 auf 13), dann kündigt sich ein neuer Trend sehr deutlich an. Es zeigt, dass ein neuer Bullen- oder Bärenmarkt geboren wird (Abbildung 27-3). Kaufen Sie, wenn der +DI_{13} oben ist und setzen Sie unterhalb des letzten kleinen Tiefs einen Sicherheitsstop. Verkaufen Sie leer, wenn der -DI_{13} oben ist und setzen Sie über dem letzten kleinen Hoch Ihren Sicherheitsstop. Wenn beispielsweise der ADX von 8 auf 12 steigt, während beide Kurven über 12 und der +DI_{13} an seiner Spitze ist, dann deutet das auf den Beginn eines neuen Aufwärtstrends hin. Wenn der ADX von 9 auf 13 steigt, während beide Kurven über 13 liegen und der -DI_{13} am Hoch ist, dann zeigt dies, dass ein neuer Abwärtstrend beginnt.*

Das Direktionale System ist einzigartig in seiner Fähigkeit, Ihnen zu sagen, wann ein neuer, großer Trend beginnt. Das kommt in jedem Markt ein- oder zweimal im Jahr vor und signalisiert, wenn ein kleiner Bulle oder ein kleiner Bär geboren wird. Während der Trend noch jung ist, ist das finanzielle Risiko dank einer geringen Volatilität zu dieser Zeit meist gering.

Abbildung 27-3

Die Signale des Direktionalen Systems

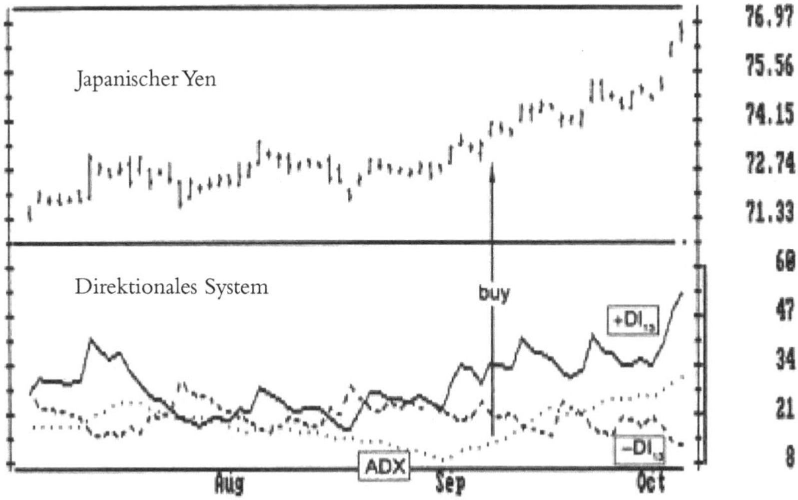

Direktionale Linien kennzeichnen Trends. Wenn der +DI oben liegt, dann liegt ein Aufwärtstrend vor, und man sollte auf steigende Kurse setzen. Liegt jedoch der -DI oben, dann zeigt dies, dass ein Abwärtstrend vorliegt und es besser ist, short zu gehen. Am günstigsten ist es, eine trendfolgende Methode zu benutzen, wenn der ADX ansteigt und über der unteren direktionalen Linie liegt. Dies sind zwei Anzeichen für einen dynamischen Trend.

Das Direktionale System gibt seine deutlichsten Signale dann, wenn der ADX mehrere Wochen unterhalb beider direktionaler Linien verbracht hat. Das kommt in ruhigen, eher langweiligen Märkten vor. Wenn der ADX einmal erwacht und um vier Schritte ansteigt (beispielsweise von 10 auf 14), dann stellt dies ein sehr deutliches Signal dar, in die Richtung der oberen direktionalen Linie zu traden. Dieses Signal ist oft zu Beginn von bedeutsamen Marktveränderungen zu bemerken. Auf diesem Chart stieg der ADX im September von 9 auf 13, genau vor einem sehr dynamischen Aufschwung des Japanischen Jen. Weil der +DI oben lag, als das Signal erkennbar wurde, sollte man auf steigende Kurse setzen.

5. *Wenn der ADX über die beiden direktionalen Kurven hinaus zu einer Rallye antritt, dann kennzeichnet dies einen überhitzten Markt. Wenn der ADX über beide direktionale Linien nach unten geht, dann zeigt dies, dass der vorherrschende Trend ins Stolpern geraten ist. Nun ist es eine gute*

Zeit, die Gewinne mitzunehmen. Wenn Sie Mehrfachkontrakte offen haben, dann sollten Sie zumindest einen Teil der Gewinne mitnehmen.

Marktindikatoren geben laute und leise Signale. Laute Signale sind beispielsweise die Verletzung eines Kurstiefs oder ein Richtungswechsel eines gleitenden Durchschnitts. Die Abwärtsbewegung eines ADX ist ein leises Signal. Wenn Sie sehen, dass sich der ADX abwärts wendet, dann sollten Sie mit der Verstärkung Ihrer Position sehr vorsichtig sein. Sie sollten beginnen, Profite mitzunehmen, Ihre Positionen reduzieren und eher nach Ausstiegsmöglichkeiten suchen, als in neue Geschäfte einzusteigen.

28 Momentum, Rate of Change und der geglättete RoC

Wenn ein großer Teil der Trader von Angst oder Gier ergriffen werden, können Oszillatoren die Geschwindigkeit des dabei entstehenden Drucks messen und aufzeichnen.

Technische Indikatoren werden in drei großen Gruppen unterschieden: Trendfolgende Indikatoren helfen Ihnen, Trends zu erkennen. Oszillatoren helfen Ihnen, Wendepunkte aufzudecken. Gemischte Indikatoren, so wie der New-High-New-Low-Index, verfolgen grundsätzliche Veränderungen in der Massenpsychologie.

Oszillatoren kennzeichnen die emotionalen Extreme der Massen. Sie ermöglichen es Ihnen, nicht zu rechtfertigende Bereiche von Optimismus oder Pessimismus herauszufinden. Professionelle Trader neigen dazu, solche Extreme auszugleichen. Sie setzen dagegen auf eine Rückkehr zur Normalität. Wenn der Markt ansteigt und sich die Massen auf ihre Hinterbeine machen und vor Gier schreien, dann verkaufen die Profis leer. Sie kaufen, wenn der Markt fällt und die Massen vor Angst aufheulen. Oszillatoren helfen Ihnen, solche Geschäfte zum richtigen Zeitpunkt abzuschließen.

»ÜBERKAUFT« UND »ÜBERVERKAUFT«

Martin Pring vergleicht trendfolgende Indikatoren und Oszillatoren mit den Fußspuren eines Mannes, der mit seinem Hund an der Leine spazieren geht. Der Mann hinterlässt eine ziemlich gerade Spur – wie ein trendfolgender Indikator. Die Spur des Hundes schwingt nach rechts und nach links, so weit, wie es die Leine erlaubt – wie ein Oszillator. Wenn der Hund das Ende seiner Leine erreicht, dann wird er voraussichtlich zurückkehren und auf die andere Seite laufen. Sie können der Spur des Mannes folgen, um dem Trend von Mann und Hund zu folgen. Wenn der Hund aus dieser Spur abweicht, dann kehrt er voraussichtlich zurück. Voraussichtlich ja, aber nicht immer. Wenn ein Hund eine Katze oder ein Kaninchen sieht, dann kann er so aufgeregt werden, dass er sein Herrchen aus dessen Spur herauszieht. Trader müssen ihre Urteilskraft bemühen, wenn sie die Signale eines Oszillators bewerten wollen.

Ein Oszillator wird »überkauft«, wenn er ein hohes Niveau erreicht, verbunden mit Spitzen in der Vergangenheit. »Überkauft« bedeutet zu hoch – bereit, wieder nach unten zu gehen. Ein Oszillator wird »überverkauft«, wenn er einen niedrigen Bereich erreicht, der mit Tiefpunkten in der Vergangenheit verbunden werden kann. »Überverkauft« bedeutet zu niedrig – bereit, wieder nach oben zu gehen.

»Überkauft«- und »Überverkauft«-Ebenen werden auf den Charts durch horizontale Referenzlinien gekennzeichnet. Richtig ist es, diese Linien so zu ziehen, dass ein Oszillator nur ungefähr fünf Prozent seiner Zeit jenseits dieser Linien verbringt. Setzen Sie die »Überkauft«- und »Überverkauft«-Linien so, dass sie nur die höchsten Gipfel und die tiefsten Täler eines Oszillatoren innerhalb der letzten sechs Monate durchschneiden. Aktualisieren Sie diese Linien alle drei Monate.

Wenn ein Oszillator jenseits seiner Referenzlinien fällt oder ansteigt, dann hilft es einem Trader, eine Spitze oder einen Tiefpunkt auszumachen. Oszillatoren funktionieren in Trading-Ranges besonders gut, aber sie geben verfrühte und gefährliche Signale, wenn ein neuer Trend aus der Range entspringt. Wenn ein starker Trend beginnt, dann verhalten sich Oszillatoren wie Hunde, die ihre Herrchen aus der Spur ziehen.

Ein Oszillator kann trotz eines neuen starken Aufwärtstrends wochenlang »überkauft« bleiben, und er gibt die ganze Zeit über verfrühte Verkaufssignale. Ebenso kann er wochenlang in einem steilen Abwärtstrend »überverkauft« sein, und in dieser Zeit gibt er verfrühte Verkaufssignale. Das Markenzeichen eines reifen Analysten ist es, dass er weiß, wann er einen Oszillator benutzen muss und wann er sich auf trendfolgende Indikatoren verlassen kann.

Arten von Divergenzen

Oszillatoren geben ebenso wie andere Indikatoren ihre besten Tradingsignale, wenn sie von den Kursen abweichen. Bullishe Divergenzen kommen dann vor, wenn die Kurse auf ein neues Tief fallen, während ein Oszillator sich weigert, auf ein neues Tief zu fallen. Sie zeigen, dass die Bären an Kraft verlieren, die Preise wegen ihrer Trägheit weiter fallen und die Bullen bereit sind, die Kontrolle zu übernehmen. Bullishe Divergenzen kennzeichnen oft das Ende von Abwärtstrends.

Bearishe Divergenzen kommen in Aufwärtstrends vor – sie kennzeichnen Marktspitzen. Sie entstehen dann, wenn die Kurse auf einen neuen Höchststand ansteigen, während ein Oszillator sich weigert, einen neuen Gipfel zu erklimmen. Eine bearishe Divergenz zeigt, dass den Bullen die Kraft ausgeht, die Kurse wegen ihrer Trägheit weiter ansteigen, und die Bären bereit sind, die Kontrolle zu übernehmen.

Es gibt drei Klassen von bullishen und bearishen Divergenzen (Abbildung 28-1). Die A-Klassen-Divergenzen kennzeichnen wichtige Wendepunkte – die besten Tradinggelegenheiten. Die B-Klassen-Divergenzen sind weniger stark und die C-Klassen-Divergenzen sind am wenigsten bedeutsam. Wirkliche Divergenzen sind deutlich erkennbar – sie scheinen aus den Charts herauszuspringen. Wenn Sie ein Lineal brauchen, um sagen zu können, ob eine Divergenz vorliegt, dann können Sie davon ausgehen, dass es keine ist.

Bearishe **A-Klassen**-Divergenzen kommen dann vor, wenn die Kurse ein neues Hoch ereichen, ein Oszillator jedoch ein niedrigeres Hoch erreicht, als er es im Rahmen einer vorangehenden Rallye getan hat. Bearishe A-Klassen-Divergenzen führen normalerweise zu scharfen Umkehrbewegungen. Bullishe A-Klassen-Divergenzen kommen dann vor, wenn die Kurse ein neues Tief erreichen, ein Oszillator jedoch ein höheres Tief verfolgt, als er während des letzten Abschwungs erreicht hat. Sie gehen oft steilen Rallyes voraus.

Bearishe **B-Klassen**-Divergenzen kommen dann vor, wenn die Kurse eine Doppelspitze bilden, der Oszillator jedoch eine niedrigere zweite Spitze aufzeigt. Bullishe B-Klassen-Divergenzen kommen dann vor, wenn die Kurse ein Doppeltief bilden, der Oszillator jedoch das zweite Tief höher ansiedelt.

Bearishe **C-Klassen**-Divergenzen gibt es dann, wenn die Kurse auf ein neues Hoch klettern, ein Indikator jedoch auf der gleichen Ebene stoppt, die er während der vorangegangenen Rallye erreicht hat. Das zeigt, dass Bullen weder stärker noch schwächer werden. Bullishe C-Klassen-Divergenzen kommen vor, wenn die Kurse auf ein neues Tief fallen, der Indikator jedoch ein Doppeltief markiert.

A-Klassen-Divergenzen kennzeichnen fast immer gute Geschäfte. B- und C-Klassen-Divergenzen führen häufiger zu »Sägen«. Am Besten ist es, Sie lassen sie unbeachtet, außer Sie werden durch andere Indikatoren stark bestätigt.

Abbildung 28-1

Die Arten von Abweichungen

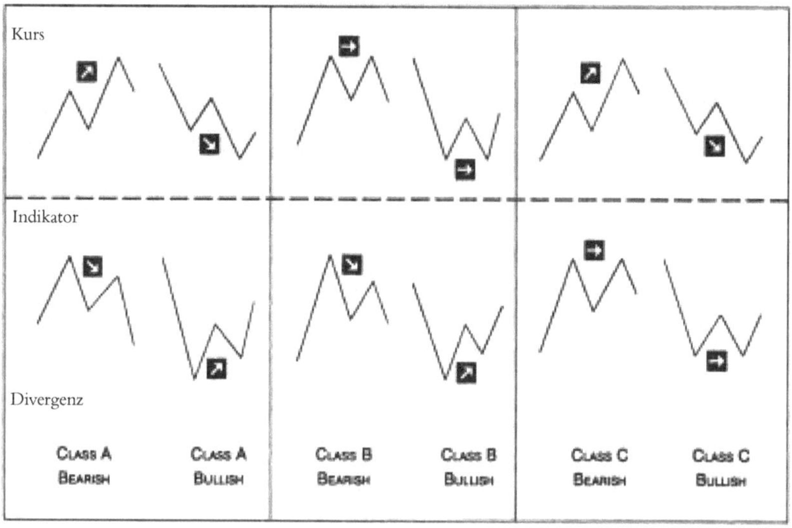

Abweichungen zwischen Kursen und Indikatoren geben die stärksten Signale in der technischen Analyse. Die Abweichungen werden aus den Unterschieden in der Höhe oder in der Tiefe zwischen Kursen und Indikatoren definiert.

Bearishe A-Klassen-Abweichung – die Kurse erreichen einen neuen Gipfel, während ein Indikator einen niedrigeren Gipfel erreicht. Dies ist das stärkste Verkaufssignal.
Bullishe A-Klassen-Abweichung – die Kurse fallen auf ein neues Tief, während der Indikator auf einem flacheren Tief stoppt als zuvor. Dies ist das stärkste Kaufsignal.
Bearishe B-Klassen-Abweichung – die Kurse verlaufen in einer Doppelspitze, während der Indikator einen tieferen Gipfel erreicht. Dies ist das zweitstärkste Verkaufssignal.
Bullishe B-Klassen-Abweichung – die Kurse bilden ein Doppeltief, während ein Indikator einen höheres, zweites Tief zeichnet. Dies ist das zweitstärkste Kaufsignal.
Bearishe C-Klassen-Abweichung – die Kurse erreichen einen neuen Gipfel, während ein Indikator eine Doppelspitze zeichnet. Dies ist die schwächste bärische Abweichung.
Bullishe C-Klassen-Abweichung – die Kurse fallen auf ein neues Tief, während ein Indikator ein Doppeltief beschreibt. Dies ist die schwächste bullishe Abweichung.

Dreifache bullishe oder bearishe Divergenzen bestehen aus drei Kurstiefs und drei Oszillatorentiefs oder drei Kursspitzen und drei Oszillatorenspitzen. Sie sind noch stärker als die normalen Divergenzen. Damit es zu einer Dreifachabweichung kommen kann, müssen zunächst die normalen bullishen oder bearishen Divergenzen ausgelaufen sein. Das ist ein weiterer guter Grund dafür, ein sehr enges Money Management auszuüben! Wenn Sie aufgrund einer »Säge« nur ein wenig verlieren, dann werden Sie nicht leiden – und Sie werden sowohl das Geld, als auch die psychologische Stärke haben, wieder in neue Geschäfte einzusteigen.

Momentum und Rate of Change

Momentum und Rate of Change (Antriebskraft und Veränderungsrate) messen die Beschleunigung eines Trends – den Gewinn oder den Verlust an Geschwindigkeit. Diese führenden Indikatoren zeigen, wann ein Trend an Geschwindigkeit zunimmt, wann er sich verlangsamt oder ob er mit gleicher Geschwindigkeit vorankommt. Sie erreichen im Allgemeinen einen Gipfel, bevor der Trend sein Hoch erreicht und sie erreichen Tiefstände, bevor die Kurse ihren Tiefstand erreichen.

Solange Oszillatoren weiterhin auf neue Hochs ansteigen, ist es sicher, an Long-Positionen festzuhalten. Solange sie weiterhin neue Tiefs erreichen, ist es sicher, Short-Positionen zu halten. Wenn ein Oszillator ein neues Hoch erreicht, dann zeigt dies, dass ein Aufwärtstrend an Geschwindigkeit gewinnt und sich voraussichtlich fortsetzen wird. Wenn ein Oszillator ein tieferes Hoch zeichnet, dann bedeutet das, dass ein Aufwärtstrend nicht weiter an Fahrt gewinnt, so wie eine Rakete, der der Treibstoff ausgegangen ist. Wenn sie nur noch aus ihrer Massenträgheit heraus weiterfliegt, dann sollten Sie sich auf eine Umkehr einstellen. Die gleichen Überlegungen gelten für Oszillatorentiefs in Abwärtstrends.

Momentum und Rate of Change (RoC) vergleichen den Schlusskurs von heute mit einem Kurs in einem vorher festgelegten Zeitrahmen in der Vergangenheit. Das Momentum subtrahiert vom heutigen Kurs den Kurs aus der Vergangenheit. Der Rate of Change dividiert den heutigen Kurs durch einen Kurs aus der Vergangenheit.

$$M = P_{tod} - P_{tod-n} \qquad RoC = \frac{P_{tod}}{P_{tod-n}}$$

wobei gilt:

M = Momentum
RoC = Rate of Change
P_{tod} = heutiger Schlusskurs
P_{tod-n} = Schlusskurs vor n Tagen (n wird vom Trader festgelegt)

Beispielsweise entspricht ein 7-Tage-**Momentum** der Schlusskurse dem heutigen Schlusskurs minus dem Schlusskurs sieben Tagen zuvor. Das Momentum ist positiv, wenn der heutige Kurs höher liegt, es ist negativ, wenn der heutige Kurs niedriger liegt und es liegt bei Null, wenn der heutige Kurs dem Kurs von vor sieben Tagen entspricht. Die Neigung der Linie, die die Werte für das Momentum an jedem Tag verbindet, zeigt, ob das Momentum zunimmt oder abnimmt (ob es ansteigt oder fällt).

Ein 7-Tage-**Rate-of-Change** (RoC) dividiert den letzten Kurs durch den Schlusskurs von vor sieben Tagen. Wenn beide gleich groß sind, dann ist der RoC eins. Wenn der heutige Kurs höher liegt, dann ist der RoC größer als eins und wenn der heutige Kurs niedriger liegt, dann ist der RoC kleiner als eins. Die Neigung dieser Linien, die die Werte für jeden Tag verbinden, zeigt, ob der RoC ansteigt oder fällt (siehe Arbeitsblatt, Abbildung 28-2).

Ein Trader muss die Weite des Zeitfensters für das Momentum oder den RoC selbst festlegen. Als Faustregel gilt, dass es von Vorteil ist, wenn der Zeitrahmen für ein Oszillatorenzeitfenster ziemlich eng ist. Für trendfolgende Indikatoren sollten Sie große Zeitrahmen wählen, weil deren Ziel es ist, einen Trend zu erfassen. Für Oszillatoren sollten Sie enge Zeitrahmen wählen, um kurzfristige Veränderungen auf den Märkten zu entdecken.

Momentum und RoC haben mit den einfachen gleitenden Durchschnitten einen Makel gemeinsam – sie reagieren auf jeden Kurs zweimal. Sie reagieren auf jeden neuen Kurs und sie reagieren noch einmal, wenn dieser Kurs das Zeitfenster des Oszillators wieder verlässt. Geglättete RoCs nehmen sich dieses Problems an.

MASSENPSYCHOLOGIE

Jeder Kurs stellt den Wertkonsens aller Marktteilnehmer zum Zeitpunkt einer Transaktion dar. Momentum und RoC vergleichen die Kurse von heute (den Wertkonsens von heute) mit einem vorhergehenden Kurs (einem früheren Wertkonsens). Sie messen die Veränderungen im Optimismus oder Pessimismus großer Menschenmengen.

Um herauszufinden, ob ein Kind schnell genug wächst, können Sie seine Größe jeden Monat messen und diese mit der Größe, die es sechs Monate zuvor hatte, vergleichen. Dann werden Sie herausfinden, ob Ihr Kind mit normaler Geschwindigkeit wächst. Momentum und RoC sagen Ihnen, ob sich ein Trend beschleunigt, ob er sich verlangsamt oder ob er sich mit gleicher Geschwindigkeit weiterbewegt.

Wenn Momentum oder RoC auf ein neues Hoch schwingen, dann zeigt dies, dass der Optimismus der Menschen an den Börsen steigt und die Kurse wahrscheinlich ebenfalls ansteigen werden. Wenn das Momentum oder der RoC auf ein neues Tief fällt, dann kennzeichnet dies, dass der Pessimismus in den Märkten zunimmt und wahrscheinlich tiefere Kurse zu erwarten sind.

Wenn die Kurse ansteigen, das Momentum oder der RoC jedoch fällt, dann warnt Sie dies, dass eine neue Spitze nahe ist - Sie sollten darüber nachdenken, Gewinne aus Long-Positionen mitzunehmen oder die Stops dichter heranzuziehen. Wenn die Kurse ein neues Hoch erreicht haben, aber Momentum oder RoC nur auf ein tieferes Hoch kommen, dann stellt diese bearishe Abweichung ein starkes Verkaufssignal dar. Das Umgekehrte gilt für Abwärtstrends.

Es gibt Zeiten, in denen das Momentum und der RoC nicht als führende, sondern als gleichzeitig auftretende Indikatoren fungieren. Überlegen Sie einmal, was mit einer Rakete passiert, wenn sie auf ein Hindernis prallt und explodiert. Das geschieht in den Märkten, wenn die Marktmassen von einer sensationellen schlechten Nachricht getroffen werden und dieses »darüberliegende Hindernis« bringt den RoC und die Kurse zusammen zum Absturz.

TRADINGREGELN

Vorauseilende Indikatoren sind wie Bremslichter an einem Auto, das vor Ihnen auf der Autobahn fährt. Wenn sie aufleuchten, dann wissen Sie nicht, ob der vorausfahrende Fahrer die Bremsen nur antippt oder ob er sie durchtritt. Wenn Sie vorauseilende Indikatoren verwenden, dann müssen Sie besonders sorgfältig sein, wenn Sie sich auf neue Geschäfte einlassen (Abbildung 28-3).

1. *In einem Aufwärtstrend sollten Sie immer kaufen, wenn der RoC unterhalb seiner Mittellinie fällt und nach oben dreht. Das zeigt, dass sich der Aufwärtstrend verlangsamt hat – wie ein Zug, der seine Fahrt verlangsamt, um neue Fahrgäste aufzunehmen. In einem Abwärtstrend sollten*

Abbildung 28-2

Momentum, Rate of Change und geglätteter Rate of Change (Arbeitsblatt)

Rohöl

Date	Close	Mtm:7	RoC:7	13-EMA	S-RoC 13/21
6/6	20.51	-0.84	96.07	21.04	100.51
6/7	20.45	-0.71	96.64	20.95	99.68
6/10	20.09	-1.36	93.66	20.83	98.61
6/11	20.20	-1.06	95.01	20.74	98.14
6/12	20.31	-0.94	95.58	20.68	97.96
6/13	20.01	-1.11	94.74	20.58	97.65
6/14	20.00	-0.64	96.90	20.50	97.25
6/17	20.13	-0.38	98.15	20.45	96.94
6/18	20.10	-0.35	98.29	20.40	96.56
6/19	19.91	-0.18	99.10	20.33	96.07
6/20	20.17	-0.03	99.85	20.30	95.94
6/21	20.21	-0.10	99.51	20.29	96.04
6/24	20.00	-0.01	99.95	20.25	95.90
6/25	20.10	0.10	100.50	20.23	95.72
6/26	20.09	-0.04	99.80	20.21	95.49
6/27	20.46	0.36	101.79	20.24	95.66
6/28	20.53	0.62	103.11	20.29	95.67
7/01	20.65	0.48	102.38	20.34	95.88
7/02	20.70	0.49	102.42	20.39	96.10
7/03	20.55	0.55	102.75	20.41	96.27
7/05	20.72	0.62	103.08	20.46	96.84
7/08	21.03	0.94	104.68	20.54	97.64
7/09	21.10	0.64	103.13	20.62	98.41
7/10	21.29	0.76	103.70	20.71	99.45
7/11	21.09	0.44	102.13	20.77	100.14
7/12	21.48	0.78	103.77	20.87	100.93
7/15	21.23	0.68	103.31	20.92	101.65
7/16	21.37	0.65	103.14	20.99	102.37
7/17	21.81	0.78	103.71	21.10	103.21
7/18	21.66	0.56	102.65	21.18	103.85

Das Momentum (MTM:7): heutiger Schlusskurs minus dem Schlusskurs von vor 7 Tagen.
Der Rate of Change (RoC:7): heutiger Schlusskurs geteilt durch den Schlusskurs von vor 7 Tagen. In dieser Formel können Sie die Schlusskurse eines Tages oder auch deren Mittelkurse eintragen (Hoch + Tief, dividiert durch 2 entspricht dem Mittelkurs). Dies gilt für die meisten Indikatoren, die in diesem Buch beschrieben werden. Sie können ohne weiteres auch Zeitfenster wählen, die weiter oder enger als sieben Tage sind.

Um einen geglätteten Rate of Change (S-RoC 13/21) zu erstellen, berechnen Sie den 13-Tage-EMA von Schlusskursen und verbinden ihn mit einem 21-Tage-Rate-of-Change (RoC).

Sie leer verkaufen, wenn der RoC über seine Mittellinie ansteigt und kurz abwärts dreht.

2. *Wenn Sie eine Long-Position halten und die Kurse ins Rutschen kommen, dann sollten Sie prüfen, ob der RoC vor seinem Rückzug einen Rekordgipfel erreicht hat. Ein neuer Gipfel im RoC zeigt ein hohes Maß an bullisher Energie, das den Markt auf sein voriges Hoch oder noch höher anheben kann. Dann ist es relativ sicher, Long-Positionen weiterhin zu halten. Andererseits sind eine Folge von abwärtsgerichteten Hochpunkten ein Zeichen von Schwäche – dann ist es besser, sofort zu verkaufen. Das Umgekehrte gilt in Abwärtstrends.*
3. *Ein Bruch in einer Trendlinie von Momentum oder RoC geht oft einem Bruch der Kurstrendlinie voraus, etwa um ein oder zwei Tage. Wenn Sie sehen, dass ein vorauseilender Indikator eine Trendlinie durchbricht, dann sollten Sie sich auf einen Bruch des Kurstrends vorbereiten.*

Der geglättete RoC

Dieser von Fred G. Schutzman entwickelte Oszillator vermeidet den Hauptmakel des RoC. Er reagiert auf jeden Kurs nur einmal und nicht zweimal. Der geglättete RoC (Smoothed Rate of Change, S-RoC) vergleicht die Werte eines EMA anstatt die von Kursen. Er gibt weniger Tradingsignale, aber die Qualität dieser Signale ist besser.

Um einen geglätteten RoC zu erstellen, müssen Sie zunächst einen EMA der Schlusskurse berechnen (siehe Abschnitt 25). Der nächste Schritt ist, den RoC des EMA zu errechnen. Der geglättete RoC ist bezüglich der Länge der Zeitfenster seines EMA oder RoC gegenüber relativ unempfindlich. Sie können einen 13-Tage-EMA der Schlusskurse berechnen und ihn mit einem 21-Tage-RoC verbinden (siehe Arbeitsblatt, Abbildung 28-2).

Einige Trader berechnen zuerst den RoC der Kurse und glätten ihn dann mit einem gleitenden Durchschnitt. Diese Methode erzeugt allerdings einen wesentlich nervöseren Indikator, der nicht so sinnvoll ist wie ein geglätteter RoC.

Massenverhalten

Ein EMA stellt den durchschnittlichen Wertkonsens aller Marktteilnehmer während des Zeitrahmens seines Zeitfensters dar. Er ist mit einer Fotomontage

Abbildung 28-3

7-Tage-Momentum (MTM:7) und Rate of Change (RoC:7)

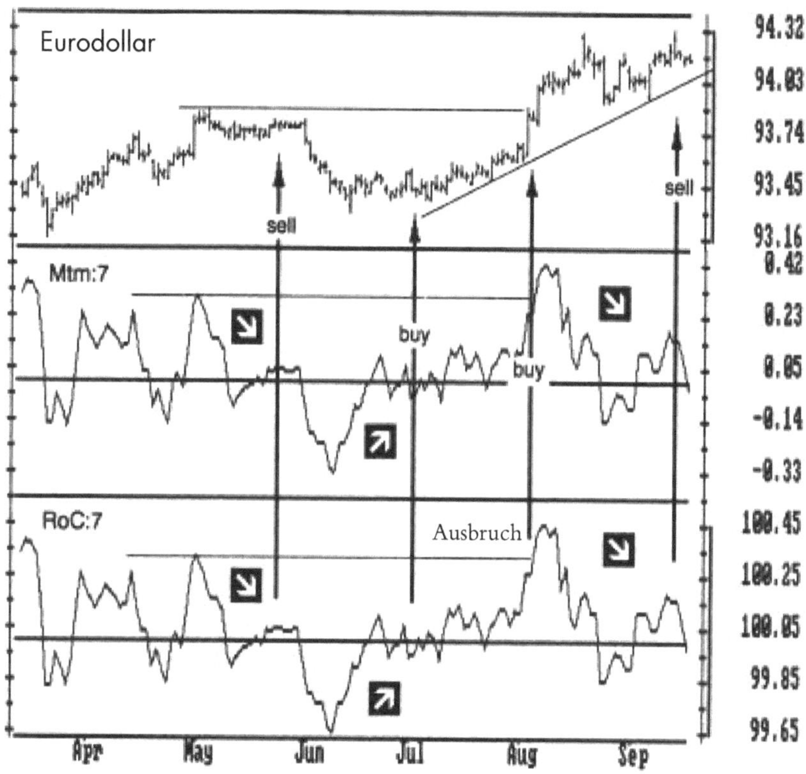

Wenn das Momentum oder der RoC ansteigt, dann bedeutet das, dass sich eine Rallye beschleunigt. Wenn Momentum oder RoC fällt, dann beschleunigt sich ein Abschwung. Spitzen und Bö-den dieser Indikatoren zeigen, wann ein Trend seine Höchstgeschwindigkeit erreicht hat. Sobald Momentum oder RoC die Richtung ändern, können Sie mit dem Count-Down bis zur nächsten Trendwende beginnen. Diese Indikatoren geben ihre besten Signale, wenn sie von den Kursen abweichen (wie auf dem Chart gekennzeichnet).

Momentum und RoC können mit den klassischen Analysemethoden untersucht werden, die oft frühe Tradingsignale geben. Beachten Sie, wie Momentum und RoC im August ihren Widerstand durchbrochen haben – einige Tage vor dem Kursausbruch. An der rechten Seite des Charts weist eine bearishe Abweichung darauf hin, dass ein Aufwärtstrend seine Kraft verliert. Nunmehr sollte man auf Long-Positionen Gewinne mitnehmen und mit einem Sicherheits-Stop einige Ticks über der September-Spitze leer verkaufen.

zu vergleichen, die die wichtigsten Charakteristika des Marktes zeigt, mehr als seine flüchtigen Stimmungen.

Der geglättete RoC vergleicht jede Position eines EMA mit einer Position aus der Vergangenheit, zu einem von Ihnen gewählten Zeitraum. Er vergleicht den durchschnittlichen Massenkonsens von heute mit dem durchschnittlichen Konsens aus der Vergangenheit. Der geglättete RoC verfolgt größere Veränderungen der Bullen und der Bären in der Marktmasse.

TRADINGREGELN

Richtungsänderungen eines geglätteten RoC kennzeichnen oft bedeutsame Marktwendepunkte. Aufschwünge eines geglätteten RoC kennzeichnen bedeutsame Tiefs und seine Abschwünge kennzeichnen bedeutsame Hochs (Abbildung 28-4). Abweichungen zwischen einem geglätteten RoC und den Kursen geben besonders starke Kauf- und Verkaufssignale.

1. *Kaufen Sie, wenn der geglättete RoC von unterhalb seiner Mittellinie nach oben dreht.*
2. *Verkaufen Sie, wenn der geglättete RoC seinen Anstieg stoppt und wieder nach unten dreht. Verkaufen Sie leer, wenn der geglättete RoC über seine Mittellinie nach unten dreht.*
3 *Wenn die Kurse ein neues Hoch erreichen, der geglättete RoC jedoch einen niedrigeren Gipfel beschreibt, dann bedeutet dies, dass die Marktmassen ihre Begeisterung verloren haben, obwohl die Kurse höher sind. Eine bearishe Abweichung zwischen einem geglätteten RoC und Kursen stellt ein deutliches Signal für Leerverkäufe dar.*
4. *Wenn die Kurse auf ein neues Tief fallen, der geglättete RoC jedoch ein höheres Tief zeichnet, bedeutet dies, dass die Marktmassen weniger furchtsam sind, obwohl die Kurse tiefer liegen. Es zeigt, dass der Abwärtsdruck nachgelassen hat, obwohl der Markt tiefer gefallen ist als zuvor. Eine bullishe Abweichung gibt eine starke Empfehlung, Leerverkäufe glattzustellen und zu kaufen.*

Abbildung 28-4

Der geglättete RoC (S-RoC 13/21)

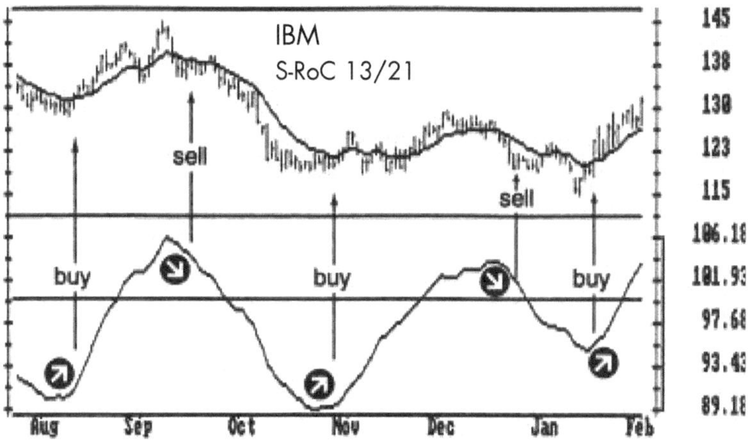

Um diesen Indikator zu erstellen, errechnen Sie einen 13-Tage-EMA der Schlusskurse und aus diesem einen 21-Tage-RoC. Der geglättete RoC fließt normalerweise in leichten Wellen, deren Höhen und Tiefen viele bedeutsame Umkehrpunkte kennzeichnen. Dieser Indikator funktioniert besonders gut in Aktienmärkten, bei Aktiengruppen, aber auch mit einzelnen Aktien.

29 Der Williams %R

Der Williams %R (Wm%R) ist ein einfacher, aber sehr wirksamer Oszillator, der von Larry Williams im Jahr 1973 beschrieben wurde. Er misst die Fähigkeit von Bullen und Bären, die Kurse eines jeden Tages in der Nähe der aktuellen Bandbreite zu schließen. Der Williams %R bestätigt Trends und warnt vor sich nähernden Kehrtwenden.

$$Wm\%R = 100 \cdot \frac{H_r - C}{H_r - L_r}$$

wobei gilt:

r = das vom Trader festgelegte Zeitfenster, beispielsweise 7 Tage

H_r = das höchste Hoch in der festgelegten Zeitspanne, beispielsweise ein 7-Tage-Hoch
L_r = das tiefste Tief in der festgelegten Zeitspanne, beispielsweise ein 7-Tage-Tief
C = der letzte Schlusskurs

Der Williams %R misst die Position eines jeden Schlusskurses in Relation zur letzten Hoch-Tief-Bandbreite. Er drückt den Abstand vom höchsten Hoch zum tiefsten Tief in seinem Zeitfenster als 100 % aus. Er drückt den Abstand vom letzten Schlusskurs zum Hoch dieses Zeitfensters als Prozentsatz der Bandbreite in seinem Zeitfenster aus (siehe Arbeitsblatt, Abbildung 29-1). Der Williams %R ist mit der Stochastik (siehe Abschnitt 30) eng verwandt.

Der Williams %R bewegt sich zwischen 0 und 100 %. Er liegt dann bei 0 % (an der Spitze des Charts gezeichnet), wenn die Bullen die Spitze ihrer Kraft erreichen und die Kurse an der Spitze der Handelsspanne liegen. Er erreicht 100 %, wenn die Bären auf dem Höhepunkt ihrer Macht sind und die Kurse am Tiefpunkt der letzten Handelsspanne liegen.

Hier eine Faustregel für alle Oszillatoren: Wenn Sie Zweifel haben, dann wählen Sie einen kleineren Zeitrahmen. Das ist das Gegenteil der Faustregel, die für trendfolgende Indikatoren gilt: Wenn Sie Zweifel haben, dann wählen Sie einen größeren Zeitrahmen. Oszillatoren mit engen Zeitrahmen helfen Ihnen dabei, kurzfristige Wendepunkte zu erkennen. Wenn Sie mit Zyklen arbeiten, dann sollte der Williams %R die Hälfte eines Zyklus' ausmachen. Ein 7-Tage-Fenster ist für einen Williams %R gut geeignet. Ein Williams %R funktioniert bei Wochencharts gut - benutzen Sie ein 7-Wochen-Zeitfenster.

Horizontale Referenzlinien werden für den Williams %R bei zehn Prozent und bei 90 Prozent gezogen. Wenn der Williams %R überhalb seiner oberen Referenzlinie schließt, dann zeigt dies, dass die Bullen stark sind, der Markt jedoch »überkauft« ist. Wenn der Williams %R unterhalb seiner unteren Referenzlinie schließt, dann zeigt dies, dass die Bären stark sind, der Markt aber »überverkauft« ist.

MASSENPSYCHOLOGIE

Jeder Kurs ist eine augenblickliche Übereinstimmung unter allen Marktteilnehmern über den Wert eines Anlagegutes. Das Hoch der letzten Bandbreite zeigt, wie hoch die Bullen die Preise anheben können – das kennzeichnet ihre Maximalkraft. Das Tief der Bandbreite kennzeichnet die Maximalkraft der Bä-

Abbildung 29-1

Arbeitsblatt: Williams %R

Date	High	Low	Close	Wm%R:7
8/14	362.2	358.2	361.2	
8/15	363.5	360.2	360.4	
8/16	361.6	360.3	361.3	
8/19	366.5	360.4	362.0	
8/20	362.0	355.3	359.3	
8/21	360.4	358.2	360.1	
8/22	359.9	357.4	357.5	80.36
8/23	357.2	355.3	356.7	87.50
8/26	358.6	357.1	358.5	71.43
8/27	358.8	356.9	357.8	77.68
8/28	359.5	356.1	357.3	70.15
8/29	356.4	353.7	354.1	94.03
8/30	351.5	348.5	351.4	74.56
9/03	352.0	349.4	351.6	71.82
9/04	352.3	351.6	351.8	70.00
9/05	350.7	349.8	350.3	83.64
9/06	352.5	349.8	352.3	65.45
9/09	355.9	353.4	354.3	26.58

Der Williams-%R drückt den Abstand des letzten Schlusskurses zur Spitze der 7-Tage-Hoch-Tief-Bandbreite als Prozentsatz der Bandbreite aus. Der Williams %R:7 wird hier berechnet, indem ein 7-Tage-Zeitfenster benutzt wird. Sie können ein längeres oder ein kürzeres Zeitfenster wählen, je nachdem, welchen Trend Sie zu analysieren versuchen.

ren während dieses Zeitraums. Der Schlusskurs ist der wichtigste Wertkonsens des Tages, weil von ihm die Abrechnung der Tradingkonten abhängt.

Der Williams %R vergleicht jeden Schlusskurs mit der letzten Handelsspanne. Er zeigt, ob die Bullen den Markt im oberen Bereich der letzten Bandbreite, oder ob vielleicht die Bären den Markt am unteren Ende der Bandbreite schließen lassen konnten. Der Williams %R misst die Kräfteverteilung zwischen Bullen und Bären am Ende eines Handelstages – im entscheidenden Zeitpunkt an der Börse, wenn Gewinne und Verluste gezählt werden.

Bullen können während des Handelstages die Kurse weiter nach oben treiben oder die Bären können sie weiter nach unten drücken. Der Williams %R zeigt, welche Gruppe in der Lage ist, den Markt zu seinen Gunsten schließen zu lassen. Wenn die Bullen den Markt während einer Rallye nicht in der Nähe einer Spitze schließen lassen können, dann sind sie schwächer als es den Anschein hat. Dies ist eine Gelegenheit short zu gehen. Wenn die Bären während eines Abschwungs nicht in der Lage sind, den Markt in der Nähe des Tiefs schließen zu lassen, dann sind sie schwächer als sie erscheinen. Dies ist eine gute Gelegenheit zu kaufen.

TRADINGREGELN

Der Williams %R gibt drei Arten von Tradingsignalen. Das sind in der Reihenfolge ihrer Bedeutung: bullishe oder bearishe Abweichungen, Failure Swings und die Aussagen über »überkaufte« und »überverkaufte« Märkte (Abbildung 29-2).

DIVERGENZEN

Abweichungen zwischen Kursen und dem Williams %R kommen selten vor. Sie kennzeichnen aber die besten Gelegenheiten, in ein Geschäft einzusteigen. Wenn der Williams %R über seine obere Referenzlinie ansteigt, fällt, und während der nächsten Rallye diese Linie nicht wieder überschreiten kann, dann wird daraus eine bearishe Abweichung. Das zeigt, dass die Bullen ihre Kraft verlieren und der Markt wahrscheinlich fallen wird. Eine bullishe Divergenz kommt dann vor, wenn der Williams %R unter seine untere Referenzlinie fällt, wieder ansteigt und dann nicht wieder unter diese Linie zurückfallen kann, wenn die Kurse wieder sinken. Das zeigt, dass die Bären ihre Kraft verlieren und eine Rallye ansteht.

1. *Wenn Sie eine bullishe Divergenz feststellen, gehen Sie long und setzen unter dem letzten Kurstief einen Sicherheitsstop.*
2. *Wenn Sie eine bearishe Divergenz feststellen, gehen Sie short und setzen über dem letzten Kurshoch einen Sicherheitsstop.*

FAILURE SWINGS

Massen neigen dazu, von einem Extrem ins andere zu fallen. Der Williams %R wendet sich nur sehr selten in der Mitte seines Schwankungsbereichs. Failure

Abbildung 29-2

Der 7-Tage-Williams-%R (Wm%R:7)

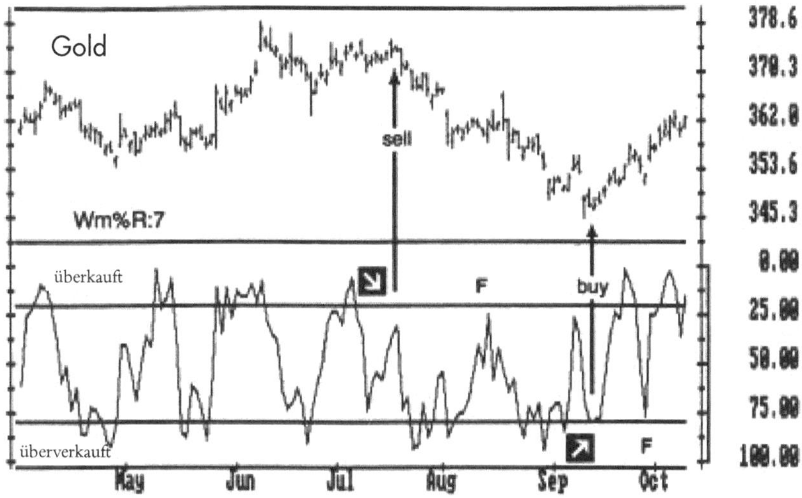

Wenn der Williams %R über seine obere Referenzlinie ansteigt, dann zeigt das, dass der Markt »überkauft« ist. Wenn er unter seine untere Referenzlinie fällt, dann zeigt dies, dass der Markt »überverkauft« ist. Die besten Kauf- und Verkaufssignale werden von Divergenzen gegeben (durch Pfeile gekennzeichnet). Eine bearishe B-Klassen-Divergenz gab im Juli ein Verkaufssignal. Eine bullishe A-Klassen-Divergenz gab im September ein starkes Kaufsignal.

Failure Swings (gekennzeichnet durch den Buchstaben F) ergeben sich dann, wenn der Williams %R sich wendet, ohne seine Referenzlinie erreicht zu haben. Dies geschieht bei Reaktionen während Trends – Failure Swings bestätigen solche Trends. Ein Failure Swing während eines Abwärtstrends im August gab ein starkes Verkaufssignal. Ein Failure Swing während eines Aufwärtstrends im September gab ein starkes Kaufsignal.

An der rechten Seite des Charts drängen sich die Kurse. Wenn der Williams %R kurz unter seine untere Referenzlinie ausschlägt, sollten Sie dies als Kaufgelegenheit ansehen. Verkaufen Sie nicht leer, außer eine bearishe Abweichung wird erkennbar.

Swings kommen dann vor, wenn es dem Williams %R nicht gelingt, während einer Rallye über seine obere Referenzlinie zu steigen oder während eines Abschwungs unter seine untere Referenzlinie zu fallen.

3. *Wenn der Williams %R in der Mitte einer Rallye aufhört anzusteigen und wieder zurückfällt, ohne seine obere Referenzlinie zu erreichen, dann wird daraus ein Failure Swing. Dies zeigt, dass die Bullen besonders schwach sind und es stellt ein Verkaufssignal dar.*
4. *Wenn der Williams %R in der Mitte eines Abschwungs aufhört zu fallen und wieder ansteigt, ohne seine untere Referenzlinie zu erreichen, ist dies ein Failure Swing. Es zeigt, dass die Bären sehr schwach sind und stellt ein Kaufsignal dar.*

„ÜBERKAUFT« UND »ÜBERVERKAUFT«

Wenn die Kurse in der Nähe des oberen Endes ihrer Schwankungsbreite schließen, dann erreicht der Williams %R seine Spitze und wird »überkauft«. Wenn die Kurse in der Nähe des unteren Endes ihrer gegenwärtigen Schwankungsbandbreite schließen, fällt der Williams %R und wird »überverkauft«. Weder die Bullen noch die Bären sind allmächtig. Nur selten gelingt es ihnen, die Kurse in der Nähe der Extrempunkte ihrer gegenwärtigen Schwankungsbandbreite zu schließen, jedenfalls nicht mehrere Tage hintereinander.

5. *Wenn der Williams %R über seine obere Referenzlinie ansteigt, dann kennzeichnet das eine mögliche Marktspitze und gibt ein Verkaufssignal.*
6. *Wenn der Williams %R unter seine untere Referenzlinie fällt, dann stellt dies ein mögliches Markttief dar und gibt ein Kaufsignal.*

Diese »Überkauft«- und »Überverkauft«-Signale arbeiten während flacher Kursausschläge recht gut. Unausgereift und gefährlich werden sie, wenn der Markt in einen Trend eintritt. Der Williams %R kann während einer starken Rallye eine Woche oder länger in der Nähe seiner Spitze bleiben: Seine »Überkauft«-Werte drücken eher Stärke aus, als eine Gelegenheit short zu gehen. Gleichermaßen kann der Williams %R in einem starken Abwärtstrend wochenlang »überverkauft« bleiben und zeigt damit eher Schwäche als eine Kaufgelegenheit an.

„Überkaufte« und »überverkaufte« Werte des Williams %R sollten Sie dann nutzen, wenn Sie den grundsätzlichen Trend erkennen. Nutzen Sie für diesen Zweck langfristig trendfolgende Indikatoren (siehe Abschnitt 43). Wenn ein Wochenchart einen Bullenmarkt anzeigt, dann sollten Sie nur die Kaufsignale des täglichen Williams %R akzeptieren, und nicht short gehen, wenn er ein Verkaufssignal gibt. Wenn ein Wochenchart einen Bärenmarkt anzeigt, dann sollten Sie leer verkaufen, wann immer der tägliche Williams %R Ihnen ein Verkaufssignal gibt, aber nie long gehen, wenn er »überverkauft« wird.

30 Stochastik

Die Stochastik ist ein Oszillator, der von George Lane bekannt gemacht wurde. Sie ist nun in vielen Softwareprogrammen enthalten und wird von Tradern, die einen Computer benutzen, auch sehr häufig angewendet. Die Stochastik verfolgt das Verhältnis eines jeden Schlusskurses zur letzten Hoch-Tief-Spanne. Die Stochastik ist komplexer als der Williams %R. Sie enthält einige Schritte, um »Nebengeräusche« herauszufiltern und falsche Signale auszumerzen. Die Stochastik besteht aus zwei Kurven, einer schnellen Kurve, die wir %K nennen, und einer langsamen Kurve, die wir %D nennen.

Im ersten Schritt berechnen wir die Rohstochastik oder %K.

$$\%K = \frac{C_{tod} - L_n}{H_n - L_n} \cdot 100$$

wobei gilt:

C_{tod} = heutiger Schlusskurs
L_n = der tiefste Punkt in einem festgelegten Zeitraum
H_n = der höchste Punkt in einem festgelegten Zeitraum

Die Standardweite für das Zeitfenster einer Stochastik ist fünf Tage, obwohl einige Trader viel höhere Werte einsetzen. Ein enges Zeitfenster kann zwar mehrere Wendepunkte entdecken, ein weiteres Zeitfenster hilft jedoch, die wichtigen Wendepunkte auszumachen.

Der zweite Schritt ist, den %D zu errechnen. Das geschieht dadurch, dass der %K geglättet wird – im Allgemeinen über eine 3-Tage-Zeitspanne hinweg. Das kann auf verschiedene Art und Weise gemacht werden, beispielsweise auch so:

$$\%D = \frac{\text{3-Tage-SuNmme von } (C_{tod} - L_n)}{\text{3-Tage-Summe von } (H_n - L_n)} \cdot 100$$

Es gibt zwei Möglichkeiten stochastische Kurven zu zeichnen: schnell und langsam. Die schnelle Stochastik besteht aus zwei Kurven, %K und %D, die beide auf den gleichen Chart gezeichnet werden. Die schnelle Stochastik reagiert sehr sensibel auf Marktwenden, führt aber auch zu vielen »Sägen«. Viele Trader ziehen die weniger sensible, langsame Stochastik vor. Hier wird der %D der schnellen Stochastik zu %K der langsamen Stochastik und wird dadurch geglättet, dass der zweite Schritt wiederholt wird, um den %D der langsamen Stochastik zu erhalten. Die langsame Stochastik kann die Nebengeräusche des Markts besser herausfiltern und führt zu weniger »Sägen« (hektische Ausschläge). Eine langsame Stochastik aus fünf Balken (die über einen 3-Tages-Zeitraum geglättet werden) ist bei den Tradern sehr beliebt (siehe Arbeitsblatt, Abbildung 30-1).

Eine Stochastik hat ihre Werte zwischen 0 und 100. Referenzlinien werden bei 20 und 80 Prozent-Ebenen gezogen, um »überkaufte« und »überverkaufte« Bereiche zu kennzeichnen. Die langsame Stochastik erreicht nur selten die gleichen Extremwerte wie der Wiliams %R.

MASSENPSYCHOLOGIE

Jeder Kurs ist der Wertkonsens aller Marktteilnehmer im Augenblick einer Transaktion. Die täglichen Schlusskurse sind deshalb wichtig, weil von ihnen die Abrechnungen auf dem Handelskonto abhängen. Das Hoch einer jeden Zeitspanne kennzeichnet die Maximalkraft der Bullen während dieser Zeit. Das Tief dieser Zeitspanne zeigt die Maximalkraft der Bären während dieser Zeit.

Die Stochastik misst die Fähigkeit von Bullen oder Bären, den Markt in der Nähe des oberen Endes oder des unteren Endes der aktuellen Handelsspannbreite zu schließen. Wenn die Kurse ansteigen, dann tendieren die Märkte dahin, in der Nähe des Hochs zu schließen. Wenn die Bullen während eines Tages zwar in der Lage sind, die Kurse anzuheben, aber sie nicht in der Nähe der Spitze zu schließen, dann wendet sich die Stochastik nach unten. Das zeigt, dass die Bullen schwächer sind, als es den Anschein hat, und es stellt ein Verkaufssignal dar.

Die Tageskurse neigen dazu, in Abwärtstrends an den Tiefpunkten zu schließen. Wenn ein Balken in der Nähe ihres Hochs schließt, dann zeigt dies, dass die Bären die Kurse nur den Tag über drücken können, sie aber nicht unten halten können. Ein Aufschwung der Stochastik zeigt, dass die Bären schwächer sind, als es den Anschein hat und gibt ein Kaufsignal.

Abbildung 30-1

Arbeitsblatt Stochastik

Schweizer Franken

Date	High	Low	Close	% K:5	%D:5	Slow %D
9/16	68.07	67.24	67.83			
9/17	68.22	67.79	67.97			
9/18	67.61	66.81	67.36			
9/19	67.52	67.02	67.25			
9/20	67.57	66.87	67.50	48.94		
9/23	68.21	67.89	68.04	87.23		
9/24	68.53	67.48	67.64	48.26	60.57	
9/25	67.87	67.57	67.71	50.60	60.54	
9/26	67.97	67.48	67.58	42.77	47.22	56.11
9/27	68.30	67.37	68.23	74.14	53.79	53.85
9/30	68.49	68.25	68.37	86.21	64.57	55.20

- Der %K der schnellen Stochastik ist dem Williams-%R sehr ähnlich.
- Den %D der schnellen Stochastik erhält man, wenn man den %K über einen 3-Tages-Zeitraum hinweg glättet.
- Der %D der schnellen Stochastik wird zum %K einer langsamen Stochastik und wird noch einmal geglättet, um den %D einer langsamen Stochastik zu erhalten.

Die meisten Trader benutzen Computer, um die Stochastik zu konstruieren. Welche Weite das stochastische Zeitfenster hat, hängt davon ab, welchen Trend Sie erkennen wollen. Eine sehr kurzfristige Stochastik (fünf Tage oder ähnlich) hilft, kurzfristige Veränderungen festzustellen. Eine längere Stochastik (14 bis 21 Tage) ist hilfreich, um signifikantere Marktbewegungen zu erkennen.

TRADINGREGELN

Die Stochastik zeigt, wann Bullen oder Bären stärker oder schwächer werden. Diese Information hilft Ihnen zu entscheiden, ob die Bullen oder die Bären die augenblickliche Kursschlacht auf dem Markt gewinnen. Sie sollten mit den Siegern und gegen die Verlierer anlegen.

Die Stochastik gibt drei verschiedene Arten von Tradingsignalen, die in der Reihenfolge ihrer Bedeutung aufgeführt werden: Divergenzen, das Niveau der stochastischen Kurven, und ihre Richtung (Abbildung 30-2).

Abweichungen

Die stärksten Kauf- und Verkaufssignale der Stochastik werden von Abweichungen zwischen Indikatoren und Kursen gegeben.

1. *Eine bullishe Abweichung liegt dann vor, wenn die Kurse auf ein neues Tief fallen, aber die stochastische Kurve einen höheren Boden anzeigt als während des vorangehenden Abschwungs. Dies zeigt, dass die Bären an Kraft verlieren und die Kurse wegen ihrer Trägheit weiterhin fallen. Sobald eine Stochastik von ihrem zweiten Boden aus nach oben geht, stellt dies ein starkes Kaufsignal dar: gehen Sie long und setzen Sie unter dem letzten Tief einen Stop. Die besten Kaufsignale erscheinen dann, wenn der erste Boden unter der unteren Referenzlinie liegt und der zweite Boden darüber.*
2. *Eine bearishe Abweichung liegt dann vor, wenn die Kurse sich auf ein neues Hoch schwingen, aber die Stochastik eine tiefere Spitze zeichnet als während der vorangehenden Rallye. Das zeigt, dass die Bullen schwächer werden und die Kurse wegen ihrer Trägheit weiterhin steigen. Sobald eine Stochastik von ihrer zweiten Spitze fällt, gibt dies ein Verkaufssignal: gehen Sie short und setzen Sie über dem letzten Kursgipfel einen Sicherheitsstop. Die besten Verkaufssignale liegen dann vor, wenn die erste Spitze über der oberen Referenzlinie liegt und die zweite darunter.*

»Überkauft« und »Überverkauft«

Wenn eine Stochastik über ihre obere Referenzlinie ansteigt, dann zeigt dies an, dass der Markt »überkauft« ist. »Überkauft« bedeutet zu hoch, und jederzeit bereit, wieder abwärts zu gehen. Wenn die Stochastik unter ihre untere Referenzlinie fällt, dann zeigt dies, dass der Markt »überverkauft« ist. »Überverkauft« bedeutet zu niedrig, und bereit, wieder nach oben zu gehen.

Diese Signale funktionieren in einer Trading-Range hervorragend, aber nicht, wenn der Markt einen Trend entwickelt. In Aufwärtstrends wird eine Stochastik sehr schnell »überkauft« und gibt fortwährend Verkaufssignale, während der Markt noch weiterhin ansteigt. In Abwärtstrends wird die Stochastik schnell »überverkauft« und gibt andauernd verfrühte Kaufsignale. Es zahlt sich

Abbildung 30-2

Eine langsame 5-Tage-Stochastik

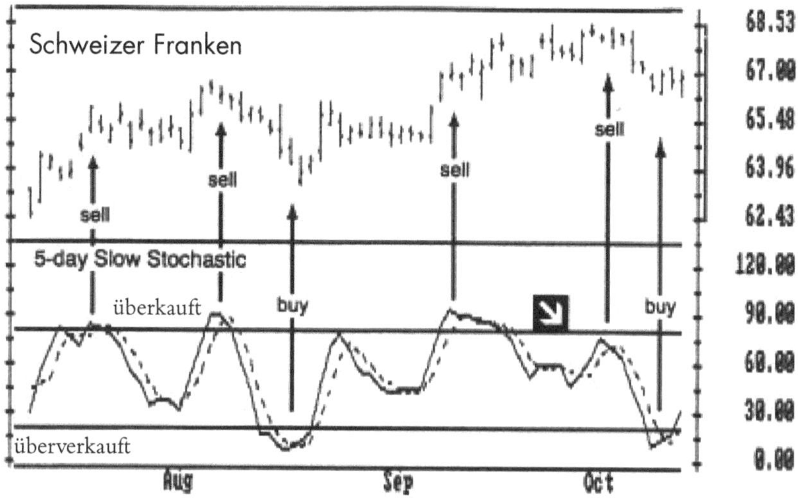

Stochastikkurven helfen, Spitzen- und Bodenzonen zu erkennen, wenn sie über oder unter ihren Referenzlinien liegen. Diese Signale funktionieren in Trading-Ranges gut, sind aber verfrüht, wenn ein neuer Trend beginnt (siehe Anfang September). Die Stochastik gibt ihre besten Signale, wenn sie von den Kursen abweicht. Anfang Oktober sehen Sie eine bearishe A-Klassenabweichung, kurz vor einem scharfen Kurseinbruch.

Wenn Sie die Stochastik benutzen und long oder short gehen, dann sollten Sie sofort unter dem letzten kleineren Tief oder über dem letzten kleineren Hoch einen Sicherheitsstop setzen. An der rechten Seite des Charts sehen Sie ein Kaufsignal – nun ist es an der Zeit, Leerverkäufe glattzustellen und zu kaufen.

aus, die Stochastik mit einem langfristig trendverfolgenden Indikator in Verbindung zu bringen (siehe Abschnitt 43). Das Triple-Screen-Tradingsystem gestattet den Tradern, Kaufsignale aus einer Tagesstochastik nur anzunehmen, wenn der Wochentrend nach oben gerichtet ist. Wenn der Wochentrend nach unten geht, dann gestattet er den Tradern, nur Verkaufssignale aus einer Tagesstochastik zu entnehmen.

3. *Wenn Sie auf einem Wochenchart einen Aufwärtstrend erkennen, dann warten Sie, bis die Kurven der Tagesstochastik unter ihre unteren Refe-*

renzlinien fallen. Dann sollten Sie, ohne auf ihre Überschneidung oder eine Aufwärtswendung zu warten, sofort eine Kauforder über dem Hoch des letzten Kursbalkens geben. Wenn Sie einmal long sind, setzen Sie unter dem Tief des Vortages oder dem Tagestief einen Sicherheitsstop, je nachdem, welcher tiefer liegt.

Die Form eines stochastischen Bodens zeigt oft an, ob eine Rallye stark oder schwach sein wird. Wenn der Boden eng und flach ist, dann zeigt es, dass die Bären schwach sind und die Rallye voraussichtlich stark sein wird. Wenn er steil und weit ist, dann zeigt das, dass die Bären stark sind und die Rallye voraussichtlich schwach sein wird. Sie sollten nur auf starke Kaufsignale eingehen.

4. *Wenn Sie auf einem Wochenchart einen Abwärtstrend erkennen, dann sollten Sie warten, bis die stochastischen Kurven über ihre obere Referenzlinie ansteigen. Dann sollten Sie, ohne auf ihre Überschneidung oder eine Abwärtswendung zu warten, eine Verkaufsorder kurz unter dem Tief des letzten Kursbalkens geben. Zu der Zeit, wenn sich die stochastischen Linien überschneiden, ist der Markt oft schon in freiem Fall. Wenn Sie einmal short sind, setzen Sie über dem Hoch des Handelstages oder des vorangehenden Tages einen Sicherheitsstop, je nachdem, welches höher ist.*

Die Form von stochastischen Spitzen zeigt oft an, ob ein Abschwung steil oder eher flach sein wird. Eine enge Spitze in der Stochastik zeigt, dass die Bullen schwach sind und ein schwerer Absturz möglich ist. Eine stochastische Spitze, die hoch und weit verläuft, zeigt, dass die Bullen stark sind – es ist besser, auf dieses Signal nicht zu reagieren.

5. *Kaufen Sie nicht, wenn die Stochastik »überkauft« ist, und verkaufen Sie nicht leer, wenn sie »überverkauft« ist. Diese Regel verhindert die meisten schlechten Geschäfte.*

Die Richtung der Kurve

Wenn beide stochastischen Kurven in die gleiche Richtung verlaufen, dann bestätigen sie den kurzfristigen Trend. Wenn die Kurse ansteigen und beide stochastischen Linien ansteigen, dann wird sich der Aufwärtstrend voraussichtlich fortsetzen. Wenn die Kurse fallen und beide stochastischen Linien fallen, dann wird sich der kurzfristige Abwärtstrend wahrscheinlich fortsetzen.

Mehr über Stochastik

Die Stochastik kann in jedem Zeitrahmen genutzt werden: in wöchentlichen, täglichen oder stündlichen Zeitrahmen. Wöchentliche Stochastiken ändern ihre Richtung im Allgemeinen eine Woche vor dem wöchentlichen MACD-Histogramm. Wenn die Wochenstochastik ihren Kurs ändert, dann ist das für Sie ein Warnsignal, dass das trendfolgende MACD-Histogramm wahrscheinlich in der nächsten Woche auch seinen Kurs ändern wird. Das bedeutet, dass Sie Ihre Stops näher ziehen oder beginnen sollten, Ihre Gewinne mitzunehmen.

Die Auswahl der Weite eines stochastischen Zeitfensters ist sehr wichtig. Kurzfristige Oszillatoren sind sensibler. Langfristige Oszillatoren wenden sich nur an bedeutsamen Spitzen und Böden. Wenn Sie die Stochastik als alleinigen Oszillator nutzen, dann sollten Sie ein längeres Zeitfenster wählen. Wenn Sie die Stochastik als einen Teil eines Tradingsystems nutzen, zusammen mit trendfolgenden Indikatoren, dann ist ein kürzeres, stochastisches Zeitfenster vorzuziehen.

Eine sehr raffinierte Art und Weise, die Stochastik zu nutzen, wurde von Jakob Bernstein bekannt gemacht und wird stochastischer Pop genannt. Wenn die Stochastik über seine obere Referenzlinie ansteigt, dann deutet das auf Stärke hin. Sie können für eine schnelle Rallye einsteigen und sofort wieder verkaufen, wenn die Stochastik wieder nach unten geht. Dieses Signal kann dabei helfen, die letzten Spritzer einer bullishen Welle mitzubekommen.

Die Stochastik ist eines der beliebtesten Werkzeuge in automatischen Tradingsystemen. Die Entwickler solcher Systeme, die modernen Alchimisten, versuchen, die Stochastik in einer rein mechanischen Art und Weise zu benutzen, kaufen und verkaufen, wenn die beiden stochastischen Linien sich kreuzen. Sie lassen die Stochastik allerdings schnell fallen, wenn keine magischen Resultate hervorgebracht werden. Aufgrund der Überschneidungen der stochastischen Linien Geschäfte abzuschließen, ist nicht besonders gewinnbringend. Ganz gleich, wie sehr Sie sie optimieren, denn die Stochastik arbeitet in einem Trend anders als in einer Trading-Range.

31 Der Relative-Stärke-Index (RSI)

Der Relative-Stärke-Index (RSI) ist ein Oszillator, der von J. Wallace Wilder entwickelt wurde. Der RSI ist in den meisten Softwarepaketen enthalten. Der RSI misst die Stärke eines jeden Wertpapiers, indem er die Veränderungen in ihrer Schlusskurse verfolgt. Er kann ein vorauseilender oder ein zeitgleich auftretender Indikator sein – niemals jedoch kommt er zu spät.

$$\text{RSI} = 100 - \frac{100}{1 + \text{RS}}$$

$$\text{RS} = \frac{\text{Durchschnitt der netto Aufwärts-Veränderungen in einem best. Zeitrahmen}}{\text{Durchschnitt der netto Abwärts-Veränderungen im gleichen Zeitraum}}$$

Das Muster der RSI-Gipfel und -Täler ändert sich nicht, wenn man die Weite des Zeitfensters verändert. Die Tradingsignale werden in einem kürzeren RSI mit beispielsweise sieben oder neun Tagen deutlich sichtbar. Die meisten Trader benutzen Computer, um den RSI zu berechnen und auszudrucken. Der RSI für sieben Tage wird in den folgenden Schritten berechnet:

1. Besorgen Sie sich die Schlusskurse der letzten sieben Tage.
2. Suchen Sie alle Tage heraus, an denen der Markt höher schloss als am Vortag, und addieren Sie die Beträge der Zunahmen. Dividieren Sie diese Summe durch sieben, dann erhalten Sie die durchschnittlichen Veränderungen in der Aufwärtsbewegung.
3. Suchen Sie alle Tage, an denen der Markt niedriger als am Vortag geschlossen hat, und addieren Sie die Beträge der Abnahmen. Dividieren Sie diese Summe durch sieben, und dann erhalten Sie die durchschnittliche Veränderung der Schlusskurse in der Abwärtsbewegung.
4. Dividieren Sie die durchschnittliche Veränderung der Aufwärtsbewegung durch die durchschnittlichen Veränderungen der Abwärtsbewegungen, dann erhalten Sie die Relative Stärke. Setzen Sie die Relative Stärke in die obige Formel ein, dann erhalten Sie den Relativen-Stärke-Index (RSI).
5. Wiederholen Sie dieses Verfahren täglich (siehe Arbeitsblatt, Abb. 31-1).

Wenn Sie den RSI »zu Fuß« errechnen, dann können Sie eine Abkürzung nehmen. Wenn Sie einmal die Daten für sieben Tage errechnet haben, dann ersetzen Sie die Schritte zwei und drei an allen folgenden Tagen:

2. Multiplizieren Sie die durchschnittlichen Veränderungen der aufwärtsgerichteten Schlusskurse vom Vortag mit sechs, und addieren Sie die heutige Änderung des aufwärtsgerichteten Schlusskurses dazu, und dividieren das

Abbildung 31-1

Der 7-Tage-Relative-Stärke-Index (Arbeitsblatt)

Date	Close	UpAvg:7	DownAvg:7	RSI:7
10/29	77.34			
10/30	78.02			
10/31	77.71			
11/1	78.45			
11/2	79.15			
11/5	79.91			
11/6	79.63			
11/7	79.99	0.4629	0.0843	84.60
11/8	79.96	0.3967	0.0765	83.83
11/9	79.94	0.3401	0.0685	83.24
11/12	79.96	0.2943	0.0587	83.38
11/13	79.76	0.2523	0.0789	76.18
11/14	80.09	0.2634	0.0676	79.58
11/15	79.72	0.2258	0.1108	67.08
11/16	80.10	0.2478	0.0950	72.29

Zunächst errechnen Sie die durchschnittlichen Aufwärtsschlusskurse und die durchschnittlichen Abwärtsschlusskurse der letzten sieben Tage. Setzen Sie die Ergebnisse in die RSI-Formel ein und benutzen Sie danach die Kalkulationsabkürzung, wie sie im Text angegeben ist.

Ganze durch sieben. Das ist dann Ihre neue durchschnittliche Veränderung der aufwärtsgerichteten Schlusskurse.

3. Multiplizieren Sie den Durchschnitt der Veränderungen der abwärtsgerichteten Schlusskurse von gestern mit sechs, addieren Sie den heutigen Unterschied des abwärtsgerichteten Schlusskurses, wenn einer vorhanden ist, und dividieren Sie das Ganze durch sieben. Dies ist dann Ihre neue durchschnittliche Veränderung der abwärtsgerichteten Schlusskurse. Machen Sie dann mit Schritt vier weiter (siehe oben).

Der RSI bewegt sich zwischen 0 und 100. Wenn der RSI einen Gipfel erreicht und wieder abwärts geht, dann stellt dies eine Spitze dar. Wenn der RSI fällt und danach wieder nach oben geht, stellt dies einen Boden dar. Diese Wechsel vollziehen sich in unterschiedlichen Märkten oder sogar im selben Markt auf unterschiedlichen Ebenen, je nachdem, ob Bullen oder Bären den Markt beherrschen.

»Überkaufte« und »überverkaufte« Ebenen variieren von Markt zu Markt und von Jahr zu Jahr. Es gibt keine magischen Ebenen, die alle Spitzen und Böden kennzeichnen. »Überkauft«- und »Überverkauft«-Signale sind wie die warmen und kalten Ablesungen auf einem Thermometer. Dieselbe Temperatur hat im Sommer oder im Winter eine völlig unterschiedliche Bedeutung.

Die horizontalen Referenzlinien müssen über den höchsten Gipfeln und unter den tiefsten Tälern des RSI liegen. Sie werden oft bei 30 und bei 70 gezogen. Einige Trader benutzen 40/80-Ebenen in Bullenmärkten oder 20/60-Ebenen in Bärenmärkten. Nutzen Sie die Fünf-Prozent-Regel. Ziehen Sie jede Linie auf der Ebene, jenseits derer der RSI weniger als fünf Prozent seiner Zeit in den letzten sechs Monaten verbracht hat. Aktualisieren Sie die Referenzlinien einmal alle drei Monate.

MASSENPSYCHOLOGIE

Jeder Kurs stellt den Wertkonsens aller Marktteilnehmer im Augenblick einer Transaktion dar. Schlusskurse sind der bedeutendste Konsens des Tages, weil die Abrechnung der Tradingkonten davon abhängt. Wenn der Markt höher schließt, dann machen die Bullen Geld und die Bären verlieren es. Wenn der Markt tiefer schließt, machen die Bären Geld und die Bullen verlieren es.

Die meisten Trader in allen Märkten achten mehr auf die Schlusskurse als auf jeden anderen Kurs. In den Futures-Märkten wird das Geld von den Konten der Verlierer am Ende jedes Handelstages auf die der Gewinner umgebucht. Der RSI zeigt, ob am Ende eines Handelstages die Bullen oder die Bären stärker sind – das Ende des Handelstages ist die entscheidende Zeit – die Zeit des Kassensturzes.

TRADINGREGELN

Der RSI gibt drei Arten von Tradingsignalen. Das sind in der Reihenfolge ihrer Bedeutung: Abweichungen, Chartmuster, und die Ebene des RSI.

BULLISHE UND BEARISHE ABWEICHUNGEN

Divergenzen zwischen dem RSI und den Kursen geben die stärksten Kauf- und Verkaufssignale. In der Regel kommen sie an bedeutsamen Spitzen und

Abbildung 31-2

Der Relative-Stärke-Index für sieben Tage

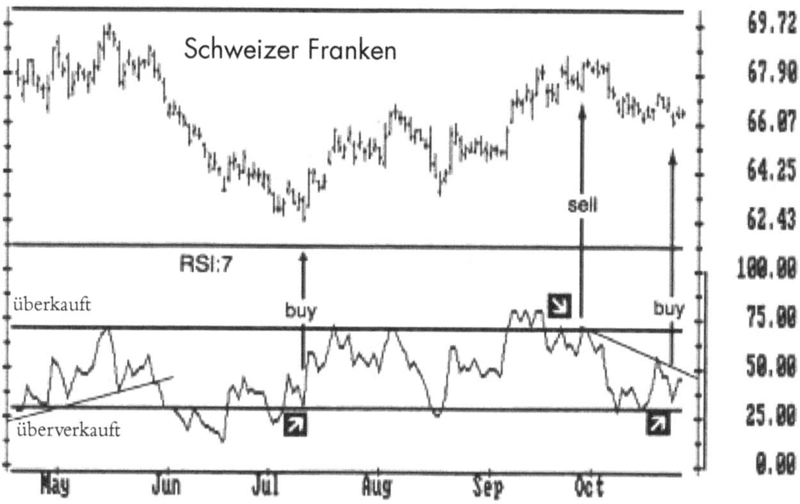

Der RSI gibt Ihnen die besten Tradingsignale, wenn er von den Kursen abweicht. Seine stärksten Abweichungen sind die, in denen die Kurse auf ein neues Hoch ansteigen oder auf ein neues Tief fallen, während es dem RSI nicht gelingt, seine Referenzlinie zu durchbrechen.

Der RSI durchbricht seine Trendlinien meist bevor die Kurse ihre Trendlinien durchbrechen. Zusätzlich zu den Punkten, die im Chart markiert sind, können Sie einige weitere Beispiele auf diesem Chart finden, wo der Durchbruch von RSI-Trendlinien Wendepunkte im Schweizer Franken anzeigt. An der rechten Seite des Charts wird, sobald der RSI über seine Trendlinie ansteigt, eine bullishe Abweichung bestätigt und ein starkes Kaufsignal gegeben.

Böden vor. Sie zeigen, wann der Trend schwach wird und bereit ist, sich zu wenden (Abbildung 31-2).

1. *Bullishe Divergenzen geben Kaufsignale. Sie liegen dann vor, wenn die Kurse auf ein neues Tief fallen, aber der RSI einen flacheren Boden zeichnet als während seines letzten Abschwungs. Kaufen Sie, sobald der RSI von seinem zweiten Boden nach oben geht, und setzen Sie unter dem letzten kleinen Kurstief Ihren Sicherheitsstop. Kaufsignale sind dann beson-*

ders stark, wenn der erste RSI-Boden unterhalb seiner unteren Referenzlinie liegt, der zweite Boden über dieser Linie.

2. *Bearishe Divergenzen geben Verkaufssignale. Sie liegen dann vor, wenn die Kurse auf einen neuen Gipfel ansteigen, aber der RSI nur ein niedrigeres Hoch erreicht als während der letzten Rallye. Verkaufen Sie leer, sobald der RSI von seiner zweiten Spitze nach unten geht und setzen Sie über dem letzten kleinen Hoch Ihren Sicherheitsstop. Verkaufssignale sind dann besonders stark, wenn das erste RSI hoch über seiner oberen Referenzlinie liegt und die zweite Spitze darunter.*

Chartmuster

Die klassischen Chartmethoden funktionieren mit dem Relativen-Stärke-Index besser als mit anderen Indikatoren. Trendlinien, Unterstützung und Widerstand und Kopf-Schulter-Formationen funktionieren mit dem RSI sehr gut. Der RSI schließt diese Formationen oft einige Tage ab, bevor die Kurse diese abschließen, und gibt damit Hinweise auf voraussichtliche Trendänderungen. Beispielsweise werden RSI-Trendlinien ein oder zwei Tage vor Kurstrendlinien durchbrochen.

3. *Wenn der RSI seine Abwärtstrendlinie durchbricht, dann sollten Sie eine Kauforder über der Kurs-Trendlinie platzieren, um einen Aufwärtsausbruch nicht zu versäumen.*
4. *Wenn der RSI seine Aufwärtstrendlinie durchbricht, dann sollten Sie einen Auftrag für Leerverkäufe unterhalb der Kurstrendlinie geben, um bei einem Abwärtsausbruch dabei zu sein.*

RSI-Ebenen

Wenn der RSI über seine obere Referenzlinie ansteigt, dann zeigt das, dass die Bullen stark sind, der Markt jedoch ist »überkauft« und kommt in eine Verkaufszone. Wenn der RSI unter seine untere Referenzlinie fällt, dann zeigt dies, dass die Bären stark sind, der Markt jedoch »überverkauft« ist und vor einer Kaufzone steht.

Wenn Sie die »Überverkauft«-Signale eines Tages-RSI nutzen, dann sollten Sie nur kaufen, wenn der wöchentliche Trend nach oben gerichtet ist. Gleichermaßen sollten Sie bei Verkaufssignalen des RSI nur dann leer verkaufen, wenn der wöchentliche Trend abwärtsgerichtet ist (siehe Abschnitt 43).

5. *Kaufen Sie, wenn der RSI unter seine untere Referenzlinie fällt und dann wieder über sie hinaus ansteigt.*
6. *Verkaufen Sie leer, wenn der RSI über seine obere Referenzlinie ansteigt und sie dann wieder unterschreitet.*

Mehr über den RSI

Einige Trader versuchen aus den RSI-Formationen tiefere Bedeutungen herauszulesen. Einige Analysten haben Formationen beschrieben, die sie positive und negative Umkehrpunkte nannten, von denen sie behaupteten, dass man das Ausmaß einer jeden Kursbewegung voraussagen könne, wenn man RSI-Formationen benutzt. Bisher gab es keine Berichte über außerordentliche Erfolge, wenn man solche Formationen benutzt, außer von denen, die diese Methode vertreten.

Kapitel V

Wichtiges, das oft vergessen wird

32 Umsatz

Der Umsatz kennzeichnet die Aktivitäten von Tradern und Investoren. Immer wenn ein Umsatz getätigt wird, dann bedeutet das, dass zwei Personen etwas getan haben: Ein Trader hat einen Anteil verkauft und ein anderer hat einen Anteil gekauft oder ein Trader kauft einen Kontrakt und ein anderer verkauft einen Kontrakt. Der Tagesumsatz ist die Anzahl der Kontrakte oder Anteile, die an einem Tag gehandelt wurden.

Die Trader zeichnen den Umsatz normalerweise als ein Histogramm auf – als senkrechte Balken, deren Höhe den Umsatz eines jeden Tages wiedergibt (Abbildung 32-1). Die Umsatzkurve wird im Allgemeinen unter der Preiskurve aufgezeichnet. Veränderungen im Umsatz zeigen, wie Bullen und Bären auf Kursschwünge reagieren. Veränderungen im Umsatz lassen Vermutungen zu, ob Trends sich fortsetzen oder wenden werden.

Einige Trader nehmen den Umsatz nicht zur Kenntnis. Sie glauben, dass die Kurse bereits alle Informationen beinhalten, die dem Markt zugänglich sind. Sie sagen: »Man macht Geld mit Kursen und nicht mit Umsätzen.« Andererseits wissen Profis, dass die Umsatzanalyse helfen kann, die Märkte besser zu verstehen und sie deshalb bessere Abschlüsse tätigen können. Es gibt drei Möglichkeiten, den Umsatz zu messen:

1. Die tatsächliche Anzahl der Anteile oder Kontrakte, die gehandelt werden. Beispielsweise gibt die New-York-Stock-Exchange ihren Umsatz auf diese Weise an. Das ist die objektivste Art und Weise, den Umsatz zu messen.
2. Die Zahl der Abschlüsse, die stattgefunden haben. So gibt beispielsweise die Londoner Börse ihren Tagesumsatz an. Diese Methode ist weniger objektiv, denn sie unterscheidet nicht zwischen einem Abschluss über 100 Anteile und einem über 5.000 Anteile.
3. Der Tick-Umsatz ist die Anzahl der Kursänderungen während einer bestimmten Zeit, beispielsweise innerhalb von zehn Minuten oder innerhalb einer Stunde. Er wird deshalb Tick-Umsatz genannt, weil die meisten Veränderungen einem Tick entsprechen. Die meisten Futures-Börsen in den USA geben während eines Tages keinen Umsatz an, und die Day Trader benutzen statt dessen den Tick-Umsatz.

Der Umsatz gibt die Aktivitäten von Käufern und Verkäufern wieder. Wenn Sie den Umsatz zwischen zwei Märkten vergleichen, dann werden Sie sehen, welcher von beiden aktiver oder flüssiger ist. In flüssigen Märkten werden Sie wahrscheinlich weniger Slippage bezahlen müssen als in dünnen, umsatzschwachen Märkten.

MASSENPSYCHOLOGIE

Der Umsatz reflektiert den Umfang des finanziellen und emotionalen Engagements ebenso wie die Schmerzen der Marktteilnehmer. Ein Handel beginnt mit finanziellen Absichten zweier Personen. Die Entscheidung zu kaufen oder zu verkaufen kann zwar rational sein, aber der Kauf- oder Verkaufsakt selbst erzeugt bei den meisten Menschen ein emotionales Engagement. Käufer und Verkäufer wollen unbedingt Recht behalten. Sie schreien auf dem Markt, sie beten oder sie benutzen Glücksbringer. Der Umsatz gibt den Umfang Ihres emotionalen Engagements wieder.

Jeder Tick nimmt den Verlierern Geld und gibt es den Gewinnern. Wenn die Kurse steigen, machen diejenigen Geld, die long gegangen sind, und diejenigen, die short gegangen sind, verlieren. Wenn die Kurse fallen, gewinnen diejenigen, die short gegangen sind, und diejenigen, die Long-Positionen haben, verlieren. Gewinner sind glücklich und freuen sich, während die Verlierer niedergeschlagen und verärgert sind. Wann immer sich die Kurse bewegen, erleidet ungefähr die Hälfte aller Trader Schmerzen. Wenn die Kurse steigen, leiden die Bären, und wenn die Kurse fallen, leiden die Bullen. Je größer der Umsatzzuwachs, um so größere Schmerzen gibt es in den Märkten.

Trader reagieren auf Verluste wie Frösche auf heißes Wasser. Wenn Sie einen Frosch in einen Topf mit kochendem Wasser werfen, dann wird er sterben. Wenn Sie aber einen Frosch in kaltes Wasser setzen und es langsam erhitzen, dann kann er überleben. Wenn ein plötzlicher Kurswechsel die Trader trifft, dann trennen sie sich von Verlustpositionen. Die gleichen Verlierer können aber sehr geduldig sein, wenn sich ihre Verluste nur langsam auftürmen.

In einem müden Markt können Sie viel Geld verlieren, beispielsweise bei Getreide, wo eine Bewegung um einen Cent Sie fünfzig Dollar kostet. Wenn das Getreide sich täglich nur um ein paar Cents im Kurs verändert, dann ist der Schmerz leicht zu ertragen. Wenn Sie jedoch dabeibleiben, dann verursachen die Pennies bald Tausende von Dollar an Verlusten. Krasse Bewegungen bringen Verlierer andererseits dazu, ihre Verluste in einer Panik zu begrenzen. Wenn die Schwächlinge richtig gebeutelt wurden und verschwunden sind, dann ist der Markt bereit, sich umzukehren. Bei bescheidenen Umsätzen können

Abbildung 32-1

Umsatz

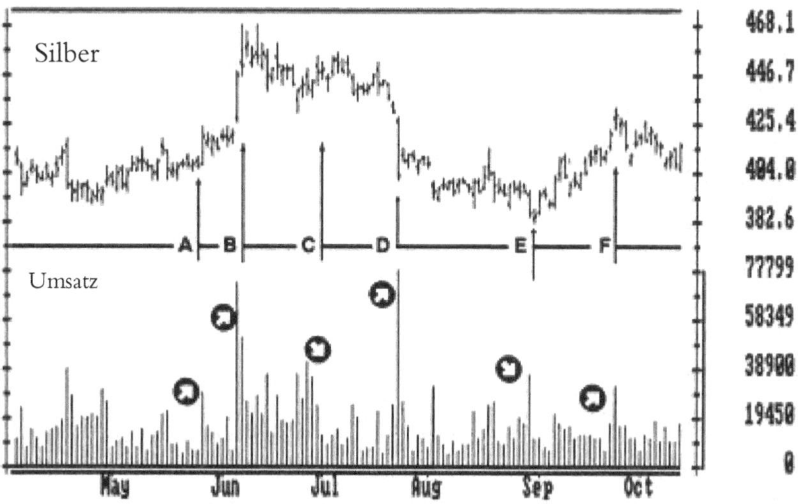

Um den Umsatz interpretieren zu können, müssen Sie seine Veränderungen mit den Kursänderungen in Verbindung bringen:

A. Eine Zunahme im Umsatz während eines Aufwärtstrends zeigt an, dass die Kurse steigen werden. Kaufen Sie oder verbessern Sie Ihre Long-Positionen.
B. Die Kurse explodieren, wenn sich der durchschnittliche Umsatz verdoppelt. Das ist ein Zeichen für einen möglichen »blow-off-move«. Setzen Sie bei Long-Positionen die Stops dichter.
C. Die Kurse steigen in die Nähe der Ebene ihres vorangegangenen Gipfels, aber der Umsatz ist viel niedriger. Diese baerishe Abweichung signalisiert eine Spitze. Verkaufen Sie Long-Positionen und gehen Sie short.
D. Die Kurse kollabieren bei panikartigem Umsatz. Solche absoluten Tiefpunkte werden normalerweise noch einmal getestet. Ziehen Sie die Stops bei Short-Positionen dichter.
E. Silber fällt auf ein neues Tief, aber der Umsatz ist geringer als am Punkt D – ein typischer Nachtest eines absoluten Tiefpunkts. Stellen Sie Leerverkäufe glatt und gehen Sie long.
F. Ein neues Kurshoch wird von einer Umsatzzunahme begleitet, ähnlich zu dem, was am Punkt A geschah. Halten Sie weiterhin Long-Positionen.

Trends lange Zeit durchhalten, aber bei einem kurzen Umsatzausbruch gehen sie schnell zu Ende.

Wer kauft von einem Trader, der verkaufen möchte, um seine verlustreiche Long-Position zu liquidieren? Es könnte ein Leerverkäufer sein, der seine Gewinne mitnimmt und seine Short-Positionen glattstellt. Es kann ein Schnäppchenjäger sein, der in den Markt eintritt, weil die Kurse niedrig sind. Dieser nimmt die Position eines Verlierers ein, der vom Markt gespült wurde – entweder erwischt er den Boden des Abschwungs oder er wird der nächste Verlierer.

Wer verkauft an einen Trader, der kauft, um seine verlustreichen Short-Positionen glattzustellen? Es könnte ein cleverer Investor sein, der seine Profite auf Long-Positionen mitnimmt. Es könnte auch jemand sein, der Short-Positionen verkauft, weil er glaubt, dass die Kurse zu hoch sind. Er nimmt die Position eines Verlierers ein, der seine Shorts glattgestellt hat. Nur die Zukunft kann erweisen, ob er nun Recht hatte oder nicht.

Wenn die Shorts während einer Rallye aufgeben, dann kaufen Sie, um glattzustellen und drücken damit die Märkte noch höher. Die Kurse steigen an, werfen damit noch weitere Shorts aus dem Rennen, und die Rallye nährt sich selbst. Wenn jemand, der Long-Positionen hält, diese während eines Abschwungs aufgibt, dann verkauft er und drückt den Markt weiter nach unten. Fallende Kurse werfen noch andere, die Long-Positionen halten, aus dem Markt und der Abschwung zehrt von sich selbst. Verlierer, die aufgeben, beschleunigen Trends. Ein Trend, der sich bei gleichbleibendem Umsatz bewegt, wird sich wahrscheinlich fortsetzen. Gleichbleibender Umsatz zeigt, dass neue Verlierer diejenigen ersetzen, die vom Markt gespült wurden. Trends brauchen immer frischen Nachschub an Verlierern, sowie die Erbauer der antiken Pyramiden immer Nachschub an Sklaven brauchten.

Fallender Umsatz zeigt, dass der Nachschub an Verlierern weniger wird und ein Trend vor einem Wendepunkt steht. Das geschieht, wenn ausreichend viele Verlierer bemerkt haben, dass sie auf dem falschen Dampfer sind. Alte Verlierer flüchten weiterhin, doch weniger neue Verlierer kommen auf den Markt. Fallende Umsätze geben ein deutliches Zeichen, dass eine Trendwende bevorsteht.

Ein Ausbruch von extrem hohen Umsätzen gibt ebenso ein Zeichen dafür, dass sich der Trend seinem Ende nähert. Es wird sichtbar, dass große Mengen von Verlierern flüchten. Wahrscheinlich erinnern Sie sich daran, dass Sie an einem Verlustgeschäft länger festgehalten haben, als Sie es eigentlich hätten tun sollen. Wenn der Schmerz einmal unerträglich wird und sie aussteigen, dann wendet sich der Trend, und der Markt geht in die Richtung, die sie eigentlich erwartet haben – aber eben ohne sie! Dies geschieht immer wieder, weil die meisten Amateure auf Stress ähnlich reagieren und zur gleichen Zeit flüchten. Profis bleiben nicht auf dem Markt, wenn sie Prügel beziehen. Sie steigen aus Verlustgeschäften schnell aus, setzen auf die Gegenrichtung oder sie warten einfach ab, ohne etwas zu tun und halten sich dafür bereit, bei einer günstigen Gelegenheit wieder einzusteigen.

In einer Trading-Range bleibt der Umsatz im Allgemeinen relativ niedrig, weil es hier wenig Schmerzen gibt. Den Leuten machen kleine Kursänderungen nichts aus und trendfreie Märkte scheinen sich endlos zu ziehen. Ein Ausbruch wird oft durch eine dramatische Umsatzzunahme angezeigt, weil die Verlierer zum Ausgang rennen. Ein Ausbruch bei geringem Umsatz zeigt, dass einem neuen Trend nur wenig emotionales Engagement entgegengebracht wird. Deshalb werden die Kurse wahrscheinlich bald in ihre Trading-Range zurückkehren.

Steigende Umsätze während einer Rallye zeigen, dass mehr Käufer und Leerverkäufer auf den Markt strömen. Die Käufer wollen unbedingt kaufen, auch wenn sie etwas mehr zahlen müssen und diejenigen, die Short-Positionen halten, sind ganz wild darauf, diese loszuwerden. Ansteigender Umsatz verdeutlicht also, dass die Verlierer, die den Schauplatz verlassen, durch eine neue Ladung Verlierer ersetzt werden.

Wenn der Umsatz während einer Rallye zurückgeht, dann zeigt das, dass die Bullen sich weniger Mühe geben, während die Bären sich nicht länger verstecken. Die intelligenten Bären sind schon lange vom Markt, und nun folgen die schwachen Bären, die die Schmerzen nicht weiter aushalten können. Fallende Umsätze zeigen, dass dem Aufwärtstrend der Treibstoff fehlt und er sich bald wenden wird.

Wenn der Umsatz während eines Abschwungs zurückgeht, dann zeigt dies, dass die Bären weniger bemüht sind, leer zu verkaufen, während die Bullen nicht mehr zum Ausgang rennen. Die intelligenten Bullen haben schon lange verkauft und die schwachen Bullen wurden abgeschüttelt. Fallende Umsätze zeigen, dass die verbleibenden Bullen eine höhere Schmerzgrenze haben. Vielleicht haben sie tiefere Taschen oder in einem Abschwung auf niedrigerer Ebene eingekauft oder beides. Fallende Umsätze kennzeichnen einen Bereich, in welchem ein Abwärtstrend sich möglicherweise wenden kann.

Diese Überlegungen gelten für lange und für kurze Zeitrahmen. Als Faustregel sollten Sie beachten, dass ein Trend sich voraussichtlich fortsetzen wird, wenn der heutige Umsatz höher als der von gestern ist.

TRADINGREGELN

Die Begriffe »hoher Umsatz« und »niedriger Umsatz« sind relativ. Was für IBM ein niedriger Umsatz ist, ist für Apple Computers ein hoher Umsatz, was für Gold niedrig ist, kann für Platin hoch sein usw. Hier gilt als Faustregel, dass hoher Umsatz dann vorliegt, wenn er mindestens 25 Prozent über dem Durchschnittsumsatz der beiden vergangenen Wochen liegt, und niedriger Umsatz liegt dann vor, wenn er mindestens 25 Prozent unterhalb des Durchschnitts liegt.

1. *Hoher Umsatz bestätigt Trends. Wenn die Kurse sich auf einen neuen Gipfel hinbewegen und der Umsatz ein neues Hoch erreicht, dann werden die Kurse diesen Gipfel wahrscheinlich noch einmal testen oder ihn überschreiten.*
2. *Wenn der Markt auf ein neues Tief fällt und der Umsatz ein neues Hoch erreicht, dann wird dieser Boden wahrscheinlich noch einmal getestet oder unterschritten. Ein tief liegender Boden wird fast immer bei geringem Umsatz getestet und bietet eine hervorragende Kaufgelegenheit.*
3. *Wenn der Umsatz zurückgeht und der Trend sich fortsetzt, dann ist dieser Trend reif für eine Umkehr. Wenn der Markt sich bei geringeren Umsätzen zu einem höheren Gipfel als bei seinem vorangehenden Aufschwung begibt, dann sollten Sie nach einer Möglichkeit für Leerverkäufe Ausschau halten. An Marktböden funktioniert diese Technik nicht so gut, weil ein Abschwung auch bei geringen Umsätzen weiterbestehen kann. An der Wall Street gibt es ein geflügeltes Wort: »Um die Aktienkurse anzuheben, muss man kaufen, aber fallen können die Kurse auch durch ihr eigenes Gewicht.«*
4. *Bei Korrekturen gegen den Trend sollten Sie sorgfältig auf den Umsatz achten. Wenn ein Aufwärtstrend von einem Abschwung unterbrochen wird, nimmt der Umsatz oft sehr schnell zu, weil viele Trader ihre Gewinne mitnehmen. Wenn sich der Rückgang fortsetzt und der Umsatz geringer wird, dann zeigt das, dass die Bullen nicht weiter davonlaufen oder dass der Druck des Verkaufens aufgezehrt ist. Wenn der Umsatz noch weiter zurückgeht, dann ist das ein Zeichen dafür, dass diese Reaktion sich einem Ende nähert und der Aufwärtstrend sich wahrscheinlich fortsetzen wird. Dies ist eine gute Gelegenheit zu kaufen. Größere Abwärtstrends werden oft von Rallyes unterbrochen, die mit starken Umsätzen beginnen. Wenn dann die schwachen Bären nicht mehr dabei sind, sinkt der Umsatz wieder und gibt ein Zeichen, leer zu verkaufen.*

Mehr über den Umsatz

Um einen Umsatztrend zu definieren, können Sie einen gleitenden Durchschnitt benutzen. Die Neigung eines 5-Tage-EMA des Umsatzes kann den Umsatztrend beschreiben. Sie können auch Umsatztrendlinien zeichnen und auf ihre Durchbrüche achten (siehe Abschnitt 21). Umsatzdurchbrüche bestätigen Kursdurchbrüche.

Indikatoren, die sich auf den Umsatz beziehen, geben deutlichere Signale als der Umsatz allein. Der Trader's-Index, der Harrick-Payoff-Index, der Force-Index und andere beinhalten auch Umsatzdaten (siehe Kapitel 6 und 8).

33 Indikatoren, die sich auf den Umsatz beziehen

Trader können verschiedene technische Indikatoren benutzen, die ihnen helfen, den Umsatz zu analysieren. Einige Trader verfolgen einen 5-Tage-Umsatz-EMA. Seine Neigung kennzeichnet den Umsatztrend (siehe Abschnitt 25 und 32). Andere benutzen On-Balance-Volume und Accumulation/Distribution.

On-Balance-Volume

On-Balance-Volume (OBV) ist ein Indikator, der von Joseph Granville entworfen und in seinem Buch *New Strategy of Daily Stock Market Timing* beschrieben wurde. Granville benutzte den OBV als einen vorauseilenden Indikator im Aktienmarkt, doch andere Analysten haben ihn auch auf den Futures-Markt angewendet.

Der OBV ist ein kumulierter Gesamtumsatz. Er steigt oder fällt jeden Tag, abhängig davon, ob die Kurse höher oder niedriger als am Vortag schließen. Wenn eine Aktie höher schließt, wird der Umsatz an diesem Tag dem OBV hinzugefügt. Wenn eine Aktie niedriger schließt, dann zeigt dies, dass an diesem Tag die Bären gewonnen haben und der Tagesumsatz vom OBV abgezogen wird. Wenn die Kurse unverändert schließen, dann bleibt auch der OBV unverändert. On-Balance-Volume steigt oder fällt oft vor den Kursen – er ist ein vorauseilender Indikator. Granville sagte: »Der Umsatz ist der Dampf, der eine Lokomotive antreibt.«

Massenpsychologie

Kurse stellen einen Wertkonsens dar, während der Umsatz die Gefühle der Marktteilnehmer darstellt. Er zeigt die Intensität der finanziellen und emotionalen Engagements der Trader an, ebenso wie die Schmerzen unter den Verlierern (siehe Abschnitt 32). Der OBV ist eine fortgeschriebene Umsatzsumme. Er verfolgt die Veränderungen im Engagement der Trader und die Intensität ihrer Schmerzen.

Ein neues Hoch im OBV zeigt, dass die Bullen sehr kraftvoll sind, dass die Bären leiden und dass die Kurse wahrscheinlich ansteigen. Ein neues Tief im OBV zeigt, dass die Bären sehr kraftvoll sind, während die Bullen Schmerzen haben und die Kurse voraussichtlich fallen werden. Wenn die Formation des OBV von der Formation der Kurse abweicht, dann zeigt dies, dass die Gefühle der Massen nicht mit dem Konsens der Massen in Übereinstimmung sind. Eine Menge wird wahrscheinlich eher ihren Gefühlen als ihrem Verstand folgen. Deshalb gehen Umsatzveränderungen oft Kursveränderungen voraus.

Tradingsignale

Die Muster von OBV-Spitzen und -Böden sind in diesem Indikator wichtiger als deren absolute Höhe. Die Höhen oder Tiefen hängen davon ab, wann Sie den OBV zu berechnen begonnen haben. Wenn der OBV zusammen mit den Kursen ansteigt oder fällt, wird ein Trend bestätigt. Wenn die Kurse ein neues Hoch erreichen und auch der OBV ein neues Hoch erreicht, dann wird der Aufwärtstrend sich wahrscheinlich fortsetzen. Wenn die Kurse ein neues Tief erreichen und der OBV ebenfalls auf ein neues Tief fällt, dann wird sich der Abwärtstrend voraussichtlich fortsetzen. Es ist sicher, in der Richtung eines Trends anzulegen, der von einem OBV bestätigt wird (Abbildung 33-1).

1. Wenn der OBV ein neues Hoch erreicht, bestätigt das die Kraft der Bullen und weist darauf hin, dass die Kurse wahrscheinlich noch höher ansteigen werden – ein Kaufsignal. Wenn der OBV ein neues Tief erreicht, bestätigt dies die Kraft der Bären, kündigt weiterhin tiefere Kurse an – ein deutliches Signal für Leerverkäufe.
2. Der OBV gibt seine stärksten Kauf- und Verkaufssignale, wenn er von den Kursen abweicht. Wenn die Kurse ansteigen, kurz fallen und sich dann auf ein neues Hoch schwingen, der OBV jedoch auf ein niedrigeres Hoch ansteigt, wird daraus eine bearishe Abweichung und stellt ein starkes

Abbildung 33-1

On-Balance-Volume

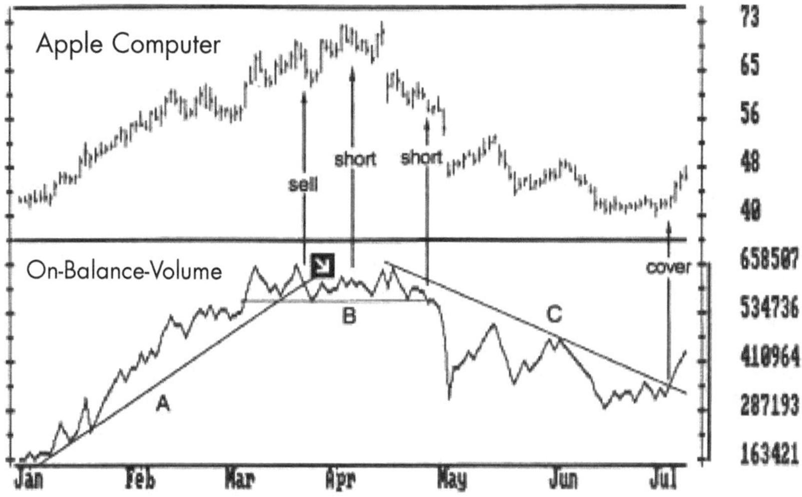

Wenn der OBV sich im Einklang mit einem Wertpapier bewegt, dann bestätigt das seinen Trend. Der Aufwärtstrend A des OBV bestätigt die Rallye der Aktien. Sein Durchbruch im März gibt ein starkes Verkaufssignal. An der Spitze gibt es zwei Signale, short zu gehen. Das erste geht Anfang April von einer bearishen Abweichung zwischen dem OBV und dem Kurs aus. Zwei Wochen später durchbricht der OBV seine Unterstützung B, und gibt ein weiteres Signal, leer zu verkaufen. Die Abwärtstrendlinie C des OBV bestätigt das Abrutschen von Apple Computers – halten Sie Ihre Short-Positionen. Ein Aufwärtsdurchbruch im Juli gibt Ihnen ein Zeichen, Ihre Shorts glattzustellen.

Verkaufssignal dar. Wenn die Kurse fallen, sich kurz erholen und dann auf ein neues Tief fallen, der OBV jedoch auf einen flacheren Boden fällt, zeigt dies eine bullishe Abweichung und stellt ein starkes Kaufsignal dar. Langfristige Abweichungen sind wichtiger als kurzfristige Abweichungen. Abweichungen, die sich über mehrere Wochen hinweg entwickeln, geben stärkere Signale als solche, die nur ein paar Tage andauern.

3. Wenn sich die Kurse in einer Trading-Range befinden und der OBV zu einem neuen Hoch ausbricht, dann ist dies ein Kaufsignal. Wenn die Kurse sich in einer Trading-Range befinden und der OBV nach unten hin durch-

bricht und auf ein neues Tief fällt, dann stellt dies ein Signal dar, leer zu verkaufen.

Mehr über OBV

Einer der Gründe für Granville's Erfolg in seiner Blütezeit (siehe Abschnitt 6) war, dass er den OBV mit zwei anderen Indikatoren kombiniert hat – dem Natfield-Trend-Indikator und dem Climax-Indikator. Granville errechnete den OBV für jede Aktie des Dow Jones Industrial Average und teilte seine OBV-Muster in ansteigend, fallend oder neutral ein. Er nannte das den Natfield-Trend einer Aktie: das konnte dann +1, -1 oder 0 sein. Der Climax-Indikator war die Summe der Natfield-Trends über alle 30 Dow-Aktien.
Wenn der Aktienmarkt auf eine Rallye ging und der Climax-Indikator ein neues Hoch erreichte, dann bestätigte das Stärke und gab ein Kaufsignal. Wenn der Aktienmarkt auf eine Rallye ging, der Climax-Indikator jedoch nur eine tiefere Spitze erreichte, dann gab es ein Verkaufssignal.

Sie können den Dow Jones Industrial Average als ein Team von 30 Pferden betrachten, die den Marktwagen ziehen. Der Climax-Indikator zeigt, wie viele Pferde aufwärts ziehen, wie viele abwärts ziehen oder wie viele stillstehen. Wenn 24 von 30 Pferden nach oben ziehen, eines nach unten und fünf Pferde nichts tun, dann wird der Marktwagen voraussichtlich nach oben gehen. Wenn neun Pferde nach oben ziehen, sieben nach unten und 14 Pferde nichts tun, dann wird der Wagen voraussichtlich nach unten rollen.

Der OBV, der Natfield-Trend-Indikator und der Climax-Indikator können leicht in einen Computer programmiert werden. Man sollte ihn mit einer Datenbank verbinden, die alle Aktien des S&P 500-Index beinhaltet. Das könnte gute Tradingsignale für S&P 500-Futures oder -Optionen geben.

Accumulation/Distribution

Dieser Indikator wurde von Larry Williams entwickelt und in seinem 1972 erschienenen Buch *How I Made a Million Dollars* beschrieben. Er war ursprünglich als vorauseilender Indikator für Aktien entworfen worden, aber verschiedene Analysten haben ihn auch auf Futures angewendet. Die einzigartige Charakteristik des Accumulation/Distribution (A/D) ist, dass er die Beziehung zwischen Eröffnungs- und Schlusskursen verfolgt und den Umsatz einbezieht.

Wenn die Kurse höher schließen als sie eröffneten, dann haben die Bullen an diesem Tag gewonnen und der A/D ist positiv. Wenn die Kurse niedriger schließen als sie eröffneten, dann haben die Bären gewonnen und der A/D ist negativ. Wenn die Kurse so schließen wie sie eröffnet haben, dann hat niemand gewonnen und der A/D ist gleich Null. Eine akkumulierte Summe eines A/D für jeden Tag ergibt einen kumulativen A/D-Indikator.

Der A/D rechnet den Bullen oder Bären nur einen Teil des Tagesumsatzes zu. Dieser Teil hängt von der Bandbreite dieses Tages und der Entfernung der Eröffnungskurse zu den Schlusskursen ab. Je größer die Spanne zwischen Eröffnungs- und Schlusskursen in Relation zu ihrer Tagesbandbreite ist, um so größer wird die Veränderung im A/D.

$$A/D = \frac{\text{Schlusskurs - Eröffnungskurs}}{\text{Tageshoch - Tagestief}} \cdot \text{Umsatz}$$

Wenn beispielsweise der Unterschied des heutigen Hochs und des heutigen Tiefs fünf Punkte beträgt, jedoch der Abstand vom Eröffnungs- zum Schlusskurs nur zwei Punkte, dann gehen nur zwei Fünftel des Tagesumsatzes auf das Konto der Sieger. Die Formationen von A/D-Hochs und -Tiefs sind bedeutsamer als deren absolute Höhe, die ja vom Startzeitpunkt abhängt.

Wenn der Markt ansteigt, dann konzentrieren sich die meisten Leute auf neue Hochs. Wenn jedoch die Kurse höher eröffnen und tiefer schließen, dann wendet sich der A/D nach unten, weil er ja deren Relation verfolgt. Er warnt, dass der Aufwärtstrend schwächer ist als es den Anschein hat. Wenn der A/D nach oben tickt, während die Kurse unten sind, dann zeigt dies, dass die Bullen an Kraft gewinnen.

MASSENVERHALTEN

Die Eröffnungs- und Schlusskurse sind die wichtigsten Kurse des Tages. Der Eröffnungskurs gibt den ganzen Druck wieder, der sich angesammelt hat, während die Börse geschlossen hatte. Eröffnungskurse werden oft von Amateuren dominiert, die am Abend die Zeitung lesen und am Morgen ihre Aufträge geben. Professionelle Trader sind während des ganzen Tages aktiv. Sie traden oft gegen die Amateure. Im Tagesverlauf schwächen sich die Kauf- und Verkaufswellen der Amateure und der sich langsam bewegenden institutionellen Anleger langsam ab. Im Allgemeinen dominieren die Profis die Märkte am Ende eines Börsentages. Die Schlusskurse sind besonders wichtig, weil die Abrechnung der Tadingkonten von ihnen abhängt.

Der A/D verfolgt die Entscheidungen über die täglichen Kämpfe zwischen Amateuren und Profis. Er tickt nach oben, wenn die Kurse höher schließen als sie eröffneten – wenn die Profis bullisher als die Amateure sind. Er tickt nach unten, wenn die Kurse tiefer schließen als sie eröffneten – wenn die Profis bearisher als die Amateure sind. Es zahlt sich aus, auf die Profis zu setzen und gegen die Amateure.

TRADINGREGELN

Wenn die Börse niedrig eröffnet und hoch schließt, dann bewegt sie sich aus einer Position der Schwäche in eine Position der Stärke. Dann steigt auch der A/D und zeigt, dass die Börsenprofis bullisher sind als die Amateure. Das bedeutet, dass der Markt voraussichtlich am folgenden Tag weiter ansteigen wird. Wenn der A/D fällt, dann zeigt dies, dass die Börsenprofis bearisher sind als die Amateure. Wenn die Börse sich aus einer Position der Stärke in eine Position der Schwäche bewegt, dann wird sie am folgenden Tag wahrscheinlich ein tieferes Tief erreichen.

Die besten Tradingsignale werden von Abweichungen zwischen dem A/D und den Kursen gegeben.

1. *Wenn die Kurse auf ein neues Hoch ansteigen, der A/D jedoch einen niedrigeren Gipfel erreicht, dann ist dies ein Zeichen, leer zu verkaufen. Diese bearishe Abweichung zeigt, dass die Börsenprofis in einer Rallye verkaufen (Abbildung 33-2).*
2. *Eine bullishe Abweichung liegt dann vor, wenn die Kurse auf ein neues Tief fallen, der A/D jedoch auf einem höheren Tief stehenbleibt als während des vorangegangenen Abschwungs. Das zeigt, dass die Börsenprofis den Abschwung für Käufe benutzen, und eine Rallye steht bevor.*

Mehr über Accumulation/Distribution

Wenn Sie long oder short gehen, weil Sie eine Abweichung zwischen dem A/D und den Kursen befolgen, dann dürfen Sie nicht vergessen, dass auch Börsenprofis Fehler machen können. Setzen Sie Stops ein und schützen Sie sich dadurch, dass Sie die Regel des »Hound of the Baskervilles« anwenden (siehe Abschnitt 23).

Abbildung 33-2

Accumulation/Distribution

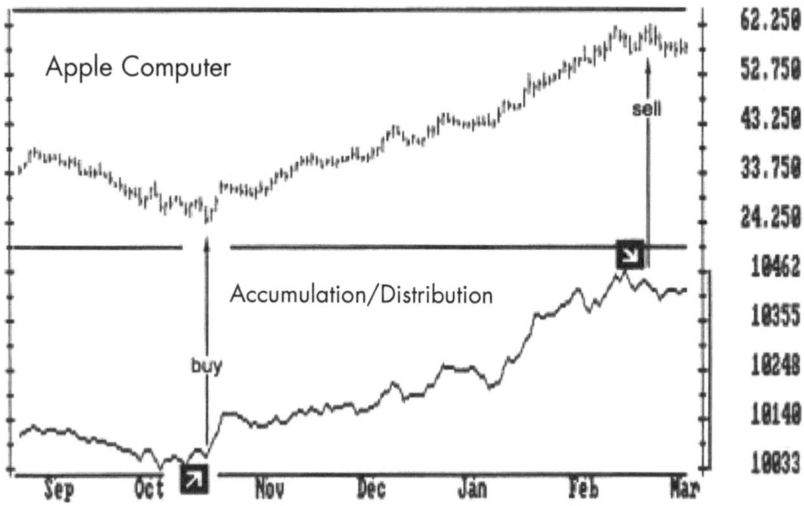

Accumulation/Distribution gibt seine stärksten Signale, wenn er von den Kursen abweicht. Eine bullishe Abweichung gibt im Oktober-Tief ein Kaufsignal. Vier Monate später und 30$ höher gibt eine baerishe Abweichung ein Verkaufssignal. Nehmen Sie auf Long-Positionen Gewinne mit und verkaufen Sie leer.

Der Volume-Accumulator, der von Mark Chaikin entworfen wurde, ist ein Indikator, der dem A/D sehr ähnlich ist. Der Volume-Accumulator oder Umsatz-Accumulator benutzt den mittleren Tageskurs anstatt des Eröffnungskurses. Dies ist besonders wertvoll für die Analysten, die keinen Zugang zu den Eröffnungskursen haben. Seine Tradingsignale und -regeln ähneln denen des A/D.

Es gibt auch wichtige Parallelen zwischen dem A/D und den japanischen Candle-Stick-Charts. Beide konzentrieren sich auf die Unterschiede zwischen Eröffnungs- und Schlusskursen. Der A/D geht jedoch weiter als der Candle-Stick, weil er auch den Umsatz in seine Berechnungen einbezieht.

34 Open Interest

Open Interest (offene Kontrakte) ist die Anzahl der Kontrakte, die von Käufern gehalten werden oder die von Leerverkäufern in einem gegebenen Markt an einem gegebenen Tag geschuldet werden. Es zeigt die Anzahl der bestehenden Kontrakte. Open Interest entspricht entweder der Summe der Long- oder der Summe der Short-Positionen. Aktienanteile werden solange gehandelt, wie eine Aktiengesellschaft als selbstständige Einheit im Geschäft ist. Futures- und Optionstrader handeln andererseits mit Kontrakten für eine künftige Lieferung, die zu einem bestimmten Zeitpunkt erfolgen muss. Ein Futures- oder Optionskäufer, der eine Lieferung akzeptieren möchte und ein Verkäufer, der liefern möchte, müssen bis zum Erfüllungstag warten. Diese Wartezeit stellt sicher, dass die Anzahl der Kontrakte, die long und short sind, immer gleich bleiben.

Tatsächlich wollen nur sehr wenige Futures- und Optionstrader wirklich liefern oder eine Lieferung akzeptieren. Die meisten Trader steigen aus ihren Positionen vor dem Erfüllungstag aus.

Das Open Interest steigt oder fällt, je nachdem, ob neue Trader in den Markt eintreten oder alte Trader ihn verlassen. Open Interest steigt nur, wenn ein neuer Käufer und ein neuer Verkäufer in den Markt kommen. Ihr Handel schafft einen neuen Kontrakt. Wenn beispielsweise das Open Interest im April für COMEX Gold bei 8.500 Kontrakten liegt, dann werden 8.500 Kontrakte von Bullen gehalten, und 8.500 Kontrakte werden von Leerverkäufern am Ende dieses Handelstages geschuldet. Wenn das Open Interest auf 8.600 ansteigt, dann bedeutet dies, dass netto 100 neue Kontrakte gekauft und leer verkauft wurden.

Das Open Interest fällt, wenn ein Trader, der long ist, mit jemandem, der short ist, einen Handel abschließt. Wenn beide ihre Positionen verlassen, dann fällt das Open Interest um einen Kontrakt, weil ein Kontrakt schlichtweg verschwindet. Wenn ein neuer Bulle von einem alten Bullen kauft, der aus seiner Long-Position aussteigt, dann bleibt das Open Interest unverändert. Das Open Interest verändert sich ebenfalls nicht, wenn ein neuer Bär an einen alten Bären verkauft, der kaufen muss, weil er seine Short-Position schließen will.

Käufer	Verkäufer	Open Interest
neuer Käufer	neuer Verkäufer	nimmt zu
neuer Käufer	vormaliger Verkäufer verkauft	unverändert
vormaliger Verkäufer kauft, um glattzustellen	neuer Verkäufer	unverändert
vormaliger Verkäufer kauft, um glattzustellen	vormaliger Käufer verkauft	nimmt ab

Die meisten Futures- und Optionsbörsen veröffentlichen die Zahl der offenen Kontrakte einen Tag nach den Kursen. Einige Börsen bieten Telefonnummern an, die man anrufen kann, wenn man vorläufige Zahlen über das Open Interest erhalten möchte.

Techniker zeichnen Open Interest im allgemeinen als eine Kurve unterhalb der Kursbalken (Abbildung 34-1). Einige Chart-Services zeichnen auch ein durchschnittliches Open Interest für die letzten Jahre. Das Open Interest gibt wichtige Informationen, wenn es von seiner jahreszeitlichen Norm abweicht. Open Interest verändert sich von Jahreszeit zu Jahreszeit in vielen Märkten wegen der massiven Zurückhaltung der kommerziellen Anleger auf unterschiedlichen Ebenen der Produktionsabläufe.

Open Interest bei Währungs-Futures fällt in der Regel viermal im Jahr, und zwar zur Zeit, wenn ein Futures-Termin ausläuft und die alten Kontrakte auf den neuen »Front-Monat« »gerollt« werden (contract roll over). Wenn das Open Interest während eines roll over nicht fällt, dann zeigt dies eine starke Bindung der Trader an den vorherrschenden Trend, der sich wahrscheinlich beschleunigen wird.

Massenpsychologie

Für einen Futures- oder Optionskontrakt braucht man einen Bullen und einen Bären. Ein Bulle kauft einen Kontrakt, wenn er überzeugt ist, dass die Kurse ansteigen. Ein Bär verkauft einen Kontrakt leer, wenn er davon überzeugt ist, dass die Kurse weiter fallen. Wenn die beiden einen Handel abschließen, dann steigt das Open Interest um einen Kontrakt. Ein einzelner Handel zwischen einem Bullen und einem Bären wird wahrscheinlich den Markt nicht bewegen. Aber wenn Tausende von Tradern Kontrakte abschließen, dann treiben sie den Markttrend vorwärts oder sie wenden ihn.

Open Interest gibt die Intensität des Konflikts zwischen Bullen und Bären wieder. Er zeigt die Bereitschaft derjenigen, die Long-Positionen haben, auf diesen zu verharren, und die Bereitschaft derjenigen, die Short-Positionen haben, auch auf diesen zu verharren. Wenn Bullen und Bären nicht erwarten, dass sich der Markt zu ihren Gunsten bewegt, dann stellen sie ihre Positionen glatt und das Open Interest sinkt.

Auf jeder Seite eines Handels stehen zwei Menschen. Einer von ihnen leidet, wenn sich die Kurse verändern. Wenn die Kurse ansteigen, leiden die Bären. Wenn die Kurse fallen, leiden die Bullen. Solange die Verlierer noch Hoffnung haben, bleiben sie dabei, und das Open Interest ändert sich nicht.

Ein Anstieg des Open Interest zeigt, dass viele zuversichtliche Bullen gleichermaßen zuversichtliche Bären niederzwingen. Das weist auf wachsende Meinungsverschiedenheiten zwischen diesen beiden Lagern hin. Es ist sicher, dass eine Gruppe verlieren wird, aber solange potenzielle Verlierer weiterhin auf den Markt kommen, wird sich auch der Trend fortsetzen. Diese Gedanken wurden sehr deutlich von L. Dee Belveals klassischem Buch *Charting Commodity Market Price Behaviour* dargestellt.

Solange Bullen und Bären starke Meinungsunterschiede hinsichtlich der Zukunft der Kurse haben, verstärken sie ihre Positionen. Überzeugung und unterschiedliche Auffassungen unterhalten einen Trend. Ein ansteigendes Open Interest zeigt, dass der Nachschub an Verlieren ansteigt und der gegenwärtige Trend weiterhin bestehen wird. Wenn das Open Interest während eines Aufwärtstrends zunimmt, dann zeigt das, dass diejenigen, die Long-Positionen halten, kaufen, während die Bären leer verkaufen, weil sie glauben, dass der Markt zu hoch ist. Wahrscheinlich werden sie in Deckung gehen, wenn der Aufwärtstrend sie unter Druck setzt – und ihre Käufe werden die Kurse weiter hochtreiben.

Wenn das Open Interest während eines Abwärtstrends ansteigt, dann bedeutet dies, dass diejenigen, die Short-Positionen halten, aggressiv verkaufen und Billigeinkäufer den Markt abgrasen. Diese Schnäppchenjäger werden bald flüchten, wenn fallende Kurse ihnen wehtun, und ihre Verkäufe werden die Kurse noch weiter nach unten drücken. Eine Zunahme des Open Interest gibt dem vorherrschenden Trend grünes Licht.

Wenn ein Bulle davon überzeugt ist, dass die Kurse weiter ansteigen werden, und sich für Käufe entscheidet, ein Bär sich jedoch fürchtet, leer zu verkaufen, dann kann dieser Bulle nur von einem anderen Bullen kaufen, der früher gekauft hat und nun aussteigen möchte. Deren Handel schafft keinen neuen Kontrakt und das Open Interest bleibt unverändert. Wenn das Open Interest während einer Rallye flach bleibt, dann bedeutet das, dass der Nachschub an Verlierern nachlässt.

Abbildung 34-1

Open Interest

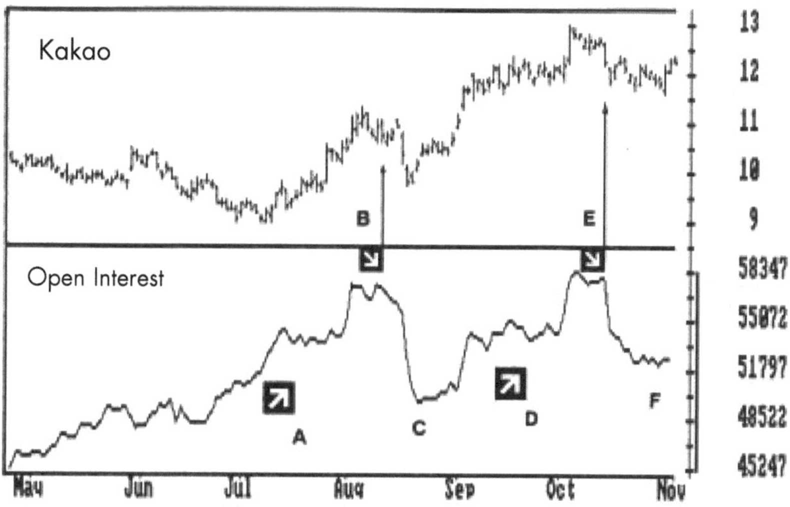

Das Open Interest gibt die Anzahl aller Long- und Short-Positionen in jedem Futures- oder Optionsmarkt an. Seine Größe ist von der Intensität des Konflikts zwischen Bullen und Bären abhängig.

Ein ansteigendes Open Interest deutet darauf hin, dass der Konflikt zwischen den beiden Lagern heftiger wird und bestätigt einen bestehenden Trend. Ein steigendes Open Interest während eines Aufwärtstrends zeigt an, dass es relativ sicher ist, Long-Positionen auszubauen (A und D). Ein eher flaches Open Interest zeigt, dass weniger Verlierer in den Markt eintreten. Das bedeutet, dass sich ein alternder Trend seinem Ende zuneigt und es höchste Zeit ist, Gewinne mitzunehmen oder die Stops dichter zu setzen (B und E). Ein fallendes Open Interest weist darauf hin, dass die Verlierer den Schauplatz verlassen und die Gewinner Kasse machen – dass der Trend unweigerlich seinem Ende zuläuft. Ein Feuer muss erlöschen, wenn es keinen Brennstoff mehr hat, und ein steiler Absturz des Open Interest während eines Trends signalisiert eine Trendwende (C und F).

An der rechten Seite des Charts stabilisierten sich die Kakao-Kurse, nachdem sie im Oktober gefallen waren und das Open Interest ist flach. Das erklärt, dass der Abschwung der Kakao-Kurse die schwachen Bullen vertrieben hat und ein Aufwärtstrend ansteht. Jetzt ist die Zeit reif, Long-Positionen zu beziehen, allerdings mit einem schützenden Stop unterhalb des letzten Tiefs.

Wenn ein Bär davon überzeugt ist, dass die Preise weiter fallen, dann möchte er leer verkaufen. Wenn ein Bulle sich fürchtet, von ihm zu kaufen, dann kann dieser Bär nur an einen anderen Bären verkaufen, der früher leer verkaufte und nun seine Position glattstellen und aussteigen möchte. Deren Abschluss schafft keinen neuen Kontrakt und das Open Interest verändert sich nicht. Wenn das Open Interest während eines Abschwungs flach bleibt, dann zeigt dies, dass der Nachschub an Billigkäufern nicht mehr wächst. Wenn das Open Interest flach wird, dann ist das so, als ob Sie vor einer gelben Ampel stehen - eine Warnung, dass der Trend ins Alter kommt und die besten Gewinne wahrscheinlich schon getätigt wurden.

Ein fallendes Open Interest zeigt, dass die Verlierer die Flucht ergreifen, während die Gewinner ihre Profite mitnehmen. Wenn ihre Meinungsverschiedenheiten abnehmen, dann ist der Trend reif für eine Wende. Das Open Interest fällt, wenn die Verlierer alle Hoffnung fahren lassen und aus dem Markt aussteigen, ohne dass sie durch neue Verlierer ersetzt werden. Wenn ein Bulle sich dafür entscheidet, aus seinen Long-Positionen auszusteigen und ein Bär sich entscheidet, seine Short-Positionen glattzustellen, dann können beide miteinander handeln. Wenn sie es tun, dann verschwindet ein Kontrakt und das Open Interest geht um einen Kontrakt zurück. Fallendes Open Interest zeigt, dass die Gewinner Kasse machen und die Verlierer ihre Hoffnung aufgeben. Das ist die rote Ampel - das zeigt das Ende eines Trends an.

TRADINGREGELN

Eine Veränderung um 10 Prozent in einem Open Interest verdient ernsthafte Aufmerksamkeit, eine Änderung um 25 Prozent jedoch gibt sehr wesentliche Tradingbotschaften. Die Bedeutung des Anstiegs, des Fallens oder eines flachen Open Interest hängt davon ab, ob die Kurse sich zu der Zeit, wenn sich das Open Interest verändert, in einer Rallye befinden, ob sie fallen oder ob sie flach verlaufen.

1. *Wenn das Open Interest während einer Rallye ansteigt, dann bestätigt das den Aufwärtstrend und gibt ein Signal dafür, dass es sicher ist, Long-Positionen zu verstärken. Es zeigt, dass mehr Leerverkäufer auf den Markt kommen. Wenn sie aufgeben, dann wird das Glattstellen ihrer Short-Positionen die Rallye noch weiter nach oben drücken.*

2. *Wenn das Open Interest ansteigt und die Kurse fallen, dann zeigt dies, dass Schnäppchenjäger auf dem Markt aktiv sind. Es ist sicher, leer zu verkaufen, weil diese Schnäppchenjäger wahrscheinlich die Kurse noch tiefer drücken, wenn sie das Handtuch werfen.*
3. *Wenn das Open Interest ansteigt, während sich die Kurse in einer Trading-Range befindet, dann ist das ein bearishes Anzeichen. Kommerzielle Hedger werden wahrscheinlich eher leer verkaufen als Spekulanten. Eine scharfe Zunahme im Open Interest, während die Kurse flach bleiben, zeigt, dass clevere Hedger wahrscheinlich short gehen.*
4. *Wenn das Open Interest steil fällt, während sich der Kurs in einer Trading-Range befinden, dann zeigt dies an, dass große kommerzielle Anleger ihre Short-Positionen glattstellen. Das stellt ein starkes Kaufsignal dar. Wenn die kommerziellen Anleger anfangen, Shorts glattzustellen, dann zeigt das an, dass sie erwarten, dass der Markt wieder steigt.*
5. *Wenn das Open Interest während einer Rallye fällt, dann bedeutet das, dass beide, Gewinner und Verlierer, kalte Füße bekommen. Diejenigen, die Long-Positionen halten, nehmen ihre Gewinne mit, und diejenigen, die Short-Positionen halten, stellen ihre Positionen glatt. Die Märkte nehmen die Zukunft vorweg, und ein Trend, der von einer Mehrheit akzeptiert wird, ist bereit, sich zu wenden. Wenn das Open Interest während einer Rallye fällt, dann sollten Sie verkaufen und sich für Leerverkäufe bereithalten.*
6. *Wenn das Open Interest während eines Abschwungs fällt, dann zeigt dies, dass diejenigen, die Short-Positionen halten, ihre Positionen glattstellen und Käufer ihre Verluste begrenzen und flüchten. Wenn das Open Interest während eines Abschwungs fällt, dann sollten Sie Ihre Short-Positionen glattstellen und sich bereithalten zu kaufen.*
7. *Wenn das Open Interest während einer Rallye flach wird, dann ist dies eine Warnung, dass der Aufwärtstrend altert und die besten Gewinne bereits gemacht sind. Das ist ein Signal für Sie, Ihre Stops auf Long-Positionen näher zu ziehen und neue Käufe zu vermeiden. Wenn der Open Interest während eines Abschwungs abflacht, dann ist dies eine Warnung, dass der Abwärtstrend reif ist: Es ist am besten, die Stops für Short-Positionen näher zu ziehen. Ein flaches Open Interest in einer Trading-Range sagt nichts Entscheidendes.*

MEHR ÜBER DAS OPEN INTEREST

Je höher das Open Interest ist, um so aktiver ist der Markt und um so niedriger die Slippage, die Sie riskieren, während Sie in Positionen ein- und aussteigen. Kurzfrist-Trader sollten sich auf die Märkte mit den höchsten Open Interests konzentrieren. In Futures-Märkten lohnt es sich, in dem Liefermonat mit dem höchsten Open Interest anzulegen. Die Berichte über die Börsengeschäfte der Trader zu verfolgen, kann Ihnen herauszufinden helfen, ob neue Käufe oder Verkäufe in erster Linie von kleinen oder großen Spekulanten oder von Hedgern getätigt werden (siehe Kapitel 7).

Sehr wenige technische Indikatoren benutzen das Open Interest. Der Herrick-Payoff-Index ist der bekannteste Indikator, der ihn verwendet.

35 DER HERRICK-PAYOFF-INDEX

Der Herrick-Payoff-Index (HPI) ist ein Indikator, der von John Herrick entwickelt wurde, einem technischen Analysten aus Kalifornien. Er lehrte ihn eher vertraulich, doch wurde der Indikator bekannt, nachdem er Anfang der Achtziger Jahre in die CompuTrac-Software eingebunden wurde.

Der Herrick-Payoff-Index hilft, Accumulation und Distribution aufzudecken. Die meisten Indikatoren messen nur die Kurse, einige messen den Umsatz, doch der HPI verfolgt Open Interest ebenso wie Kurse und Umsätze. Der HPI bestätigt echte Trends und hilft, deren Wendepunkte zu erkennen.

WIE MAN EINEN HPI ERSTELLT

Der Herrick-Payoff-Index kann berechnet werden, wenn man verschiedene Arten von Tagesdaten verwendet. Sie können einen einzelnen Kontrakt mit seinem speziellen Preis, dem Umsatz und dem Open Interest benutzen. Praktischer ist es, den Umsatz und das Open Interest aller Kontrakte zusammenzufassen und sie mit den Kursen der aktivsten Liefermonate zu verbinden.

Der HPI benutzt die Höchst- und Tiefstkurse eines Tages, den Umsatz und Open Interest. Man benötigt Daten von mindestens drei Wochen, bevor er aussagekräftige Zahlen hervorbringt. Seine komplexe Formel macht es notwendig, einen Computer zu benutzen (siehe Arbeitsblatt, Abbildung 35-1).

$$HPI = K_y + (K' - K_y)$$

Abbildung 35-1

Arbeitsblatt: Herrick-Payoff-Index

Kupfer

Date	High	Low	Close	Vol.	OI	Mean	HPI
12/27	106.80	104.58	104.65	4552	30343	105.69	
12/28	105.19	104.11	105.13	3208	30195	104.65	
12/29	105.50	104.57	105.43	1770	29987	105.04	-29.0
1/02	105.17	103.60	104.97	4146	30249	104.38	-28.8
1/03	108.17	105.61	108.02	9940	30028	106.89	-0.6
1/04	109.09	105.96	106.51	10036	28944	107.52	6.3
1/05	107.97	107.03	107.55	4262	29015	107.50	5.5
1/08	109.46	108.01	109.15	8030	30125	108.74	15.6
1/09	110.00	108.00	108.05	6107	30162	109.00	15.7
1/10	108.00	105.86	106.16	5841	29814	106.93	2.3
1/11	107.41	106.52	107.17	3033	29996	106.96	2.2
1/12	105.77	103.71	104.20	9053	30850	104.74	-17.1

Der HPI misst die Veränderung von Kursen, Umsätzen und dem Open Interest. Er gründet sich eher auf Mittelkurse als auf Schlusskurse – dem durchschnittlichen Wertkonsens eines Handelstages. Die Komplexität eines HPI macht den Computer zu einer Notwendigkeit.

wobei gilt:

K_y = HPI von gestern

K = $((M - M_y) \cdot C \cdot V) \cdot (1 \pm ((I \cdot 2) / G))$

M = Mittelkurs (Höchstkurs + Tiefstkurs) / 2

M_y = gestriger Mittelkurs

C = der Wert einer 1-Cent-Bewegung (oder Sie benutzen für alle Kontrakte dieselbe Konstante)

V = Umsatz

I = der absolute Wert der Differenz zwischen dem heutigen und dem gestrigen Open Interest.

G = der heutige oder der gestrige Open Interest, je nachdem, welcher niedriger liegt.

Das »+«- oder »–«-Zeichen in den rechten Klammern ist wie folgt definiert: Wenn M größer ist als My, dann steht ein »+«; wenn M kleiner ist als My, dann muss ein »–« stehen.

Trader können den HPI nur auf Tagesdaten anwenden und nicht auf Wochendaten oder Daten, die während eines Handelstages gegeben werden. Es gibt kein wöchentliches Open Interest. Den Wochenumsatz kann man erhalten, wenn man den Tagesumsatz von fünf Tagen addiert, aber ein Open Interest kann nicht addiert werden.

MASSENPSYCHOLOGIE

Der Herrick-Payoff-Index misst Mittelkurse anstatt Schlusskurse. Die Tagesmittelkurse stellen den durchschnittlichen Wertkonsens eines Handelstages dar.

Der Umsatz stellt den Umfang der Börsengeschäfte in einem gegebenen Markt dar. Wenn der Umsatz ansteigt, dann steigt auch der absolute Wert des HPI für diesen Tag.

Tägliche Veränderungen im Open Interest kennzeichnen den Zufluss und den Abfluss von Geld. Ansteigendes Open Interest ist in einem Aufwärtstrend bullish und in einem Abwärstrend bearish. Fallendes Open Interest ist in einem Aufwärtstrend bearish und in einem Abwärtstrend bullish. Ein flaches Open Interest ist vollkommen neutral.

TRADINGREGELN

Der Herrick-Payoff-Index gibt mehrere Arten von Tradingsignalen, die hier in der Reihenfolge ihrer Bedeutung angegeben werden. Abweichungen zwischen dem HPI und den Kursen kennzeichnen einige der besten Tradingmöglichkeiten (Abbildung 35-2). Wenn der HPI seine Trendlinie durchbricht, dann gibt das eine frühe Warnung, dass auch die Kurstrendlinie durchbrochen werden wird. Wenn der HPI seine Mittellinie kreuzt, dann bestätigt er neue Kurstrends.

1. *Wenn die Kurse auf ein neues Tief fallen, der HPI jedoch einen höheren Boden zeichnet als während des vorangehenden Abschwungs, dann stellt dies eine bullishe Abweichung dar und gibt ein Kaufsignal. Wenn der HPI von seinem zweiten Boden nach oben geht, dann sollten Sie kaufen und unter dem letzten Kurstief einen Sicherheitsstop setzen.*
2. *Eine bearishe Abweichung liegt dann vor, wenn die Kurse auf ein neues Hoch ansteigen, der HPI jedoch nur eine tiefere Spitze erreicht. Das Signal leer zu verkaufen, wird dann gegeben, wenn der HPI von seiner*

Abbildung 35-2

Herrick-Payoff-Index

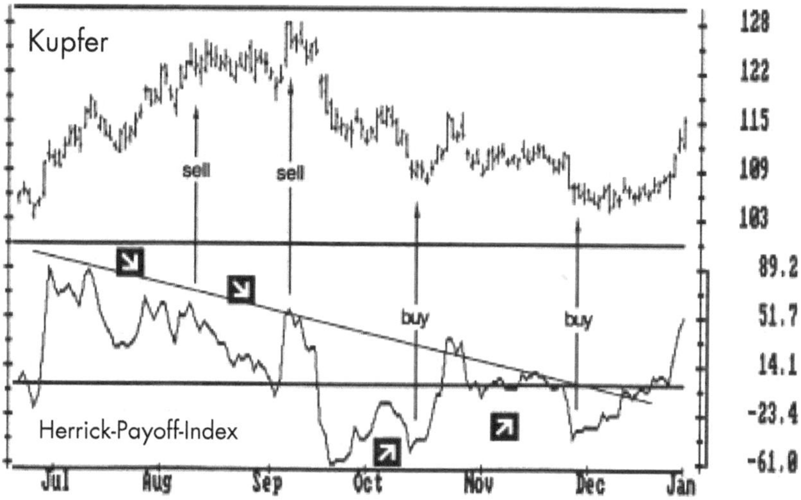

Der HPI verfolgt den Geldzufluss in den Markt sowie den Geldabfluss aus dem Markt, indem er die Veränderungen der Kurse, des Umsatzes und des Open Interest erfasst. Der HPI gibt die deutlichsten Signale dann, wenn sein Verlauf vom Kursverlauf abweicht. Im August und im September erkannte der HPI Marktspitzen, als er niedrigere Hochstände aufzeigte, während die Kurse neue Höchststände erreichten. Im Oktober und im November zeigte der HPI Markttäler auf, als er seinen Abschwung beendete und sich auf flacherem Niveau einpendelte, während Kupfer auf neue Tiefststände zulief.

Der bullishen Abweichung im November folgte der Durchbruch durch eine Abwärtstrendlinie des HPI und ein Aufschwung über die Mittellinie des HPI. Diese Kombination gab eine besonders deutliche Kaufempfehlung für Kupfer. Die besten Signale entwickeln sich langsam und lassen dem Trader viel Zeit, in einen neuen Trend einzusteigen.

zweiten Spitze nach unten geht. Setzen Sie über dem letzten Kurshoch einen Sicherheitsstop.

Wichtige Abweichungen entwickeln sich über mehrere Wochen hinweg. Eine Abweichung, die zwei Monate braucht, um sich zu entwickeln, ist kräftiger als eine, in der nur zwei Wochen zwischen den Spitzen oder Tiefständen vergangen sind. Achten Sie auf die Unterschiede in der Höhe der benachbarten HPI-Spitzen oder HPI-Böden. Wenn die erste Spitze oder der erste Boden weit von der Mittellinie entfernt ist und die zweite Spitze oder der zweite Boden in der Nähe dieser Linie liegt, dann wird diese Abweichung voraussichtlich zu einer größeren Bewegung führen.

Bullishe und bearishe Abweichungen des HPI haben oft lange Vorlaufzeiten. Wenn Sie einmal einen möglichen Wendepunkt identifiziert haben, und dafür eine HPI-Abweichung benutzten, dann sollten Sie Kurzzeitoszillatoren verwenden, um ein genaueres Timing zu erhalten. Wenn eine Abweichung zwischen dem HPI und den Kursen ausklingt, und Sie außen vor bleiben, dann sollten Sie genau aufpassen - möglicherweise können Sie sogar noch eine bessere Tradingmöglichkeit erhalten, wenn eine normale Abweichung in eine dreifache bullishe oder in eine dreifache bearishe Abweichung übergeht. Dreifache bullishe Abweichungen bestehen aus drei niedrigeren Böden bei den Kursen und drei höheren Böden im HPI. Dreifache bearishe Abweichungen bestehen aus drei höheren Spitzen bei den Kursen und drei niedrigeren Spitzen beim HPI. Das kommt an einigen der wichtigsten Wendepunkte im Markt vor.

3. *Auf den HPI lassen sich gut klassische Chartmethoden, insbesondere Trendlinien, anwenden. Wenn Trendlinien von Kursen und die Trendlinien des HPI in die gleiche Richtung weisen, dann bestätigt das die Trends. Der HPI durchbricht oft seine Trendlinie, bevor die Kurse ihre Trendlinie durchbrechen. Wenn der HPI seinen Aufwärtstrends durchbricht, dann ist dies ein Verkaufssignal. Wenn er über einen Abwärtstrend ausbricht, dann gibt er ein Kaufsignal. Dann lohnt es sich, entweder die Gewinne mitzunehmen oder zumindest die Sicherheitsstops näher zu ziehen.*
4. *Die Position des HPI über oder unter seiner Mittellinie zeigt, ob Bullen oder Bären den Markt dominieren. Wenn der HPI über seiner Mittellinie liegt, dann zeigt dies, dass die Bullen die Kontrolle übernommen haben – es ist besser, long zu gehen. Wenn der HPI unter seiner Mittellinie liegt, dann ist es besser, Short-Positionen einzunehmen. Bullen können kaufen oder ihre Long-Positionen ausbauen, wenn der HPI über seine Mittellinie ansteigt. Wenn der HPI unter seine Mittellinie fällt, dann bestätigt er Abwärtstrends.*

36 Die Zeit

Die meisten Menschen führen ihren Lebenswandel so, als hätten sie vor, ewig zu leben – ohne auf die Vergangenheit zurückzublicken, ohne für die Zukunft zu planen und nur wenig aus den Fehlern der Vergangenheit zu lernen. Freud zeigte, dass das Unterbewusstsein keine Zeit kennt. Unsere tiefliegenden Wünsche bleiben während unseres Lebens weitgehend unverändert.

Wenn Menschen sich Menschenmengen zugesellen, dann wird ihr Verhalten primitiver und impulsiver, als wenn sie allein blieben. Menschenmengen achten nicht auf die Zeit, obgleich sie durch den Zeitablauf beeinflusst werden. Individuen leben mit dem Kalender und der Uhr, aber Menschenmengen haben kein Zeitgefühl. Menschenmengen leben ihre Emotionen aus, als hätten sie alle Zeit der Welt.

Die meisten Trader konzentrieren sich nur auf die Kursänderungen und beachten die Zeitabläufe nur sehr wenig. Das ist ein weiteres Zeichen dafür, dass man in einer Massenmentalität gefangen ist.

Das Zeitbewusstsein ist ein Zeichen für Zivilisation. Ein Mensch, der verstandesmäßig handelt, ist sich des Zeitablaufs bewusst, während jemand, der impulsiv handelt, auf die Zeit nicht achtet. Ein Analyst, der die Zeit beachtet, ist sich einer Dimension bewusst, die der Marktmasse verborgen ist.

Zyklen

Langfristige Kurszyklen sind im Wirtschaftsalltag eine Tatsache. Der US-Aktienmarkt verläuft beispielsweise in Vier-Jahres-Zyklen. Das kommt daher, dass die regierende Partei die Wirtschaft aufbläht, wenn es alle vier Jahre auf die Präsidentschaftswahlen zugeht. Die Partei, die die Wahl gewinnt, lässt die Luft aus der Wirtschaft wieder ab, wenn sich die Wähler nicht mehr an den Urnen revanchieren können. Wenn die Wirtschaft mit Liquidität überflutet wird, dann hebt das den Aktienmarkt und nachlassende Liquidität drückt ihn abwärts. Deshalb sind die zwei Jahre vor einer Präsidentschaftswahl eher bullish und die ersten 12 bis 18 Monate, die einer Wahl folgen, eher bearish.

Wichtige Zyklen bei landwirtschaftlichen Sachwerten gehen auf grundsätzliche Produktionsfaktoren zurück, gepaart mit der Massenpsychologie der Hersteller. Wenn beispielsweise die Lebenshaltungskosten ansteigen, dann züchten die Farmer mehr Tiere. Wenn diese Tiere den Markt erreichen, dann fallen die Preise und die Landwirte führen die Produktion zurück. Wenn die

Vorräte aufgebraucht sind, drückt der Mangel die Preise wieder nach oben, die Züchter machen sich wieder an die Arbeit und der Bullen-Bären-Zyklus wiederholt sich. Dieser Zyklus ist bei Schweinen kürzer als bei Rindern, weil Schweine schneller gezüchtet werden können als Kühe.

Langfristige Zyklen können den Tradern dabei helfen, die Gezeiten auf den Märkten zu erkennen. Stattdessen begeben sich die meisten Trader in Schwierigkeiten, weil sie versuchen, kurzfristige Zyklen für das genaue Timing zu nutzen und kleinere Wendepunkte voherzusagen.

Kursspitzen und Kurstäler auf den Charts scheinen oft in einer geordneten Art und Weise aufeinander zu folgen. Trader greifen zu Bleistift und Lineal, messen die Abstände zwischen benachbarten Gipfeln und projizieren sie in die Zukunft hinein, um den nächsten Gipfel vorauszusagen. Dann messen sie den Abstand zwischen den letzten Böden und projizieren sie ebenfalls in die Zukunft hinein, um das nächste Tief vorauszusagen.

Die Zyklen bringen einigen Experten die Butter aufs Brot, die davon leben, Voraussagen über Hochs und Tiefs zu treffen. Wenige von ihnen realisieren, dass das, was ihnen auf den Charts wie ein Zyklus erscheint, oft nur Einbildung ist. Wenn Sie Kursdaten mit einem streng mathematischen Programm analysieren, wie beispielsweise mit John Ehlers' MESA (Maximum Enthropie Spektral Analyse), dann werden Sie sehen, dass ungefähr 80 Prozent dessen, was aussieht wie ein Zyklus, lediglich Nebengeräusche sind. Der menschliche Verstand muss in einem Chaos eine Ordnung finden - und die Illusion einer Ordnung ist für die meisten Menschen besser, als überhaupt keine Ordnung.

Wenn Sie aus der Luft auf einen Fluss sehen, dann erscheint es, als fließe auch er in Zyklen, er schwingt nach links und nach rechts. Jeder Fluss wandert in seinem Tal, weil das Wasser in der Mitte der Strömung schneller fließt als an den Ufern, und erzeugt dadurch Turbulenzen, die den Fluss zwingen, seine Richtung zu ändern.

Wenn Sie mit einem Bleistift und einem Lineal nach Marktzyklen suchen, dann ist das so, als ob Sie mit einer Wünschelrute nach Wasser suchen. Die Gewinne aus gelegentlichen Erfolgen werden von vielen Verlusten, die auf ungesunde Methoden zurückgeführt werden können, aufgezehrt. Wenn Sie ernsthaft mit Zyklen anlegen wollen, dann brauchen Sie eine mathematische Methode, um sie zu finden, beispielsweise die MESA oder die Fourier-Analyse.

Die Fourier-Analyse sucht in sehr großen Datenbeständen nach Zyklen, der MESA jedoch geht einen anderen Weg. Er sucht in einem relativ kurzen Datenfenster nach Beweisen für eine geordnete zyklische Bewegung. Anders als andere Softwarepakete, die andauernd Tradingsignale geben, teilt MESA den

Abbildung 36-1

Kurszyklen – Maximum Enthropy Spectral Analysis (MESA)

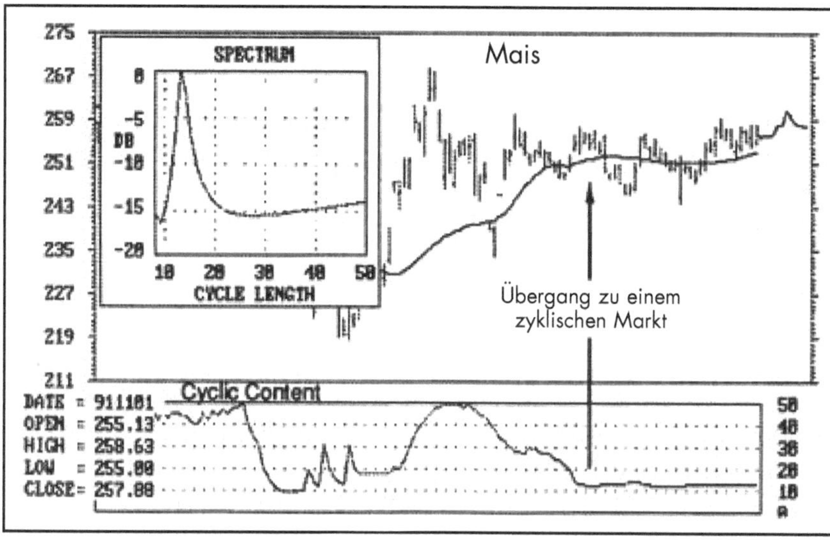

MESA (eine Methode und ein Softwarepaket) zeigt, dass sich Zyklen oft verschieben und einfach verschwinden. Das enge Fenster am unteren Ende des Charts verfolgt den zyklischen Gehalt. Wenn er in der Nähe seiner oberen Ecke ist, dann zeigt das, dass der Markt chaotisch ist, und wenn er sich seinem unteren Ende nähert, dann zeigt dies, dass der Markt zyklisch ist. Der vertikale Pfeil kennzeichnet den Übergang von einem chaotischen zu einem zyklischen Markt.

Das quadratische Fenster in der oberen linken Ecke zeigt den zyklischen Gehalt für jedes Datum, das der Analyst wählt. Im Augenblick zeigt es einen 13-Tage-Zyklus, der sich über das Marktnebengeräusch erhebt. Die unterbrochene Linie an der rechten Seite des Charts projiziert den vorherrschenden Zyklus einige Tage in die Zukunft.

Tradern mit, dass es in 80 Prozent der Zeit keine wirklichen Zyklen gibt. Er zielt darauf ab, Zyklen zu erkennen, sobald sie sich aus den Nebengräuschen des Marktes erheben und er teilt Ihnen auch mit, wann ein Zyklus ausläuft.

Die Jahreszeiten eines Indikators

Ein Landwirt sät im Frühling, bringt im Spätsommer die Ernte ein und nutzt den Herbst, um sich auf den Winter vorzubereiten. Es gibt eine Zeit, in der man sät und eine Zeit, in der das Saatgut reift, eine Zeit, in der man davon ausgehen kann, dass es warm ist und eine Zeit, in der man sich auf Kälte vorbereitet. Das Konzept der Jahreszeiten kann auf die Finanzmärkte übertragen werden. Ein Trader kann die Denkweise eines Landwirts übernehmen. Er sollte im Frühjahr kaufen, im Sommer verkaufen, im Herbst leer verkaufen und die Leerverkäufe im Winter glattstellen.

Martin Pring entwickelte dieses Jahreszeitenmodell für Kurse, aber dieses Konzept funktioniert bei technischen Indikatoren noch besser. Die Jahreszeiten der Indikatoren zeigen Ihnen, wo Sie sich innerhalb eines Marktzyklus befinden. Das einfache, aber sehr effektive Konzept hilft Ihnen, dann zu kaufen, wenn die Kurse niedrig sind, und leer zu verkaufen, wenn sie hoch sind. Es sagt Ihnen, wann das Signal eines Indikators voraussichtlich stark oder schwach sein wird. Es hilft Ihnen, sich von den Marktmassen zu unterscheiden.

Die Jahreszeit eines jeden Indikators wird durch zwei Faktoren festgelegt: seine Neigung und seine Position unter oder über der Mittellinie. Beispielsweise können wir das Konzept der Jahreszeiten eines Indikators auf ein MACD-Histogramm (siehe Abschnitt 26) übertragen. Wir definieren die Neigung eines MACD-Histogramms als das Verhältnis zwischen zwei nebeneinanderliegenden Balken. Wenn ein MACD-Histogramm von unterhalb seiner Mittellinie ansteigt, dann ist es Frühling. Wenn es über seine Mittellinie ansteigt, dann ist es Sommer. Wenn es von oberhalb seiner Mittellinie fällt, dann ist es Herbst und wenn es unterhalb seiner Mittellinie fällt, dann ist es Winter. Das Frühjahr ist die beste Jahreszeit, um long zu gehen, und der Herbst ist die beste Jahreszeit, um leer zu verkaufen (Abbildung 36-2).

Neigung des Indikators	**relative Position zur Mittellinie**	**Jahreszeit**	**Aktion**
steigend	unter	Frühling	gehen Sie long
steigend	über	Sommer	fangen Sie an zu verkaufen
fallend	über	Herbst	gehen Sie short
fallend	unter	Winter	fangen Sie an, die Leerverkäufe glattzustellen

Abbildung 36-2

Die Jahreszeiten eines Indikators

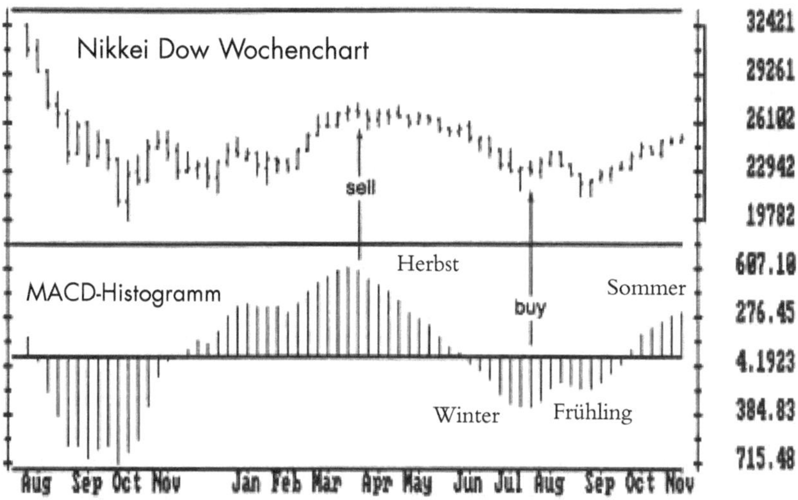

Das Konzept der Jahreszeiten kann auf fast jeden Indikator angewendet werden, auch wenn sich dieses Beispiel auf ein Wochen-MACD-Histogramm konzentriert. Es hilft Ihnen dabei, in Übereinstimmung mit den Märkten zu traden.

Herbst – der Indikator ist über seiner Mittellinie, aber er fällt. Das ist die beste Jahreszeit, um Short-Positionen einzurichten.

Winter – der Indikator fällt unter seine Mittellinie. Nutzen Sie die Schwäche aus, um auf Short-Positionen die Gewinne mitzunehmen.

Frühling – der Indikator wendet sich von unterhalb seiner Mittellinie nach oben. Das ist die beste Zeit, um Long-Positionen einzurichten. Beachten Sie den Kälteeinbruch im Frühjahr, als die Kurse auf ein neues Tief fielen und das MACD-Histogramm zeitweise abwärts tickte. Verkaufen Sie nicht leer, wenn das MACD-Histogramm unterhalb seiner Mittellinie nach abwärts zeigt. Kaufen Sie nicht, wenn es oberhalb seiner Mittellinie nach oben zeigt. Eine bullishe Abweichung liegt vor, wenn die Kurse auf ein neues Tief fallen, während der Indikator einen flacheren Boden beschreibt. Das stellt ein starkes Kaufsignal dar.

Sommer – der Indikator steigt über seine Mittellinie an. Wenn das Wetter besser wird, dann nutzen Sie die Stärke, um die Gewinne auf Long-Positionen mitzunehmen.

Wenn sich ein MACD-Histogramm unter seiner Mittellinie befindet, die Kurve jedoch ansteigt, dann ist es auf dem Markt Frühjahr. Das Wetter ist kühl, aber es wird wärmer. Die meisten Trader erwarten, dass der Winter noch einmal zurückkommt und haben Angst zu kaufen. Gefühlsmäßig ist es noch schwierig zu kaufen, denn die Erinnerungen an einen Abwärtstrend sind noch sehr frisch. Tatsächlich ist das Frühjahr aber die beste Zeit, um zu kaufen, die Zeit mit dem größten Gewinnpotenzial. Das Risiko ist gering, denn ein Sicherheitsstop kann knapp unter den Markt gesetzt werden.

Wenn der MACD über seine Mittellinie ansteigt, dann ist es auf dem Markt Sommer - und die meisten Trader erkennen nun den Aufwärtstrend. Im Sommer ist es gefühlsmäßig leicht zu kaufen, weil die Bullen viel Gesellschaft haben. Tatsächlich ist das Gewinnpotenzial im Sommer niedriger als im Frühjahr und die Risiken sind höher, weil die Stops weiter vom Markt entfernt sein müssen.

Wenn ein MACD-Histogramm über seiner Mittellinie liegt, seine Kurve sich jedoch abwärts wendet, dann ist es auf den Märkten Herbst. Wenige Trader erkennen den Wechsel und sie kaufen weiterhin, weil sie erwarten, dass der Sommer noch einmal zurückkehrt. Gefühlsmäßig ist es jetzt schwierig, leer zu verkaufen, denn es erfordert, dass Sie sich von der Masse trennen, die immer noch sehr bullish ist. Tatsächlich ist der Herbst die beste Zeit für Leerverkäufe. Das Gewinnpotenzial ist hoch, während die Risiken eingegrenzt werden können, wenn man einen Stop über die letzten Hochs setzt oder Optionen wählt.

Wenn ein MACD-Histogramm unter seine Mittellinie fällt, dann ist es Winter auf den Märkten. Dann haben auch die meisten Trader den Abwärtstrend erkannt. Im Winter ist es gefühlsmäßig sehr leicht, leer zu verkaufen, weil man dann ziemlich viele lautstarke Bären als Gesellschaft hat. Tatsächlich wendet sich das Risiko-Gewinn-Verhältnis jedoch sehr schnell gegen die Bären. Mögliche Belohnungen werden immer kleiner und die Risiken sind hoch, weil die Stops relativ weit von den Kursen entfernt gesetzt werden müssen.

So wie ein Landwirt die Launen des Wetters beachtet, so muss ein Trader die Launen des Markts beachten. Der Herbst auf dem Land kann durch einen Spätsommer unterbrochen werden und der Markt kann auch im Herbst eine starke Rallye auf die Beine bringen. Ein plötzlicher Frost kann die Felder auch im Frühjahr überraschen, und der Markt kann durchaus früh in eine Bullenbewegung fallen. Ein Trader muss sein Beurteilungsvermögen nutzen und mehrere Indikatoren und Techniken anwenden, um zu vermeiden, dass er »zersägt« wird (siehe Abschnitt 43).

Das Konzept der Jahreszeiten der Indikatoren konzentriert sich auf die Aufmerksamkeit eines Traders, die er auf den Zeitverlauf in den Märkten richten sollte. Es hilft Ihnen, für die kommende Saison zu planen, anstatt auf die Aktionen anderer Leute zu reagieren.

Rückzugsbewegungen

Viele Trader beobachten Rückzugsbewegungen von Kursen. Wenn beispielsweise ein Markt um 120 Punkte ansteigt, dann versuchen einige Trader, ihre Long-Positionen zu verbessern, wenn der Markt um 50 Prozent der vorangehenden Bewegung zurückgeht und um 60 Punkte von der Spitze absteigt.

Viele Parketthändler achten darauf, ob ein Trend sich wendet, indem er um 61,8 Prozent der vorangehenden Bewegung zurückläuft. Diese Zahl basiert auf der Fibonacci-Zahlenreihe.

Der Gedanke, die Rückzüge (Pullbacks) zu messen, kann auch auf Zeitabläufe angewendet werden. Es zahlt sich aus zu messen, wie lange ein Anstieg und ein Abschwung gedauert haben. Beispielsweise werden Rallyes in einem Bullenmarkt oft von Abschwüngen unterbrochen, die ungefähr die halbe Zeitdauer der vorangehenden Rallye haben. Wenn Sie bemerken, dass Rallyes in etwa acht Tage andauern und Abschwünge fünf Tage, dann kann dieses Wissen Sie ermutigen, nach fünf Tagen eines Abschwungs zu kaufen.

Der Faktor Fünf

Analysten sind oft verwirrt, wenn sie Charts in unterschiedlichen Zeitrahmen betrachten und sehen, dass der Markt plötzlich in verschiedene Richtungen geht. Der Trend kann auf Tagescharts nach oben zeigen, auf Wochencharts jedoch nach unten, aber auch umgekehrt. Welchem Trend sollten Sie folgen? Dieses Problem wird noch komplexer, wenn Sie auch auf Charts sehen, die während eines Handelstages erstellt werden. Die meisten Trader suchen sich einen Zeitrahmen aus und verschließen ihre Augen vor anderen – bis eine plötzliche Bewegung außerhalb ihres Zeitrahmens sie hart trifft.

Der Faktor Fünf verbindet alle Zeitrahmen. Wenn Sie mit Monatscharts beginnen und zu Wochencharts übergehen, dann werden Sie bemerken, dass es in einem Monat 4,5 Wochen gibt. Wenn Sie von Wochencharts auf Tagescharts übergehen, dann werden Sie bemerken, dass es in einer Woche fünf Handelstage gibt. Wenn sich Ihr Zeitrahmen nun verengt, dann werden Sie auch Stundencharts betrachten – und jeder Handelstag dauert in etwa fünf bis sechs

Stunden. Day Trader können sogar noch weiter gehen und Zehn-Minuten-Charts betrachten, die von Zwei-Minuten-Charts gefolgt werden. Alle Charts sind durch den Faktor Fünf miteinander verbunden.

Die richtige Art und Weise, irgendeinen Markt zu analysieren, ist ihn in mindestens zwei Zeitrahmen zu betrachten. Sie sollten durch den Faktor Fünf miteinander verbunden sein. Wenn Sie einen Markt in zwei Zeitrahmen analysieren, dann muss der kürzere von ihnen fünfmal so kurz sein wie der längere. Wenn Sie Tagescharts analysieren wollen, dann müssen Sie zunächst Wochencharts analysieren und wenn Sie im Day Trading Zehn-Minuten-Charts nutzen wollen, dann müssen Sie zuvor Stundencharts studieren. Dies ist eines der Schlüsselprinzipien des Triple-Screen-Tradingsystems (siehe Abschnitt 43).

Kapitel VI

Die Indikatoren des Aktienmarkts

37 Der New-High-New-Low-Index

Aktienanleger und Futures-Trader lebten wie zwei verschiedene Volksstämme nebeneinander. Sie legten auf verschiedenen Märkten an und benutzten unterschiedliche analytische Hilfsmittel. Die Mauer zwischen ihnen begann morsch zu werden, nachdem 1982 Aktienindex-Futures eingerichtet wurden. Beide Stämme beeilten sich, mit diesen Aktienindex-Futures zu handeln. Ein schlauer Trader schuldet es sich selbst, die Hilfmittel beider Stämme zu beherrschen.

Kluge Aktienanleger benutzen die Stochastik, gleitende Durchschnitte und andere Hilfsmittel der Futures-Analysten. Die Trader von Futures und Optionen können ihre Aktienindex-Geschäfte zeitlich besser abschätzen, wenn sie Aktienmarkt-Indikatoren benutzen. Dazu gehören der New-High-New-Low-Index (NH-NL) (wahrscheinlich der beste vorauseilende Indikator des Aktienmarkts), der Trader's-Index (TRIN) und einige andere.

Wie man einen NH-NL errichtet

Der New-High-New-Low-Index (Neues-Hoch-Neues-Tief-Index) verfolgt die Marktführer. Er misst die Anzahl der Werte, die ein neues Jahreshoch oder ein neues Jahrestief erreicht haben. Die Aktien auf der Liste der neuen Hochs sind die Stärke-Anführer und die Aktien auf der Liste der neuen Tiefs sind die Schwäche-Anführer. Der NH-NL bestätigt Trends, wenn er zusammen mit den Kursen ansteigt oder fällt. Er kennzeichnet Spitzen und Böden auf dem Aktienmarkt, wenn er von den Kursen abweicht.

Der NH-NL misst die täglichen Unterschiede zwischen neuen Hochs und neuen Tiefs. Er kann auch »zu Fuß« leicht errechnet werden, wenn man die Kursnotierungen der großen Tageszeitungen zugrundelegt.

NH-NL = New High – New Lows
(neue Höchststände – neue Tiefststände)

Neue Hochs und neue Tiefs werden in den USA von den meisten Daten-Services bekanntgegeben. Stellen Sie sicher, dass Ihr Datenverkäufer seine neuen Hochs und neuen Tiefs über einen 52-Wochen-Zeitraum hinweg berechnet. Einige benutzen die alte Kalendermethode und errechnen neue Hochs und neue Tiefs nur bis zum Januar zurück. Zeichnen Sie den NH-NL-Index als ein Histogramm, mit einer horizontalen Referenzlinie auf der

Nullebene. An den Tagen, an denen es mehr neue Hochs als neue Tiefs gibt, ist der NH-NL positiv und wird über der Mittellinie gezeichnet. An den Tagen, an denen es mehr neue Tiefs als neue Hochs gibt, ist der NH-NL negativ und wird unter der Mittellinie gezeichnet. Wenn die Anzahl der neuen Hochs und der neuen Tiefs gleich sind, dann liegt der NH-NL bei Null.

MASSENPSYCHOLOGIE

Eine Aktie erscheint dann auf der Liste der neuen Hochs, wenn sie so stark wie nie im letzten Jahr war. Das zeigt, dass eine Herde gieriger Bullen auf ihre Anteile Jagd macht. Eine Aktie erscheint dann auf der Liste der neuen Tiefs, wenn sie den schwächsten Punkt seit einem Jahr erreicht hat. Das zeigt, dass eine Menge aggressiver Bären ihre Anteile verschleudert. Der NH-NL-Index verfolgt die stärksten und die schwächsten Aktien an der Börse und vergleicht ihre Zahlen. Er misst die Kräfteverteilung zwischen den starken und den schwachen Anführern. Deshalb ist der NH-NL ein vorauseilender Indikator des Aktienmarkts. Die breiten Indizes, beispielsweise der S&P 500, neigen dazu, dem Trend eines NH-NL zu folgen (Abbildung 37-1).

Sie können sich die 2.000 Aktien an der New Yorker Börse wie ein Regiment von 2.000 Mann vorstellen. Wenn jede Aktie einen Soldaten darstellt, dann sind die neuen Hochs und die neuen Tiefs die Offiziere. Die neuen Hochs sind die Offiziere, die einen Angriff eine Anhöhe hinauf anführen und die neuen Tiefs sind die Offiziere, die desertieren und den Hügel hinabflüchten. »Es gibt keine schlechten Soldaten, sondern nur schlechte Offiziere«, sagen die Militärexperten. Der New-High-New-Low-Index zeigt, ob mehr Offiziere den Angriff den Hügel hinauf anführen oder ob mehr Offiziere abwärts rennen.

Wenn der NH-NL über seine Mittellinie ansteigt, dann zeigt das, dass die bullische Führung stärker ist. Wenn der NH-NL unter seine Mittellinie fällt, dann zeigt das, dass die bearishen Führer stärker sind. Wenn der Markt auf ein neues Hoch ansteigt und der NH-NL eine neue Spitze erreicht, dann bedeutet das, dass die bullische Führung ausgebaut wird und der Aufwärtstrend sich wahrscheinlich fortsetzen wird. Wenn der Markt ansteigt, der NH-NL jedoch kleiner wird, dann bedeutet das, dass der Aufwärtstrend in Schwierigkeiten ist. Ein Regiment, dessen Offiziere desertieren, wird wahrscheinlich auch umdrehen und laufen.

Ein neues Tief in einem NH-NL zeigt, dass der Abwärtstrend sich voraussichtlich fortsetzt. Wenn die Offiziere schneller laufen als ihre Leute, dann wird

Abbildung 37-1

Der New-High-New-Low-Index

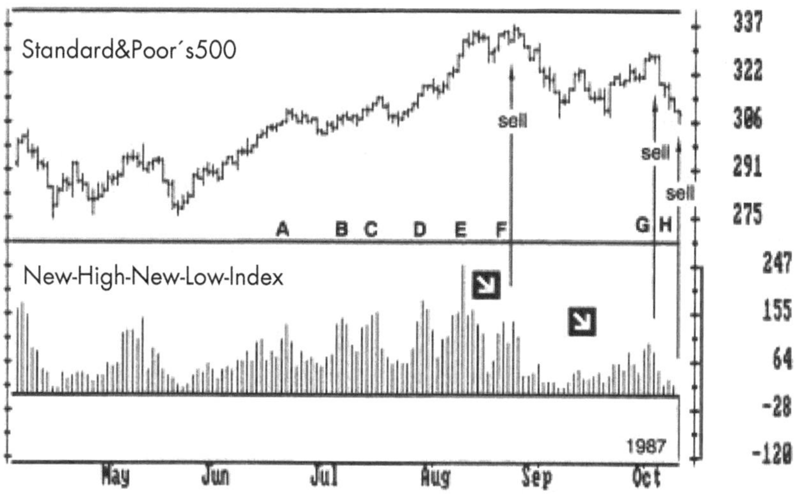

Aktien, die ein neues Jahreshoch erreichen, sind die Stärke-Anführer. Aktien, die ein neues Jahrestief erleiden, sind die Schwäche-Anführer. Der NH-NL misst die Richtung und die Kraft der Marktführer, indem er die Anzahl der neuen Hochs und neuen Tiefs vergleicht.

Im Sommer 1987 brüllten die Bullen vor Freude, als der Bullenmarkt auf seinem höchsten Gipfel ankam. Es war sicher, die Aktien solange zu halten, als jedes neue Hoch im Aktienmarkt durch einen neuen Gipfel im New-High-New-Low-Index (A, B, C, D und E) bestätigt wurde. Der Augustgipfel im Aktienmarkt wurde von einer bearishen Abweichung (E-F) im NH-NL-Index begleitet, und das war ein Verkaufssignal.

Als der Aktienmarkt im September fiel, machten sich viele Händler auf Schnäppchenjagd. Fünf Jahre lang waren die Kurse gestiegen und sie haben die Zeit genutzt, um in den Abschwüngen zu kaufen. Währenddessen deutete der NH-NL auf eine ernsthafte Schwäche hin. Sein höchster Gipfel lag nur bei 100 (G), was auf Schwäche hindeutete. Der NH-NL wurde im Oktober negativ (H). Kurz vor dem historischen Crash gab er wiederholte Verkaufssignale.

das Regiment wahrscheinlich vernichtend geschlagen. Wenn die Aktien fallen, aber ein NH-NL nach oben zeigt, dann bedeutet das, dass die Offiziere nicht mehr weglaufen. Wenn Offiziere ihre Moral wiedergewinnen, dann wird sich voraussichtlich auch das Regiment erholen (Abbildungen 37-2 und 37-3).

TRADINGREGELN

Trader müssen drei Aspekte des NH-NL beachten, die hier in der Reihenfolge ihrer Bedeutung aufgeführt werden: Abweichungen zwischen den Gipfeln und den Böden von NH-NL und Kursen, den Trend des NH-NL und die Höhe des NH-NL über oder unter seiner Mittellinie.

Solange ein Kursgipfel durch ein neues Hoch im NH-NL bestätigt wird, wird sich die Rallye voraussichtlich fortsetzen, auch wenn sie durch einen kleinen Abschwung unterbrochen wird. Wenn niedrige Kurse von neuen Tiefs im NH-NL begleitet werden, dann bedeutet das, dass die Bären die Kontrolle übernommen haben und der Abwärtstrend sich voraussichtlich fortsetzen wird. Abweichungen zwischen dem NH-NL und dem breiten Marktdurchschnitt stellen die besten Tradingsignale. Ein Trend, der seinen Anführer verliert, wird sich voraussichtlich wenden.

1. *Wenn der NH-NL einen tieferen Gipfel beschreibt, während der Markt auf ein neues Hoch ansteigt, wird daraus eine bearishe Abweichung. Das zeigt, dass die Anführer der Bullen schwach werden, auch wenn der breite Markt noch höher liegt. Bearishe Abweichungen kennzeichnen das Ende von Aufwärtstrends. Wenn der letzte Gipfel in einem NH-NL ungefähr bei +100 oder weniger liegt, dann steht eine größere Umkehr bevor und es ist Zeit, leer zu verkaufen. Wenn der letzte Gipfel viel höher als +100 ist, dann sind die Anführer, die nach oben wollen, stark genug, um zu verhindern, dass der Markt zusammenbricht.*
2. *Wenn der NH-NL einen flacheren Boden bildet, während der Markt auf ein neues Tief fällt, dann stellt dies eine bullishe Abweichung dar. Das zeigt, dass die Anführer der Bären schwächer werden, auch wenn der Markt noch tiefer liegt. Wenn das letzte Tief des NH-NL in der Nähe von –100 liegt, dann bedeutet das, dass die Anführer der Bären erschöpft sind und eine Wende nach oben bevorsteht. Wenn das letzte Tief viel tiefer liegt als –100, dann haben die Bären immer noch Kraft und der Abwärtstrend kann pausieren, aber er wird sich nicht umkehren. Bedenken Sie, dass bullische Abweichungen an Böden von Aktienmärkten sich schneller entwickeln als bearishe Abweichungen an Marktspitzen: kaufen Sie schnell und verkaufen Sie langsam.*

Die Steigung eines NH-NL wird durch den Trend seiner Balken der letzten Tage definiert. Wenn der Markt sich erholt und der NH-NL ansteigt, dann

Abbildung 37-2

New-High-New-Low-Index

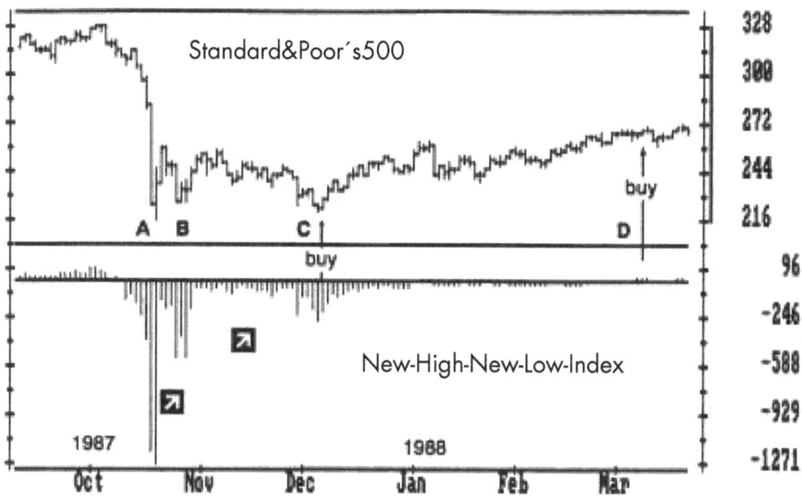

Der Aktienmarkt brach im Oktober 1987 zusammen und die Anzahl der neuen Tiefs explodierte geradezu und erreichte fast 1.300 (A). Der Aktienmarkt sprang ein wenig auf und ab und fiel auf seine Tiefs zurück (B). Die Zeitungen waren voll von alarmierenden Beiträgen, in denen gefragt wurde, ob dies das Ende des westlichen Finanzsystems, so wie wir es kannten, war. Der NH-NL gab aber eine optimistischere Botschaft. Er zeigte, dass die neuen Tiefs abnahmen - die Offiziere weigerten sich zu flüchten. Der Markt testete seine Tiefs im Dezember noch einmal, und der NH-NL verfolgte eine noch stärkere bullishe Abweichung und gab ein Kaufsignal. Es wurde bestätigt, als der NH-NL die Linie in den positiven Bereich überschritt (D). Das war der Anfang eines zweijährigen Bullenmarkts.

bestätigt das Aufwärtstrends. Wenn der NH-NL zusammen mit dem Markt fällt, dann bestätigt das Abwärtstrends.

3. *Ein Anstieg im NH-NL zeigt, dass es sicher ist, Long-Positionen zu halten und zu verstärken. Wenn der NH-NL nach unten geht, während der breite Markt flach bleibt oder ansteigt, ist das die beste Zeit, Gewinne auf kurzfristigen Long-Positionen mitzunehmen. Wenn der NH-NL fällt, dann zeigt das, dass die Anführer der Bären stark sind und es sicher ist,*

Short-Positionen zu halten oder sie sogar noch zu verstärken. Wenn der Markt weiterhin fällt, der NH-NL jedoch ansteigt, dann wird der Abwärtstrend infrage gestellt – jetzt ist es Zeit, Shorts glattzustellen.

4. *Wenn der NH-NL an einem flachen Tag ansteigt, dann ist dies ein gutes Zeichen für Bullen und stellt ein Kaufsignal dar. Es zeigt, dass die Offiziere über den Gipfel gehen, während die Soldaten sich immer noch in den Gräben befinden. Wenn der NH-NL an einem flachen Tag fällt, dann ist das ein Signal, um leer zu verkaufen. Das zeigt, dass die Offiziere bereits auf der Flucht sind, während die Truppen immer noch ihre Position halten. Soldaten sind nicht dumm – wenn die Offiziere weglaufen, dann werden sie nicht mehr lange bleiben und kämpfen.*

Die Position eines NH-NL in Relation zu seiner Mittellinie zeigt, ob Bullen oder Bären das Feld kontrollieren. Wenn der NH-NL über seiner Mittellinie steht, dann bedeutet das, dass mehr Marktführer bullish als bearish sind. Dann ist es besser, den Aktienmarkt long anzugehen. Wenn der NH-NL unter seiner Mittellinie liegt, dann bedeutet das, dass die Führer der Bären stärker sind, und es besser ist, den Markt von der Short-Seite anzugehen. Der NH-NL kann mehrere Monate am Stück über seiner Mittellinie bleiben, wenn es sich um einen Bullenmarkt handelt und unter seiner Mittellinie, wenn es sich um einen Bärenmarkt handelt.

5. *Wenn der NH-NL über mehrere Monate hin negativ bleibt, dann aber über seine Mittellinie hinaus ansteigt, dann bedeutet das, dass voraussichtlich ein Aufwärtstrend beginnt. Dann ist es an der Zeit, nach Kaufmöglichkeiten Ausschau zu halten und für ein gutes Timing Oszillatoren zu nutzen. Wenn der NH-NL für mehrere Monate positiv bleibt, dann aber unter seine Mittellinie fällt, dann bedeutet das, dass voraussichtlich ein Abwärtstrend beginnt. Dann ist es Zeit, sich nach Shorting-Möglichkeiten umzusehen und für ein gutes Timing Oszillatoren zu benutzen.*

Mehr über den NH-NL

Früher glätteten die Analysten den NH-NL, indem sie einen 10-Tages-MA und einen 30-Tages-MA (gleitender Durchschnitt) benutzten. Wenn der

Abbildung 37-3

New-High-New-Low-Index

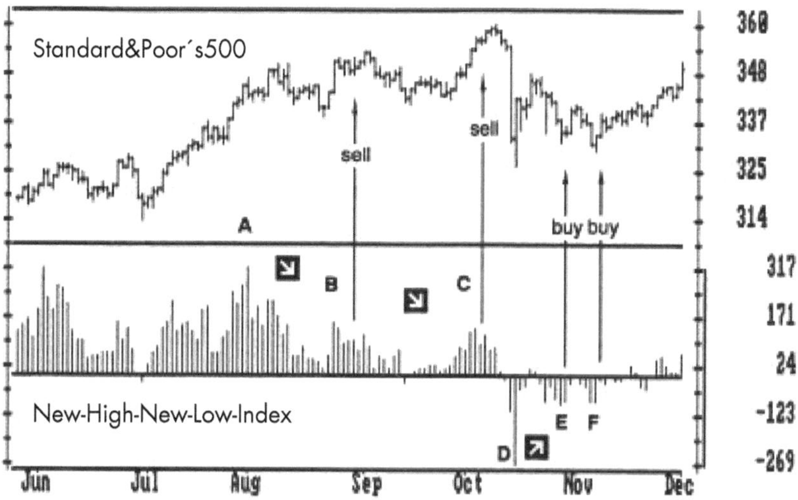

Der New-High-New-Low-Index gibt seine aussagekräftigsten Botschaften dann, wenn er von den Kursen abweicht. Dieser Chart zeigt, was vor dem Minicrash von 1989 geschah und wie der Markt sich zu erholen begann.

Im August erreichte der Markt einen neuen Gipfel (A), begleitet von einem neuen Gipfel im NH-NL, was darauf hindeutete, dass der Markt noch weiter ansteigen würde. Die Rallye im September (B) wurde von einer bearishen Abweichung begleitet und dies war ein Verkaufssignal. Im Oktober quälte sich der Markt auf ein neues Hoch (C), jedoch erreichte der NH-NL nur einen tieferen Gipfel, und wiederholte sein Verkaufssignal. Einen Tag vor dem Crash wurde der NH-NL negativ und bekräftigte sehr stark sein Verkaufssignal.

Das Oktober-Tief (D) wurde von einer Reflex-Rallye gefolgt, und danach testeten die Kurse ihr Oktober-Tief (E und F) noch zweimal. Bei beiden Gelegenheiten beschrieb der NH-NL flachere Böden als im Oktober. Diese bullishen Abweichungen waren Kaufsignale, und ein neuer Aufwärtstrend begann.

10-Tage-MA eines NH-NL über den 30-Tage-MA kreuzte, dann gab dies ein Kaufsignal. Wenn ein 10-Tage-MA unter einen 30-Tage-MA kreuzte, gab dies ein Verkaufssignal. Der rohe NH-NL gibt deutlichere Signale, aber wenn Sie unbedingt den NH-NL glätten wollen, dann ist es besser, den exponentiellen gleitenden Durchschnitt (EMA) zu benutzen.

Die Anzahl der neuen Hochs und der neuen Tiefs werden täglich von der New Yorker Börse veröffentlicht, ebenso von der American Stock Exchange, der Over-the-Counter Exchange und der London Stock Exchange. Die meisten Börsen in Übersee berichten über diese Zahlen nicht, aber ein Analyst, der über einen Computer verfügt, sollte keine Schwierigkeiten haben, einen NH-NL für jede Börse zu erstellen. Trader, die den NH-NL außerhalb der Vereinigten Staaten benutzen, haben einen Vorteil gegenüber ihren Wettbewerbern, die diesen Indikator nicht haben. Dafür brauchen Sie aber die Daten eines ganzen Jahres für jede Börse, die Sie verfolgen wollen und Sie müssen dieses File täglich aktualisieren. Programmieren Sie Ihren Computer so, dass er jeden Tag Ihre Datenbank untersucht und jene Aktien hervorhebt, die innerhalb der letzten 52 Wochen ein neues Hoch oder ein neues Tief erreicht haben.

Der NH-NL funktioniert nicht in solchen Aktienmärkten, die nur von einer Handvoll von Aktien dominiert werden. Beispielsweise sind an der Mailänder Börse Hunderte von Aktien gelistet, aber nur zwei von ihnen – Fiat und Generali – stellen fast 70 Prozent des gesamten Marktkapitals. Diese beiden Giganten können den Rest des Marktes überrollen.

38 Der Traders-Index und andere Aktienmarkt-Indikatoren

Der Traders-Index (TRIN) ist ein führender Aktienindikator. Er zeigt auf, wann größere Rallyes und Abschwünge startbereit sind, indem er die Intensität des Optimismus der dominanten Marktgruppe misst. Außerordentlicher Optimismus ist mit Marktspitzen verbunden und außerordentlicher Pessimismus mit Böden.

Der TRIN misst das Verhältnis der ansteigenden Aktien zu den fallenden Aktien und vergleicht es mit dem Verhältnis von zunehmendem und abnehmendem Umsatz. Dieser Indikator wurde von Richard Arms bekannt gemacht und ist in den meisten Kurssystemen enthalten. Jeder Broker mit einem Terminal auf seinem Schreibtisch kann ein paar Tasten drücken und schon erscheint der letzte TRIN auf seinem Bildschirm. Es ist einfach, den TRIN »zu Fuß« zu berechnen, oder am Ende eines jeden Handelstages den Computer zu bemühen.

Neue Entwicklungen auf den Märkten, wie beispielsweise Aktienoptionen, Index-Arbitragen, haben den TRIN über die Jahre hinweg verändert. Die ursprüngliche Interpretation des TRIN musste diesen Entwicklungen angepassst werden, aber immer noch gilt der TRIN als einer der besten Aktienmarkt-Indikatoren. Er ist besonders geeignet für das Timing von Aktiengeschäften, ebenso für Aktienindex-Futures und Optionen.

Wie man den TRIN errechnet

Um den Traders-Index zu errechnen, brauchen Sie vier Daten: die Anzahl und den Umsatz der ansteigenden und der fallenden Aktien, ebenso wie den Umsatz der beiden Gruppen. Diese Zahlen werden von der New York Stock Exchange und einigen anderen Börsen während eines jeden Handelstages ausgegeben.

$$\text{TRIN} = \frac{\text{Anzahl der steigenden Werte}}{\text{Anzahl der fallende Werte}} \bigg/ \frac{\text{(Umsatz der steigenden Werte)}}{\text{(Umsatz der fallenden Werte)}}$$

Der TRIN stellt die Relation zwischen dem Verhältnis der Anzahl der ansteigenden und absteigenden Aktien und dem Verhältnis von ansteigendem und rückläufigem Umsatz dar (siehe Arbeitsblatt, Abbildung 38-1). Wenn 1.000 Aktien bei einem Umsatz von 100 Mio. Anteilen auf eine Rallye gehen, und 1.000 Aktien bei einem Umsatz von 100 Mio. Anteilen in ihrem Wert fallen, dann ist der TRIN gleich 1, auch wenn 1.500 Aktien bei einem Umsatz von 150 Mio. Anteilen nach oben gehen und 500 Aktien bei einem Umsatz von 50 Mio. Anteilen fallen, bleibt de TRIN gleich 1.

Der TRIN fällt, wenn der Umsatz der ansteigenden Aktienwerte in Relation zu ihrer Anzahl überproportional hoch ist. Der TRIN steigt, wenn der Umsatz der in ihrem Wert fallenden Aktien in Relation zu ihrer Anzahl überproportional hoch ist.

Während einer Rallye nimmt der Umsatz von in ihrem Wert ansteigenden Aktien oft überproportional zu ihrer Anzahl zu. Wenn das Verhältnis von ansteigenden zu fallenden Aktien bei 2:1 liegt, das Verhältnis des ansteigenden zum fallenden Umsatz jedoch bei 4:1 liegt, dann liegt der TRIN bei 0,5 (2:1/4:1). Ein niedriger TRIN zeigt, dass die Bullen sehr optimistisch sind, eine Rallye fast ausgereizt ist und sich einer Spitze nähert.

Wenn der Markt rückläufig ist, wird der Umsatz der in ihrem Wert fallenden Aktien in der Relation zu ihrer Anzahl oft überproportional hoch. Wenn das Verhältnis von Papieren, die in ihrem Wert ansteigen, zu Papieren, die in ihrem Wert rückläufig sind, bei 1:2 liegt, das Verhältnis von ansteigendem zu rückläufigem Umsatz jedoch bei 1:4, dann entspricht der TRIN dem Wert

2 (1:2/1:4). Ein hoher TRIN zeigt, dass die Bären zu optimistisch sind und dass zuviel Umsatz in rückläufige Aktienwerte geht; ein Abschwung wird übertrieben und der Markt nähert sich einem Tiefpunkt.

Der TRIN kann sich von einem Tag zum anderen krass ändern. Der TRIN gibt bessere Signale, wenn er durch einen gleitenden Durchschnitt geglättet wird. Sie können für den TRIN einen 13-Tage-EMA benutzen (siehe Abschnitt 25). Er filtert die Nebengeräusche des täglichen Auf und Ab aus und zeigt den wahren Trend dieses Indikators. Bis zum Ende dieses Kapitels gilt der Ausdruck TRIN nur für einen 13-Tage-EMA eines täglichen TRIN.

Zeichnen Sie den TRIN auf einer umgekehrten vertikalen Skala. Die niedrigen Zahlen an der Spitze kennzeichnen Marktgipfel, und die hohen Zahlen am unteren Ende kennzeichnen Markttiefs. Zwei horizontale Referenzlinien kennzeichnen »überkaufte« und »überverkaufte« Ebenen. Wenn der TRIN über seine obere Referenzlinie ansteigt, dann zeigt das, dass der Aktienmarkt »überkauft« ist und sich einem Gipfel nähert. Wenn der TRIN unter seine untere Referenzlinie fällt, dann zeigt das, dass der Markt »überverkauft« ist und sich einem Tiefpunkt nähert.

Die Höhe der Referenzlinien hängt davon ab, ob die Aktien sich in einem Bullen- oder in einem Bärenmarkt befinden oder ob sie sich in der neutralen Trading-Range befinden. Die »Überkauft«-Linie wird im Allgemeinen bei 0,65 oder 0,70 in Bullenmärkten angelegt, bei 0,70 oder 0,75 in Bärenmärkten. Die »Überverkauft«-Linie liegt in Bullenmärkten bei 0,9 oder 0,95, in Bärenmärkten bei 1,0 oder 1,1. Diese Ebenen können sich in der Zeit, in der Sie dieses Buch lesen, verändern – benutzen Sie sie nur als Ausgangspunkt für Ihre eigenen Untersuchungen.

Am besten ziehen Sie Referenzlinien, wenn Sie den Weg eines Index untersuchen, beispielsweise des S&P 500 der letzten sechs Monate, zusammen mit einem TRIN. Kennzeichnen Sie alle Spitzen und Tiefpunkte des S&P 500 und ziehen Sie zwei Referenzlinien, die die korrespondierenden Hoch- und Tiefpunkte des TRIN verbindet. Wenn der TRIN wieder in solch extreme Bereiche kommt, dann wissen Sie, dass der Markt in eine Umkehrzone eingetreten ist. Berichtigen Sie die »Überkauft«- und »Überverkauft«-Linien alle drei Monate.

Abbildung 38-1

Arbeitsblatt: Traders Index (TRIN)

Date	Adv	Decl	Adv Vol	Decl Vol	TRIN:1	TRIN: 13-EMA
6/04	784	765	8374	7107	.87	
6/05	661	895	7162	9418	.97	
6/06	681	861	6339	8783	1.10	
6/07	445	1113	3251	11771	1.45	
6/10	648	905	4230	6644	1.12	
6/11	868	680	9371	4831	.66	
6/12	356	1237	2049	12906	1.81	
6/13	765	734	6787	5420	.83	
6/14	1036	531	11529	4123	.70	
6/17	645	851	4518	6916	1.16	
6/18	622	895	5261	8177	1.08	
6/19	399	1159	2453	11567	1.62	
6/20	655	854	6305	7734	.94	1.10
6/21	841	684	11192	5239	.58	1.02
6/24	298	1322	1202	11592	2.17	1.18
6/25	612	888	5216	8171	1.08	1.17

Der TRIN verfolgt das Verhältnis der in ihrem Wert ansteigenden Aktien zu den in ihrem Wert fallenden Aktien und vergleicht es mit dem Verhältnis von ansteigendem und rückläufigem Umsatz. Am besten funktioniert der TRIN, wenn er mit einem exponentiellen, gleitenden Durchschnitt (EMA) geglättet wird, beispielsweise mit einem 13-Tage-EMA.

MASSENPSYCHOLOGIE

Der Aktienmarkt ist wie eine manisch-depressive Bestie – er schwingt zwischen äußerster Hochstimmung und ängstlicher Depression. Die Stimmung eines manisch-depressiven Patienten durchläuft Zyklen. Wenn er den Tiefpunkt einer Depression erreicht hat, dann verbessert sich seine Stimmung wieder. Wenn er an der Höhe seiner manischen Phase angekommen ist, dann geht seine Stimmung wieder zurück. Die Trader können den TRIN benutzen, um manische und depressive Zeitspannen im Aktienmarkt zu erkennen und auf ihre Wendepunkte zu setzen (siehe Abbildung 38-2). Menschenmengen sind emotional und nur kurzfristig orientiert. Trends laufen oft weiter, als sie annehmen, weil die Menschenmengen ihre Gefühle ausleben und einfach loslaufen, anstatt überlegt zu handeln. Trends wenden sich, wenn die Massen der Trader durch das Laufen ermüden. Der TRIN zeigt, wann sie müde werden.

Wenn die Bullen während einer Rallye gierig werden, dann kaufen sie so viele Anteile, dass der ansteigende Umsatz zur Anzahl der im Wert ansteigenden Papiere überproportional anschwillt. Wenn der TRIN über seine obere Referenzlinie ansteigt, dann zeigt dies, dass der Optimismus der Massen auf eine Höhe angestiegen ist, die mit den Spitzen der Aktienkurse übereinstimmt.

Wenn Bären während eines Abschwungs ihre Anteile verschleudern, dann steigt der Umsatz der fallenden Aktien überproportional zur Anzahl der fallenden Aktien an. Wenn der TRIN unter seine untere Referenzlinie fällt, dann zeigt dies, dass die Bären übertrieben haben und eine Umkehr nach oben bevorsteht.

Veränderungen im TRIN kann man mit dem vergleichen, was während der Hauptverkehrszeiten auf einem Bahnhof in einer Vorstadt einer großen Stadt geschieht. Am Morgen ist der Abfahrtsbahnsteig voll von Menschen, während die Menschenmassen sich am Abend am Ankunftsbahnsteig drängen. Die größte Menschenmenge kennzeichnet die Spitze des Trends – entweder in die City oder zurück nach Hause. Sie können die Umschwünge im Verkehr erkennen, wenn Sie die Anzahl der Verkehrsteilnehmer auf einem Bahnsteig zählen. Und genau das macht der TRIN auf dem Aktienmarkt.

Der TRIN kennzeichnet die Rush hours in einem Aufwärts- und Abwärtstrend. Er zeigt die bullishen Extreme an den Spitzen des Aktienmarkts und bearishe Extreme an den Tiefständen des Aktienmarkts an. Der TRIN spiegelt die Umschwünge in der Stimmung der Anleger auf dem Aktienmarkt. Profis benutzen diese Informationen, weil sie im Allgemeinen gegen Abweichungen und für eine Rückkehr zur Normalität anlegen.

TRADINGREGELN

Der TRIN wird auf einer umgekehrten Skala dargestellt. Hohe Zahlen kennzeichnen Tiefpunkte und kleine Zahlen signalisieren Spitzen. In neutralen Märkten bewegt sich der TRIN zwischen 0,75 und 0,85. Er ist kleiner als Null, weil der Umsatz der in ihrem Wert steigenden Aktien normalerweise den Umsatz der in ihrem Wert fallenden Aktien übertrifft. Normalerweise sind die Menschen eher bullish als bearish.

Ein TRIN kann nicht einfach mechanisch angewendet werden – die gleichen Ablesungen haben unter unterschiedlichen Marktbedingungen unter-

Abbildung 38-2

Der Traders´ Index (TRIN)

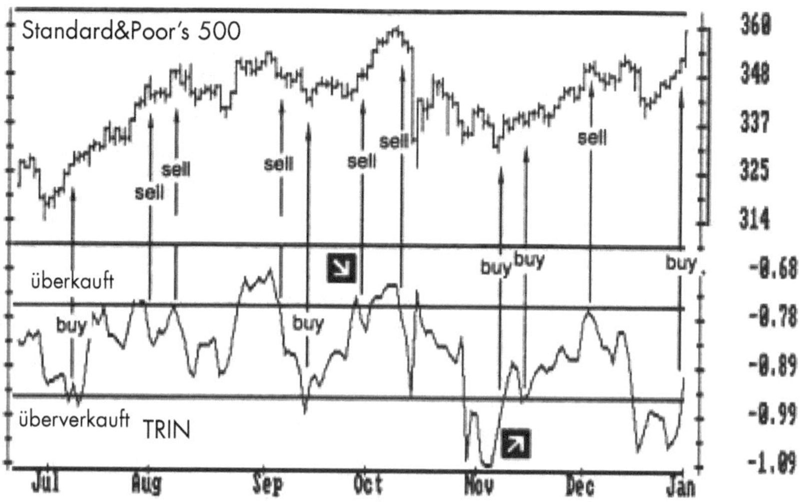

Wenn der Umsatz ansteigender Wertpapiere überproportional zu ihrer Anzahl ansteigt, dann stellt dies die Begeisterung der Bullen dar, und der TRIN wird »überkauft«. Er steigt an und gibt ein Signal, wenn er seine »überkauft«-Zone wieder verlässt. Wenn der Umsatz der in ihrem Wert fallenden Aktien in Relation zu ihrer Anzahl zu groß wird, dann wird der TRIN »überverkauft«. Er gibt ein Kaufsignal, wenn er seinen »Überverkauft«-Bereich wieder verlässt.

Der TRIN gibt seine besten Kauf- und Verkaufssignale, wenn er von den Formationen des S&P 500-Index abweicht. Der Markt stieg im Oktober höher als im September, aber der TRIN erreichte nur ein tieferes Hoch – ein starkes Verkaufssignal. Nach dem Absturz im Oktober testete der Markt sein Tief im November noch einmal, aber ein sehr viel höherer Boden des TRIN zeigte, dass den Bären die Luft ausging. Diese bullishe Abweichung stellte ein starkes Kaufsignal dar. An der rechten Seite des Charts ist der Markt stark, und der TRIN befindet sich keineswegs in der Nähe einer »Überkauft«-Zone – halten Sie Ihre Long-Postionen.

schiedliche Bedeutungen. »Überkauft«- und »Überverkauft«-Werte sind während eines Bärenmarktes niedriger und während eines Bullenmarktes höher. Beispielsweise kennzeichnet ein TRIN von 0,6 zum frühen Zeitpunkt eines Bullenmarktes große Bullenstärke. Dann sollten Sie nach jeder Gelegenheit Ausschau halten, um Ihre Long-Positionen zu verstärken. Die gleichen Werte von 0,6 während einer Rallye in einem Bärenmarkt stellen eine gute Short-Möglichkeit dar. Deshalb sollten Sie alle drei Monate die »Überkauft«- und »Überverkauft-Linie korrigieren.

1. *Kaufen Sie, wenn der TRIN die »Überverkauft«-Zone verlässt. Wenn er über seine untere Referenzlinie hinausläuft, dann zeigt das, dass den Bären die Kraft ausgegangen ist. Wenn Sie zu dieser Zeit kaufen, dann ist das so, als ob Sie darauf setzen würden, dass sich die Verkehrsrichtung nach der Rush hour ändert.*
2. *Verkaufen Sie, wenn der TRIN seine »Überverkauft«-Zone wieder verlässt. Wenn der TRIN unter seine obere Referenzlinie fällt, dann zeigt das, dass die Bullen keine Kraft mehr haben. In dieser Phase leer zu verkaufen, ist sicherer, als zu versuchen, die genaue Spitze herauszufinden.*
3. *Am besten funktioniert der TRIN, wenn er mit dem New-High-New-Low-Index verbunden wird (siehe Abschnitt 37). Wenn der TRIN »überverkauft« wird, während der NH-NL ein neues Tief erreicht, dann bedeutet das, dass die Anführer der Bären sehr stark sind, und der Abwärtstrend sich fortsetzen wird. Wenn der TRIN »überverkauft« wird, der NH-NL jedoch eine bullishe Abweichung zeigt, dann kennzeichnet dies einen wichtigen Tiefpunkt. Die kombinierten Signale des TRIN und des NH-NL geben den Tradern das Vertrauen, größere Positionen zu kaufen.*
4. *Wenn der TRIN »überkauft« wird, der NH-NL jedoch auf ein neues Hoch klettert, dann zeigt das, dass die Anführer, die nach oben drängen, sehr stark sind und der Aufwärtstrend sich fortsetzen wird. Wenn der TRIN »überkauft« wird, während der NH-NL eine bearishe Abweichung zeichnet, dann stellt dies oft eine wichtige Spitze auf dem Aktienmarkt dar. Dann können Sie einige größere Positionen leer verkaufen.*

Der TRIN gibt seine stärksten Kauf- und Verkaufssignale, wenn er von den Kursen abweicht.

5. *Wenn der Aktienmarkt sich zu einem neuen Hoch aufschwingt, der TRIN jedoch eine niedrigere Spitze zeichnet, als er es während der vorangehenden Rallye getan hat, dann zeigt dies, dass die Bullen an Kraft verlieren. Wenn die Bullen nicht mehr so viele Anteile kaufen können wie zuvor, dann kommt der Aufwärtstrend in Schwierigkeiten. Eine bearishe Abweichung zwischen dem TRIN und dem Aktienmarkt stellt ein starkes Verkaufssignal dar.*

6. *Wenn der Aktienmarkt auf ein neues Tief fällt, der TRIN jedoch auf einer höheren Ebene ausklingt als während seines letzten Abschwungs, dann zeigt das, dass die Bären weniger Aktien zu verkaufen haben. Wenn die Bären ihre Kraft verlieren, dann ist der Markt für eine Rallye bereit. Eine bullishe Abweichung zwischen dem TRIN und dem Aktienmarkt stellt ein starkes Kaufsignal dar.*

Mehr über den TRIN

Die New Yorker Börse veröffentlicht Informationen über ansteigende und absteigende Aktien und über den Umsatz während jedes Handelstages. Trends für Zeiträume innerhalb eines Handelstages können von Day Tradern genutzt werden.

Der TRIN kann auf jede Börse angewendet werden, die die Anzahl der in ihrem Wert steigenden und der in ihrem Wert fallenden Aktien und deren Umsatz bekanntgibt. Wenn diese Daten auch von Börsen in Übersee zur Verfügung gestellt werden, dann werden die Trader, die den TRIN benutzen, einen entscheidenden Vorteil ihren Mitbewerbern gegenüber haben.

Advance/Decline

Die Advance/Decline-Linie (Ausstieg/Abstieg, A/D-Linie) misst die Teilnahme großer Massen an Rallyes und Abschwüngen. Wenn die neuen Hochs und die neuen Tiefs die Offiziere sind, und der Dow Jones Industrial Index die Generäle stellt, dann zeigt die A/D-Linie, ob die Soldaten ihren Anführern folgen. Eine Rallye oder ein Abschwung wird sich wahrscheinlich dann fortsetzen, wenn die A/D-Linie auf ein neues Hoch ansteigt oder zusammen mit dem »Dow« auf ein neues Tief fällt.

Um den A/D für jeden Tag zu errechen, subtrahieren Sie die Zahl der in ihrem Wert sinkenden Aktien von der Zahl der in ihrem Wert steigenden Aktien und lassen die unveränderten Aktien unbeachtet. Das Ergebnis ist positiv oder negativ, abhängig davon, ob mehr Aktien in ihrem Wert steigen oder fallen. Wenn beispielsweise 1.900 Aktien gehandelt wurden, von diesen 900 in ihrem Wert anstiegen und 700 in ihrem Wert fielen, während 300 unverändert blieben, dann liegt der A/D bei + 200 (900-700). Die Zahlen eines jeden Tages werden zu den Zahlen des Vortags addiert und bilden so eine kumulative A/D-Linie.

Trader sollten neue Gipfel und Täler der A/D-Linie im Auge behalten, denn der absolute Level der A/D-Linie hängt weitestgehend vom Startzeitpunkt ab. Rallyes und Abschwünge auf breiter Ebene haben eine größere Kraft. Wenn ein neues Hoch auf dem Aktienmarkt von einem neuen Hoch der A/D-Linie begleitet wird, dann zeigt das, dass die Rallye eine sehr starke Unterstützung hat und sich fortsetzen wird. Wenn der Aktienmarkt einen neuen Gipfel erreicht, die A/D-Linie aber ein geringeres Hoch als bei der vorangehenden Rally erreicht, dann zeigt das, dass weniger Aktien an der Rallye beteiligt sind und sie sich ihrem Ende nähern könnte. Wenn der Markt auf ein neues Tief fällt, die A/D-Linie jedoch einen flacheren Boden zeichnet als während des letzten Abschwungs, dann zeigt dies, dass der Abschwung ausklingt und die Bärenbewegung bald zu Ende sein wird. Diese Signale entstehen schon Wochen, wenn nicht gar Monate vor einem Umschwung.

Die aktivsten Aktien (MAS)

Der Indikator der aktivsten Aktien (most active stocks, MAS) ist eine A/D-Linie der 15 aktivsten Aktien an der New Yorker Börse. Sie werden täglich in vielen Zeitungen aufgeführt. Einige Werte mit sehr viel Kapital erscheinen auf dieser Liste, beispielsweise auch IBM. Andere Aktien schaffen den Sprung auf die Liste nur, wenn sie wegen besonders positiver oder besonders negativer Ereignisse das Interesse der Öffentlichkeit erregen. Der MAS ist ein Indikator des großen Geldes – er zeigt, ob das große Geld eher auf die Bullen oder eher auf die Bären setzt.

Der MAS wird errechnet, wenn man von der Anzahl der aktivsten Werte, die in ihrem Kurs anstiegen, die Anzahl der aktivsten Werte, deren Kurs fiel, subtrahiert. Wenn beispielsweise neun der aktivsten Werte nach oben gingen, vier nach unten und zwei unverändert blieben, dann ist der MAS für diesen Tag gleich 5 (9-4). Der MAS eines jeden Tages wird zur Summe des Vortages addiert und so wird eine kumulative MAS-Kurve geschaffen.

Wenn der MAS in der Richtung des breiten Aktienmarktes geht, dann zeigt das, dass das große Geld den Trend unterstützt und er sich wahrscheinlich fortsetzen wird. Wenn der Markt in eine Richtung geht und der MAS in eine andere Richtung, dann zeigt das, dass das große Geld auf einen Umschwung setzt. Wenn der Trend des MAS sich vom Kurstrend unterscheidet, dann wird wahrscheinlich auch der Markt an einen Wendepunkt kommen.

Andere Aktienmarktindikatoren

Nur wenige Aktienmarkt-Indikatoren haben den Test der Zeit bestanden. Der New High New Low Index und der TRIN sind wahrscheinlich die besten Aktienmarkt-Indikatoren, gefolgt von der Advance/Decline-Linie und dem MAS.

Alte Bücher über Aktien sind voll von faszinierenden Indikatoren, aber man muss sehr vorsichtig sein, wenn man diese heute noch benutzen möchte. Veränderungen auf den Märkten über die Jahre hinweg haben viele Indikatoren sterben lassen.

Indikatoren, die auf den Umsatz von Aktien mit sehr niedrigen Kursen zurückgehen, haben ihre Nützlichkeit verloren, weil sich der Umsatz des amerikanischen Aktienmarkts auf das Zehnfache erhöhte und der Dow Jones auf das Sechsfache anstieg. Der Member Short Sale Ratio und der Specialist Short Sale Ratio funktionierten nicht mehr, nachdem die Optionen beliebter wurden. Der Member-Short-Sale-Ratio und der Specialist Short Sales Ratio sind nun im Arbitrage-Geschäft zu Hause. Odd-lot-Statistiken verloren ihren Wert, als die konservativen Odd-lotters Investmentfonds kauften. Der Odd-lot Short Sale Ratio hörte auf zu existieren, als die Spieler die Puts entdeckten.

Kapitel VII

Psychologische Indikatoren

39 Konsens-Indikatoren

Viele private Trader behalten ihre Meinung über die Märkte für sich, aber Finanzjournalisten und Autoren von Wirtschaftsbriefen spucken sie aus wie ein offener Feuerhydrant das Wasser. Einige Autoren sind ziemlich helle, aber dennoch haben beide Gruppen als Ganzes genommen nur schlechte Tradinggefolge aufzuweisen.

Finanzjournalisten und Autoren von Newslettern bleiben zu lange auf wichtigen Trends und sehen wichtige Wendepunkte nicht. Wenn diese Gruppen bullish oder bearish werden, dann lohnt es sich eigentlich, gegen sie zu traden. Das Gruppenverhalten ist primitiver als das Verhalten eines Individuums.

Konsens-Indikatoren, auch als Contrary-Opinion-Indikatoren bekannt, sind nicht so genau wie die trendfolgenden Indikatoren oder Oszillatoren. Sie richten ihre Aufmerksamkeit lediglich auf die Tatsache, dass ein Trend bereit ist, sich zu wenden. Wenn Sie diese Botschaft erhalten, dann sollten Sie technische Indikatoren für ein genaueres Timing anwenden.

Solange sich die Marktmassen in einem Konflikt befinden, kann sich auch ein Trend fortsetzen. Wenn die Massen einen starken Konsens erzielen können, dann wird sich auch der Trend bald ändern. Wenn die Massen sehr bullish werden, dann lohnt es sich, sich für Verkäufe bereitzuhalten. Wenn die Massen sehr bearish werden, dann sollten Sie sich bereithalten zu kaufen.

Die Grundlagen der Contrary Opinion Theory (Theorie der gegensätzlichen Auffassung) wurden von Charles Mackay, einem schottischen Rechtsanwalt, gelegt. Er beschrieb in seinem Buch *Extraordinary Popular Delusions and the Madness of Crowds* das Massenverhalten während der Dutch Tulip Mania und dem South Seas Bubble in England. Humphrey B. Neill wendete die Theorie der gegensätzlichen Auffassungen auf Aktien- und andere Finanzmärkte an. In seinem Buch *Yard of Contrary Thinking* erklärte er, weshalb sich die Mehrheit am wichtigsten Wendepunkt des Marktes irren muss. Die Kurse werden von den Massen begründet, und in dem Augenblick, in dem eine Mehrheit bullish wird, gibt es nicht ausreichend neue Käufer, die einen Bullenmarkt stützen könnten.

Abraham W. Cohen, ein New Yorker Rechtsanwalt, hatte die Idee, Finanzberater zu befragen und deren Antworten als die durchschnittliche Auffassung aller Trader anzusehen. Cohen war ein Skeptiker, der viele Jahre an der Wall Street verbracht hatte und dabei beobachtete, dass die Berater als Gruppe auch nicht besser waren als die übrige Marktmasse. 1963 richtete er einen Service ein und nannte ihn *Investors Intelligence.* Dieser hatte die Aufgabe, die Newsletter mit ihren Empfehlungen zu verfolgen. Wenn also die Mehrheit der Newsletter-Autoren bearish wurde, dann meinte Cohen, eine Kaufgelegenheit erkennen zu können. Verkaufsgelegenheiten gab es dann, wenn die Autoren von Newsletters sehr bullish waren. James H. Sibbet wandte diese Theorie auch auf Sachwerte an. Er richtete 1964 einen Beratungsdienst ein und nannte ihn *Market Vane.* Er studierte die Meinungen der Berater und gewichtete sie entsprechend der Anzahl ihrer Abonnenten.

Wenn man der Auffassung von Beratern folgt

Einige Autoren von Newslettern sind sehr clever, aber als Gruppe sind sie auch nicht besser als der durchschnittliche Anleger. An hohen Spitzen werden sie sehr bullish und in tiefen Tälern sehr bearish. Ihr Konsens ähnelt sehr dem der Massen an den Börsen.

Die meisten Newsletter-Autoren folgen den Trends, weil sie Angst haben, dumm zu erscheinen und Abonnenten zu verlieren, wenn sie eine größere Bewegung verpassen. Je länger ein Trend andauert, um so lauter wird das Geschrei der Schreiberlinge. Die Berater sind an Marktspitzen sehr bullish und an den Markttiefs sehr bearish. Wenn die meisten Autoren sehr bullish oder bearish werden, dann ist es eine gute Idee, gegen sie anzulegen.

Mehrere Rating-Services verfolgen die Relation von Bullen und Bären unter den Beratern. Die wichtigsten Rating-Services sind *Investors Intelligence* für den Aktienmarkt und *Market Vane* auf dem Futures-Markt. Einige Berater beherrschen es hervorragend, doppelsinnig zu sprechen. Derjenige, der zweierlei sagt, kann später immer behaupten, er hatte recht, ganz gleich, in welche Richtung der Markt ging. Die Herausgeber von *Investors Intelligence* und *Market Vane* haben viel Erfahrung, diejenigen zu erkennen, die mit gespaltener Zunge sprechen. Solange der gleiche Redakteur die Ratings vornimmt, solange bleiben diese in sich konsistent.

Investors Intelligence

Investors Intelligence wurde 1963 von Abe Cohen gegründet. Er starb 1983 und seine Arbeit wird von Michael Burke weitergeführt, dem neuen Herausgeber und Verleger. *Investors Intelligence* verfolgt ungefähr 130 Aktienbriefe. Er beschreibt den prozentualen Anteil an Bullen, Bären und Randfiguren unter den Newsletter-Autoren. Der Anteil der Bären ist besonders wichtig, weil es für Verfasser von Newslettern über den Aktienmarkt besonders schwierig ist, bearish zu schreiben. Wenn der Anteil der Bären unter den Newsletter-Schreibern über 65 Prozent ansteigt, dann nähert sich der Markt einem wichtigen Tiefpunkt. Wenn der Anteil der Bären unter fünf Prozent fällt und der Anteil der Bullen über 65 Prozent ansteigt, dann ist der Aktienmarkt in der Nähe einer wichtigen Spitze.

Market Vane

Market Vane bewertet ungefähr 70 Newsletter, die über 32 Märkte berichten. Er bewertet den Grad der optimistischen Einstellung eines jeden Schreibers auf jedem Markt auf einer 9-Punkte-Skala. Er multipliziert diese Bewertung mit der geschätzten Anzahl der Abonnenten eines jeden Beratungsdienstes (die meisten Berater geben hier sehr hohe Zahlen an, um wichtiger zu erscheinen). Eine Übersicht auf einer Skala von 0 (äußerst bearish) bis 100 (äußerst bullish) entsteht, wenn die Bewertungen aller Beraterdienste addiert werden. Wenn der bullishe Konsens 70 bis 80 Prozent erreicht, dann ist es an der Zeit, nach einer Wende nach unten zu suchen, und wenn er sich 20 bis 30 Prozent nähert, dann ist es Zeit, nach Kaufgelegenheiten Ausschau zu halten.

Der Grund, gegen die Extreme der übereinstimmenden Ansichten zu traden, liegt in der Natur und der Struktur des Futures-Markts begründet. Die Anzahl der Kontrakte, die long gekauft und short verkauft werden, ist immer gleich. Wenn beispielsweise die Zahl der offenen Kontraktpositionen bei Gold bei 12.000 Kontrakten liegt, dann sind 12.000 Kontrakte long und ebenso viele Kontrakte short.

Während die Anzahl der Long- und Short-Kontrakte immer gleich ist, kann sich jedoch die Anzahl derjenigen, die diese Kontrakte halten, ändern. Wenn die Mehrheit von diesen bullish ist, dann hält die Minderheit, die short geht, mehr Kontrakte pro Person. Wenn die Mehrheit bearish ist, dann hält die bullishe Minderheit mehr Kontrakte pro Person. Das folgende Beispiel soll erläutern, was geschieht, wenn die Übereinstimmung unter 1.000 Tradern, die 12.000 Kontrakte in einem Markt halten, sich ändert.

Open Interest	**Bullisher Konsens**	**Anzahl Bullen**	**Anzahl Bären**	**Kontrakte je Bulle**	**Kontrakte je Bär**
12.000	50	500	500	24	24
12.000	80	800	200	15	60
12.000	20	200	800	60	15

1. Wenn die bullishe Übereinstimmung 50 Prozent ausmacht, dann sind 50 Prozent der Trader long und 50 sind short. Der Durchschnittstrader, der

long geht, hält ebenso viele Kontrakte wie der Durchschnittstrader, der short geht.

2. Wenn die bullishe Übereinstimmung 80 Prozent erreicht, dann bedeutet das, dass 80 Prozent der Trader long sind und 20 Prozent short. Weil die Summe von Long- und Short-Positionen immer gleich bleibt, hält der durchschnittliche Bär viermal soviel Kontrakte wie der durchschnittliche Bulle. Das bedeutet, dass ein Durchschnittsbär viermal soviel Geld hat, wie der Durchschnittsbulle. Das große Geld ist also auf der Short-Seite des Marktes.

3.) Wenn der bullishe Konsens auf 20 Prozent fällt, dann bedeutet das, dass 20 Prozent der Trader long sind und 80 Prozent von ihnen short. Da die Anzahl der Long- und Short-Kontrakte immer gleich ist, hält also der Durchschnittsbulle viermal soviel Kontrakte wie ein Durchschnittsbär. Das zeigt, dass das große Geld auf der Long-Seite des Marktes ist.

Das große Geld wurde nicht so groß, weil es dumm ist. Die großen Trader wissen meist mehr und sind auch erfolgreicher als der Durchschnitt – ansonsten würden sie bald keine großen Trader mehr sein. Wenn das große Geld sich einer Seite des Marktes zuwendet, dann sollten Sie nachdenken und auch diese Richtung wählen.

Um den bullishen Konsens auf irgendeinem Markt zu erläutern, brauchen Sie mindestens zwölf Monate historischer Daten über den Konsens und dann notieren Sie die Ebenen, an welchen sich der Markt in der Vergangenheit gewendet hat (Abbildung 39-1). Aktualisieren Sie diese Ebenen alle drei Monate. Bei der nächsten Gelegenheit, bei der sich der Markt sehr bullish verhält, sollten Sie nach einer Möglichkeit für Leerverkäufe Ausschau halten und dabei technische Indikatoren verwenden. Wenn der Konsens sehr bearish wird, dann sollten Sie sich nach Kaufgelegenheiten umsehen.

Die Meinung der Berater ändert sich manchmal schon ein oder zwei Wochen bevor sich die großen Trends ändern. Wenn der bullishe Konsens von 78 auf 76 tickt oder wenn er von 25 auf 27 ansteigt, dann zeigt das, dass die klügsten Berater sich von einem Trend schon abwenden. Das weist darauf hin, dass der Trend kurz davor steht, sich zu wenden.

Signale von der Presse

Um eine Gruppe von Menschen verstehen zu können, müssen Sie wissen, was deren einzelne Mitglieder möchten und was sie befürchten. Finanzjournalisten

Abbildung 39-1

Bullisher Konsens

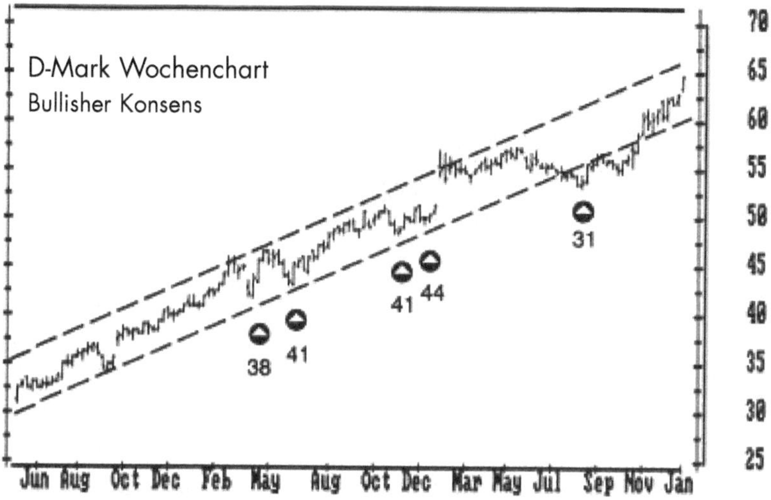

Die Meinungen der Marktberater dienen als Richtschnur für die Meinung des Gesamtmarkts. Die beste Zeit zu kaufen ist dann, wenn die große Menge bearish ist, und die beste Zeit, leer zu verkaufen ist, wenn sich die Masse bullish verhält. Die Ebenen des Optimismus, auf welchen Sie kaufen oder leer verkaufen sollten, ist von Markt zu Markt unterschiedlich. Sie müssen alle paar Monate aktualisiert werden.

Dieser Wochenchart zeigt einen Bullenmarkt in der Deutschen Mark, der sich ständig zwischen einer Trendlinie und einer parallel dazu liegenden Kanallinie nach oben bewegt. Immer, wenn der bullishe Konsens während dieses Bullenmarkts unterhalb von 45 Prozent fiel, gab er ein Kaufsignal. Je niedriger der bullishe Konsens, um so explosiver wird die folgende Rallye!

wollen seriös erscheinen, intelligent und informiert sein. Sie fürchten sich davor, unwissend oder unsicher zu erscheinen. Für Finanzjournalisten ist es normal, über den Zaun zu springen und mehrere Seiten eines Problems darzustellen. Ein Journalist ist solange auf der sicheren Seite, als er etwas schreibt, wie beispielsweise »Die Geldmarktpolitik ist dabei, den Markt nach oben zu drücken, wenn nicht unvorhergesehene Faktoren ihn wieder nach unten abgleiten lassen.«

Interne Widersprüche kommen im Finanzjournalismus immer wieder vor. Das ist normal. Viele Herausgeber von Finanzbriefen sind noch größere Feiglinge als ihre Autoren. Sie drucken widersprüchliche Artikel und glauben damit ein ausgewogenes Bild zu präsentieren.

Beispielsweise hatte eine Ausgabe von *Business Week* einen Artikel überschrieben mit: »Der Wind der Inflation bläst ein wenig stärker« – auf Seite 19. Der Artikel besagte, dass das Ende eines Krieges wahrscheinlich die Ölpreise ansteigen lassen würde. Ein weiterer Artikel auf Seite 32 in derselben Ausgabe war überschrieben mit: »Weshalb die Inflationsangst sich so darstellt«. In diesem Artikel wurde zu verstehen gegeben, dass das Ende eines Krieges die Ölpreise nach unten drücken würde.

Nur ein starker und langlebiger Trend kann Journalisten und Herausgeber von den Zäunen herunterholen. Das geschieht, wenn eine Welle des Optimismus oder des Pessimismus den Markt am Ende eines großen Trends überschwemmt. Wenn die Journalisten von den Zäunen herunterklettern und ausdrücklich bullishe oder bearishe Ansichten vertreten, dann ist der Trend reif für eine Wende.

Dies ist auch der Grund dafür, dass die Titelseiten der großen Wirtschaftsmagazine gute, gegensätzliche Indikatoren darstellen. Wenn *Business Week* einen Bullen aufs Titelblatt nimmt, dann ist es im Allgemeinen an der Zeit, die Gewinne auf Long-Positionen mitzunehmen und wenn ein Bär die Ehre hat, das Titelblatt zu zieren, dann kann ein neuer Tiefpunkt nicht allzu weit entfernt sein.

Signale von den Anzeigenkunden

Eine Gruppe von drei oder mehr Anzeigen, die die gleiche »Gelegenheit« auf derselben Seite einer größeren Tageszeitung anbieten, warnt oft vor einem Top (Abbildung 39-2). Nur ein gut gerüsteter Aufwärtstrend kann die Trägheit von mehreren Brokerfirmen durchbrechen. Wenn sie dann alle einen Trend erkannt haben und mit Tradingempfehlungen herauskommen, Anzeigen schalten, dann ist der Trend schon sehr alt.

Die Anzeigen auf den Sachwertseiten des *Wall Street Journal* entsprechen dem bullishen Appetit der am schlechtesten informierten Trader. Diese Anzeigen empfehlen fast nie Verkäufe. Es ist schwierig, Amateure für Leerverkäufe zu begeistern. Wenn drei oder mehr Anzeigen am gleichen Tag Chancen auf dem gleichen Markt empfehlen, dann sollten Sie nachsehen, ob technische Indikatoren Signale für Leerverkäufe geben.

40 Commitment-Indikatoren

Einige Regierungsstellen und Börsen sammeln Daten über die Käufe und Verkäufe verschiedener Gruppen von Investoren und Tradern. Sie veröffentlichen Übersichten der aktuellen Abschlüsse. Es lohnt sich mit den Gruppen zu traden, die in der Vergangenheit Erfolg hatten und nicht auf die zu setzen, die auch in der Vergangenheit erfolglos waren.

Beispielsweise berichtet die »Commodity Futures Trading Commission« (CFTC) über Long- und Short-Positionen von Hedgern und großen Spekulanten. Hedgers sind die erfolgreichsten Teilnehmer an den Futures-Märkten. Die »Securities and Exchange Commission« (SEC) berichtet über die Käufe und Verkäufe von Insidern. Angestellte von öffentlich gehandelten Gesellschaften wissen, wann sie ihre eigenen Anteile kaufen oder verkaufen sollen. Die New Yorker Börse berichtet über die Anzahl der Anteile, die von ihren Mitgliedern und von Odd-lot-Tradern gekauft, verkauft und leer verkauft wurden. Die Mitglieder sind wesentlich erfolgreicher als die kleinen Spekulanten.

Die Verpflichtungen von Tradern

Trader müssen ihre Positionen der CFTC nennen, wenn sie einen bestimmten Umfang, den »Reporting Level« erreicht haben. Zu der Zeit, zu der ich dieses Buch schreibe, schätzt der CFTC Sie als großen Spekulanten ein, wenn Sie 100 Kontrakte Getreide oder 300 Kontrakte der S&P 500-Futures halten. Die Broker schicken an den CFTC Berichte über Positionen, die den »Reporting Level« erreichen. Der CFTC trägt diese Berichte zusammen und veröffentlicht alle zwei Wochen Übersichten.

Der CFTC legt auch die Höchstzahl der Kontrakte fest, genannt »Position limits«, die ein Spekulant auf jedem Markt höchstens halten darf. Zur Zeit darf ein Spekulant nicht mehr als 2.400 Kontrakte Getreide oder 500 Kontrakte S&P 500-Futures halten. Diese Grenzen sind deshalb festgelegt worden, um zu verhindern, dass sehr große Spekulanten Positionen anhäufen, die groß genug sind, um einen ganzen Markt dominieren zu können. Der CFTC teilt alle Marktteilnehmer in drei Gruppen ein: kommerzielle Anleger, kleine Spekulanten und große Spekulanten. Kommerzielle Anleger, auch als Hedger bekannt, sind Firmen oder Personen, die im normalen Verlauf ihrer Geschäfte mit Sachwerten handeln. In der Theorie handeln sie mit Futures, um ihre Geschäftsrisiken abzusichern. Beispielsweise tradet eine Bank Zinsterminkontrakte, um ihr Darlehens-Portfolio abzusichern, oder ein Nahrungsmittelunternehmen handelt mit Weizen-Futures, um die Risiken beim Getreidekauf auszugleichen. Hedger verbuchen kleinere Gewinne und sind von den spekulativen Begrenzungen ausgenommen.

Große Spekulanten sind die Trader, deren Positionen den »Reporting Level« erreichen. Der CFTC berichtet über die Käufe und Verkäufe von kommerziellen Anlegern und großen Spekulanten. Um die Positionen von kleinen Tradern herauszufinden, müssen Sie die von den ersten beiden Gruppen gehaltenen Positionen von den Gesamtkontrakten subtrahieren.

Die Unterscheidung zwischen Hedgern, großen Spekulanten und kleinen Spekulanten ist irgendwie künstlich. Clevere kleine Trader werden schnell große Trader und dumme große Trader werden schnell klein und ebenso spekulieren viele Hedger. Einige Marktteilnehmer veranstalten Spielchen, die die Aussagekraft der CFTC-Berichte verfälschen. Beispielsweise kann ein Broker seine reichen Spekulanten als Hedger registrieren, und behaupten, dass sie Aktien und Anleihen-Futures anlegen, um ihre Aktien und Anleihen-Positionen abzusichern.

Die kommerziellen Anleger dürfen in den Futures-Märkten spekulieren und dabei auch, dem Gesetz entsprechend, Insiderinformationen verwenden. Einige von ihnen sind so groß, dass sie Futures-Märkte gegen Kassamärkte ausspielen können. Beispielsweise kann eine Ölfirma Öl-Futures kaufen, einige Tanker umleiten und sie auf dem Meer lassen, um das Angebot an Öl zu verengen und somit die Kurse der Futures nach oben treiben. Sie können auf Long-Positionen Gewinne mitnehmen, leer verkaufen und dann mehrere Tanker auf einmal bei Raffinerien anlanden lassen, um die Futures im Kurs nach unten zu drücken und Ihre Leerverkäufe glattstellen. Eine solche Manipulation ist illegal und die meisten Unternehmen dementieren heftig, dass bei ihnen so etwas vorkommt.

Als Gruppe haben die kommerziellen Anleger die besten Erfolge auf dem Futures-Markt aufzuweisen. Sie verfügen über Insiderinformationen und sind sehr gut mit Kapital ausgestattet. Es zahlt sich aus, ihnen zu folgen, weil sie auf lange Sicht erfolgreich sind. Die wenigen Ausnahmen, beispielsweise die Hedger von Orangensaft, bestätigen nur diese Regel. Bis vor etwa zehn Jahren waren die großen Spekulanten als Gruppe höchst erfolgreich. Das waren in der Regel sehr reiche Personen, die sich die Risiken, die sie mit ihrem eigenen Geld eingingen, sehr wohl überlegten. Diese trendfolgenden Motten sind als

Gruppe nur wenig erfolgreich. Die Masse der kleinen Trader ist das sprichwörtliche Kanonenfutter.

Es reicht nicht aus zu wissen, ob eine bestimmte Gruppe short oder long geht. Die kommerziellen Anleger gehen bei Futures oft short, weil viele von ihnen selbst physische Sachwerte besitzen. Kleine Trader gehen im Allgemeinen long – ein Ausdruck ihres ständigen Optimismus. Um aus den CFTC-Berichten gültige Schlüsse zu ziehen, müssen Sie aktuelle Positionen mit Ihren historischen Größenordnungen vergleichen.

Der moderne Weg, das Commitment der Trader zu analysieren, wurde von Curtis Arnold entwickelt und von Steven Briese, dem Verleger des Newsletters *Bullish Review* bekannt gemacht. Diese Analysten bewerten die Abweichungen der augenblicklichen Commitments von ihren historischen Normen. *Bullish Review* benutzt die folgende Formel:

COT-Index = (aktueller Unterschied zwischen kommerziellen und spekulativen Netto-Positionen minus geringster Unterschied zwischen kommerziellen und spekulativen Netto-Positionen) geteilt durch (größte Differenz zwischen kommerziellen und spekulativen Netto-Positionen minus geringster Unterschied zwischen kommerziellen und spekulativen Positionen)
wobei:
Netto-Position = Long-Positionen minus Short-Positionen einer gegebenen Gruppe

Wenn der COT-Index über 90 Prozent ansteigt, dann bedeutet das, dass die kommerziellen Anleger außergewöhnlich bullish sind und das stellt dann ein Kaufsignal dar. Wenn der COT-Index unter 10 Prozent fällt, dann bedeutet das, dass die kommerziellen Anleger außergewöhnlich bearish sind und stellt ein Verkaufssignal dar.

Insider Trading

Angestellte von Unternehmen und Investoren, die mehr als fünf Prozent der Anteile an öffentlich gehandelten Gesellschaften halten, müssen ihre Käufe und Verkäufe bei der »Securities and Exchange Commission« angeben. Die SEC stellt die Insiderkäufe und -verkäufe zusammen und macht diese Daten einmal im Monat der Öffentlichkeit zugänglich.

Insider aus Unternehmen sind bekannt dafür, dass sie Aktien billig einkaufen und teuer verkaufen. Insiderkäufe häufen sich nach starken Marktabstürzen, und Insiderverkäufe nehmen dann zu, wenn der Markt boomt und zu teuer wird.

Käufe oder Verkäufe von einzelnen Insidern spielen kaum eine Rolle. Beispielsweise könnte ein leitender Angestellter seine Anteile an seiner Firma verkaufen, um größere persönliche Ausgaben zu decken, oder er könnte Anteile kaufen, um Aktienoptionen auszuüben. Analysten, die gesetzliche Insidergeschäfte untersuchten, fanden heraus, dass die Käufe oder Verkäufe von Insidern nur dann eine Bedeutung erhalten, wenn mehr als drei leitende Angestellte oder Besitzer großer Aktienanteile innerhalb eines Monats kauften oder verkauften. Solche Aktionen verraten, dass etwas Positives oder etwas sehr Negatives für dieses Unternehmen bevorsteht. Eine Aktie steigt in ihrem Kurs, wenn drei Insider innerhalb eines Monats kaufen und sie fällt wahrscheinlich in ihrem Kurs, wenn drei Insider innerhalb eines Monats verkaufen.

Börsenmitglieder

Mitglied an einer Börse zu sein ist wie eine Lizenz zum Geld drucken – insbesondere als ein Spezialist. Kein Risiko hält Generationen von Tradern davon ab, dass sie Hunderttausende von Dollar dafür bezahlen, dass sie ihren Fuß auf einige Quadratdezimeter auf dem überfüllten Parkett setzen dürfen.

Der »Member Short Sale Ratio« (MSSR) ist das Verhältnis der Short-Position von Börsenmitgliedern zu der Anzahl der gesamten Short-Positionen. Der »Specialist Short Sale Ratio« (SSSR) ist das Verhältnis der Short-Positionen der Spezialisten im Verhältnis zu den Short-Positionen der Börsenmitglieder. Diese Indikatoren waren immer die besten Hilfsmittel der Aktienmarkttechniker. Hohe Werte des MSSR (über 85 Prozent) und des SSSR (über 60 Prozent) zeigten, dass clevere Trader leer an die Öffentlichkeit verkauften und Aktiengipfel erkannten. Niedrige Werte des MSSR (unter 75 Prozent) und des SSSR (unter 40 Prozent) zeigten, dass die Börsenmitglieder von der bearishen Öffentlichkeit kauften und Tiefs auf dem Aktienmarkt frühzeitig erkannten. In den 80er-Jahren wurden diese Indikatoren unberechenbar. Sie wurden von den Optionsmärkten verdrängt, die den Börsenmitgliedern öfter Gelegenheiten für Arbitrage-Geschäfte boten. Nun ist es unmöglich zu sagen, wann ihre Leerverkäufe auf die Annahme einer Baisse oder auf Arbitragespiele zurückgehen.

Aktivitäten der Odd-lotters

Odd-lotter sind Marktteilnehmer, die weniger als 100 Anteile handeln – die kleinen Leute an der Börse. Sie erinnern uns an die eher idyllischen Zeiten an der Wall Street. Vor einem Jahrhundert machten die Geschäfte der Odd-lotter etwa ein Viertel aller Geschäfte aus, vor zwanzig Jahren jedoch nur noch ein Prozent. Die Odd-lotter sind Schnäppchenjäger, die zum Tageskurs einkaufen. Sie kaufen, wenn die Aktien preisgünstig sind und verkaufen, wenn die Kurse ansteigen.

Die Indikatoren, die das Verhalten der Odd-lotter verfolgen, wurden in den 30er-Jahren entwickelt. Der Odd-Lot Sales Ratio notierte den Anteil der Odd-lot-Verkäufe zu den Odd-lot-Ankäufen. Wenn dieses Verhältnis fiel, dann bedeutete das, dass die Odd-lotter kauften und der Markt in der Nähe seines Tiefpunkts war. Wenn er anstieg, dann bedeutete das, dass die Odd-lotter verkauften und der Aktienmarkt sich in der Nähe eines Hochs befand.

Der Odd-Lot-Short-Sale-Ratio war ein ganz anderer Indikator. Er verfolgte das Verhalten von Leerverkäufern unter den Odd-lottern, von denen viele eigentlich Spieler waren. Sehr niedrige Anzahlen von Odd-lot-Leerverkäufen zeigten an, dass der Markt sich in der Nähe eines Hochs befand und hohe Zahlen von Odd-lot-Leerverkäufen zeigten, dass der Aktienmarkt an einem Tiefpunkt war.

Diese Indikatoren verloren ihre Bedeutung, als sich die Finanzszene in den 70er- und 80er-Jahren veränderte. Die intelligenten Kleinanleger legten ihr Geld in den gut geführten Investmentfonds an, und die Spieler bemerkten, dass es spannender war, ihr Geld in Optionen anzulegen. Heute hat die New Yorker Börse eine Einrichtung, die Odd-lotters bevorzugt bedient und viele Trader handeln nun mit 99 Anteilen.

Kapitel VIII

Neue Indikatoren

41 Der Elder-Ray

Der Elder-Ray ist ein neuer technischer Indikator. Er wurde im Jahr 1989 vom Autor dieses Buches entwickelt und erhielt seinen Namen wegen seiner Ähnlichkeit zu Röntgenstrahlen. Ärzte benutzen Röntgenstrahlen, um die Knochenstruktur unter der Haut zu sehen. Trader können den Elder-Ray benutzen, um die Kräfte der Bullen und Bären unter der Oberfläche des Markts zu erkennen.

Wenn Sie als Trader Erfolg haben wollen, dann brauchen Sie nicht die Zukunft vorherzusagen. Sie müssen nur herausfinden, ob die Bullen oder die Bären die Kontrolle übernommen haben, um mit der dominanten Gruppe zu traden. Der Elder-Ray hilft Ihnen zu erkennen, wann Bullen oder Bären stärker oder schwächer werden.

Wie man einen Elder-Ray erstellt

Der Elder-Ray vereinigt die besten Charakteristika von trendfolgenden Indikatoren und Oszillatoren (siehe Abschnitt 24). Er beinhaltet den exponentiellen gleitenden Durchschnitt (EMA), einen trendfolgenden Indikator. Die Komponenten, die feststellen, ob die Bullen oder die Bären gerade vor Kraft strotzen, sind Oszillatoren.

Um einen Elder-Ray einzurichten, teilen Sie Ihren Computerbildschirm oder Ihr Chartpapier in drei horizontale Fenster. Zeichnen Sie ins obere Fenster einen Balkenchart und einen EMA. Zeichnen Sie die Bullenpower in das mittlere Fenster und die Bärenpower ins untere Fenster. Den Elder-Ray konstruieren Sie in vier Schritten (siehe Arbeitsblatt, Abbildung 41-1).

1. Zeichnen Sie den Balkenchart eines Wertpapiers ins obere Fenster Ihres Bildschirms (Chartpapier).
2. Zeichnen Sie den exponentiellen gleitenden Durchschnitt (EMA) der Schlusskurse ins selbe Fenster. Ein 13-Tage-EMA ist eine gute Wahl.

$$\text{Bullenpower} = \text{Hoch des Balkens minus EMA},$$

$$\text{Bärenpower} = \text{Tief des Balkens minus EMA}.$$

3. Berechnen Sie nun die Bullenpower entsprechend der obigen Formel. Zeichnen Sie diese als ein Histogramm in das mittlere Fenster. Die Bullen-

power eines Tages entspricht dem Tageshoch minus dem EMA an diesem Tag. Normalerweise liegt das Hoch eines Balkens über dem EMA, dann ist die Bullenpower positiv und das Histogramm liegt über der Mittellinie. Während eines scharfen Ausbruchs kann der ganze Balken unter den EMA sinken. Wenn das Hoch unterhalb des EMA liegt, dann wird die Bullenpower negativ und das Histogramm fällt unter die Mittellinie.

4. Berechnen Sie die Bärenpower und zeichnen Sie diese als Histogramm in das untere Fenster. Die Bärenpower eines jeden Balkens entspricht dem Tief dieses Balkens minus dem EMA. Normalerweise liegt das Tief eines Balkens unterhalb des EMA, die Bärenpower ist negativ und das Histogramm liegt unterhalb der Mittellinie. Wenn sich der ganze Balken während einer starken Rallye über den EMA erhebt, dann wird die Bärenpower positiv und ihr Histogramm steigt über die Mittellinie an (Abbildung 41-2).

TRADINGPSYCHOLOGIE

Der Elder-Ray kombiniert mehrere Informationen: den Kurs, einen gleitenden Durchschnitt, das Hoch und das Tief eines jeden Balkens. Wir müssen deren Bedeutung verstehen, um auch den Elder-Ray verstehen zu können.

Jeder Kurs ist ein augenblicklicher Wertkonsens (siehe Abschnitt 12). Käufer kaufen deshalb, weil sie erwarten, dass die Kurse ansteigen. Verkäufer verkaufen deshalb, weil sie annehmen, dass die Kurse fallen. Die unentschiedenen Trader halten sich zurück, aber ihre Anwesenheit setzt sowohl Bullen, als auch Bären unter Druck. Ein Handel findet dann statt, wenn ein Käufer auch wirklich kaufen will und ein Verkäufer wirklich verkaufen will, wobei beide fürchten müssen, dass ein unentschiedener Trader auftreten kann und eine gute Möglichkeit wegschnappen könnte. Der Kurs eines jeden Handels stellt den letzten Wertkonsens über ein Wertpapier dar.

Der gleitende Durchschnitt zeigt den durchschnittlichen Wertkonsens in der Zeit seines Fensters. Ein 10-Tage-EMA stellt den durchschnittlichen Wertkonsens für diese vergangenen zehn Tage dar, ein 20-Tage-EMA für die letzten zwanzig Tage usw. Ein exponentieller gleitender Durchschnitt (EMA) ist verlässlicher als ein einfacher gleitender Durchschnitt (siehe Abschnitt 25). Die wichtigste Botschaft eines gleitenden Durchschnitts ist seine Neigung. Wenn er ansteigt, dann zeigt er, dass die Massen bullisher werden. Wenn er fällt, dann zeigt er, dass die Massen bearisher werden. Traden Sie in der Richtung der Neigung eines gleitenden Durchschnitts.

Abbildung 41-1

Arbeitsblatt: Elder-Ray

Gold

Date	High	Low	Close	13-EMA	Bull Power	Bear Power
09/19	353.5	351.4	351.6	351.34	2.16	0.06
09/20	352.1	350.9	351.7	351.39	0.71	-0.49
09/23	354.2	352.2	354.1	351.78	2.42	0.42
09/24	357.9	354.9	357.1	352.54	5.36	2.36
09/25	356.8	355.3	356.2	353.06	3.74	2.24
09/26	355.9	355.3	354.1	353.21	2.69	0.09
09/27	352.6	350.9	352.5	353.11	-0.51	-2.21
09/30	359.6	355.2	357.4	353.72	5.88	1.48
10/01	357.8	356.8	357.4	345.25	3.55	2.55
10/02	360.8	357.9	358.8	354.90	5.90	3.00

Bullenpower = Höhe der Säule minus dem 13-Tage-EMA.
Bärenpower = Tief der Säule minus dem 13-Tage-EMA.
Es ist normal, dass die Bullenpower positiv und die Bärenpower negativ ist. Je höher die Bullenpower, umso stärker also die Bullen und je niedriger die Bärenpower, um so stärker sind die Bären. Wenn die Bullenpower negativ wird, dann zeigt das, dass die Bären so stark sind, dass sie die Bullen vollkommen überwältigen. Wenn die Bärenpower positiv wird, dann zeigt das, dass die Bullen außergewöhnlich stark sind und die Bären vollkommen überwältigen.

Das Hoch eines jeden Balkens stellt die Maximalkraft der Bullen innerhalb dieses Balkens dar. Bullen verdienen dann Geld, wenn die Kurse steigen. Sie kaufen weiter, solange bis sie die Kurse nicht mehr höher treiben können. Die Bullen würden die Kurse gerne noch einen Tick weiter anheben – aber sie haben keine Luft mehr. Der Höchstpunkt auf einem Tagesbalken stellt die Maximalkraft der Bullen während dieses Tages dar, der Höchstpunkt eines Wochenbalkens stellt die Höchstkraft der Bullen während dieser Woche dar usw.

Das Tief eines jeden Balkens kennzeichnet die Maximalkraft der Bären innerhalb dieses Balkens. Bären verdienen dann Geld, wenn die Kurse fallen. Sie verkaufen weiterhin und verkaufen leer, bis sie die Kurse nicht mehr weiter drücken können. Der tiefste Punkt eines Tagesbalkens kennzeichnet die Maximalkraft der Bären während dieses Tages, der tiefste Punkt eines Wochenbalkens zeigt die Maximalkraft der Bären während dieser Woche usw.

Der Elder-Ray vergleicht die Maximalkraft der Bullen und der Bären mit dem durchschnittlichen Wertkonsens. Er macht das, indem er die Bandbreite zwischen dem Hoch und dem Tief eines jeden Balkens und einem exponentiellen gleitenden Durchschnitt misst.

Die **Bullenpower** gibt die Fähigkeit der Bullen wieder, die Kurse über den durchschnittlichen Wertkonsens hinaus anzuheben. Er misst den Abstand vom höchsten Punkt des Balkens zum EMA. Die Bullenpower ist normalerweise positiv. Sie steigt, wenn die Bullen stärker werden und fällt, wenn die Bullen stolpern. Die Bärenpower wird negativ, wenn die Bullen mit ihrem Kopf unter Wasser sind.

Die **Bärenpower** stellt die Fähigkeit der Bären dar, die Kurse unter den durchschnittlichen Wertkonsens zu drücken. Dieser misst den Abstand vom tiefsten Punkt des Balkens zum EMA. Die Bärenpower ist normalerweise negativ. Sie fällt tiefer, wenn die Bären stärker werden und steigt an, wenn sie schwächer werden. Wenn die Bärenpower positiv wird, dann zeigt das, dass sehr starke Bullen die Bären am ausgestreckten Arm verhungern lassen.
Zusammenfassend die Schlüsselpunkte des Elder-Ray:

1. Ein Kurs ist ein Wertkonsens, der sich in einer Aktion ausdrückt.
2. Ein gleitender Durchschnitt ist ein durchschnittlicher Wertkonsens.
3. Der höchste Punkt eines jeden Balkens stellt die Maximalkraft der Bullen innerhalb dieses Balkens dar.
4. Der tiefste Punkt eines jeden Balkens stellt die Maximalkraft der Bären innerhalb dieses Balkens dar.
5. Die Bullenpower ist der Unterschied zwischen der Kraft der Bullen und dem durchschnittlichen Wertkonsens.
6. Die Bärenpower ist der Unterschied zwischen der Kraft der Bären und dem durchschnittlichen Wertkonsens.

TRADINGREGELN

Der Elder-Ray kann als Methode allein genutzt werden, aber es ist besser, ihn mit einer anderen Methode, beispielsweise dem Triple-Screen-Tradingsystem (siehe Abschnitt 43) zu kombinieren. Wenn Sie ausschließlich den Elder-Ray benutzen, dann sollten Sie nicht vergessen, dass die Neigung seines exponentiellen gleitenden Durchschnitts den Trend kennzeichnet und Sie nur in diese Richtung traden sollten. Benutzen Sie die Bullenpower und die Bärenpower,

Abbildung 41-2

Elder-Ray

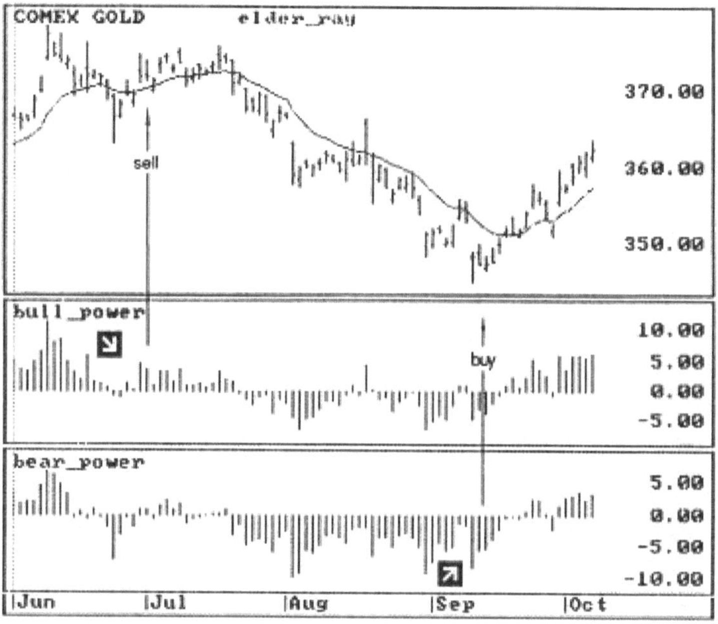

Der 13-Tage-EMA stellt den durchschnittlichen Wertkonsens dar. Seine Neigung kennzeichnet den Markttrend. Die Bullenpower stellt die Fähigkeit der Bullen dar, die Kurse über den durchschnittlichen Wertkonsens anzuheben, die Bärenpower die Fähigkeit, die Kurse unter den durchschnittlichen Wertkonsens zu drücken. Die besten Kaufsignale werden bei bullishen Abweichungen gegeben – wenn die Kurse auf ein neues Tief fallen, aber die Bärenkraft auf einem flacheren Boden stoppt. Die besten Signale, um leer zu verkaufen, werden von bearishen Abweichungen gegeben – wenn die Kurse bis zum vorangehenden Hoch oder darüber ansteigen, die Bullenpower jedoch einen niedrigeren Gipfel erreicht.

Bearishe Abweichungen im Juni und Juli gaben ein Verkaufssignal – eine Doppelspitze im Kurs, begleitet von einer niedrigeren Spitze in der Bullenpower. Das Verkaufssignal wurde bestätigt, als der 13-Tage-EMA nach unten ging. Die Bullenpower wurde während dieses Abwärtstrends mehrmals positiv und zeigte, wo Short-Positionen verbessert werden konnten. Wenn die Bullenpower während eines Abwärtstrends positiv wird und dann nach unten tickt, sollten Sie einen Auftrag geben, unterhalb des Vortagestiefs leer zu verkaufen.

Eine bullishe Abweichung entwickelte sich im September, als das Gold auf ein neues Tief fiel, aber die Bärenpower ein flacheres Tief erreichte. Das Kaufsignal wurde bestätigt, als der 13-Tage-EMA wieder anstieg. An der rechten Seite des Charts bestätigt ein neuer Gipfel in der Bullenpower, dass die Rallye stark ist und sich voraussichtlich fortsetzen wird.

um die richtigen Zeitpunkte für Ihren Einstieg oder Ausstieg zu nutzen, aber immer in der Richtung des Trends.

Der Triple-Screen kennzeichnet andererseits den Trend dadurch, dass er Wochencharts benutzt. Er benutzt dann die Bullenpower und die Bärenpower auf den Tagescharts, um den richtigen Zeitpunkt für Abschlüsse in der Richtung des Wochentrends zu finden. Wenn der Wochentrend nach oben geht, dann akzeptiert der Triple-Screen lediglich Kaufsignale vom Tages-Elder-Ray. Wenn der Wochentrend abwärts weist, dann akzeptiert er vom Tages-Elder-Ray ausschließlich Signale für Leerverkäufe.

Kaufen und verkaufen

Für einen Kauf gibt es zwei wichtige Bedingungen:

1. Der Trend steigt an (erkennbar am EMA oder einem wöchentlichen trendfolgenden Indikator).
2. Die Bärenkraft ist negativ, aber sie steigt an.

Die dritte und vierte Bedingung sind wünschenswert, aber nicht wesentlich:

3. Der letzte Gipfel der Bullenpower ist höher als der vorangehende Gipfel.
4. Die Bärenpower steigt aus einer bullishen Abweichung an.

Kaufen Sie nicht, wenn die Bärenpower positiv ist. Das passiert in rasanten Aufwärtstrends, wenn der ganze Balken sich über den EMA erhebt. Wenn Sie zu dem Zeitpunkt kaufen, an dem die Bären in der Luft gehalten werden, dann setzen Sie auf die Theorie des größeren Narren – Sie zahlen einen hohen Preis und hoffen, einen noch größeren Narren zu finden, der von Ihnen zu einem noch höheren Preis kauft. Die beste Zeit zu kaufen ist, wenn die Bärenpower negativ, aber steigend ist – wenn die Bären wieder einen Fuß auf die Erde bekommen, aber noch einmal ausrutschen. Wenn die Bärenpower nach oben tickt, dann sollten Sie eine Kauforder über dem Hoch der letzten beiden Tage platzieren. Wenn die Rallye sich fortsetzt, dann wird Ihr Stop berührt und Sie werden long gehen. Wenn Sie long sind, setzen Sie einen Sicherheitsstop unter das letzte kleinere Tief.

Die stärksten Kaufsignale werden bei einer bullishen Abweichung zwischen Bärenkraft und Kurs gegeben. Wenn die Kurse auf ein neues Tief fallen, die Bärenpower jedoch einen höheren Boden zeichnet, dann zeigt das, dass die Kurse aus ihrer Trägheit herausfallen und die Bären schwächer werden. Wenn die Bärenpower vom zweiten Boden nach oben tickt, dann sollten Sie eine größere Position kaufen, als Sie es sonst tun.

Die Bärenpower ist sehr hilfreich, um zu entscheiden, wann Sie noch nicht realisierte Gewinne für neue Spekulationen nutzen können. Wenn sich der Aufwärtstrend fortsetzt, können Sie Ihre Long-Positionen immer dann verbessern, wenn die Bärenpower einmal unter ihre Mittellinie absinkt und wieder nach oben tickt.

Wenn Sie mit der Hilfe von Indikatoren kaufen, dann sollten Sie diese auch bei Verkäufen benutzen. Lassen Sie sich nicht von jedem Aufwärtstick und von jedem Abwärtstick der Bullenpower ablenken – das ist ein ganz normaler Atemprozess. Sie können die Kraft der Bullen an dem Muster der Gipfel und Täler der Bullenpower verfolgen. Solange jede neue Kursspitze von einer Spitze der Bullenpower begleitet wird, ist der Aufwärtstrend sicher. Verkaufen Sie, wenn die Bullen Kraft verlieren. Ein Verkaufssignal liegt dann vor, wenn die Kurse ein neues Hoch erreichen, die Bullenpower jedoch ein niedrigeres Hoch erreicht als in der vorangehenden Rallye.

Leer verkaufen und glattstellen

Für Leerverkäufe gibt es zwei wichtige Bedingungen:

1. Der Trend ist ein Abwärtstrend (festgestellt durch einen EMA oder einen wöchentlichen trendfolgenden Indikator).
2. Die Bullenkraft ist positiv, jedoch fallend.

Die dritte und vierte Bedingung sind wünschenswert, aber nicht unbedingt erforderlich:

3. Das letzte Tief in der Bärenpower ist tiefer als seine vorausgehenden Böden.
4. Die Bullenpower fällt aus einer bearishen Abweichung heraus.

Verkaufen Sie nicht leer, wenn die Bullenpower bereits negativ ist. Das geschieht dann, wenn sich während eines steilen Absturzes der ganze Kursbalken unter dem EMA befindet. Wenn Sie leer verkaufen und die Bären bereits die Köpfe der Bullen unter Wasser halten, dann setzen Sie darauf, dass die Bären die Köpfe der Bullen noch tiefer unter Wasser drücken können. Das ist eine weitere Version der Theorie des größeren Narren.

Die beste Zeit für Leerverkäufe ist dann gegeben, wenn die Bullenpower positiv, jedoch fallend ist. Das zeigt, dass die Bullen nach oben gekommen sind, um Luft zu holen, aber wieder nach unten sinken. Platzieren Sie eine Order, um leer zu verkaufen unter dem Tief der letzten beiden Tage. Wenn sich dann der Abschwung fortsetzt, werden Sie automatisch eingestoppt. Wenn Sie einmal short sind, setzen Sie einen Sicherheitsstop über das letzte kleinere Hoch.

Die stärksten Leerverkaufssignale werden von bearishen Abweichungen zwischen Bullenpower und Kursen gegeben. Wenn die Kurse sich auf ein neues Hoch zubewegen, die Bullenpower jedoch ein niedrigeres Hoch erreicht, dann zeigt dies, dass die Bullen schwächer als zuvor sind und die Kurse wegen ihrer Trägheit noch ansteigen. Wenn die Bullenpower von einer tieferen Spitze nach unten tickt, dann sollten Sie eine größere Position leer verkaufen.

Die Bullenpower zeigt Ihnen, wann Sie die noch nicht realisierten Gewinne aus Leerverkäufen für neue Spekulationen nutzen sollten. Wenn sich ein Abwärtstrend fortsetzt, dann können Sie Ihre Short-Positionen verbessern, wann immer die Bullenpower über seine Mittellinie ansteigt und dann wieder nach unten tickt. Wenn Sie sich von Indikatoren leiten lassen, um leer zu verkaufen, dann sollten Sie diese auch für Ihre Entscheidungen glattzustellen, benutzen. In einem Abwärtstrend sollten Sie die Bärenpower beobachten, um festzustellen, ob die Bären stärker oder schwächer werden. Die Formationen von Gipfeln und Tälern in der Bärenpower sind wichtiger als ihre einzelnen Aufwärts- und Abwärtsticks. Wenn ein neues Kurstief von einem neuen Tief in der Bärenpower begleitet wird, dann ist der Abwärtstrend sicher.

Eine bullishe Abweichung liegt dann vor, wenn die Kurse auf ein neues Tief fallen, die Bärenpower jedoch einen flacheren Boden zeichnet. Das zeigt, dass die Bären an Kraft verlieren und die Kurse wegen ihrer Trägheit weiterhin fallen. Dies ist ein Signal, Leerverkäufe glattzustellen und sich bereitzuhalten, long zu gehen.

Abweichungen zwischen Bullen- und Bärenpower und den Kursen kennzeichnen die besten Tradinggelegenheiten. Röntgenstrahlen zeigen Knochenbrüche unter einer gesunden Haut – ein Elder-Ray zeigt, wann die Kraft der dominanten Gruppe unterhalb der Oberfläche eines Trends gebrochen ist.

42 DER FORCE-INDEX

Der Force-Index (Stärke-Index)ist ein Oszillator, der vom Autor dieses Buches entwickelt wurde. Er misst die Kraft der Bullen hinter jeder Rallye und der Bären hinter jedem Abschwung.

Der Force-Index vereint drei wichtige Marktinformationen – die Richtung der Kursänderung, seine Reichweite und den Umsatz. Er stellt eine neue, sehr praktische Art und Weise dar, wie der Umsatz genutzt werden kann, um Tradingentscheidungen zu treffen.

Der Tradingumsatz kann roh verwendet werden, aber er funktioniert besser, wenn Sie ihn mit einem gleitenden Durchschnitt glätten. Wenn der Force-Index mit einem kurzen gleitenden Durchschnitt geglättet wird, dann hilft er Ihnen, die Einstiegs- und Ausstiegspunkte genau festzulegen. Wenn der Force-Index mit einem langen gleitenden Durchschnitt geglättet wird, dann deckt er größere Änderungen in der Stärke der Bullen und Bären auf.

Wie man einen Force-Index aufbaut

Die Stärke einer jeden Kursbewegung wird durch deren Richtung, deren Weite und durch deren Umsatz bestimmt. Wenn die Kurse höher schließen als im vorausgehenden Balken, dann ist die Kraft positiv. Wenn die Kurse niedriger schließen als im vorausgehenden Balken, dann ist die Kraft negativ. Je größer die Veränderung bei den Kursen ist, um so größer ist auch die dahinterstehende Kraft. Je größer der Umsatz ist, um so größer ist auch die Stärke der Bewegung (siehe Arbeitsblatt, Abbildung 42-1).

$$\text{Force-Index} = \text{Umsatz}_{\text{heute}} \cdot (\text{Schlusskurs}_{\text{heute}} - \text{Schlusskurs}_{\text{gestern}})$$

Der rohe Force-Index wird als ein Histogramm mit einer horizontalen Mittellinie auf der Null-Ebene gezeichnet. Wenn der Markt höher schließt, dann ist der Force-Index positiv und wird über seiner Mittellinie eingetragen. Wenn der Markt niedriger schließt, dann ist der Force-Index negativ und wird unterhalb der Mittellinie eingetragen. Wenn der Markt unverändert schließt, dann ist der Force-Index gleich Null.

Das Histogramm eines rohen Force-Index erscheint sehr zackig. Dieser Indikator gibt bessere Tradingsignale, wenn er mit einem gleitenden Durchschnitt geglättet wird (siehe Abschnitt 25). Ein 2-Tage-EMA des Force-Index stellt das Mindestmaß einer Glättung dar. Er ist dann sinnvoll, wenn man Einstiegspunkte in einen Markt sucht. Es lohnt sich zu kaufen, wenn der 2-Tage-EMA negativ ist und zu verkaufen, wenn er positiv ist, solange Sie in der Richtung des 13-Tage-EMA der Kurse traden.

Ein 13-Tage-EMA des Force-Index verfolgt langfristige Veränderungen in der Force der Bullen und der Bären. Wenn er über seine Mittellinie ansteigt, dann zeigt das, dass die Bullen die Kontrolle übernommen haben. Wenn er negativ wird, dann bedeutet das, dass die Bären die Kontrolle übernommen haben. Abweichungen zwischen einem 3-Tage-EMA des Force-Index und der Kurse kennzeichnen wichtige Wendepunkte.

TRADING-PSYCHOLOGIE

Wenn der Markt höher schließt, dann zeigt das, dass die Bullen die Tagesschlacht gewonnen haben und wenn er tiefer schließt, dann zeigt das den Tagessieg der Bären an. Der Abstand zwischen den heutigen und den gestrigen Schlusskursen stellt den Umfang des Sieges der Bullen oder der Bären dar. Je größer dieser Abstand ist, um so deutlicher ist der Sieg ausgefallen.

Der Umsatz kennzeichnet den Grad der Entschlossenheit der Marktteilnehmer (siehe Abschnitt 32). Kurse, die bei hohem Umsatz zustande kommen, sind wie eine Lawine, die an Volumen zunimmt, wenn sie abwärts stürzt. Rallyes und Abschwünge mit hohem Volumen haben eine größere Trägheit und setzen sich mit größerer Wahrscheinlichkeit fort. Geringer Umsatz zeigt andererseits, dass der Nachschub an Verlierern langsam weniger wird und ein Trend sich seinem Ende nähert. Die Kurse zeigen, was die Marktteilnehmer denken, während der Umsatz ihre Gefühle darstellt. Der Force-Index kombiniert Kurse und Umsatz – er zeigt, ob Herz und Kopf des Marktes in Übereinstimmung sind.

Wenn der Force-Index auf ein neues Hoch ansteigt, dann bedeutet das, dass die Kraft der Bullen sehr groß ist und der Aufwärtstrend sich fortsetzen wird. Wenn der Force-Index auf ein neues Tief fällt, dann bedeutet das, dass die Kraft der Bären groß ist und der Abwärtstrend weiterhin andauern wird. Wenn Kursveränderungen nicht durch Umsätze bestätigt werden, dann wird der Force-Index flach und warnt Sie, dass ein Trend sich voraussichtlich ändern wird. Er wird auch dann flach und warnt Sie vor einer Trendumkehr, wenn hohe Umsätze nur geringe Kursveränderungen bewirken können.

TRADINGREGELN

DER KURZFRISTIGE FORCE-INDEX

Ein 2-Tage-EMA des Force-Index ist ein hochsensibler Indikator der kurzfristigen Stärke von Bullen und Bären. Wenn er über seine Mittellinie ansteigt, dann bedeutet das, dass die Bullen stärker sind und wenn er unter seine Mittellinie fällt, dann zeigt es, dass die Bären stärker sind.

Ein 2-Tage-EMA des Force-Index ist so feinfühlig, dass es am besten ist, ihn zusammen mit den Signalen anderer Indikatoren zu benutzen. Wenn ein trendfolgender Indikator einen Aufwärtstrend anzeigt, dann zeigen die Abschwünge des 2-Tage-EMA des Force-Index die besten Zeitpunkte für Käufe. Wenn ein trendfolgendes Hilfsmittel einen Abwärtstrend kennzeichnet, dann zeigt ein

Abbildung 42-1

Arbeitsblatt Force-Index

Nikkei Dow

Date	Close	Volume	Force Index	FI: 2-ema	FI: 13-ema
10/29	25329	3834			
10/30	25242	4495	−391065		
10/31	25194	1372	−65856	−130807	
11/01	24295	2547	−2289753	−1570105	
11/02	24195	2891	−289100	−716102	
11/05	24385	1448	275120	−55287	
11/06	23966	2796	−1171524	−799445	
11/07	23500	3675	−1712550	−1408182	
11/08	22970	3167	−1678510	−1588400	
11/09	22932	2880	−109440	−602426	
11/13	23974	2484	2588328	1524743	
11/14	23937	1827	−67599	463181	
11/15	23487	2212	−995400	−509206	
11/16	23172	2741	−863415	−745345	−338231
11/19	23519	1931	670057	198256	−261590
11/20	23205	1405	−441170	−228027	−256796
11/21	22816	2259	−878751	−661843	−314660
11/22	23400	2163	1263192	621514	−180921

$$\text{Force-Index} = \text{Umsatz}_{\text{heute}} \cdot (\text{Schlusskurs}_{\text{heute}} - \text{Schlusskurs}_{\text{gestern}})$$

Der kurzfristige Force-Index wird durch einen 2-Tage-EMA geglättet. Der mittelfristige Force-Index wird mit einem 13-Tage-EMA geglättet. Um sehr große Zahlen beim Force-Index zu verkleinern, können Sie einen Trick benutzen: Dividieren Sie den Force-Index durch den letzten Schlusskurs.

2-Tage-EMA des Force-Index die besten Bereiche auf, um leer zu verkaufen (Abbildung 42-2: Der Force-Index – 2-Tage-EMA):

1. *Kaufen Sie, wenn der 2-Tage-EMA des Force-Index während eines Aufwärtstrends negativ wird.*

Ganz gleich, wie schnell und wie furios ein Aufwärtstrend sich entwickelt – es gibt immer wieder Rückzüge. Wenn Sie mit Ihren Käufen warten, bis der 2-Tage-EMA des Force-Index negativ wird, dann werden Sie viel näher an einem kurzfristigen Tiefpunkt kaufen.

Wenn ein 2-Tage-EMA des Force-Index während eines Aufwärtstrends negativ wird, dann sollten Sie eine Kauforder über dem Kurshoch dieses Tages platzieren. Wenn sich der Aufwärtstrend wieder fortsetzt und die Kurse ansteigen, dann werden sie auf der Long-Seite eingestoppt. Wenn die Kurse weiterhin nach unten gehen, dann wird Ihr Auftrag nicht ausgeführt. Dann sollten Sie Ihre Kauforder so weit heruntersetzen, dass er ein Tick über dem Hoch des letzten Balkens liegt. Wenn Ihr Kaufstop ausgelöst wurde, dann sollten Sie unterhalb des letzten Tiefs des Handelstages oder des Vortages einen Sicherheitsstop setzen, je nachdem, welches tiefer ist. In einem starken Aufwärtstrend wird dieser dichte Stop sehr selten berührt, aber er hilft Ihnen, frühzeitig auszusteigen, wenn der Trend schwach ist.

2. *Verkaufen Sie leer, wenn der 2-Tage-EMA des Force-Index in einem Abwärtstrend positiv wird.*

Wenn trendfolgende Indikatoren einen Abwärtstrend ausmachen, dann sollten Sie warten, bis der 2-Tage-EMA des Force-Index positiv wird. Das kennzeichnet ein kurzes Aufflackern optimistischer Kräfte – eine Möglichkeit, leer zu verkaufen. Geben Sie eine Order für einen Leerverkauf unter dem Tief des letzten Kursbalkens.

Wenn der 2-Tage-EMA des Force-Index, nachdem Sie Ihre Verkaufsorder platziert haben, weiterhin ansteigt, dann sollten Sie die Order täglich knapp unterhalb des Tiefs der letzten Balken anheben. Wenn die Kurse abrutschen und Sie short gehen, dann sollten Sie über dem Hoch des letzten Kursbalkens oder des benachbarten Balkens, je nachdem, welcher höher ist, einen Sicherheitsstop setzen. Bewegen Sie Ihren Stop so früh wie möglich abwärts bis zu einem Break-Even-Bereich.

Ein 2-Tage-EMA des Force-Index kann Ihnen dabei behilflich sein, zu entscheiden, wann Sie Ihre Positionen verstärken, wann Sie die Möglichkeit zu pyramidieren wahrnehmen. Long-Positionen können Sie in Aufwärtstrends jedes Mal verstärken, wenn der Force-Index negativ wird und Ihre Short-Positionen können Sie in Abwärtstrends ausbauen, wann immer der Force-Index positiv wird.

Der Force-Index erlaubt Ihnen auch einen kleinen Blick in die Zukunft. Wenn ein 2-Tage-EMA des Force-Index auf sein tiefstes Tief innerhalb eines Monats fällt, dann zeigt dies, dass die Bären stark sind und die Kurse voraussichtlich noch weiter fallen. Wenn ein 2-Tage-EMA des Force-Index auf den

Abbildung 42-2

Force-Index – 2-Tage-EMA

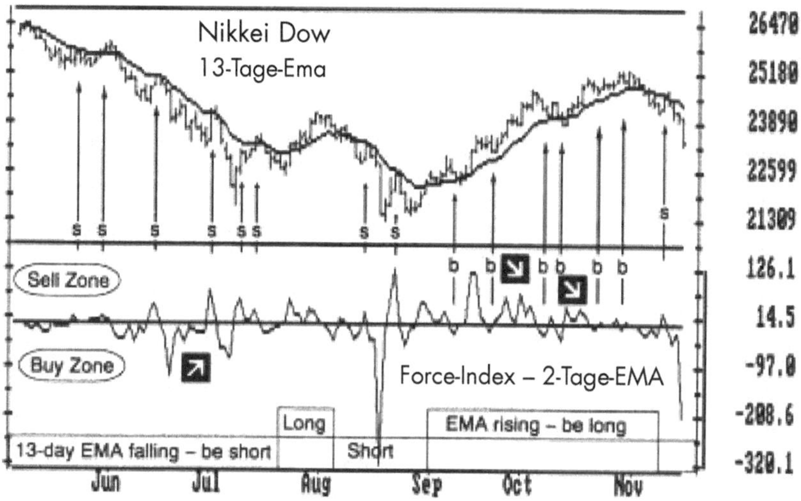

Dieser sehr empfindliche, kurzfristige Indikator kennzeichnet Kaufgelegenheiten in Aufwärtstrends und Gelegenheiten, in Abwärtstrends leer zu verkaufen. Er hilft Tradern, bei Schwäche zu kaufen und bei Stärke zu verkaufen. Wenn der Trend, charakterisiert durch die Neigung eines 13-Tage-EMA, nach oben zeigt und der Force-Index unterhalb von Null fällt, dann stellt dies ein Kaufsignal dar. Wenn der Trend nach unten gerichtet ist und der Force-Index über Null ansteigt, dann stellt dies ein Zeichen dar, um leer zu verkaufen.

Die Entscheidung, wann Sie Ihre Gewinne mitnehmen, hängt davon ab, ob Sie ein kurzfristig oder ein langfristig anlegender Trader sind. Wenn Sie zu den Kurzfrist-Tradern gehören, dann sollten Sie Long-Positionen verkaufen, wenn der Stärke-Index positiv wird, oder Leerverkäufe glattstellen, wenn der Force-Index negativ wird. Ein Langfrist-Trader muss warten, bis der exponentielle gleitende Durchschnitt (EMA) seine Richtung ändert oder bis es eine Abweichung zwischen Force-Index und Kursen gibt (in diesem Chart durch schräge Pfeile gekennzeichnet). Wenn Sie mit dem Trend anlegen, dann können Sie Ihre Positionen immer dann ausbauen, wenn der Force-Index zusätzliche Signale in der Richtung des Trends gibt.

höchsten Punkt innerhalb eines Monats ansteigt, dann zeigt das, dass die Bullen sehr stark sind und die Kurse voraussichtlich noch höher klettern.

Der 2-Tage-EMA eines Force-Index hilft Ihnen auch zu entscheiden, wann Sie Positionen glattstellen sollten. Ein Kurzfrist-Trader, der kauft, wenn dieser Indikator negativ ist, sollte dann verkaufen, wenn er positiv wird. Ein Kurzfrist-Trader, der short geht, wenn dieser Indikator positiv ist, sollte glattstellen, wenn er negativ wird. Ein Trader mit längerfristigen Anlagezielen sollte nur dann aus seinen Positionen aussteigen, wenn sich ein Trend ändert, (wie er von der Neigung eines 13-Tage-EMA der Kurse dargestellt wird oder wenn es eine Abweichung zwischen einem 2-Tage-EMA des Force-Index und dem Trend gibt).

3. *Bullishe Abweichungen zwischen dem 2-Tage-EMA des Force-Index und den Kursen geben starke Kaufsignale. Eine bullishe Abweichung liegt dann vor, wenn die Kurse auf ein neues Tief fallen, und der Force-Index einen weniger tiefen Boden beschreibt.*
4. *Bearishe Abweichungen zwischen einem 2-Tage-EMA des Force-Index und den Kursen geben starke Verkaufssignale. Eine bearishe Abweichung liegt dann vor, wenn die Kurse auf ein neues Hoch ansteigen, während der Force-Index ein tieferes zweites Hoch erreicht.*

Der 2-Tage-EMA des Force-Index passt gut ins Triple-Screen-Tradingsystem (siehe Abschnitt 43). Seine Fähigkeit, kurzfristige Kauf- und Verkaufspunkte zu identifizieren, ist dann besonders nützlich, wenn er mit einem längerfristigen trendfolgenden Indikator verbunden wird.

Der mittelfristige Force-Index

Ein 13-Tage-EMA des Force-Index kennzeichnet längerfristige Veränderungen in der Kraft der Bullen und Bären. Seine Position, relativ zu seiner Mittellinie, zeigt, welche Gruppe die Kontrolle übernommen hat. Seine Abweichungen von den Kursen kennzeichnen wichtige Wendepunkte (Abbildung 42-3).

5. *Wenn ein 13-Tage-EMA des Force-Index über seiner Mittellinie liegt, dann beherrschen die Bullen den Markt, und wenn er unter der Mittellinie liegt, dann haben die Bären die Kontrolle übernommen. Wenn der Indikator in der Nähe seiner Mittellinie zittert, dann kennzeichnet dies einen trendlosen Markt – eine Warnung, keine trendfolgenden Methoden anzuwenden.*

Wenn eine Rallye beginnt, dann springen die Kurse oft bei hohen Umsätzen. Wenn ein 13-Tage-EMA des Force-Index ein neues Hoch erreicht, dann wird der Aufwärtstrend bestätigt. Wenn der Aufwärtstrend altert, dann steigen die

Abbildung 42-3

Force-Index – 13-Tage-EMA

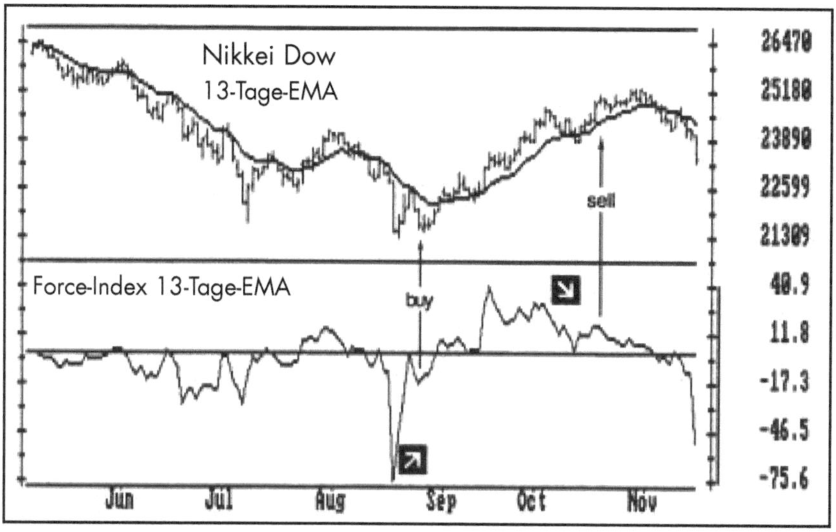

Abweichungen zwischen einem 13-Tage-EMA des Force-Index und der Kurse kennzeichnen wichtige Wendepunkte in den Finanzmärkten. Eine bullische Abweichung eines 13-Tage-EMA des Force-Index und dem Nikkei Dow im August wies auf eine Kaufgelegenheit hin. Der Nikkei Dow testete wiederholt die Tiefstände, der Force-Index jedoch verfolgte ein flacheres zweites Tief und gab damit das Kaufsignal.

Ein nadelförmiges Tief, wie es im August zu beobachten war, vermittelt dem Trader zwei Erkenntnisse. Langfristig gesehen, kennzeichnet diese Formation im Allgemeinen das Ende eines nachhaltigen Abschwungs. Kurzfristig gesehen, verrät sie dem Trader, dass das letzte Kurstief voraussichtlich noch einmal getestet oder gar unterschritten wird.

Im Oktober drängte der Nikkei Dow aufwärts, doch der Force-Index beharrte weiterhin auf niedrigeren Spitzen. Seine bearishe Abweichung zeigte, dass die Bullen schwächer wurden und die Kurse sich der Spitze des Aufschwungs näherten. Man hatte viel Zeit, sich mit Short-Positionen einzudecken. Das nadelförmige Tief an der rechten Seite des Charts weist darauf hin, dass das letzte Kurstief voraussichtlich noch einmal getestet oder gar unterschritten wird.

Kurse nur langsamer an oder der Umsatz wird dünner. Dann zeichnet ein 13-Tage-EMA des Force-Index niedrigere Spitzen und fällt eventuell auch unter seine Mittellinie. Das signalisiert, dass den Bullen »der Hals gebrochen wurde«.

6. *Ein neuer Gipfel im 13-Tage-EMA des Force-Index zeigt, dass sich eine Rallye voraussichtlich fortsetzen wird. Eine bearishe Abweichung zwischen einem 13-Tage-EMA des Force-Index und den Kursen geben ein starkes Signal, leer zu verkaufen. Wenn die Kurse ein neues Hoch erreichen, aber dieser Indikator nur eine niedrigere Spitze zeichnet, dann ist das eine Warnung für Sie, dass die Bullen ihre Kraft verlieren und die Bären bereit sind, die Kontrolle zu übernehmen.*
7. *Ein neues Tief in einem 13-Tage-EMA des Force-Index zeigt, dass sich ein Abwärtstrend voraussichtlich fortsetzen wird. Wenn die Kurse auf ein neues Tief fallen, aber dieser Indikator ein flacheres Tief zeichnet, dann stellt dies eine Warnung dar, dass die Bären ihre Kraft verlieren. Diese bullishe Abweichung gibt ein starkes Kaufsignal.*

Wenn ein Abwärtstrend beginnt, dann fallen die Kurse im Allgemeinen bei sehr hohem Umsatz. Wenn der 13-Tage-EMA des Force-Index auf ein neues Tief fällt, dann bestätigt das den Abschwung. Wenn der Abwärtstrend altert, dann fallen die Kurse langsamer oder die Umsätze stagnieren und gehen stark zurück. Dann beginnt der 13-Tage-EMA des Force-Index flachere Tiefs zu zeichnen und steigt letztlich über seine Mittellinie an. Das zeigt, dass das Rückgrat der Bären gebrochen ist.

Kapitel IX

Tradingsysteme

43 Das Triple-Screen-Tradingsystem

Das Triple-Screen-Tradingsystem wurde vom Autor dieses Buches entwickelt und von ihm seit 1985 genutzt. Es wurde der Öffentlichkeit im April 1986 in einem Beitrag in der Zeitschrift *Futures* vorgestellt.

Der Triple-Screen unterzieht jeden Trade drei Tests beziehungsweise Screens. Viele Anlagen, die auf den ersten Blick attraktiv erscheinen, werden von dem einen oder dem anderen Screen abgelehnt. Die Geschäfte, die den Triple-Screen-Test bestehen, haben eine höhere Wahrscheinlichkeit, Gewinne zu erzielen.

Der Triple-Screen kombiniert trendfolgende Methoden und gegen den Trend laufende Techniken. Es analysiert alle potenziellen Abschlüsse in verschiedenen Zeitrahmen. Das Triple-Screen ist mehr als ein Tradingsystem, es ist eine Methode, ja ein Stil des Tradens.

Trendfolgende Indikatoren und Oszillatoren

Anfänger suchen oft nach der goldenen Kugel – einem einzelnen Indikator, mit dem sie das große Geld machen. Wenn Sie eine Zeit lang Glück haben, dann fühlen Sie sich, als ob Sie den Königsweg gefunden hätten, um an der Börse erfolgreich zu sein. Wenn dieser Zauber aber verfliegt, dann zahlen die Amateure ihre Gewinne mit Zins und Zinseszins zurück und machen sich auf die Suche nach einem anderen Zaubermittel. Die Märkte sind zu komplex, als dass sie mit einem einzigen Indikator analysiert werden könnten.

Verschiedene Indikatoren geben im gleichen Markt widersprüchliche Signale. Trendfolgende Indikatoren steigen während Aufwärtstrends an und geben Kaufsignale, während Oszillatoren »überkauft« werden und Verkaufssignale geben. Trendfolgende Indikatoren fallen in Abwärtstrends und geben Signale für Leerverkäufe, aber Oszillatoren werden »überverkauft« und geben Kaufsignale.

Trendfolgende Indikatoren können dann gewinnbringend eingesetzt werden, wenn die Märkte sich bewegen, aber in Trading-Ranges führen sie zu »Sägen«. Oszillatoren können in Trading-Ranges gewinnbringend angewendet werden, aber sie geben verfrühte und gefährliche Signale, wenn die Märkte sich in einen Trend begeben. Die Trader sagen: »Der Trend ist Dein Freund« und »Lassen Sie Ihre Gewinne laufen«. Sie sagen aber auch: »Kaufen Sie billig, verkaufen Sie teuer«. Aber warum sollten Sie verkaufen, wenn der Trend nach oben zeigt und wie hoch ist hoch oder wie teuer ist teuer?

Einige Trader versuchen, die Aussagen der trendfolgenden Indikatoren und Oszillatoren zu mitteln. Es ist sehr einfach, diese Aussagen zu beeinflussen oder zu manipulieren. Wenn Sie mehr trendfolgende Hilfsmittel benutzen, dann wird die Aussage in die eine Richtung gehen und wenn Sie mehr Oszillatoren benutzen, dann wird sie in die andere Richtung weisen. Ein Trader wird immer eine Gruppe von Indikatoren finden, die ihm das sagen, was er gerne hören möchte.

Das Triple-Screen-Tradingsystem kombiniert trendfolgende Indikatoren mit Oszillatoren. Es ist so konstruiert, dass es die Nachteile herausfiltert, und ihre Stärken bewahrt.

So wählen Sie Zeitfenster – der Faktor Fünf

Ein weiteres großes Dilemma kann es sein, dass ein Trend zur gleichen Zeit ein Aufwärtstrend und ein Abwärtstrend sein kann, je nachdem, welche Charts Sie benutzen. Ein Tageschart kann einen Aufwärtstrend zeigen, während ein Wochenchart einen Abwärtstrend zeigt oder auch umgekehrt (siehe Abschnitt 36). Ein Trader muss wissen, wie er mit widersprüchlichen Signalen in unterschiedlichen Zeitrahmen umzugehen hat.

Charles Dow, der Autor der ehrwürdigen Dow-Theorie, sagte zur Jahrhundertwende, dass der Aktienmarkt über drei Trends verfüge. Der langfristige Trend dauere mehrere Jahre, der mittelfristige Trend mehrere Monate und alles, was kürzer war, war ein kleiner Trend. Robert Rhea, der große Markttechniker der 30er-Jahre, verglich die drei Markttrends mit einer Flut, einer Welle und einem Kräuseln. Er glaubte daran, dass die Trader in der Richtung der Marktflut anlegen sollten, die Vorteile der Wellen mitnehmen, das Gekräusele jedoch ignorieren sollten.

Die Zeiten haben sich geändert und die Märkte wurden schnellebiger. Die Trader brauchen heute eine flexiblere Definition von Zeitrahmen. Das Triple-Screen-Tradingsystem basiert auf der Beobachtung, dass jeder Zeitrahmen sich zu benachbarten Zeitrahmen im Verhältnis 1:5 verhält (siehe Abschnitt 36).

Jeder Trader muss entscheiden, in welchem Zeitrahmen er arbeiten möchte. Der Triple-Screen nennt diesen »Arbeitszeitrahmen« den mittleren Zeitrahmen. Der langfristige Zeitrahmen ist um den Faktor Fünf länger. Der kurzfristige Zeitfaktor ist um den Faktor Fünf kürzer. Wenn Sie beispielsweise eine Anlage über mehrere Tage oder Wochen hin verfolgen wollen, dann wird Ihr mittlerer Zeitrahmen durch Tagescharts definiert. Wochencharts sind die Ordnung, die um den Faktor Fünf länger sind, und sie stellen die langfristigen

Zeitrahmen dar. Stundencharts sind die Ordnung, die um den Faktor Fünf kleiner ist, und sie bestimmen den kurzfristigen Zeitrahmen. Day Trader, die ihre Positionen kürzer als eine Stunde halten, können das gleiche Prinzip nutzen. Für sie kann ein Zehn-Minuten-Chart der mittlere Zeitrahmen sein, ein Stundenchart der langfristige Zeitrahmen und der Zwei-Minuten-Chart der kurzfristige Zeitrahmen.

Der Triple-Screen erfordert, dass Sie zunächst den langfristigen Chart untersuchen. Er lässt Sie nur in der Richtung der Flut anlegen – in der Richtung des Trends auf dem langfristigen Chart. Es benutzt die Wellen, um gegen die Flut in Positionen einzusteigen. Beispielsweise schaffen Abschwünge innerhalb eines Tages Kaufgelegenheiten, wenn der Wochentrend nach oben zeigt. Aufschwünge innerhalb eines Tages zeigen Möglichkeiten für Leerverkäufe, wenn der Wochenchart nach unten zeigt.

Der erste Screen – die Marktwoge

Der Triple-Screen fängt damit an, dass der langfristige Chart analysiert wird, eine Größenordnung länger als der Chart, innerhalb dessen Sie anlegen wollen. Die meisten Trader achten nur auf die Tagescharts, und auch alle anderen beachten nur die Daten dieser wenigen Monate. Wenn Sie beginnen, wöchentliche Charts zu analysieren, dann wird Ihre Perspektive um das Fünffache größer als die Ihrer Konkurrenten.

Der erste Screen des Triple-Screen benutzt trendfolgende Indikatoren, um langfristige Trends zu erkennen. Das Originalsystem benutzt die Neigung des wöchentlichen MACD-Histogramms (siehe Abschnitt 26), um die Marktflut zu erkennen. Die Neigung wird durch das Verhältnis der zwei letzten Balken zueinander definiert. Wenn die Neigung nach oben weist, dann zeigt das, dass die Bullen die Kontrolle übernommen haben – es ist Zeit, von der Long-Seite her Geschäfte zu machen. Wenn die Neigung nach unten geht, dann zeigt das, dass die Bären die Kontrolle übernommen haben und es sagt Ihnen, nur von der Short-Seite her anzulegen (Abbildung 43-1).

Ein einziger Aufwärts- oder Abwärtstick auf einem wöchentlichen MACD-Histogramm kennzeichnet eine Änderung in einem Trend. Die Aufwärtsbewegungen, die unterhalb der Mittellinie stattfinden, stellen bessere Kaufsignale dar als diejenigen über der Mittellinie (siehe »Jahreszeiten eines Indikators« in Abschnitt 36). Die Abwärtsbewegungen, die über der Mittellinie sichtbar werden, geben bessere Verkaufssignale als die Abwärtsbewegungen unterhalb der Mittellinie.

Einige Trader benutzen andere Indikatoren, um wichtige Trends ausfindig zu machen. Steve Notis schrieb in der Zeitschrift *Futures* einen Artikel, in dem er aufzeigte, wie er das Direktionale System als den ersten Screen des Triple-Screens benutzte. Auch ein einfaches Hilfsmittel, wie beispielsweise die Neigung eines 13-Wochen-EMA kann als erster Screen des Triple-Screen-Tradingsystems dienen. Das Prinzip ist das gleiche. Sie können die meisten trendfolgenden Indikatoren verwenden, solange Sie den Trend zuerst auf den Wochencharts analysieren und dann auf den Tagescharts nur in dieser Richtung nach Geschäftsmöglichkeiten Ausschau halten.

Screen eins: Identifizieren Sie den Wochentrend, indem Sie einen trendfolgenden Indikator benutzen und legen Sie nur in seiner Richtung an.

Ein Trader hat drei Möglichkeiten: kaufen, verkaufen oder nichts tun. Der erste Screen des Triple-Screen-Tradingsystems nimmt eine dieser Wahlmöglichkeiten weg. Er wirkt wie ein Zensor, der Ihnen während wichtiger Aufwärtstrends nur die Alternative lässt, entweder zu kaufen oder nichts zu tun. Während wichtiger Abwärtstrends besteht dagegen nur die Wahl, short zu gehen oder nichts zu tun. Sie müssen mit der Flut schwimmen oder aus dem Wasser bleiben.

Der zweite Screen – die Marktwelle

Der zweite Screen identifiziert die Welle, die gegen eine Flut anläuft. Wenn der Wochentrend nach oben geht, weisen Abschwünge an einem Tag auf Kaufgelegenheiten hin. Wenn der Wochentrend nach unten geht, dann weisen Anstiege an einem Tag auf Möglichkeiten hin, Leerverkäufe zu tätigen.

Der zweite Screen verbindet Oszillatoren mit den Tagescharts, um Abweichungen vom Wochentrend zu erkennen. Oszillatoren geben Kaufsignale, wenn die Märkte fallen und Verkaufssignale, wenn die Märkte ansteigen. Der zweite Screen des Triple-Screen-Tradingsystems erlaubt Ihnen, nur solche Signale anzunehmen, die in die Richtung des Wochentrends weisen.

Screen zwei: Verbinden Sie Ihren Tageschart mit einem Oszillator. Nutzen Sie Abschwünge auf täglicher Basis während wöchentlicher Aufwärtstrends, um Kaufgelegenheiten herauszufinden und Rallyes auf täglicher Basis während wöchentlicher Abwärtstrends, um Möglichkeiten für Short-Positionen zu entdecken.

Abbildung 43-1

Das wöchentliche MACD-Histogramm – der erste Screen des Triple-Screen

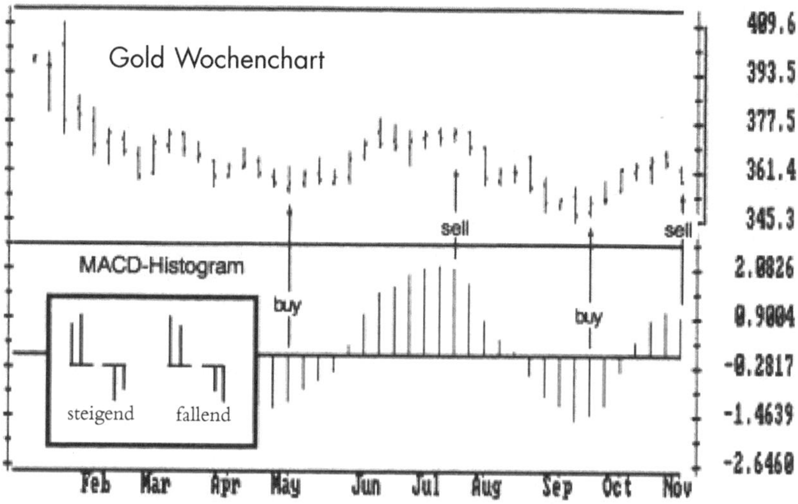

Die Steigung eines MACD-Histogramms wird durch das Verhältnis zwischen seinen zwei letzten Säulen definiert (siehe Ausschnitt). Der Triple-Screen erfordert, dass die Wochencharts analysiert werden, bevor man auf die Tagescharts sieht. Wenn der Wochentrend nach oben weist, dann erlaubt er uns nur, von der Long-Seite her anzulegen oder nichts zu tun. Wenn der Wochentrend fällt, dann erlaubt er uns nur, von der Short-Seite her zu traden oder nichts zu tun.

Ein wöchentliches MACD-Histogramm gibt ein Kaufsignal, wenn seine Neigung nach oben weist. Die besten Kaufsignale gibt es dann, wenn dieser Indikator unterhalb seiner Mittellinie nach oben geht. Wenn ein MACD-Histogramm nach unten weist, dann stellt dies ein Verkaufssignal dar. Die besten Verkaufssignale werden dann gegeben, wenn das Histogramm von oberhalb seiner Mittellinie nach unten weist (siehe „Indikatorjahreszeiten", Abschnitt 36). Wenn Sie den Trend des Wochen-MACD-Histogramms erkannt haben, dann sollten Sie sich den Tagescharts zuwenden und in der gleichen Richtung nach Möglichkeiten suchen.

Wenn der Wochentrend aufwärts weist, dann nimmt der Triple-Screen ausschließlich Kaufsignale vom Tagesoszillator an und ignoriert die Verkaufssignale. Wenn der Wochentrend nach unten weist, akzeptiert der Triple-Screen ausschließlich Signale für Leerverkäufe von den Oszillatoren und ignoriert die Kaufsignale. Der Stärke-Index und der Elder-Ray sind gute Oszillatoren, die man in einem Triple-Screen benutzen kann, auch die Stochastik und der Williams %R funktionieren gut.

Wenn das wöchentliche MACD-Histogramm ansteigt, dann gibt der 2-Tage-EMA des Force-Index (siehe Kapitel 8) Kaufsignale, wenn er unterhalb seiner Mittellinie fällt, solange er nicht auf ein neues Tief über einen Zeitraum von mehreren Wochen hinweg fällt. Wenn das Wochen-MACD-Histogramm fällt, dann gibt der Stärke-Index Shorting-Signale, wenn er über seine Mittellinie hinaus ansteigt, solange er sich nicht über mehrere Wochen hinweg auf ein Hoch erhebt (Abbildung 43-2). Wenn der Wochentrend nach oben gerichtet ist, dann gibt der Tages-Elder-Ray (siehe Abschnitt 41) ein Kaufsignal, wenn die Bärenpower unter Null fällt und dann zurück zur Mittellinie nach oben tickt. Wenn der Wochentrend abwärtsgerichtet ist, dann signalisiert der Tages-Elder-Ray, short zu gehen, wenn die Bullenkraft über Null ansteigt und dann nach unten zurück tickt.

Die Stochastik (siehe Abschnitt 30) gibt Tradingsignale, wenn ihre Linien eine Kauf- oder eine Verkaufszone erreichen. Wenn ein Wochen-MACD-Histogramm ansteigt, aber eine tägliche Stochastik unter 30 fällt, dann kennzeichnet dies einen »überverkauften« Bereich, eine Kaufmöglichkeit. Wenn das Wochen-MACD-Histogramm nach unten weist, die tägliche Stochastik jedoch über 70 ansteigt, dann kennzeichnet dies eine »überkaufte« Zone, eine Möglichkeit für Leerverkäufe.

Der Williams %R (siehe Abschnitt 29) benötigt ein 4- oder 5-Tage-Fenster, um mit dem Triple-Screen zusammenarbeiten zu können. Er wird ähnlich wie die Stochastik ausgelegt. Der Relative-Stärke-Index reagiert nicht so schnell wie andere Oszillatoren auf Kursveränderungen. Er hilft Ihnen bei einer eher globalen Marktanalyse, ist aber für den Triple-Screen zu langsam.

Der dritte Screen – ein Ausbruch während eines Handelstages

Der erste Screen des Triple-Screen-Tradingsystems kennzeichnet die Gezeiten auf einem Wochenchart (Ebbe oder Flut). Der zweite Screen kennzeichnet eine Welle, die gegen die Ebbe oder Flut auf einem Tageschart angeht. Der dritte Screen kennzeichnet die kleinen Wellen in der Richtung einer Gezeit. Er benutzt Preisveränderungen während eines Handelstages, um Einstiegspunkte zu kennzeichnen.

Abbildung 43-2

Der Tages-Stärke-Index – der zweite Screen des Triple-Screen

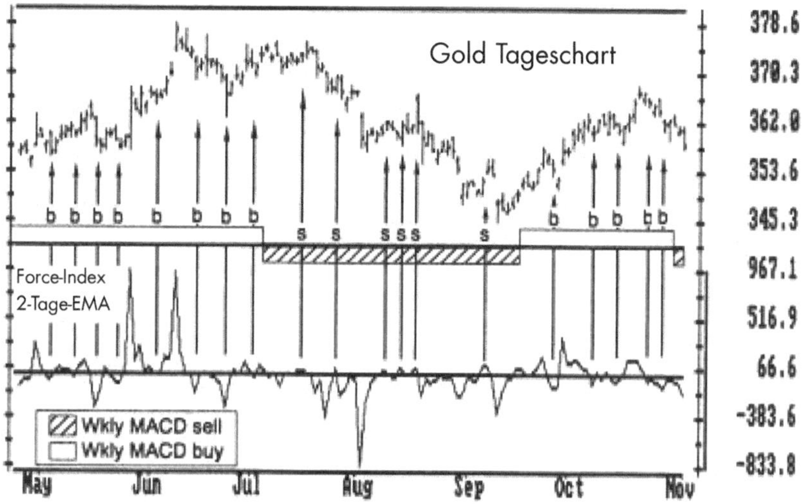

Der 2-Tage-EMA des Force-Index ist einer von mehreren Oszillatoren, die als zweiter Screen im Triple-Screen-Tradingsystem eingesetzt werden können. Der Force-Index kennzeichnet Kaufgelegenheiten, wenn er unter seine Mittellinie fällt.Wenn er über seine Mittellinie ansteigt, so werden Sie Verkaufsmöglichkeiten vorfinden.

Wenn der Wochentrend ansteigt, dann sollten Sie vom Oszillator ausschließlich Kaufsignale akzeptieren, um in Long-Positionen einzusteigen. Wenn der Wochentrend fällt, dann sollten Sie ausschließlich auf Verkaufssignale achten, um in Short-Positionen einzusteigen. An der rechten Seite des Charts hat sich der Wochentrend abwärts gewendet. Um leer zu verkaufen sollten Sie abwarten, bis der Force-Index ansteigt.

Der dritte Screen bedarf keines Charts oder Indikators. Er stellt eine Technik für den Markteintritt dar, nachdem der erste und der zweite Screen ein Kaufsignal oder ein Leerverkaufssignal gegeben haben. Der dritte Screen könnte eine nachziehende Kauf-Stop-Technik in Aufwärtstrends und eine nachziehende Verkauf-Stop-Technik in Abwärtstrends genannt werden (siehe Abbildung 43-3). Wenn der Wochentrend aufwärts geht und der Tagestrend nach unten, können nachgezogene Kauf-Stops Aufwärtsdurchbrüche auffangen. Wenn der Wochentrend nach unten zeigt und der Tagestrend nach oben, dann können nachgezogene Verkauf-Stops Abwärtsdurchbrüche erfassen.

ZUSAMMENFASSUNG DES TRIPLE-SCREEN

Wochentrend	**Tagestrend**	**Aktion**	**Order**
aufwärts	aufwärts	nichts tun	keine
aufwärts	abwärts	long gehen	nachziehender Kauf-Stop
abwärts	abwärts	nichts tun	keine
abwärts	aufwärts	short gehen	nachziehender Verkauf-Stop

Wenn der Wochentrend nach oben weist und ein Tagesoszillator einen Abschwung zeichnet, dann aktiviert dies eine nachziehende Kauf-Stop-Technik. Platzieren Sie eine Kauforder einen Tick über dem Hoch des Vortages. Wenn die Kurse ansteigen, werden sie automatisch in Long-Positionen eingestoppt, wenn die Rallye über das Vortageshoch hinausgeht. Wenn die Kurse weiterhin sinken, wird Ihr Kaufstop nicht berührt. Setzen Sie Ihre Kauforder am folgenden Tag einen Tick über den letzten Kursbalken. Setzen Sie Ihren Kaufstop jeden Tag etwas tiefer, bis er wirksam wird oder bis der Wochenindikator sich wendet und sein Kaufsignal aufhebt.

Wenn der Wochentrend nach unten weist, dann sollten Sie den Tagesoszillator beobachten und auf eine Rallye warten, um eine nachziehende Verkauf-Stop-Technik zu aktivieren. Platzieren Sie einen Tick unterhalb des Tiefs des letzten Balkens eine Order, leer zu verkaufen. Sobald der Markt sich abwärts wendet, werden Sie auf der Short-Seite eingestoppt. Wenn die Rallye sich fortsetzt, sollten Sie Ihre Verkaufsorder täglich anheben. Das Ziel einer nachziehenden Verkauf-Stop-Technik ist es, einen abwärtsgerichteten Ausbruch während eines Handelstages aus einem Aufwärtstrend auf einem Tageschart in der Richtung eines Abwärtstrends auf einem Wochenchart zu erkennen.

Screen drei: Benutzen Sie die nachziehende Kauf-Stop-Technik, wenn der wöchentliche Trend aufwärts geht und der Tagesoszillator nach unten weist. Benutzen Sie die schleppende Verkauf-Stop-Technik, wenn der Wochentrend nach unten weist und der Tagesoszillator nach oben zeigt.

Abbildung 43-3

Ein nachziehender Kauf-Stop – der dritte Screen des Triple-Screen

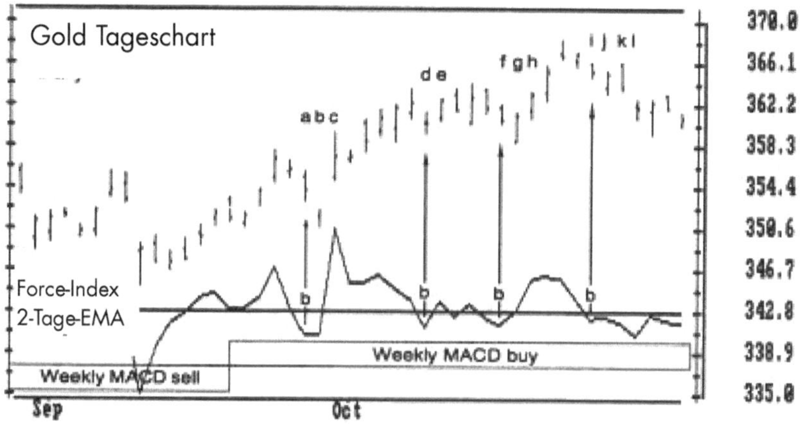

Das wöchentliche MACD-Histogramm hat sich Mitte September nach oben gewendet. Wenn der erste Screen nach oben zeigt, deutet jeder Abschwung auf dem zweiten Screen – dem 2-Tage-EMA des Stärke-Index – auf eine Kaufgelegenheit hin.

a) Der Stärke-Index fällt unter seine Mittellinie. Setzen Sie für morgen eine Kauforder einen Tick über das Hoch des Tages a.
b) Der Abschwung setzt sich fort. Reduzieren Sie die Kauforder auf einen Tick über das Hoch des Balkens b.
c) Kauf bei Börseneröffnung. Setzen Sie einen Stop am Tief des Balkens b. Das neue Hoch im Stärke-Index zeigt, dass die Rallye stark ist, dass sie sich voraussichtlich fortsetzen wird.
d) Der Stärke-Index fällt unter seine Mittellinie. Setzen Sie am Hoch des Balkens eine Kauforder.
e) Kauf als die Kurse über das Hoch von d anstiegen. Setzen Sie einen Stop am Tief des Balkens d.
f) Der Stärke-Index fällt unter seine Mittellinie. Platzieren Sie eine Kauforder am Hoch des Balkens.
g) Der Abschwung setzt sich fort. Reduzieren Sie den Kaufstop auf einen Tick über das Hoch des Balkens g.
h) Kauf als die Kurse über das Hoch von g anstiegen. Setzen Sie einen Stop am Tief des Balkens g.
i) Der Stärke-Index fällt unter seine Mittellinie. Platzieren Sie eine Kauforder am Hoch des Balkens.
j) Der Abschwung setzt sich fort. Setzen Sie den Kaufstop nach unten, etwa einen Tick in der Nähe des Hochs der Säule j.
k) Kauf bei Handelsbeginn. Setzen Sie einen Stop am Tiefpunkt des Balkens j.
l) Gold eröffnet tiefer und trifft auf den Sicherheitsstop. Es ist sehr wichtig, Stops zu benutzen, weil kein Indikator vollkommen ist.

Stop-loss

Ordentliches Money Management ist für erfolgreiches Trading unabdingbar. Ein disziplinierter Trader begrenzt seine Verluste und wird damit besser als ein Verlierer, der an seinen Positionen hängt und immer nur auf das Prinzip Hoffnung setzt. Das Triple-Screen-Tradingsystem erfordert es, dass Sie sehr enge Stops setzen.

Sobald Sie kaufen, sollten Sie sofort unterhalb des Tagestiefs eine Stop-Loss-Order setzen (oder unterhalb des Tiefs des Vortages, je nachdem, welches tiefer ist). Wenn Sie leer verkauft haben, dann setzen Sie ein Sicherheits-Stop-Loss einen Tick über das Hoch des Tages oder des Vortages, je nachdem, welches höher ist. Bewegen Sie Ihren Stop zur Break-Even-Ebene, sobald der Markt sich zu Ihren Gunsten bewegt. Später gilt die Faustregel, Ihren Stop so zu bewegen, dass Sie ungefähr 50 Prozent Ihres Papiergewinns absichern (siehe Abschnitt 48).

Der Grund für derart dichte Stops ist, dass der Triple-Screen nur in die Richtung einer Gezeit tradet. Wenn eine Anlage sich nicht schnell lohnt, dann ist dies ein Zeichen dafür, dass sich unter der Oberfläche des Marktes etwas Grundsätzliches ändert. Dann ist es besser, so schnell wie möglich zu flüchten. Der erste Verlust ist der beste Verlust – er gibt Ihnen die Möglichkeit, den Markt noch einmal von der Außenlinie des Spielfelds zu untersuchen.

Konservative Trader sollten beim ersten Signal des Triple-Screen-Tradingsystems long oder short gehen und auf dieser Position bleiben, bis der Haupttrend sich wendet oder bis er einen Stop erreicht. Aktive Trader können jedes neue Signal des Tagesoszillators benutzen, um ihre ursprünglichen Positionen auszubauen.

Ein Trader, der sich an einzelne Positionen langfristig bindet, sollte so lange in einem Geschäft bleiben, bis sich der Wochentrend wendet. Ein Kurzfrist-Trader kann dann Gewinne mitnehmen, wenn er die Signale des zweiten Screens nutzt. Wenn beispielsweise ein Trader long geht und der Stärke-Index positiv wird oder die Stochastik auf 70 Prozent ansteigt, dann kann er verkaufen, Gewinne mitnehmen und dann nach neuen Kaufgelegenheiten Ausschau halten. Das Triple-Screen-Tradingsystem kombiniert verschiedene Zeitrahmen und verschiedene Arten von Indikatoren. Es nutzt einen trendfolgenden Indikator in langfristigen Charts und einen kurzfristigen Oszillator für mittelfristige Charts. Es benutzt eine besondere Einstiegstechnik für Käufe oder für Leerverkäufe. Ebenso empfiehlt es ein sehr knappes Money Management.

44 Das parabolische Tradingsystem

Das parabolische Tradingsystem wurde 1976 von J. Wallace Wilder jun. beschrieben. Es erhielt seinen Namen nach dem Muster seiner Stops während Ausreißbewegungen, die einer Parabel ähneln. Das parabolische System ist inzwischen in vielen Softwarepaketen enthalten.

Das parabolische System zielt darauf ab, Trends zu erfassen und die Positionen dann zu verändern, wenn auch die Trends sich ändern. Seine besondere Charakteristik ist, dass es auf Zeitabläufe ebenso reagiert wie auf Kursänderungen. Die meisten Trader konzentrieren sich auf Kurse, sie vernachlässigen jedoch die Zeit (siehe Abschnitt 36).

Wie man eine Parabolik einrichtet

Die Parabolik ist ein Umkehrsystem und will einen Trader immer im Markt halten. Wenn die Parabolik Sie aus einer Long-Position herausholt, dann sagt Ihnen das, dass Sie zum gleichen Kurs leer verkaufen sollen. Wenn es Sie aus einer Short-Position herausholt, dann sagt es, dass Sie zum gleichen Kurs und zur gleichen Zeit long gehen sollten. Diese Methode funktionierte während der inflationären Märkte der 70er-Jahre sehr gut, hat aber in späteren Jahren zu vielen »Sägen« geführt. Heutzutage sollte die Parabolik nur in sehr ausgewählten Situationen genutzt werden, nämlich nur dann, wenn die Märkte sich in einem Trend befinden.

Die Parabolik basiert auf einer guten alten Regel: Bewegen Sie Ihre Stops nur in der Richtung, in der Sie traden und niemals gegen Sie. Wenn Sie Long-Positionen halten, dann können Sie Ihre Stops anheben, sie aber niemals tiefer setzen. Wenn Sie Short-Positionen halten, dann dürfen Sie Ihre Stops nur absenken. Die parabolischen Stops werden täglich justiert, indem man eine Formel benutzt:

$$\text{Stop}_{\text{von morgen}} = \text{Stop}_{\text{von heute}} + AF \cdot (EP_{\text{trade}} - \text{Stop}_{\text{von heute}})$$

wobei gilt:

$\text{Stop}_{\text{von heute}}$ = der aktuelle Stop

$\text{Stop}_{\text{von morgen}}$ = der Stop für den kommenden Börsentag

EP_{trade} = der Extrempunkt, der vom Markt innerhalb eines Trades des erreicht wurde. Wenn ein Trader Long-Positionen hält, dann ist der EP das höchste Hoch, das seit dem Beginn dieses Engagements erreicht wurde. Wenn ein Trader Short-Positionen hält, dann ist EP das tiefste Tief, das seit Beginn seines Engagements erreicht wurde.

AF = der Beschleunigungs-Faktors (Acceleration factor). Dieses einzigartige Hilfsmittel stellt fest, wie schnell ein Stop in der Richtung eines Trends bewegt werden muss. Der AF hängt von der Anzahl der neuen Hochs seit Beginn eines Engagements in Long-Positionen ab, bei einem Engagement in Short-Positionen zählt die Anzahl der neuen Tiefs.

Am ersten Tag, an dem Sie neu in eine Position eingestiegen sind, macht der Beschleunigungsfaktor 0,02 aus. Das bedeutet, dass der Stop um zwei Prozent der Entfernung zwischen dem Extrempunkt und dem ursprünglichen Stop gesetzt wurde. AF nimmt um 0,02 jeden Tag zu, an dem die Rallye ein neues Hoch erreicht oder ein Abschwung auf ein neues Tief fällt, bis hin zum Maximum von 0,20.

Wenn Sie eine Long-Position halten und der Markt in dieser Zeit drei höhere Hochs erreicht, dann ist der AF gleich 0,08 $\{0{,}02 + (0{,}02 \cdot 3)\}$, und wenn der Markt neun neue Hochs erreicht, dann steigt der AF auf sein Maximum von 0,20, oder $0{,}02 + (0{,}02 \cdot 9)$. Im letzten Fall wird der tägliche Stop um 20 Prozent der Entfernung zwischen dem Extrempunkt des Geschäftes und dem letzten Stop bewegt.

Wenn Sie in ein Geschäft neu einsteigen, dann ist der Beschleunigungsfaktor gering und auch die Stops bewegen sich langsam. In dem Maß, wie der Markt neue Hochs oder neue Tiefs erreicht, nimmt auch der Beschleunigungsfaktor AF zu und die Stops bewegen sich schnell. Wenn der Markt keine neuen Hochs oder Tiefs erreicht, bewegt der Beschleunigungsfaktor AF die Stops in die Richtung des Trades. Weil das so ist, zwingt die Parabolik die Trader aus Geschäften heraus, die nirgendwohin führen.

Viele Trader verändern den Beschleunigungsfaktor AF. Sie korrigieren die Größe des Basisschritts von 0,02 und die Maximalgröße des AF von 0,2. Einige vergrößern diese Werte, um das System sensibler zu machen, andere verkleinern diese Werte, damit das System langsamer reagiert. Die Größe eines Schrittes variiert zwischen 0,015 bis 0,025 und die Maximalgröße des Beschleunigungsfaktors AF von 0,18 bis 0,23.

Abbildung 44-1

Das parabolische System

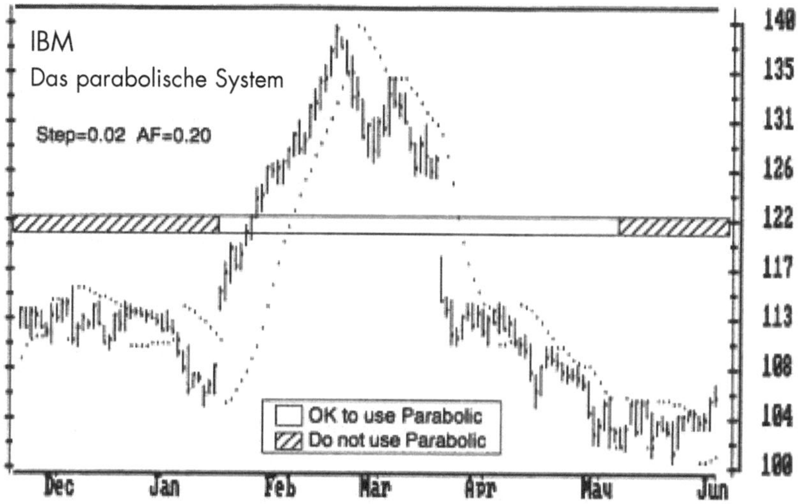

Die Parabolik funktioniert hervorragend, wenn sich die Märkte bewegen, aber nicht, wenn sie flach verlaufen. Wenn Sie zweimal hintereinander in eine »Säge« geraten sind, dann ist das ein Signal für einen flachen Markt. Hören Sie auf, die Parabolik weiterhin zu benutzen, aber verfolgen Sie diese auf dem Papier weiter, bis Sie zwei gute Signale erhalten.

Die Parabolik glänzt jedoch in schnell beweglichen Märkten. Hier zeigte sie den größten Profit eines 30-Punkte-Anstiegs bei IBM und dessen folgenden Abschwung mit einer einzigen »Säge« im April. Zwei »Sägen« hintereinander im Mai waren ein Zeichen, mit der Parabolik aufzuhören.

TRADINGPSYCHOLOGIE

Verlierer gehen pleite, weil sie an Verlustpositionen festhalten und auf eine Wende zum Guten hoffen. Das parabolische System schützt Trader vor der Gefahr, keine Entscheidungen zu treffen und es legt ihnen eiserne Disziplin auf. In dem Augenblick, in dem Sie in ein Geschäft einsteigen, setzt das System schon einen Stop und sagt Ihnen, dass Sie es in der Richtung des Trades bewegen müssen.

Wenn Sie long oder short gehen, die Kurse jedoch flach bleiben, dann ist das ein Zeichen dafür, dass Ihr Timing falsch war. Sie hätten sicherlich nicht gekauft oder leer verkauft, wenn Sie nicht erwartet hätten, dass die Kurse sich gleich nach Ihrem Einstieg ändern würden! Die Parabolik gestattet Ihnen nicht, an einem Geschäft hängenzubleiben, das nirgendwo hinführt. Es bewegt die Stops in der Richtung des Trades und sagt im Klartext: »Put up or shut up.« Das parabolische System ist während starker Trends besonders nützlich. Wenn die Kurse durchs Dach gehen oder ohne einen Rückzug zusammenbrechen, dann ist es schwierig, Stops zu setzen, wenn man nur die normalen Chartmuster oder Indikatoren verwendet. Die Parabolik ist das beste Hilfsmittel, unter solchen Bedingungen Stops zu setzen.

TRADINGREGELN

Wenn Sie die Parabolik zum ersten Mal einsetzen, dann müssen Sie einige Wochen zurückgehen, um die Stops zu errechnen. Korrigieren Sie die Parabolik-Stops täglich, außer in einem Fall: Wenn Ihnen die Parabolik sagt, den Stop in den Bereich des Vortages zu setzen, dann sollten Sie das nicht tun. Stops sollten immer außerhalb der Vortagesrange gehalten werden.

Das parabolische System funktioniert gut, wenn sich Märkte in einem Trend befinden, aber es führt zu kurzen, hektischen Bewegungen, wenn sich Märkte außerhalb eines Trends befinden. Es kann während eines Kurstrends spektakuläre Gewinne hervorbringen, in einer Trading-Range aber ein ganzes Tradingkonto auffressen. Benutzen Sie die Parabolik nicht als automatische Tradingmethode.

Das ursprüngliche parabolische System war ein System, das ausschließlich für Wendepunkte gedacht war. Wenn ein Trader mit einem Kontrakt long ging, dann sagte es ihm, dass er zwei Kontrakte verkaufen sollte, wenn sein Stop erreicht war. Dann verkaufte er seine Long-Position und ging automatisch short. Wenn ein Trader mit einem Kontrakt short war, dann teilte ihm die Parabolik mit, eine Order in Auftrag zu geben, um zwei Kontakte zu kaufen, wenn sein Stop erreicht war. Dann stellte er seine Short-Position glatt und ging wieder long.

Wenn ein Trader in den Markt einsteigen will, ist er gut beraten, zunächst eine andere Tradingmethode zu benutzen, beispielsweise das Triple-Screen-Tradingsystem, und dann zur Parabolik übergeht, aber erst, wenn er sich in einem dynamischen Aufwärts- oder Abwärtstrend befindet (Abbildung 44-1).

1. *Wenn Sie sich in einem starken Aufwärtstrend befinden, dann sollten Sie die Daten der letzten Wochen überarbeiten und das parabolische System anwenden. Wenn Sie die Parabolik bis zum aktuellen Tag angepasst haben, dann sollten Sie Ihre Stops täglich kalkulieren und sie nutzen, um Gewinne auf Ihren Long-Positionen zu schützen.*
2. *Wenn Sie short sind und sich in einem schnellen Abwärtstrend befinden, wenden Sie die Parabolik auf die Daten der letzten Wochen an und aktualisieren Sie diese bis zum gegenwärtigen Tag. Von diesem Tag an sollten Sie die Stops täglich errechnen, um Gewinne Ihrer Short-Position zu schützen.*

Das parabolische System verbindet Kurse und Zeit und bewegt die Stops in der Richtung des Trades. Je schneller der Trend, um so schneller bewegt die Parabolik ihre Stops. Die Parabolik ist ein hervorragendes Hilfsmittel, um das Meiste aus einem starken Trend herauszuholen, ganz gleich, mit welcher Methode Sie eingestiegen sind.

45 Das Kanal-Tradingsystem

Kurse fließen oft in Kanälen, so wie Flüsse in Tälern fließen. Wenn ein Fluss die rechte Seite seines Tales berührt, dann wendet er sich nach links. Und wenn ein Fluss die linke Seite seines Tales berührt, dann wendet er sich nach rechts. Wenn die Kurse ansteigen, dann sieht es aus, als ob sie immer an einer unsichtbaren Decke stehen bleiben würden. Wenn die Kurse fallen, dann scheint es, als ob sie immer auf einen unsichtbaren Boden treffen. Kanäle helfen den Tradern, Kauf- und Verkaufschancen zu entdecken und schlechte Geschäfte zu vermeiden. Die ursprünglichen Untersuchungen mit Tradingkanälen wurden von J. M. Hurst durchgeführt und in seinem 1970 erschienenen Buch *The Profit Magic of Stock Transaction Timing* beschrieben.

Vier Wege, um einen Kanal zu errichten

Kanäle helfen den Tradern, in den Markt zu kommen, weil ihre Randbereiche zeigen, wo sie Widerstand oder Unterstützung erwarten dürfen. Es gibt vier Wege, um einen Kanal zu errichten:

1. Wenn Sie parallel zu einer Trendlinie eine Kanallinie zeichnen (siehe Abschnitt 21).
2. Wenn Sie zwei Linien parallel zu einem gleitenden Durchschnitt zeichnen. Einen darüber und einen anderen darunter.
3. Das gleiche wie unter 2., jedoch ist die Entfernung zwischen jeder Linie und dem gleitenden Durchschnitt abhängig von der Volatilität des Marktes und ändert sich (Bollinger-Bänder).
4. Wenn Sie einen gleitenden Durchschnitt der Tageshochs und einen weiteren gleitenden Durchschnitt der Tagestiefs zeichnen.

Kanäle parallel zu Trendlinien sind für langfristige Analysen sehr nützlich, besonders auf Wochencharts. Kanäle um gleitenden Duchschnitte sind für die kurzfristige Analyse nützlich, besonders für Tagescharts und Charts innerhalb eines Handelstages. Kanäle, deren Weite von der Volatilität des Marktes abhängen, sind gut geeignet, um größere neue Trends zu einem frühen Zeitpunkt zu erfassen.

Unterstützung findet dort statt, wo Käufer mit größerer Intensität kaufen als die Verkäufer verkaufen. Widerstand ist dort zu erwarten, wo die Verkäufer mit größerer Intensität verkaufen als die Käufer kaufen (siehe Abschnitt 19). Kanäle zeigen auf, wo Sie Unterstützung und Widerstand finden.

Die Steigung eines Kanals kennzeichnet den Trend eines Marktes. Wenn der Kanal flach liegt, dann können Sie alle Hochs und Tiefs innerhalb seiner Mauern traden. Wenn ein Kanal ansteigt, dann sollten Sie nur von der Long-Seite investieren, und zwar sollten Sie an der unteren Wand kaufen und an der oberen Wand verkaufen. Wenn ein Kanal nach unten geht, dann sollten Sie nur von der Short-Seite her anlegen, an der oberen Kanalmauer sollten Sie leer verkaufen und an der unteren Mauer Ihre Leerverkäufe glattstellen.

Kanäle um gleitende Durchschnitte

Ein 13-Tage-EMA kann als das Rückgrat eines Kanals dienen (siehe Abschnitt 25). Ziehen Sie zum EMA eine obere und untere Parallele. Die Weite eines Kanals hängt von dem Koeffizienten ab, der vom Trader bestimmt wird.

$$\text{Die obere Kanallinie} = \text{EMA} + \text{Kanalkoeffizient} \cdot \text{EMA}$$

$$\text{Die untere Kanallinie} = \text{EMA} - \text{Kanalkoeffizient} \cdot \text{EMA}$$

Sie müssen die Kanalkoeffizienten solange anpassen, bis ein Kanal 90 bis 95 Prozent aller Kursaktionen beinhaltet. Ein Kanal zeigt die Grenzen zwischen normalen und abnormen Preisaktionen. Normalerweise befinden sich die Kurse innerhalb eines Kanals, und nur außergewöhnliche Ereignisse drücken sie nach außen. Unterhalb der unteren Kanallinie ist der Markt unterbewertet und über seiner oberen Kanallinie ist er überbewertet.

Beispielsweise lag der Kanalkoeffizient auf den Tagescharts für S&P 500-Futures 1992 bei 1,5 Prozent. Wenn der 13-Tage-EMA bei 400 stand, dann lag die obere Kanallinie bei 406 $\{400 + (400 \cdot 1{,}5 : 100)\}$und die untere Kanallinie lag bei 394 $\{400 - (400 \cdot 1{,}5 : 100)\}$.

Korrigieren Sie die Kanalkoeffizienten mindestens einmal alle drei Monate, damit der Kanal wirklich 90 bis 95 Prozent aller Kurse aufnimmt. Wenn die Kurse weiterhin aus einem Kanal ausbrechen und mehr als einige Tage außerhalb bleiben, dann sollte der Kanal erweitert werden. Zu viele Wendungen innerhalb des Kanals, ohne dass seine Mauern erreicht werden, weisen auf fallende Volatilität hin, und der Kanal sollte enger gezeichnet werden.

Unbeständige Märkte erfordern weite Kanäle, ruhige Märkte erfordern enge Kanäle. Langfristige Charts erfordern ebenfalls weite Kanäle. Als Faustregel können Sie annehmen, dass die Kanalkoeffizienten für Wochencharts doppelt so weit sind als die für Tagescharts.

MASSENPSYCHOLOGIE

Ein exponentieller gleitender Durchschnitt kennzeichnet den durchschnittlichen Wertkonsens während der Zeit, die von diesem Durchschnitt erfasst wird (siehe Abschnitt 25). Wenn die Kurse über den durchschnittlichen Wertkonsens ansteigen, dann sehen Verkäufer eine Möglichkeit, Ihre Gewinne auf Long-Positionen mitzunehmen oder leer zu verkaufen. Wenn sie die Bullen überwältigen, dann fallen die Kurse. Wenn die Kurse unter den gleitenden Durchschnitt fallen, dann treten die Schnäppchenjäger in Erscheinung. Ihre Käufe und das Glattstellen von Leerverkäufen der Bären heben die Kurse wieder an und der Zyklus beginnt erneut.

Wenn sich die Kurse in der Nähe ihres gleitenden Durchschnitts befinden, dann ist der Markt gerecht bewertet. Wenn die Kurse an oder unter der unteren Kanallinie sind, dann ist der Markt unterbewertet. Wenn sich die Kurse an oder über der oberen Kanallinie befinden, dann ist der Markt überbewertet. Kanäle können Tradern helfen, Kaufgelegenheiten zu finden, wenn der Markt preisgünstig ist und Gelegenheiten für Leeverkäufe, wenn er teuer ist.

Der Markt ist wie ein manisch-depressiver Mensch. Wenn er seine Hochstimmung erreicht, dann ist er bereit, sich wieder zu beruhigen, und wenn er den Tiefpunkt seiner Depression erreicht, dann wird sich seine Stimmung wieder aufhellen. Ein Kanal kennzeichnet die Grenzen des Massenoptimismus und des Massenpessimismus. Seine obere Linie zeigt, wo den Bullen die Kraft ausgeht, und seine untere Linie zeigt, wo die Bären schwach werden.

Jedes Tier kämpft mit größerem Einsatz, wenn es in der Nähe seines Baus ist. Die obere Kanallinie zeigt, wo die Bären mit dem Rücken zur Wand stehen und die Bullen abwehren. Die untere Kanallinie zeigt, wo die Bullen mit ihrem Rücken an der Wand stehen und die Bären abwehren.

Wenn es einer Rallye nicht gelingt, die obere Kanallinie zu erreichen, dann ist dies ein bearishes Anzeichen. Es zeigt, dass die Bullen schwächer werden. Wenn eine Rallye über einen Kanal hinausschießt und die Kurse darüber schließen, dann deutet das auf einen starken Aufwärtstrend hin. Die gegensätzlichen Regeln gelten in Abwärtstrends.

Kanäle helfen Tradern, objektiv zu bleiben, wenn andere in bullisher oder bearisher Hysterie schwelgen. Wenn die Kurse die obere Kanallinie berühren, dann sehen sie, dass die Bullen mit ihrer Kauflust übertrieben haben und dass es Zeit ist, darüber nachzudenken, seine Positionen zu verkaufen. Wenn alle bearish werden und die Kurse die untere Kanallinie berühren, dann wissen Sie, dass es an der Zeit ist, über Käufe nachzudenken, nicht aber über Verkäufe.

TRADINGREGELN

Amateure und Profis gehen mit Kanälen unterschiedlich um. Amateure setzen auf langfristige Anlagen – sie neigen dazu, Durchbrüche nach oben zu kaufen und Durchbrüche nach unten leer zu verkaufen. Wenn ein Amateur einen Ausbruch aus einem Kanal erkennt, dann hofft er, dass ein neuer großer Trend beginnt, der ihn schnell reich macht.

Profis traden gegen Abweichungen und für eine Rückkehr zur Normalität. Es ist normal, dass Kurse innerhalb von Kanälen bleiben. Die meisten Ausbrüche sind Erschöpfungsbewegungen, die schnell zusammenbrechen. Profis schwächen diese Bewegungen gern, sie legen gegen sie an. Sie verkaufen leer, sobald ein Ausbruch nach oben sichtbar wird, und kaufen, wenn ein Ausbruch nach unten aufhört, neue Tiefs zu erreichen.

Durchbrüche können Amateuren spektakuläre Gewinne bescheren, wenn ein neuer starker Trend aus einem Kanal hervorgeht. Amateure gewinnen gelegentlich, aber es lohnt sich, mit den Profis zu traden. Die meisten Durchbrüche sind nicht echt, und werden schnell von Umkehrbewegungen abgelöst.

Ein Kanal aus gleitenden Durchschnitten kann als alleinstehende Tradingmethode genutzt werden, aber auch mit anderen Techniken kombiniert werden. Gerald Appel hat die folgenden Regeln für das Anlegen mit Kanälen empfohlen:

1. *Zeichnen Sie einen gleitenden Durchschnitt und bauen Sie darum einen Kanal auf. Wenn ein Kanal relativ flach verläuft, dann ist es günstig, in der Nähe eines Bodens zu kaufen und in der Nähe der Spitze zu verkaufen.*
2. *Wenn der Trend nach oben geht und ein Kanal stark ansteigt, dann zeigt ein aufwärtsgerichteter Ausbruch durch die obere Kanallinie, dass ein sehr starkes bullishes Momentum vorliegt. Voraussichtlich werden Sie mehr als eine Gelegenheit haben, im Bereich des Hochs, das eben erreicht wurde, zu verkaufen. Es ist normal, dass ein Markt zu seinem gleitenden Durchschnitt zurückkehrt, nachdem er einmal nach oben ausgebrochen ist, und bietet deshalb eine hervorragende Kaufgelegenheit. Verkaufen Sie Ihre Long-Positionen, wenn der Markt an die Oberseite seines Kanals zurückkehrt.*
3. *Die Regel Nummer zwei gilt in steilen Abwärtstrends spiegelbildlich. Ein Ausbruch unter die untere Kanallinie zeigt auf, dass es nicht unwahrscheinlich ist, dass es zu einem Rückzug an den gleitenden Durchschnitt kommt, was eine weitere Möglichkeit für Leerverkäufe bietet. Wenn die Kurse an die untere Kanallinie zurückkehren, dann ist es an der Zeit, die Leerverkäufe glattzustellen.*

Die besten Tradingsignale werden von einer Kombination von Kanälen und technischen Indikatoren gegeben. Indikatoren geben ihre stärksten Signale dann, wenn sie von den Kursen abweichen (siehe Abbildung 45-1). Manning Stoller beschrieb in einem Interview mit dem Autor eine Methode, die Kanäle mit Abweichungen kombiniert.

4. *Ein Verkaufssignal liegt dann vor, wenn die Kurse die obere Kanallinie erreichen, während ein Indikator, wie beispielsweise die Stochastik oder ein MACD-Histogramm, ein tieferes Hoch erreicht und eine bearishe Abweichung erzeugt. Das zeigt, dass die Bullen schwach werden, wenn die Kurse zu weit nach oben gehen.*

5. *Ein Kaufsignal liegt dann vor, wenn die Kurse den unteren Kanalrand erreichen, während ein Indikator einen höheren Boden beschreibt und eine bullishe Abweichung entsteht. Das zeigt, dass die Bären schwach werden, wenn die Kurse bereits niedrig sind.*

Wir müssen die Märkte in mehr als nur einem Zeitrahmen untersuchen. Gehen Sie long, wenn die Kurse nicht nur auf dem Wochenchart, sondern auch auf dem Tageschart vom Boden des Kanals zur Decke des Kanals ansteigen. Verkaufen Sie leer, wenn die Kurse von der Decke des Kanals zu seinem Boden absinken, und das auf Wochen- und Tagescharts.

6. *Gehen Sie unterhalb des gleitenden Durchschnitts long, wenn der Kanal ansteigt, und nehmen Sie an der oberen Kanallinie die Gewinne mit. Gehen Sie short, wenn der Kanal fällt und nehmen Sie Ihre Gewinne an der unteren Kanallinie mit.*

Standard Deviation Channels (Bollinger-Bänder, Kanäle mit Standardabweichungen)

Ein Kanal, der aus Standardabweichungen gebildet wird, wurde von Perry Kaufman in seinem Buch *The New Commodity Trading Systems and Methods* vorgeschlagen und vom Analysten John Bollinger bekannt gemacht. Das besondere Charakteristikum der Bollinger-Bänder ist, dass ihre Weite sich, abhängig von der Marktvolatilität, verändert. Die Tradingregeln dafür unterscheiden sich von denen für andere Kanäle.

1. Berechnen Sie einen 21-Tage-EMA.
2. Subtrahieren Sie den 21-Tage-EMA von jedem Schlusskurs, um alle Abweichungen vom Durchschnitt zu erhalten.
3. Quadrieren Sie jede Abweichung und bilden Sie ihre Summe, um die quadratische Gesamtabweichung zu erhalten..
4. Dividieren Sie die quadratische Gesamtabweichung durch die Länge des EMA, um die durchschnittliche quadratische Abweichung zu erhalten.
5. Ziehen Sie die Quadratwurzel aus der durchschnittlichen quadratischen Abweichung, um die Standardabweichung zu erhalten.

Diese Schritte wurden von John Bollinger dargestellt, und Sie können von vielen Softwarepaketen für die technische Analyse ausgeführt werden. Ein Bollinger-Band wird weiter, wenn die Volatilität des Marktes zunimmt und enger,

Abbildung 45-1

So traden Sie mit Kanälen und Indikatoren

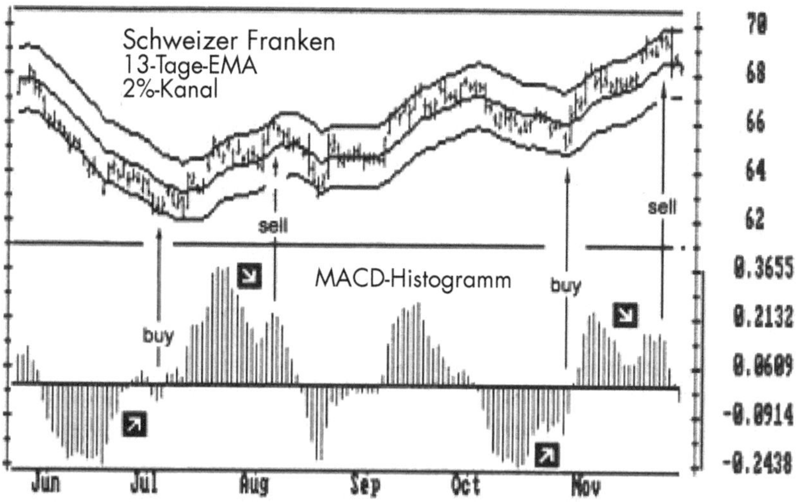

Ein gleitender Durchschnitt zeigt den durchschnittlichen Wertkonsens an. Ein Kanal muss so eingerichtet werden, dass er 90 bis 95 Prozent aller Kursdaten in sich aufnimmt. Die obere Kanallinie zeigt, wo der Markt überbewertet ist. Die untere Kanallinie zeigt, wo er unterbewertet ist. Es zahlt sich aus, in der unteren Hälfte eines ansteigenden Kanals zu kaufen und in der oberen Hälfte eines fallenden Kanals leer zu verkaufen. Kanäle funktionieren am besten, wenn ihre Signale mit denen von Indikatorabweichungen kombiniert werden.

Bullishe Abweichungen im Juli und Oktober lagen vor, als der Schweizer Franken unterbewertet war und an seiner unteren Kanallinie lag. Diese Kaufsignale führten zu starken Aufschwüngen. Baerishe Abweichungen lagen im August und im November vor, als der Schweizer Franken überbewertet war und in der Nähe seiner oberen Kanallinie lag. Den Verkaufssignalen folgten scharfe Kursrückgänge. Wenn Sie Kanäle mit Abweichungen kombinieren, dann können Sie an Schlüsselwendepunkten gegen die Marktmassen traden.

wenn sie abnimmt. Ein enges Bollinger-Band kennzeichnet einen schläfrigen, ruhigen Markt. Größere Marktbewegungen gehen meist aus einer flachen Marktbewegung hervor. Bollinger-Bänder helfen, die Übergänge von ruhigen zu aktiven Märkten aufzudecken.

Wenn die Kurse aus einem sehr engen Bollinger-Band nach oben ausbrechen, dann gibt das ein Kaufsignal. Wenn sie aus einem sehr engen Bollinger-Band nach unten herausfallen, dann ist dies ein Signal für Leerverkäufe. Wenn sich die Kurse von außerhalb in ihren Kanal zurückziehen, dann ist es an der Zeit, Ihre Positionen zu schließen.

Bollinger-Bänder sind für Optionstrader besonders hilfreich. Die Kurse von Optionen hängen sehr stark von den Ausschlägen in der Volatilität ab. Die Bollinger-Bänder helfen Ihnen zu kaufen, wenn die Volatilität niedrig ist und die Optionen relativ billig sind. Sie helfen Ihnen zu verkaufen, wenn die Volatilität hoch ist und die Optionen teuer sind.

Mehr über Kanäle

Einige Trader benutzen Kanäle, deren obere Linie den **gleitenden Durchschnitt der Hochs** und deren untere Linie den **gleitenden Durchschnitt der Tiefs** darstellt. Sie erscheinen zackiger als andere Kanäle. Ein Trader muss für diese Kanäle einen Zeitrahmen finden, mit denen er sie glättet. Hier, wie überall, ist der 13-Tage-EMA eine sichere Sache. Ein 13-Tage-EMA der Hochs bildet die obere Kanallinie und ein 13-Tage-EMA der Tiefs bildet die untere Kanallinie.

Ein sehr beliebter technischer Indikator ist der **Commodity-Channel-Index (CCI)**. Er beruht auf den gleichen Prinzipien wie Kanäle – er misst die Abweichung vom gleitenden Durchschnitt. Wenn Sie beim Traden Kanäle benutzen, dann können Sie auf den CCI verzichten. Kanäle sind besser, weil sie optisch näher an den Kursen liegen.

Kapitel X

Risiko-
management

46 Gefühle und Wahrscheinlichkeiten

Trading ist so aufregend, dass Amateure leicht in ein Hochgefühl geraten. Eine Geldanlage ist für sie wie eine Eintrittskarte in ein Kino oder zu einem Fußballspiel. Trading ist jedoch eine viel teurere Unterhaltung als das Kino.

Niemand kann gleichzeitig ein Hochgefühl erhalten und Geld verdienen. Emotionales Trading ist der Feind des Erfolgs. Gier und Angst zerstören jeden Trader. Sie müssen beim Traden Ihren Verstand benutzen, anstatt Ihre Entscheidungen aus dem Bauch heraus zu fällen.

Ein Trader, der nach Gewinnen leichtsinnig wird, ist wie ein Rechtsanwalt, der mitten in einer Verhandlung anfängt, sein Geld zu zählen. Ein Trader, der sich über Verluste aufregt, ist mit einem Chirurgen zu vergleichen, dem es schlecht wird, wenn er Blut sieht. Ein Profi wird nicht besonders erregt, ganz gleich, ob er gewinnt oder verliert.

Auf jedem Fachgebiet ist es das Ziel eines erfolgreichen Profis, seine persönliche Bestleistung zu erzielen – der beste Arzt zu werden, der beste Rechtsanwalt oder der beste Geldanleger. Das Geld kommt dann wie von allein zu ihm. Sie müssen sich darauf konzentrieren, richtig zu traden – und dürfen nicht die ganze Zeit nur die Gewinne im Sinn haben. Jede Geldanlage muss wie eine medizinische Operation durchgeführt werden – ernsthaft, nüchtern, ohne Schlamperei und ohne Abkürzungen.

Weshalb Johnny nicht verkaufen kann

Ein Verlierer kann seine Verluste nicht schnell begrenzen. Wenn eine Geldanlage in die Verlustzone gerät, dann hofft er und bleibt weiterhin bei der Stange. Er fühlt, dass er es sich nicht leisten kann auszusteigen, er verpasst seine Stops und hofft weiterhin auf eine Wende. Seine Papierverluste steigen so weit, dass das, was zunächst wie ein schlimmer Verlust aussah, sich später wie ein Schnäppchen ausnimmt. Schließlich zwingen ihn seine Broker dazu, die bittere Pille zu schlucken und seine Bestrafung entgegenzunehmen. Sobald er dann aus der Anlage ausgestiegen ist, steigt der Markt wieder an.

Dann wird der Verlierer das Gefühl haben, als wollte er mit dem Kopf gegen die Wand laufen – wäre er doch nur dabeigeblieben, er hätte am Wendepunkt ein kleines Vermögen machen können. Trends wenden sich deshalb, weil die meisten Verlierer gleich sind. Sie traden nach ihrem Gefühl, anstatt ihren Kopf zu benutzen. Die Gefühle der Menschen sind einander ähnlich, unabhängig vom kulturellen Hintergrund und dem Grad der Ausbildung. Alle Trader mit schwitzenden Handflächen und klopfendem Herzen fühlen gleich, ob sie in New York oder in Hongkong aufgewachsen sind, ob sie zwei oder zwanzig Jahre Lehrzeit hinter sich gebracht haben.

Roy Shapiro, ein Psychologe aus New York, aus dessen Artikel ich einen Absatz zitiere, schreibt:

> »Mit großen Hoffnungen entsteht eine Tradingidee ganz im Privaten, wo wir unsere Tradingentscheidungen treffen. ... Eine Schwierigkeit beim Verkauf ist die Bindung, die wir an ein Engagement empfinden. Wir fühlen uns immer an etwas gebunden, wenn es uns einmal gehört. ... Diese Bindung an Dinge, die wir kaufen, wurde von Psychologen und Wirtschaftlern als Versicherungseffekt bezeichnet, und wir alle erkennen ihn in unseren finanziellen Transaktionen, ebenso wie unsere Unfähigkeit, uns von dem alten Sakko zu trennen, das immer noch im Schrank hängt.
> Der Spekulant ist der Vater der Idee. ... Das Engagement gewinnt eine Bedeutung als ein Teil unseres Selbst, beinahe wie es ein Kind ist. ... Ein weiterer Grund dafür, dass Johnny nicht verkauft, auch wenn er sich mit seinem Engagement auf der Verliererstraße befindet, ist weil er gern träumt. ... Im Augenblick eines Kaufs wird unser kritisches Urteilsvermögen schwach und Hoffnung beginnt unseren Entscheidungsprozess zu beeinflussen«

An der Börse zu träumen ist ein Luxus, den sich niemand leisten kann. Wenn Ihre Geldanlagen auf Träumen beruhen, dann ist es besser, Sie stecken Ihr Geld in die Psychotherapie.

Dr. Shapiro beschreibt einen Test, der zeigt, wie Menschen Geschäfte führen und den Faktor Glück einrechnen. Zuerst wurde einer Gruppe von Menschen folgende Auswahl gegeben: (1) Mit einer 75-Prozent-Chance 1.000 Dollar gewinnen und mit den anderen 25 Prozent nichts zu bekommen oder (2) sichere 700 Dollar. Vier von fünf wählten die zweite Möglichkeit, auch nachdem ihnen erklärt wurde, dass die erste Wahl langfristig zu einem Gewinn von 750 Dollar führen würde. Die Mehrheit trifft ihre Entscheidungen emotional und gibt sich mit einem kleineren Gewinn zufrieden. Ein weiterer Test wird aufgeführt: Die Testpersonen haben die Wahl zwischen (1) einem sicheren Verlust von 700 Dollar oder (2) eine 75-Prozent-Chance, 1.000 Dollar zu verlieren und eine 25-Prozent-Chance nichts zu verlieren. Drei von vier wählen die zweite Möglichkeit, und verurteilen sich damit dazu, 50 Dollar mehr zu verlieren, als es erforderlich wäre. Sie versuchen, das Risiko zu vermeiden und maximieren ihre Verluste!

Emotionale Trader wollen sichere Gewinne und keine gewinnversprechenden Entscheidungen unter Unsicherheit. Sie gehen risikovolle Spielchen ein, um sichere Verluste zu verhindern. Es ist die menschliche Natur, die Gewinne gern schnell mitnimmt und Verluste gern hinauszögert. Irrationales Verhalten nimmt dann zu, wenn die Menschen das Gefühl haben, dass sie unter Druck stehen. Entsprechend Dr. Shapiro heißt es: »Die Wetten auf große Gewinne bei größerem Risiko nehmen bei den letzten beiden Rennen eines Tages zu.«

Emotionale Geldanlage ruiniert die Verlierer. Wenn Sie Ihre Performance betrachten, dann werden Sie sehen, dass der wirkliche Schaden aus einigen großen Verlusten oder aus langen Ketten von Verlusten resultiert, während Sie versuchten, sich aus einem Loch herauszutraden. Gutes Money Management würde Sie davor bewahrt haben, überhaupt in dieses Loch zu fallen.

Wahrscheinlichkeit und die Unfähigkeit zu rechnen

Trader, die auf der Verliererstraße sind, halten immer nach der sicheren Sache Ausschau, sie hängen sich an das Prinzip Hoffnung und vermeiden es unvernünftigerweise, kleine Verluste hinzunehmen. Ihre Geldanlage beruht auf Emotionen. Verlierer haben keine Ahnung von Wahrscheinlichkeitsrechnung. Sie haben keine Ahnung von Chancen oder Zufallsprozessen und stehen ihnen sehr skeptisch gegenüber.

Die Unfähigkeit zu rechnen – nichts zu wissen über die Grundlagen der Wahrscheinlichkeitsrechnung, das Glück und den Zufall – ist eine fatale, intelektuelle Schwäche bei Tradern. Diese einfachen Gedanken können aus vielen grundlegenden Büchern erlernt werden. Das interessante Buch *Innumeracy* von John Allan Paulus ist ein hervorragender Einstieg in die Grundlagen der Wahrscheinlichkeitsrechnung. Paulus beschreibt, wie ihm eine anscheinend intelligente Person auf einer Party erzählte: »Wenn die Chance auf Regen bei 50 Prozent am Samstag und bei 50 Prozent am Sonntag liegt, dann ist es zu 100 Prozent sicher, dass es ein regnerisches Wochenende geben wird.« Jemand, der so wenig über die Wahrscheinlichkeitsrechnung weiß, kann sicher sein, beim Trading Geld zu verlieren. Sie schulden es sich selbst, die grundlegenden mathematischen Konzepte, die mit der Geldanlage zu tun haben, zu erlernen.

Ralph Vince beginnt sein wichtiges Buch *Portfolio Management Formulas* mit einem herrlichen Absatz: »Werfen Sie eine Münze in die Luft. Einen Augenblick lang erfahren Sie eines der faszinierendsten Paradoxa der Natur – den Prozess des Zufalls. Während die Münze sich in der Luft befindet, gibt es keine Möglichkeit zu wissen, ob sie auf Wappen oder Zahl fallen wird. Dennoch kann das Ergebnis über viele Münzenwürfe hinweg rational begründet vorausgesagt werden.«

Mathematische Erwartungen sind ein wichtiges Konzept für Trader. Es wird der Vorteil des Spielers (eine positive Erwartung) oder der Hausvorteil (eine negative Erwartung) genannt, je nachdem, wen die Chancen in einem Spiel bevorzugen. Wenn Sie und ich eine Münze werfen, dann hat keiner von uns beiden einen Vorteil – jeder hat eine 50-Prozent-Chance zu gewinnen. Wenn Sie aber in einem Casino eine Münze werfen, dann steht jedem Dollar Verlust nur neunzig Cent Gewinn gegenüber. Dieser Hausvorteil verschafft Ihnen eine negative mathematische Erwartung. Kein System des Money Managements kann über einen längeren Zeitraum hinweg gegen eine negative Erwartung gewinnen.

Eine positive Erwartung

Wenn Sie es verstehen, im Blackjack (17 und 4) die Karten zu zählen, dann können Sie gegenüber einem Casino einen Vorteil haben (solange bis man Sie entdeckt und hinauswirft. Casinos lieben betrunkene Spieler, aber sie hassen Kartenzähler). Ihr Vorteil lässt sie über eine gewisse Zeit hinweg öfter gewinnen als verlieren. Gutes Money Management kann Ihnen helfen, aus Ihrem Vorteil mehr Geld zu machen und Ihre Verluste zu verringern. Ohne einen Vorteil könnten Sie Ihr Geld auch gleich der Caritas überweisen. Beim Traden kommt der Vorteil von einem System, das mehr Gewinne als Verluste schafft, Slippage und Provisionen einbezogen. Kein Money Management kann aber ein schlechtes Tradingsystem retten.

Sie können nur gewinnen, wenn Sie mit einer positiven mathematischen Erwartung anlegen – mit einem empfindlichen Tradingsystem. Geldanlagen, die auf Ahnungen beruhen, führen ins Desaster. Viele Trader handeln wie Betrunkene, die durch ein Casino gehen und sich an jedem Spiel beteiligen. Slippage und Provisionen zerstören jene, die in zu viele Engagements einsteigen.

Die besten Tradingsysteme sind einfach und robust. Sie bestehen nur aus wenigen Elementen. Je komplexer die Systeme sind, um so mehr Elemente können versagen. Trader optimieren ihre Systeme gern, indem sie Daten aus der Vergangenheit benutzen. Der Ärger ist nur, dass Ihr Broker Ihnen nicht ermöglicht, in der Vergangenheit anzulegen. Die Märkte ändern sich und die idealen Parameter der Vergangenheit brauchen heute nicht zu greifen. Versuchen Sie stattdessen, Ihr System zu vereinfachen – überprüfen Sie, wie es unter schlechten Bedingungen funktioniert hätte. Ein robustes System bewährt sich auch, wenn sich die Märkte verändern. Wahrscheinlich wird es in der realen Welt des Trading ein stark optimiertes System schlagen.

Wenn Sie ein gutes System entwickelt haben, dann sollten Sie daran nicht mehr herumbasteln. Wenn Sie gern basteln, dann sollten Sie ein neues System entwerfen. Robert Prechter sagte dazu: »Die meisten Trader nehmen ein gutes System und zerstören es dadurch, dass sie es in ein perfektes System optimieren wollen.« Wenn Sie einmal ein Tradingsystem haben, dann ist es an der Zeit, die Regeln für das Money Management aufzustellen.

47 Money Management

Nehmen wir an, Sie und ich setzen einen Cent auf einen Münzenwurf: Wappen – Sie gewinnen, Zahl – Sie verlieren. Nehmen wir an, Sie haben ein Kapital in Höhe von 10 Dollar und ich habe 1 Dollar. Obgleich ich weniger Geld habe, habe ich nicht viel zu befürchten – es bedürfte einer Reihe von hundert Verlusten, um mich auszulöschen. Wir können eine lange Zeit spielen, wenn nicht zwei Broker zwischen uns kommen und unser Kapital durch Provision und Slippage mindern.

Die Chancen werden sich dramatisch ändern, wenn wir unseren Wetteinsatz auf einen Viertel Dollar erhöhen. Wenn ich nur 1 Dollar habe, dann werden mich vier aufeinanderfolgende Verluste zerstören. Wenn Sie 10 Dollar haben, dann können Sie es sich leisten, 40 Mal hintereinander zu verlieren. Es ist wahrscheinlicher, dass eine Serie von vier Verlusten eintritt, als eine Serie von 40 Verlusten. Wenn alle anderen Faktoren gleich sind, dann wird der ärmere von zwei Tradern voraussichtlich der erste sein, der pleite macht.

Die meisten Amateure denken, dass die »anderen Faktoren« alles andere als gleich sind. Sie halten sich für klüger als alle anderen. Die Geschäftemacher im Trading arbeiten hart daran, um diese Illusion zu fördern und erzählen den Tradern, die Gewinner bekämen das Geld der Verlierer. Sie versuchen die Tatsache zu verheimlichen, dass das Trading ein Minussummenspiel ist (siehe Abschnitt 3). Übermütige Amateure gehen große Risiken ein, produzieren Provisionen für die Broker und Gewinne für die Parketthändler. Wenn sie sich selbst aus den Märkten fegen, dann kommen neue Dummköpfe ins Spiel – weil es immer eine Hoffnung gibt.

Zuerst das Überleben sichern

Das erste Ziel des Money Managements muss es sein, das Überleben zu sichern. Sie dürfen keinesfalls Risiken eingehen, die Sie aus dem Geschäft fegen können. Das zweite Ziel ist es, stetige, wenn auch kleine Gewinne zu erzielen und das dritte Ziel ist es, hohe Gewinne zu erzielen – zuerst aber kommt das Überleben.

„Setzen Sie nicht alles aufs Spiel«, ist die erste Regel im Trading. Verlierer verletzen diese Regel, wenn sie zuviel auf eine einzige Anlage setzen. Während sie sich auf einer Verliererstraße befinden, setzen sie die gleiche oder sogar größere Summen. Die meisten Verlierer müssen deshalb aufgeben, weil sie sich aus einem Loch heraustraden wollen. Gutes Money Management hält Sie in erster Linie von einem Loch fern.

Je tiefer Sie fallen, um so rutschiger wird das Loch. Wenn Sie 10 Prozent verlieren, dann müssen Sie elf Prozent gewinnen, um den Verlust wettzumachen, aber wenn Sie 20 Prozent verlieren, dann müssen Sie schon 25 Prozent gewinnen, um wieder dabei zu sein. Wenn Sie 40 Prozent verlieren, brauchen Sie überragende 67 Prozent und wenn Sie 50 Prozent verlieren, dann müssen Sie 100 Prozent gewinnen, nur um keinen Schaden zu nehmen. Während die Verluste arithmetisch ansteigen, nehmen die Gewinne, die Sie benötigen, um die Verluste wettzumachen, geometrisch zu.

Sie müssen im Voraus wissen, wie viel Sie verlieren dürfen – wann und bei welchem Stand Sie Ihre Verluste begrenzen. Profis steigen aus, sobald sie Schwierigkeiten nur riechen und steigen wieder in die Märkte ein, wenn sie bessere Chancen sehen. Amateure bleiben dabei und hoffen.

Werden Sie langsam reich

Ein Amateur, der schnell reich werden will, ist wie ein Affe, der weit draußen an einem dünnen Zweig hängt. Er greift nach einer reifen Frucht, aber er stürzt ab, weil der Zweig unter seinem Gewicht bricht.

Institutionelle Anleger als Gruppe sind im Allgemeinen erfolgreicher als einzelne Trader. Sie sind ihren Chefs verpflichtet, die Disziplin verlangen (siehe Abschnitt 14). Wenn ein Trader bei einer einzelnen Anlage mehr als sein Limit verliert, dann wird er wegen Ungehorsam gefeuert. Wenn er sein monatliches Limit verliert, dann darf er für den Rest des Monats nicht mehr traden und er wird zu einer Randfigur, die den anderen Tradern den Kaffee holt. Wenn er mehrmals hintereinander sein monatliches Limit verliert, dann wird ihn sein

Arbeitgeber entweder feuern oder versetzen. Dieses System bringt institutionelle Anleger dazu, Verluste zu vermeiden. Private Anleger müssen ihre eigenen Chefs werden.

Ein Amateur, der ein 20.000-Dollar-Konto eröffnet und erwartet, dass er es innerhalb von zwei Jahren zu einer Million bringen wird, ist wie ein Teenager, der von zu Hause ausreißt und nach Hollywood geht, um ein Popsänger zu werden. Er kann Erfolg haben, denn Ausnahmen bestätigen nur die Regel. Amateure versuchen, schnell reich zu werden, aber sie zerstören sich selbst, weil sie große Risiken auf sich nehmen. Sie können eine Zeit lang Erfolg haben, aber wenn man ihnen genügend Leine gibt, werden sie sich daran selbst erhängen.

Amateure fragen mich oft, wie viel Prozent Gewinn sie jährlich machen können. Die Antwort hängt von ihren Fähigkeiten oder dem Mangel dieser Fähigkeiten ab und von den Bedingungen auf den Märkten. Die Amateure fragen aber nie die wesentlich wichtigere Frage: »Wie viel darf ich verlieren, bevor ich aufhöre Geld anzulegen und mich selbst, mein System und die Märkte neu einschätze?« Wenn Sie sich darauf konzentrieren, mit Verlusten umzugehen, dann kommen die Gewinne von allein.

Jemand, der jährlich 25 Prozent Gewinn macht, ist der König der Wall Street. Viele Spitzenmanager würden ihren Erstgeborenen opfern, um dies zu übertreffen. Ein Trader, der sein Geld innerhalb eines Jahres verdoppeln kann, ist ein absoluter Star – so selten wie ein Popmusiker oder ein Spitzensportler.

Wenn Sie sich bescheidene Ziele setzen und diese erreichen, dann können Sie sehr weit kommen. Wenn Sie es schaffen, jährlich 30 Prozent zu machen, dann wird es Leute geben, die Sie bitten, ihr Geld zu managen. Wenn Sie dann 10 Mio. Dollar managen, – heutzutage kein außergewöhnlicher Betrag – dann liegt allein das Honorar für Ihr Management bei ungefähr sechs Prozent oder bei 600.000 Dollar im Jahr. Wenn Sie dann noch 30 Prozent Gewinn machen, werden Sie 15 Prozent davon als Prämie behalten – und das sind weitere 450.000 Dollar. Sie werden mit dem Traden über eine Million Dollar pro Jahr verdienen, ohne große Risiken einzugehen. Behalten Sie diese Zahlen im Gedächtnis, wenn Sie Ihren nächsten Trade planen. Traden Sie, um eine bestmögliche Performance zu erzielen, mit stetigen Gewinnen und nur geringen Verlusten.

Wie viel Sie riskieren können

Die meisten Trader werden von einer der folgenden Kugeln getroffen und getötet: Unwissenheit oder Emotion. Amateure handeln aufgrund von Ahnungen und stolpern in Geschäfte, auf die sie sich wegen der negativen mathematischen Erwartung nie einlassen sollten. Diejenigen, die die Stufe der jungfräulichen Ignoranz überstehen, gehen weiter und entwickeln bessere Systeme. Wenn Sie mehr Selbstvertrauen erlangen, dann heben Sie Ihren Kopf aus dem Fuchsbau heraus – und die zweite Kugel trifft Sie! Selbstvertrauen macht Sie gierig, Sie riskieren bei einem Abschluss zuviel Geld und eine kurze Serie von Verlusten fegt Sie vom Markt.

Wenn Sie bei jedem Trade ein Viertel Ihres Portefeuilles aufs Spiel setzen, dann ist Ihr Untergang gesichert. Sie können von einer kurzen Verlustserie, die auch bei einem hervorragenden Tradingsystem vorkommen kann, ausgelöscht werden. Auch wenn Sie ein Zehntel Ihres Portefeuilles auf einen Trade setzen, werden Sie nicht wesentlich länger überleben.

Ein Profi kann es sich nicht leisten, mehr als nur einen winzigen Prozentsatz seines Portefeuilles bei einem einzelnen Abschluss zu verlieren. Ein Amateur hat dem Traden gegenüber die gleiche Einstellung wie ein Alkoholiker gegenüber dem Trinken. Er möchte sich amüsieren, aber im Endeffekt zerstört er sich selbst. Zahlreiche Tests haben bewiesen, dass der Höchstbetrag, den ein Trader bei einem einzelnen Abschluss verlieren kann, ohne seine langfristigen Ziele zu beschädigen, bei zwei Prozent seines Kontostands liegt. Dieser Grenzwert schließt Slippage und Provisionen ein. Wenn Sie ein 20.000-Dollar-Portefeuille haben, dann dürfen Sie nicht mehr als 400 Dollar je Trade aufs Spiel setzen. Wenn Sie ein 100.000-Dollar-Portefeuille haben, dann können Sie nicht mehr als 2.000 Dollar aufs Spiel setzen, und wenn Sie nur 10.000 Dollar auf Ihrem Konto haben, dann darf das Risiko nicht höher als bei 200 Dollar liegen.

Die meisten Amateure schütteln den Kopf, wenn sie dieses hören. Viele haben nur kleine Portefeuilles und die Zwei-Prozent-Regel ist wie eine Kröte in ihren Träumen vom schnellen Gewinn. Die meisten erfolgreichen Trader betrachten die Zwei-Prozent-Grenze andererseits als zu hoch. Sie erlauben sich selbst, nicht mehr als ein Prozent oder 1,5 Prozent ihres Kontostands bei einem einzelnen Geschäft aufs Spiel zu setzen.

Die Zwei-Prozent-Regel bietet Ihnen viel Sicherheit, damit die Märkte Ihrem Konto keinen größeren Schaden zufügen können. Auch eine Reihe von fünf oder sechs verlustreichen Geschäften wird Ihre Aussichten nicht zerstören. Keinesfalls werden Sie, wenn Sie sich bemühen, die beste Performance zu erreichen, mehr als sechs bis acht Prozent monatlich verlieren. Wenn Sie auf diese Grenze stoßen, dann sollten Sie für den Rest des Monats nichts mehr tun. Nutzen Sie diese »Abkühlzeit«, um sich selbst, Ihre Methoden und die Märkte zu überprüfen.

Die Zwei-Prozent-Regel hält Sie aus den risikoreichsten Geschäften heraus. Wenn Ihr System Ihnen ein Signal gibt, in ein Geschäft einzusteigen, dann sollten Sie zuerst nachsehen, wo Sie Ihren Stop setzen sollen. Wenn das mehr als zwei Prozent Ihres Kontostandes aufs Spiel setzen würde, dann lassen Sie dieses Geschäft sausen. Es lohnt sich, auf Anlagemöglichkeiten zu warten, die sehr enge Stops gestatten (siehe Kapitel 9). Auf solche Gelegenheiten zu warten, vermindert die Spannung des Börsengeschäfts, aber vergrößert das Gewinnpotenzial. Sie können auswählen, was Sie wollen.

Die Zwei-Prozent-Regel hilft Ihnen auch zu entscheiden, wie viele Kontrakte Sie eingehen wollen. Wenn Sie beispielsweise 20.000 Dollar auf Ihrem Konto haben, dann können Sie bis zu 400 Dollar je Geschäft aufs Spiel setzen. Wenn Ihr System Ihnen einen attraktiven Abschluss mit einem 275-Dollar-Risiko signalisiert,dann können Sie nur einen Kontrakt abschließen. Wenn das Risiko nur bei 175 Dollar liegt, dann können Sie es sich leisten, zwei Kontrakte abzuschließen.

Sollte man noch nicht realisierte Gewinne aus einem Geschäft für neue Spekulationen nutzen – also den Umfang Ihrer Positionen ausweiten, wenn ein Abschluss sich im positiven Bereich bewegt? Auch hier hilft die Zwei-Prozent-Regel. Wenn Sie auf einer trendfolgenden Position Gewinne ausweisen, dann können Sie diese verstärken, solange die bestehende Position beim Break-Even oder besser liegt und das Risiko der zusätzlichen Position nicht über zwei Prozent Ihres Kontostands hinausgeht.

Martingale-Systeme

Wenn Sie einmal Ihr Höchstrisiko definiert haben, dann müssen Sie entscheiden, ob Sie diesen Betrag immer riskieren wollen. Die meisten Systeme variieren den Betrag, der aufs Spiel gesetzt wird, von Abschluss zu Abschluss. Eines der ältesten Money Management-Systeme ist das Martingale-System, ursprünglich für das Glücksspiel entwickelt. Es zwingt Sie, nach jedem Verlust einen größeren Einsatz zu wagen, um wieder zurückzukommen. Es ist überflüssig darzustellen, dass diese Idee auf Verlierer eine große Anziehungskraft ausübt.

Ein Spieler mit dem Martingale-System setzt in einem Casino immer nur einen Dollar solange er gewinnt, aber wenn er verliert, dann verdoppelt er und setzt zwei Dollar. Wenn er gewinnt, dann hat er am Ende einen Dollar Gewinn (minus ein Dollar + zwei Dollar) und er setzt von nun an weiterhin einen Dollar. Wenn er verliert, dann verdoppelt er wiederum und setzt vier Dollar. Gewinnt er, dann hat er einen Dollar Gewinn (minus ein Dollar minus zwei

Dollar + vier Dollar). Wenn er aber verliert, dann verdoppelt er wiederum und setzt acht Dollar. Solange er immer seinen Einsatz verdoppelt, dann sein erster Gewinn all seine Verluste decken und einen Gewinn sichern, der seinem ersten Einsatz entspricht.

Ein Martingale-System scheint ein Spiel zu sein, das man nicht verlieren kann, bis Sie feststellen, dass eine lange Reihe von Verlusten jeden Glücksspieler aus der Bahn werfen wird, ganz gleich, wie reich er ist. Im Extremfall muss ein Glücksspieler, der mit einem Einsatz von einem Dollar beginnt und 46 Verluste hintereinander einstecken muss, bei seinem 47. Einsatz 70 Trillionen Dollar aufs Spiel setzen – und das ist mehr als der Nettowert der gesamten Weltwirtschaft (ungefähr 50 Trillionen Dollar). Ganz sicher wird ihm viel früher das Geld ausgehen oder er wird das Limit des Casinos treffen. Ein Martingale-System ist nutzlos, wenn Sie eine negative oder ausgeglichene Chance haben, und es ist selbstzerstörerisch, wenn Sie ein erfolgreiches System und eine positive Gewinnaussicht haben.

Amateure lieben Martingale-Systeme wegen ihrer gefühlsmäßigen Anziehungskraft. Es gibt eine Überzeugung, dass man nur bis zu einem gewissen Punkt Pech haben kann und das Blatt sich dann wenden muss. Nach einem Verlust setzen Verlierer oft mehr aufs Spiel. Ein Verlierer, der seine Verluste ausgleichen will, verdoppelt oft den Umfang seiner Geschäfte. Das ist eine sehr schlechte Methode des Money Managements.

Wenn Sie den Umfang Ihrer Geschäfte verändern wollen, dann verlangt die Logik, dass Sie mehr Abschlüsse tätigen, wenn Ihr System mit den Märkten im Einklang ist und Sie Geld machen. Solange Ihr Konto wächst, gestattet Ihnen die Zwei-Prozent-Regel ohnehin, größere Beträge anzulegen. Wenn Ihr System nicht mit den Märkten in Einklang ist und Sie Geld verlieren, dann sollten Sie weniger aufs Spiel setzen.

Der Optimal-f

Einige Trader, die computergestützte Tradingsysteme entwickeln, glauben gut zu fahren, wenn sie mit dem Optimal-f, einem optimal festgesetzten Anteil des Portefeuilles, traden. Der Bruchteil des Kapitals, den Sie bei einem einzelnen Geschäft aufs Spiel setzen, hängt von einer Formel ab, die auf der Performance ihres Tradingsystems und auf der Größe ihres Kontos beruht. Es ist eine sehr komplexe Methode, ob Sie sie nutzen oder nicht, Sie können einige sehr vernünftige Anregungen daraus entnehmen.

Ralph Vince hat in seinem Buch *Portfolio Management Formulas* gezeigt, dass der Optimal-f sich andauernd ändert, dass Sie, wenn Sie mehr anlegen als den Optimal-f, keinen Nutzen daraus ziehen und dass Sie dann sicherlich pleite machen, und dass, wenn Sie weniger anlegen als den Optimal-f, Ihr Risiko zwar arithmetisch fällt, Ihre Gewinne jedoch geometrisch zurückgehen.

Den Optimal-f anzulegen, ist gefühlsmäßig sehr schwierig, weil das zu 85 Prozent Verlusten führen kann. Das sollte nur mit wirklichem Risikokapital versucht werden. Der Schlüsselpunkt ist hier, dass Sie, wenn Sie mehr als mit dem optimalen Bruchteil traden, sicher sind, Ihr Konto zu ruinieren. Die Lektion, die Sie lernen, ist: im Zweifel sollten Sie weniger aufs Spiel setzen.

Computergestützte Tests von Money Management-Regeln haben bestimmte Regeln und Beobachtungen der Oldtimer bestätigt. Das wirkliche Maß des finanziellen Risikos eines jeden Systems, ist das größte Verlustgeschäft, das es zulässt. Eine Einbuße hängt von der Länge eines gegenläufigen Trends ab, der nie wirklich vorausgesagt werden kann. Diversifikation kann Einbußen abpuffern. Sie können diversifizieren, indem Sie in verschiedenen Märkten anlegen und unterschiedliche Systeme benutzen. Eng verbundene Märkte wie Währungen bieten keine Diversifikationsmöglichkeiten. Ein kleiner Trader ist gezwungen, einer einfachen Regel zu folgen: legen Sie all Ihre Eier in einen Korb und passen Sie darauf auf wie ein Adler.

Ralph Vince sagte, dass die Computertests mehrere Money Management-Regeln bestätigt hätten: Verbilligen Sie nie, setzen Sie sich keinen Margin-Calls aus, und wenn Sie Positionen aufgeben müssen, dann stoßen Sie die schlechteste Position ab, der erste Fehler ist der billigste.

GEWINNE REINVESTIEREN

Achten Sie darauf, was Sie empfinden, wie Sie mit Ihren Gewinnen umgehen. Viele Trader fühlen sich hin- und hergerissen zwischen dem Wunsch, größere und schnellere Gewinne zu machen und der Furcht zu verlieren. Ein Profi zieht ganz ruhig etwas Geld von seinem Konto ab, genau wie jeder andere Berufsstand sein Einkommen aus dem Geschäftskonto entnimmt. Ein Amateur, der ganz ängstlich seinen Gewinn mitnimmt und irgendetwas damit kauft, bevor er es wieder verlieren kann, zeigt wenig Vertrauen in seine Fähigkeit, im Trading Geld zu verdienen.

Reinvestieren kann aber auch bedeuten, ein erfolgreiches System in ein verlustreiches System umzuwandeln. Doch kann keine Methode, Gewinne zu reinvestieren, ein Verlustsystem in ein erfolgreiches System verwandeln. Wenn

Sie Ihre Gewinne auf dem Konto lassen, dann ermöglicht dies Ihnen, schneller Ihr Geld zu verdienen, weil Sie dann mehrere Kontrakte anlegen können oder weil Sie dann langfristige Positionen mit weiten Stops einrichten können. Wenn Sie etwas von Ihren Gewinnen vom Konto abheben, dann ist dies ein Cash-Abfluss. Und dann verlangt die Regierung ihren Anteil in der Form von Steuern.

Es gibt keine feste und schnelle Regel, die Ihnen sagt, wie Sie Ihre Gewinne für eine Wiederanlage und den persölichen Bedarf aufteilen sollen. Es hängt von Ihrer Persönlichkeit und der Größe des Portefeuilles ab. Wenn Sie mit einem kleinen Konto anfangen, beispielsweise mit 50.000 Dollar, dann werden Sie wahrscheinlich die Gewinne nicht abziehen wollen. Wenn Ihr Konto gut sechs Stellen erreicht hat, dann können Sie anfangen, das Traden als ein Geschäft zu betrachten, das Ihnen ein Einkommen verschafft.

Sie werden wichtige persönliche Entscheidungen treffen müssen. Benötigen Sie im Jahr 30.000 oder 300.000 Dollar, um davon zu leben? Sind Sie bereit, Ihre Ausgaben einzuschränken, um mehr Geld auf Ihrem Konto zu lassen? Die Antworten auf diese Fragen hängen allein von Ihrer Persönlichkeit ab. Setzen Sie ausschließlich Ihren Verstand und nicht Ihre Gefühle ein, wenn Sie diese Entscheidungen treffen.

48 Aus Geschäften aussteigen

Einen Verlust hinzunehmen, kann gefühlsmäßig sehr schwierig sein, aber Gewinne einstreichen kann sogar noch schwieriger sein. Einen kleinen Verlust können Sie hinnehmen, wenn Sie die Disziplin haben, in dem Augenblick, in dem Sie in ein Geschäft einsteigen, auch einen entsprechenden Stop zu setzen. Gewinne mitzunehmen, verlangt mehr Überlegung. Wenn der Markt sich zu Ihren Gunsten bewegt, dann müssen Sie entscheiden, ob Sie Ihre Positionen halten, ob Sie aussteigen oder ob Sie Ihre Positionen verstärken sollen.

Ein Amateur kann nachdenken, bis sich seine Gehirnwindungen verknoten. Er multipliziert die Anzahl der Ticks mit ihrem Wert in Dollar und fühlt die Gier: »Bleib' dabei, mach' noch mehr Geld.« Dann tickt der Markt gegen ihn, und er wird von Angst getroffen: »Nimm jetzt die Gewinne mit, bevor sie schmelzen.« Ein Trader, der sich von Gefühlen leiten lässt, kann keine rationalen Entscheidungen treffen.

Einer der schlimmsten Fehler, den ein Trader machen kann, ist es, das Geld zu zählen, während er noch eine Position offen hat. Geld zählen, verknotet Ihr

Gehirn. Es beeinträchtigt Ihre Fähigkeit, rational anzulegen. Wenn Sie sich dabei ertappen, Ihre Papiergewinne zu zählen und daran zu denken, was Sie sich damit kaufen könnten – lassen Sie diese Überlegungen sein! Wenn Sie sich von solchen Überlegungen nicht trennen können, dann sollten Sie sich von Ihren offenen Positionen trennen.

Wenn ein Anfänger zu früh aussteigt, dann möchte er sich in den Hintern treten, weil er bares Geld auf dem Tisch liegen ließ. Wenn ein Anfänger einen Profit deshalb verpasst, weil er eine Wendung nicht erkannt hat, dann nimmt er beim nächsten Trade schon die ersten Gewinne mit und kann sehr wohl einen wichtigen Trend verpassen. Der Markt spielt mit Ihren Gefühlen und Sie schlagen wild um sich als Reaktion darauf.

Ein Trader, der seinen Gefühle folgt, anstatt auf Realitäten zu achten, der kann sicher sein, dass er verlieren wird. Er wird ab und zu einen Gewinn erzielen können, aber er wird sich kaputtmachen, auch wenn ihm sein System gute Möglichkeiten aufzeigt. Gier und Angst zerstören Anleger, indem sie ihren Verstand vernebeln. Der einzige Weg, beim Trading erfolgreich zu sein, ist, den Verstand zu nutzen.

Qualität vor Geld

Das Ziel eines erfolgreichen Traders muss es sein, die besten Geschäfte abzuschließen. Das Geld kommt erst an zweiter Stelle. Wenn Sie dies überrascht, dann sollten Sie darüber nachdenken, wie viele gute Profis arbeiten. Gute Lehrer, Ärzte, Rechtsanwälte, Landwirte und andere machen Geld – aber sie zählen es nicht während ihrer Arbeit. Wenn sie das tun würden, dann würde ihre Arbeit darunter leiden.

Wenn Sie Ihren Arzt fragen, wie viel Geld er an einem Tag verdient hat, dann wird er wahrscheinlich nicht antworten können (und wenn er es Ihnen genau sagen kann, dann sollten Sie einen anderen Arzt suchen). Fragen Sie Ihren Rechtsanwalt, wie viel Geld er heute verdient hat. Wahrscheinlich hat er eine ungefähre Idee, aber er kann nicht genau sagen, wie viel Geld er verdiente. Wenn er während seiner Arbeit Geld zählt, dann werden Sie ihn nicht als Ihren Rechtsanwalt haben wollen. Ein wirklicher Profi widmet seine gesamte Energie der Ausübung seines Handwerks und nicht dem Geldzählen.

In einem Trade Geld zu zählen sollte eigentlich ein Warnlicht aufleuchten lassen – eine Warnung, dass Sie dabei sind zu verlieren, weil nunmehr Ihre Emotionen eine Rolle spielen und die werden Ihren Verstand überwältigen.

Deshalb ist es eine sehr gute Idee, aus einem Geschäft auszusteigen, wenn Ihnen das Geld nicht mehr aus dem Sinn geht.

Konzentrieren Sie sich auf Qualität – darauf, Geschäfte zu finden, die sinnvoll erscheinen, und einen Money Management-Plan zu haben, bei dem Sie immer die Kontrolle ausüben können. Konzentrieren Sie sich darauf, gute Einstiegspunkte zu finden und vermeiden Sie Glücksspiele. Dann wird das Geld fast automatisch kommen. Sie können es später zählen, wenn das Geschäft unter Dach und Fach ist.

Ein guter Trader muss sich darauf konzentrieren, gute Anlagemöglichkeiten zu finden und sie abzuschließen. Ein Profi studiert immer die Märkte, hält nach günstigen Gelegenheiten Ausschau und verbessert seine Fertigkeiten im Money Management usw. Wenn Sie ihn fragen, wie viel Geld er bei einem aktuellen Geschäft verdient, dann wird er nur eine ungefähre Vorstellung davon haben, ob er ein wenig im Plus oder ein wenig im Minus ist (er kann niemals sehr weit im Minus sein, weil er sehr enge Stops gesetzt hat). Wie andere Profis konzentriert er sich darauf, sein Handwerk auszuüben und seine Fertigkeiten zu verbessern. Er zählt während eines Geschäfts sein Geld nicht. Er weiß, dass er Geld verdienen wird, solange er das macht, was an der Börse richtig ist.

Indikatorsignale

Wenn Sie Indikatoren benutzen, um Geschäfte ausfindig zu machen, dann sollten Sie die gleichen Indikatoren auch für den Ausstieg benutzen. Wenn Ihre Indikatoren mit dem Markt zu dem Zeitpunkt im Einklang sind, als Sie gekauft oder leer verkauft haben, dann sollten Sie die gleichen Indikatoren auch dann benutzen, wenn es an der Zeit ist, zu verkaufen oder glattzustellen.

Oft gerät ein Trader in eine emotionale Bindung zu einer Anlage. Gewinne geben den Menschen ein Hochgefühl, aber auch ein Verlust kann einen Nervenkitzel darstellen, in etwa wie eine angsteinflößende, aber dennoch aufregende Fahrt mit einer Achterbahn. Wenn die Anzeichen, die auf ein Geschäft hingewiesen haben, nicht mehr vorliegen, dann sollten Sie schnell aus dem Markt aussteigen, ganz gleich, was Sie empfinden.

Sie können beispielsweise long gehen, weil ein 13-Wochen-EMA auf den Wochencharts nach oben getickt hat, während die Tages-Stochastik in ihre Kaufzone fiel. Wenn Sie long gehen, dann sollten Sie im Voraus entscheiden, ob Sie verkaufen werden, wenn die Tages-Stochastik ansteigt und »überkauft« wird oder wenn der 13-Wochen-EMA nach unten zeigt. Schreiben Sie Ihren Plan auf und legen Sie ihn dorthin, wo Sie ihn immer sehen können.

Sie können short gehen, weil das Wochen-MACD-Histogramm nach unten tickte und der Tages-Elder-Ray ein Verkaufssignal gegeben hat. Entscheiden Sie im Voraus, ob Sie glattstellen werden, wenn der Tages-Elder-Ray ein Kaufsignal gibt oder das Wochen-MACD-Histogramm nach oben geht. Sie müssen im Voraus entscheiden, auf welches Signal Sie reagieren werden. Es wird viele Signale geben – und die beste Zeit, sich für ein Signal zu entscheiden, ist vor dem Eintritt in ein Geschäft.

Gewinnziele: Elliott und Fibonacci

Einige Trader versuchen, Gewinnziele festzulegen. Sie wollen Stärke verkaufen, wenn die Kurse auf Widerstand oder Schwäche treffen, wenn die Kurse Unterstützung erreichen. Die Elliott-Wellen-Theorie ist die wichtigste Methode, um zu versuchen, Wendepunkte vorauszusehen.

R.N. Elliott schrieb mehrere Beiträge über den Aktienmarkt und ein Buch: *Nature's Law*. Er glaubte, dass jede Bewegung im Aktienmarkt in große Wellen, kleine Wellen und noch kleinere Wellen unterteilt werden kann. Diese Wellen erklärten jeden Wendepunkt und ermöglichten ihm, ab und zu richtige Voraussagen zu treffen.

Die Analysten, die Beratungsdienste verkaufen, die auf Elliott's Methoden zurückgehen, kommen immer wieder mit den sogenannten »Alternate Counts« an. Sie erklären alles im Nachhinein, aber wenn es um die Zukunft geht, dann sind sie nicht verlässlich.

Fibonacci-Zahlen und ihre Verhältnisse, insbesondere 1,618, 2,618 und 4,236 erklären viele Verhältnisse in der Natur. Wie Trudy Garland in ihrem Buch *Fascinating Fibonaccis* schreibt, drücken diese Zahlen das Verhältnis zwischen den Durchmessern benachbarter Spiralen in einer Seeschnecke und in der Galaxie aus, die Anzahl der Samen in benachbarten Reihen einer Sonnenblume usw. Elliott war der erste, der herausstellte, dass diese Verhältnisse auch für Finanzmärkte gelten würden.

Tony Plummer beschreibt in seinem Buch *Forecasting Financial Markets*, wie er die Fibonacci-Verhältnisse nutzt, um zu entscheiden, wie weit ein Ausbruch aus einer Trading-Range voraussichtlich reichen wird. Er misst die Höhe einer Trading-Range und legt in der Richtung eines Ausbruchs an. Daraufhin hält er nach verschiedenen Zielen Ausschau, indem er die Höhe der Range mit den Fibonacci-Zahlen multipliziert. Erfahrene Trader kombinieren Gewinnziele mit anderen technischen Untersuchungen. Sie suchen Indikatorsignale, wenn die ins Auge gefassten Wendepunkte erreicht sind. Wenn die Indikatoren von einem Trend abweichen, der sich einem Ziel nähert, dann verstärkt dieses Signal die Absicht auszusteigen. Allein mit der Hilfe von Gewinnzielen zu arbeiten, kann sehr viel Selbstvertrauen schaffen, aber die Märkte sind zu komplex, als dass man sie mit nur ein paar einfachen Zahlen bewältigen könnte.

STOPS SETZEN

Ernsthafte Trader setzen ihre Stops schon in dem Augenblick, in dem sie in ein Geschäft einsteigen. Im Verlauf der Zeit müssen die Stops angepasst werden, um zu verhindern, dass zuviel Geld auf dem Spiel steht und um einen größeren Teil des Gewinns abzusichern. Stops sollten immer nur in eine Richtung bewegt werden – in die Richtung des Trades. Wir alle wünschen uns, dass ein Geschäft erfolgreich sein wird – und ein Stop ist immer ein Stück Realität, das Trader daran hindert, einer vergeblichen Hoffnung nachzuhängen.

Wenn Sie long gehen, dann dürfen Sie Ihre Stops beibehalten oder sie anheben, sie aber nie absenken. Wenn Sie short sind, dann dürfen Sie Ihre Stops beibehalten oder sie absenken, sie aber nie anheben. Einem Verlustgeschäft einen weiteren Spielraum zu geben, ist ein Verlustspiel. Wenn ein Geschäft nicht so läuft, wie Sie es sich vorstellen, dann bedeutet das, dass Ihre Analyse fehlerhaft war oder dass sich der Markt geändert hat. Und dann ist es an der Zeit, sich schnell auf die Flucht zu begeben.

Ernsthafte Trader benutzen Stops so, wie Segler Winschen benutzen, um ihre Segel zu straffen. Verlierer, die ihre Stops vom Markt weiter weg platzieren, entscheiden sich für ihre Fantasie und gegen die Realität.

Stops richtig zu setzen ist damit vergleichbar, mit einem Auto defensiv zu fahren. Die meisten von uns erlernen dieselben Techniken und wir passen sie unserem persönlichen Stil an. Die folgenden Regeln sind Grundregeln, um Stops richtig zu setzen.

1. Die Stop-Loss-Order

Setzen Sie Ihren Stop in dem Augenblick, in dem Sie in ein Geschäft einsteigen. Geld ohne einen Stop anzulegen, ist so, als würden Sie die Fifth Avenue in Manhattan ohne Ihre Unterhosen hinuntergehen. Man kann es machen und ich habe schon Leute gesehen, die es getan haben, aber es lohnt nicht den Aufwand. Ein Stop wird Sie zwar nicht vor einem schlechten Tradingsystem schützen, aber er kann den Schaden begrenzen.

Eine Stop-Loss-Order begrenzt Ihr Risiko, obgleich das nicht immer funktioniert. Manchmal sind Stops aufgrund einer Kurslücke nutzlos. Ein Stop ist kein perfektes Hilfsmittel, aber es ist die beste Verteidigungsmöglichkeit, die wir haben. Wenn Sie long gehen, dann setzen Sie Ihren Stop unter den letzten kleineren Unterstützungspunkt. Wenn Sie short gehen, dann sollten Sie Ihren Stop über der letzten kleineren Widerstandsebene ansetzen (siehe Abschnitt 20). Das parabolische System (siehe Abschnitt 44) bewegt die Stops in der Richtung eines Trades, abhängig vom Zeitverlauf und den Veränderungen im Kurs. Wenn Sie das Triple-Screen-Tradingsystem benutzen (siehe Abschnitt 43), dann sollten Sie Ihren Stop sofort, nachdem Sie in ein Geschäft eingestiegen sind, am Extrem der letzten Zwei-Tages-Range setzen.

Vermeiden Sie alle Geschäfte, bei denen ein logischer Stop mehr als zwei Prozent Ihres Kontostands aufs Spiel setzen würde. Dieses Limit schließt Slippage und Provisionen ein.

2. Die Break-Even-Order

Die ersten Tage in einem Trade sind am härtesten. Sie haben Ihre Hausaufgaben gemacht, eine Geschäftsmöglichkeit gefunden und einen Auftrag gegeben. Er wurde ausgeführt und Sie haben eine Stop-Loss-Order gegeben. Sehr viel mehr können Sie jetzt nicht tun – Sie sind wie ein Pilot, der in seinem Sitz angeschnallt ist, um zu starten. Die Maschinen laufen auf Hochtouren, aber die Geschwindigkeit ist noch niedrig und es gibt keine Möglichkeiten zu manövrieren – lehnen Sie sich zurück und vertrauen Sie Ihrem System.

Sobald sich die Kurse zu Ihren Gunsten entwickeln, sollten Sie Ihren Stop auf die Break-Even-Ebene bewegen. Wenn der Start abgeschlossen ist, dann ist Ihr Flug auf einer sichereren Ebene. Jetzt können Sie entscheiden, Ihr Geld zu behalten oder Geld hinzuzuverdienen, anstatt die Wahl zwischen Verlust oder Gewinn zu haben.

Als Grundregel gilt, dass sich die Kurse mit ihrer durchschnittlichen täglichen Schwankungsbreite von ihrem Einstiegspunkt entfernt haben sollten, bevor Sie Ihren Stop auf die Break-Even-Ebene setzen. Es erfordert viel Urteilskraft und Erfahrung, um zu merken, wann man das tun sollte.

Wenn Sie einen Stop auf die Break-Even-Ebene setzen, dann vergrößern Sie das Risiko einer »Säge«. Amateure möchten sich oft gern selbst in den Hintern treten, weil sie Geld auf dem Tisch liegen gelassen haben. Viele Amateure steigen nur einmal in ein bestimmtes Geschäft ein. Es spricht aber nichts dagegen, dass man in ein Geschäft neu einsteigt, wenn man wegen eines Stops schon ausgestiegen war. Die Profis versuchen ständig, einen guten Neueinstieg zu finden und benutzen dabei ein sehr enges Money Management.

3. Die Protect-Profit-Order

Wenn sich die Kurse weiterhin zu Ihren Gunsten entwickeln, dann müssen Sie Ihre Papiergewinne absichern. Der Papiergewinn ist echtes Geld – behandeln Sie ihn mit dem gleichen Respekt, wie das Geld in Ihrer Brieftasche. Riskieren Sie nur einen Teil davon, um im Geschäft zu bleiben. Als konservativer Anleger sollten Sie die Zwei-Prozent-Regel auch auf Papiergewinne anwenden. Diese Protect-Profit-Order ist ein »Geld-Stop«, der Ihr Konto schützt. Bewegen Sie ihn in der Richtung Ihrer Anlage, sodass niemals mehr als zwei Prozent Ihres wachsenden Kontostandes einem Risiko ausgesetzt sind. Aggressive Trader benutzen die 50-Prozent-Regel. Wenn Sie dieser Regel folgen, dann gehört die Hälfte der Papiergewinne Ihnen und die andere Hälfte den Märkten. Sie können das höchste Hoch, das Sie in einem langfristigen Trade erreicht haben, oder das niedrigste Tief, das Sie erreicht haben, markieren und Ihren Stop genau in der Mitte zwischen diesem Punkt und Ihrem Einstiegspunkt wählen. Wenn sich beispielsweise die Kurse zehn Punkte zu Ihren Gunsten entwickeln, dann sollten Sie den Stop so setzen, dass Sie fünf Punkte Ihres Profits schützen können.

Im Zweifel sollten Sie das parabolische System benutzen (siehe Abschnitt 44), das Ihnen hilft, Ihre Stops neu zu positionieren. Wenn Sie nicht sicher sind, ob Sie in einem Engagement bleiben sollen oder nicht, dann nehmen Sie die Gewinne lieber mit und versuchen Sie, die Situation von der Außenlinie her neu einzuschätzen. Nichts spricht dagegen, dass Sie einmal aussteigen und später in das Geschäft zurückkehren. Die Menschen können viel klarer denken, sobald kein Geld auf dem Spiel steht.

Nach einem Geschäft

Ein Geschäft ist noch nicht zu Ende, wenn Sie Ihre Position liquidiert haben. Sie müssen analysieren und daraus lernen. Viele Trader werfen ihre Bestätigungszettel in einen Umschlag und machen sich auf die Suche nach der nächsten Anlagemöglichkeit. Sie versäumen damit einen wesentlichen Teil des Lernerfolgs, um ein Profi-Trader zu werden – den Rückblick und die Selbstanalyse.

Haben Sie ein gutes Geschäft ausgemacht? Welche Indikatoren waren nützlich und welche haben nicht funktioniert? Wie gut war Ihr Einstieg? War der erste Stop zu nah oder zu weit? Warum war er zu nah oder zu weit und in welchem Umfang? Haben Sie Ihren Stop zu früh oder zu spät auf eine Break-Even-Ebene gesetzt? Waren Ihre Protect-Profit-Stops zu weit oder zu nah? Haben Sie die Signale erkannt, um aus dem Geschäft auszusteigen? Was hätten Sie anders tun sollen? Was haben Sie zu verschiedenen Zeitpunkten dieses Engagements gefühlt? Diese Analyse ist ein Mittel gegen emotionales Trading. Stellen Sie sich diese und andere Fragen und lernen Sie aus Ihren Erfahrungen. Eine kühle und intelligente Analyse hilft Ihnen mehr, als in Ihren Gewinnen zu schwelgen oder in Selbstmitleid zu zerfließen.

Legen Sie ein Notizbuch an, in dem Sie das Zuvor und das Danach aufschreiben. Wann immer Sie ein Engagement beginnen, drucken Sie die aktuellen Charts aus. Kleben Sie diese auf die linke Seite Ihres Notizbuchs und skizzieren Sie darunter die wichtigsten Gründe dafür, dass Sie gekauft oder leer verkauft haben. Legen Sie dann Ihren Plan nieder, wie Sie mit diesem Engagement umgehen wollen.

Wenn Sie aus einem Engagement aussteigen, dann sollten Sie die Charts noch einmal ausdrucken und sie auf die rechte Seite Ihres Notizbuchs kleben. Schreiben Sie die Gründe für den Ausstieg auf und notieren Sie, was Sie richtig oder falsch gemacht haben. Somit werden Sie Ihre Engagements und Ihre Gedanken wie in einem Bilderbuch verfolgen können. Dieses Notizbuch wird Ihnen helfen, aus der Vergangenheit zu lernen und weiße Flecken in Ihrem Denken aufzudecken. Lernen Sie aus der Vergangenheit und profitieren Sie von Ihren Erfahrungen.

Nachwort

An einem heißen Sommertag saß ich in den Bergen von Norditalien und skizzierte die ersten Gedanken für dieses Buch. Zweieinhalb Jahre später, an einem kalten Januartag, druckte ich in New York den letzten Chart aus. Dreimal habe ich dieses Buch überarbeitet, um es klarer darzustellen und meine eigene wachsende Erfahrung einzubringen. Meine Persönlichkeit hat sich verändert und auch meine Methoden entwickelten sich weiter. Wenn ich an diesem Manuskript noch weitere zweieinhalb Jahre arbeiten könnte, dann würde es ein völlig anderes Buch sein, aber nun ist es Zeit, aufzuhören.

Den Abzug durchziehen

Manchmal vertrauen mir Trader an, dass sie Schwierigkeiten haben, den Abzug durchzuziehen – dann zu kaufen oder zu verkaufen, wenn ihre Tradingmethoden ihnen sagen, long oder short zu gehen. Für eine sehr kurze Zeit hatte ich dieses Problem auch. Mein Freund Lou, dem ich dieses Buch widme, half mir dabei, es loszuwerden. An einem Sonntagnachmittag erzählte ich Lou, dass ich einige sehr attraktive Engagements erkannt hatte, aber Zweifel hätte, dass ich mich in der kommenden Woche auf ein Engagement einlassen würde, weil ich in der letzten Zeit an der Börse ziemlich Prügel bezogen hatte. Lou, der sich normalerweise sehr cool und ruhig verhält, begann plötzlich zu schreien. »Ich möchte, dass du sofort am Montag an die Arbeit gehst. Sofort, wenn die Börse eröffnet!« Ich fühlte mich gar nicht danach – ich hatte Angst davor zu verlieren. »Es ist mit egal ob du gewinnst oder verlierst – fang morgen bei Börsenbeginn an!« Ich tätige meine Geschäfte nur sehr selten zur Börseneröffnung, aber zehn Minuten später schaffe ich es, weil ich immer nach einem Ausbruch aus einer Trading-Range suche. »Zehn Minuten sind in Ordnung, aber du gehst morgen an die Arbeit!«

Ich dachte über das nach, was geschehen war und erkannte mein Problem. Ich war wie ein Skifahrer auf dem Gipfel eines Berges, der zuvor ein paar derbe Stürze hinnehmen musste und nun Angst hatte wieder hinunterzufahren. Gleich, welches meine Technik war, ich hatte Angst abzufahren, ich konnte nie ein Skiläufer sein.

Die Angst davor, einen Auftrag zu platzieren, ist das größte Problem, das ein ernsthafter Trader haben kann. Es gibt keine Möglichkeit, dieses Problem einfach und bequem zu beseitigen. Man muss damit sehr hart umgehen, mit sehr hoher Willenskraft, und deshalb hat Lou mich angeschrien – als ein Freund.

Sie müssen ein System entwickeln oder eines aus diesem Buch entnehmen und es Ihren Bedürfnissen anpassen. Skiläufer üben ein wenig auf dem Idiotenhügel und Sie können Scheingeschäfte abschließen. Entwerfen Sie einen empfindlichen Geldmanagement-Plan und nutzen Sie dabei die Zwei-Prozent-Regel. Begrenzen Sie Ihre monatlichen Verluste auf maximal 6 oder 8 Prozent Ihres Risikokapitals. An diesem Punkt gleichen Sie einem Skiläufer, der an einem Skihang steht. Laufen Sie einfach los, wenn Ihnen Ihr System sagt, dass Sie es tun sollten! Legen Sie jetzt los!

Wenn Sie nicht losfahren, wenn Sie das Startzeichen erhalten, dann können Sie auch gleich Ihre Ski verkaufen und mit Golf anfangen oder Goldfische züchten. Mit anderen Worten: Vergessen Sie das Geschäft mit den Geldanlagen.

Jetzt haben Sie ein System, Sie haben die Money Management-Regeln gelernt, Sie kennen die psychologischen Regeln, um Verluste zu begrenzen. Jetzt müssen Sie mit Ihren Geldgeschäften anfangen. Können Sie das? Trader winden sich oft, wenn sie diese Entscheidung treffen sollen. Sie betreiben jahrelang Scheingeschäfte, sie kaufen automatische Tradingsysteme usw. Einige Trader haben mich sogar gebeten, sie zu hypnotisieren. Diese Spielereien müssen nun ein Ende haben. Jetzt ist es an der Zeit, einen Willenskraftakt auszuführen.

Betrachten Sie dieses Buch als mein freundschaftliches Anbrüllen.

Eine Spur ohne Ende

Die Märkte ändern sich und neue, gute Gelegenheiten gehen daraus hervor und alte schmelzen hinweg. Gute Trader sind erfolgreiche, aber bescheidene Menschen – sie lernen immer hinzu. Trader zu sein, ist eine lebenslange Herausforderung.

Ich hoffe, dass dieses Buch Ihnen dabei hilft, als Trader zu wachsen. Wenn Sie bis hierhin gelesen haben, dann müssen Sie es mit Ihrer Arbeit auch ernst meinen. Nehmen Sie dieses Buch als das, was es sein soll – eine Beschreibung dessen, was ein Trader denkt und wie er die Probleme löst, mit denen wir alle umgehen. Nehmen Sie die Gedanken, die Ihnen gefallen und formen Sie diese dann so aus, dass sie zu Ihnen passen.

Wenn Sie glauben, dass es den Aufwand wert ist, ein Trader zu sein – so wie ich mich vor Jahren entschieden habe, dann gelten Ihnen meine besten Wünsche. Ich lerne immer dazu und wie jeder andere Trader nehme ich das Recht für mich in Anspruch, morgen klüger zu sein als ich es heute bin.

Danksagungen

Nachdem ich dieses Projekt, das einige Jahre in Anspruch genommen hat, beendet habe, schulde ich Hunderten von Personen Dank – Lehrern, Freunden und Kunden. Wenn Sie hier Ihren Namen nicht finden, dann bitte ich um Vergebung und ich danke Ihnen persönlich, wenn wir uns das nächste Mal treffen.

Zunächst einmal danke ich all den Kunden des Financial Trading Seminars, Inc. Oft hat das Telefon bei mir geklingelt und ein Trader fragte nach Dr. Elders Buch. Das Buch war noch nicht geschrieben, noch nirgendwo gab es Werbung dafür – aber die Kunden erwarteten ein Buch von mir. Das war eine wunderbare Ermutigung.

Ein Buch zu schreiben ist eine schwierige Angelegenheit, aber es half mir dabei, meine Gedanken zu ordnen und ein besserer Trader zu werden. Zwei Freunde gaben der Geburt dieses Projekts einen sanften Schubs. Zuerst lud mich Tim Slater zu Seminaren nach Asien ein, und dann stellte mich Martin Pring den Leuten von WEFA vor, was zu einer Konferenz in Italien führte. Als ich mit Tim durch die Snake Alley in ein rauchiges Restaurant in Taipei ging und ein paar Monate später mit Martin in einem Café in Mailand saß, da empfand ich den freundlichen, aber unmissverständlichen Druck, meine Gedanken zu ordnen und mit dem Schreiben zu beginnen.

Der leere Bildschirm an meinem Computer erschien mir riesig und unnahbar. Um die Sache in Bewegung zu bringen, bot ich einige Seminare an und machte Tonbandaufnahmen davon. Diese Mitschriften halfen mir dabei, die Gedanken für dieses Buch auszuformen. Ich bedanke mich bei allen Analysten und Tradern in New York und Toronto, in London und Singapur, die zu meinen Seminaren kamen, die zuhörten und Hunderte von Fragen stellten. Einige von ihnen waren Experten, deren Anmerkungen mich dazu brachten, mein Gehirn mehr anzustrengen als ich es erwartete, tun zu müssen. Andere waren Anfänger, deren Fragen mich daran erinnerten, mit den Füßen auf dem Boden zu bleiben. Ich hoffe, Ihr alle verdient mit Geldanlagen gutes Geld.

Drei Personen, ein Kollege und zwei Patienten, haben meine Bereitschaft gefördert, die Idee der zwölf Schritte zu verfolgen – ein wichtiger Faktor in meinem Fortkommen als Trader. Vielen Dank Dagmar O'Connor, Jim S. und Cathy H. (Cathy starb letztes Jahr nach einem langen Kampf mit dem Krebs, und nachdem ich sie monatelang in einem Hospiz besucht hatte, bestärkte das in mir den Glauben daran, dass es Werte gibt, die wichtiger sind als Geld). Vielen Dank auch an die Trader, die mich als Psychiater konsultierten und mir ihr Vertrauen schenkten. Ihr habt meine Überzeugung bestärkt, dass es richtig ist, dass Geld nur dann fließt, wenn der Kopf in Ordnung ist.

Vielen Dank an jeden, der für mein Unternehmen arbeitet, für Financial Trading Seminars, Inc. Das ist eine einzigartige Gruppe von Menschen – intelligent, dynamisch und es macht Spaß, mit ihnen zu arbeiten. Jeder von ihnen wurde aus Dutzenden, wenn nicht Hunderten von Bewerbern ausgewählt – ihr seid die Besten. Besonderer Dank gilt unseren Managern Carol Keegan Kayne und Inga Boguslavsky. Carol half mir dabei, jedes Kapitel zu überarbeiten. Es gab viele engagierte Diskussionen über die Sprache, die meisten von ihnen gewann Carol, und wenn Sie irgendwelche Beschwerden über die Klarheit dieses Buches haben, dann gebe ich Ihnen ihre Telefonnummer.

Als das Manuskript fertig war, teilte ich es in ein Dutzend Abschnitte ein und schickte ein jedes an einen absoluten Experten auf diesem Gebiet. Diese fleißigen und erfolgreichen Menschen fanden die Zeit, um einige Kapitel zu begutachten und es gab viele Verbesserungsvorschläge. Zusätzlich zu den Freunden, die ich bereits erwähnt habe, gehörten auch Gerald Appel, Steven Bries, Ralph Cato, Mark Douglas, John Ehlers, Perry Kaufman, Tony Plummer, Fred Schutzman, Bo Thunman, Ralph Vince und David Weis dazu. Herzlichen Dank dafür, dass Ihr mir Eure Zeit und Euren Rat so großzügig zur Verfügung gestellt habt. Wenn die Börse ein Minussummenspiel ist, dann ist Freunde zu haben, ein ganz besonderes Plus!

Vielen Dank auch an die Analysten, die schon vor mir geschrieben haben. Es war oft sehr schwierig herauszufinden, wer der erste war – es gibt ein Dickicht von widersprüchlichen Ansprüchen in unserem Fachgebiet. Wie Henry Kissinger einmal sagte: »Akademische Kämpfe sind deshalb so bitter, weil das, worum es geht, so klein ist.« Die meisten Charts in diesem Buch wurden mit »CompuTrac-Software« auf einem PC gezeichnet und in Pagemaker® für den Macintosh konvertiert. Vielen Dank an Norbert Rudeck, der mir das System aufgebaut hat, für ständige Unterstützung am Telefon. Vielen Dank an die Herausgeber bei *Barron's, Futures, Technical Analysis of Stocks and Commodities, Futures and Options World* und anderen Zeitschriften, die mich ermutigten, Artikel und Rezensionen von Büchern und Software zu schreiben – das war ein gutes Training für dieses Buch.

Vielen Dank an Steven Reibel, M.D., Psychiater und mein früherer Chef am St. Luke's Roosevelt-Hospital-Center, dass er meine Praxisvertretung übernimmt. Ich kann auf der ganzen Welt unterrichten und weiß immer, dass meine Patienten in New York in guten Händen sind.

Lou Taylor, dem dieses Buch gewidmet ist, hat einen Schatz von außerordentlich guten Ideen angeboten. Ich wünschte, er würde ein Buch schreiben. Sein weiser Rat gab an mehreren wichtigen Wendepunkten den Ausschlag. Meine Familie, insbesondere Miriam, Nicole und Danny, unterstützten mich sehr freundlich und lenkten mich von meinen Geschäften ab. Schließlich möchte ich mich bei einem ganz alten Freund bedanken – bei Nikolai Garbunow. Ein Wissenschaftler, der vom Sowjetsystem zerstört wurde, als ich erst ein Teenager war. In der abgeschlossenen Welt, die von der kommunistischen Partei dominiert wurde, pflanzte er in meinem Kopf eine einfache, aber revolutionäre Idee: Das einzige Maß, das für Forschung und Arbeit gilt, ist Weltklasse. Man muss sich bemühen, zu den Besten der Welt zu zählen, oder es lohnt sich gar nicht, damit anzufangen. Vielen Dank, Nikolai, und vielen Dank an alle meine Freunde.

Dr. Alexander Elder
New York

Über den Autor

Dr. Alexander Elder wurde in Leningrad geboren und wuchs in Estland auf, wo er im Alter von 16 Jahren begann, Medizin zu studieren. Mit 23 Jahren, als er als Schiffsarzt arbeitete, floh er von einem sowjetischen Schiff in Afrika und erhielt in den Vereinigten Staaten politisches Asyl. Er arbeitete weiterhin als Psychiater in New York City, arbeitete als Buchlektor bei der *Psychiatric Times* und lehrte an der Columbia University. Nachdem er mit financial trading in Berührung kam, veröffentlichte Dr. Elder Dutzende von Artikeln, Software und Buchrezensionen und hielt bei vielen Konferenzen Vorträge. 1988 gründete er »Financial Trading Seminars Incorporated«, eine Weiterbildungseinrichtung für Trader. Dr. Elder berät sowohl Einzelpersonen als auch finanzielle Einrichtungen und gibt Seminare für Geldanleger. Sein Unternehmen produziert Video-Tapes über Trading und stellt Trading-Bücher zur Verfügung.

Leser von *Die Formel für Ihren Börsenerfolg* können Informationsmaterial anfordern, unter:

Financial Trading Seminars, Inc.
PO Box 20555, Columbus Circle Station
New York, NY 10023, USA
800-458-0939 oder 212-432-7630
Fax: 718-639-8889
E-mail info@elder.com
Internet www.elder.com